A Vida Além da Vida

Ronie Lima

do mesmo autor de *Médicos do Espaço*

A Vida Além da Vida

um jornalista no mundo das materializações de espíritos relata histórias reais e experiências de cura espiritual

Mauad X

2ª Edição – janeiro de 2006
Reimpressão – 2007

Direitos desta edição reservados à
MAUAD Editora Ltda.

Rua Joaquim Silva, 98, 5º andar
Lapa — Rio de Janeiro — RJ — CEP: 20241-110
Tel.: (21) 3479.7422 — Fax: (21) 3479.7400

www.mauad.com.br

Projeto Gráfico:
Núcleo de Arte/Mauad Editora

CIP-BRASIL. CATALOGAÇÃO NA FONTE
SINDICATO NACIONAL DOS EDITORES DE LIVROS, RJ.

L71v

Lima, Ronie
A vida além da vida: um jornalista no mundo das materializações de espíritos relata histórias reais e experiências de cura espiritual / Ronie Lima. - Rio de Janeiro: Mauad, 2005

ISBN 85-7478-173-8

1. Espiritismo. 2. Espiritismo - Estudo de casos. 3. Materialização. 4. Vida eterna. 5. Cura pela fé e espiritismo. I. Título.

CDD 133.9
CDU 133.9

A Ronaldo Gazolla,
pelo exemplo,
pelo apoio.

A Olavo e Olga Lima, meus pais,
pela vida,
pelo sentido ético e moral.

ÍNDICE

Parte II: Cura Espiritual

Apresentação

À LUZ DA RAZÃO

Este livro fala de materializações de espíritos e de outros fenômenos de efeitos físicos, como levitação e teletransporte de objetos. Mas de uma maneira diferente. Além de descrever algumas das mais significativas experiências já realizadas nesse campo, tanto no Brasil quanto no exterior, inclusive com a participação de pessoas renomadas, traço paralelos com fenômenos testemunhados por mim mesmo, no Rio de Janeiro. No entanto, não abordo esse surpreendente – e polêmico – tema a partir de um discurso religioso, mas sim com uma visão filosófica que busca, a todo instante, uma explicação racional e científica sobre essa fenomenologia.

O espírito de alguém que já morreu pode voltar a ter o seu corpo físico por instantes, e ainda por cima atuar em pessoas doentes, algumas vezes curando males gravíssimos, como o câncer? Essa pergunta, de forma variada, me vem sendo feita desde que comecei, em 1994, a estudar sistematicamente os chamados fenômenos de efeitos físicos. Para responder a ela, o mais objetivamente possível, com as informações que consegui reunir até o momento, escrevi este livro.

Em certo sentido, *A Vida Além da Vida* é a continuação de *Médicos dos Espaço – Luiz da Rocha Lima e o Lar de Frei Luiz*, que, lançado em 2000, conta a história desse centro espírita no Rio de Janeiro, do seu apoio social a crianças e idosos e das curas espirituais ali realizadas. Mas a presente obra vai mais fundo na pesquisa dos fenômenos de efeitos físicos, não só reunindo inúmeras experiências em vários países como contendo explicações sobre o assunto que eu ainda não tinha à época em que escrevi *Médicos do Espaço*.

Os que me conhecem de perto sabem que não tenho, como jornalista e pesquisador, um discurso religioso sobre fatos da vida após a vida. Não que desmereça a religião. Pelo contrário, considero a religião – quando empregada refletidamente, sem dogmatismos – experiência interior essencial para a evolução da espiritualidade e, conseqüentemente, da presença humana na Terra. Mas existe em mim a vontade de sempre procurar obter uma explicação lógica para os fenômenos que nos cercam, mesmo que à primeira vista invisíveis aos nossos olhos.

Meu objetivo maior é demonstrar que nossa relação com o chamado mundo espiritual pode – e deve – ser encarada da maneira mais natural possível – sem mistificações que só atrasam a evolução humana.

Bem sei que falo de fenômenos que para muitos são da ordem do impossível. Mas me guio por bons propósitos, pela busca da verdade. Não, *A Vida Além da Vida* não é um apanhado de mitos sobre as potencialidades de seres do extrafísico. Ao contrário, é minha versão sincera sobre materializações de espíritos e outros fenômenos inusitados. E tomando como base um sem-número de experiências testemunhadas por muitas e muitas pessoas sérias que, como eu, já provaram, para seus corações e mentes, que existe sim vida após a vida – que existe sim vida além desta vida que reconhecemos materialmente, fisicamente.

Com certeza, este livro contém imprecisões e falhas comuns a todos os que pesquisam um assunto tão complexo e vasto. Mas são imprecisões e falhas que acabarão aperfeiçoadas e corrigidas por aqueles que tenham a oportunidade de ler esta obra e participar, de alguma forma, desse campo prático e de estudo fascinante.

Meu propósito, como divulgador dos fenômenos espirituais, não é apenas o de despertar o interesse sobre o tema em pessoas ainda céticas ou que o desconhecem, mas também o de propiciar um roteiro de pesquisas para aqueles que, como eu, se dediquem a desvendar alguns segredos do (s) universo (s).

E para evitar ao máximo imprecisões e falhas sobre assunto tão importante para a evolução cultural e espiritual da humanidade, busquei o apoio de algumas pessoas que leram trechos ou mesmo versões integrais do texto. Assim, a partir dos comentários de cada um, fui aperfeiçoando-o, calibrando melhor sua forma final.

Por isso, meu agradecimento, do fundo do coração, a todos aqueles que, de uma maneira ou de outra, me ajudaram a escrever este livro, a começar por minha mulher e amiga, a psicoterapeuta Célia Resende, que me abriu este mundo de luz e foi a primeira a ler sua primeira versão, propondo alterações e mudanças de rumo.

Seu irmão, o economista Carlos Augusto Rezende Lopes, estudioso do espiritismo, é outro a quem devo muito. Não só pelas ricas discussões sobre a espiritualidade e comentários sobre o texto, mas pela acolhida, juntamente com sua mulher, Elian Friaça Lopes, em sua casa em Bicas (MG), onde escrevi a primeira versão deste livro. A mesma casa onde chegou a morar Frei Luiz, no princípio do século XX. Foram, portanto, tempos de muita concentração espiritual, fundamentais para a disciplina necessária à execução desta obra.

Nesse sentido, outro agradecimento à artista plástica Vera Patury e ao seu filho, Diego Patury, amigos que também me receberam em sua casa, em Itaipava, para que eu concluísse a segunda versão deste texto, em meio a um verde energizante.

Ajuda importante também recebi do coronel-aviador da reserva Paulo Ruy Portella, integrante do Lar de Frei Luiz, que leu por inteiro uma das versões iniciais do livro, sugerindo cortes e mudanças, inclusive corrigindo determinadas informações.

O professor de geografia Carlos Dário e minha editora, Mauad, deram sugestões valiosas de alterações e de simplificações do texto, ajudando-me a torná-lo de mais fácil leitura. O meu agradecimento também à presidente do Lar de Frei Luiz, Helena Mussi Gazolla, e ao engenheiro de sistemas Paulo Ignácio de Almeida Filho, amigos de jornada espiritual que também leram o texto, me estimulando com seus comentários e apoio ao trabalho realizado.

Embora não tenham lido as versões iniciais por inteiro, o médico Paulo Cesar Fructuoso e o professor de física Paulo Larosa, dedicados colaboradores do Lar de Frei Luiz, também foram importantes, evitando que eu cometesse imprecisões em relação a termos da medicina e da física.

Agradeço ainda a Luiz Augusto de Queiroz, ex-presidente do Lar de Frei Luiz, quc possibilitou que eu assistisse, pela primeira vez, a uma sessão de materialização de espíritos.

E com muita saudade, agradeço em especial ao meu fraterno Ronaldo Luiz Gazolla, médico espírita que me colocou de vez na estrada da pesquisa espiritual, quando esteve à frente do Lar de Frei Luiz, ao me convidar para integrar o seu grupo de materialização de espíritos para cura – base fundamental de dados e de experiências que me permitiram escrever esta obra.

Um beijo eterno em minha mãe, Olga Lima, que mais uma vez me ajudou muito, transcrevendo – que trabalheira! – para o papel todas as fitas em que gravei depoimentos de inúmeras pessoas sobre fenômenos abordados neste livro.

E como ninguém atua sozinho, até porque estamos freqüentemente – muitas vezes sem o saber – ouvindo conselhos e intuições de nossos guias espirituais, o meu eterno agradecimento a todos os seres de luz que me estimularam a seguir a estrada da filosofia e da ciência da espiritualidade. Sem eles, eu não teria chegado onde cheguei.

Em retribuição aos meus guias, espero que este livro contribua para que muitas outras pessoas se descubram também mais conectadas com sua espiritualidade maior, tornando-se mais vivas e atuantes neste mundo, assumindo suas responsabilidades de renovação da sociedade contemporânea, em prol de um planeta mais justo e ecologicamente viável.

Muita paz!

Ronie Lima

Rio de Janeiro, 18 de maio de 2005

PARTE I

Despertar do Ocidente

NOITE DE AMOR

Faltavam poucos dias para meu aniversário de 30 anos quando, pela primeira vez na vida, ouvi que espíritos não só existiam como também podiam, sob condições especialíssimas, se materializar. Voltar à Terra como se fossem de carne e osso.

Sim, não estava sonhando nem ouvindo histórias da Carochinha. Minha mulher amada é quem dizia, aos meus ouvidos em nada acostumados a esse tipo de conversa, que em sessões de cura espiritual de que participara, ainda adolescente, ela vislumbrara o fantástico mundo das materializações de espíritos. Pessoas já falecidas voltavam ao planeta para tratar de doentes – por minutos ou às vezes horas – com o mesmo corpo físico que possuíam numa vida passada.

Por mais incrédulos que sejamos, há momentos delicados da vida em que alguns de nós acabam se "dobrando", tornando-se mais acessíveis a conversas sobre a transcendência. Parece incrível, mas estava casado há mais de três anos com a então cineasta e produtora cultural Célia Resende e, até aquele momento, jamais tínhamos conversado seriamente sobre temas metafísicos – quanto mais sobre algo tão absurdamente inusitado.

Célia confessaria que receava minha rejeição ao tema. Mas um ano de dor e uma noite maravilhosa de amor foram suficientes para superar inseguranças e fazer irromper uma conversa que transformaria radicalmente nossas vidas. Assim, numa virada impensável no rumo de nossa jornada terrena, nos veríamos como divulgadores do mundo espiritual – eu, como jornalista e escritor; ela, como terapeuta de vidas passadas e escritora.

Difícil aquele 1987. Pela segunda vez em minha vida, alguém querido morria brutalmente num acidente de carro. Três anos antes, o jornalista Samuel Wainer Filho, meu amigo Samuca, um dos mais talentosos repórteres da grande imprensa brasileira da minha geração, se arrebentara numa estrada, num carro da Rede Globo de Televisão. Aos 28 anos de idade. Não havia me acostumado à perda tão sentida quando, aos 20 anos, meu primo Alexandre Cardoso de Albuquerque Dias, meu amado Xandinho, de quem aprendera a gostar como a um irmão caçula, agonizaria durante um mês na CTI de um hospital, vítima de terrível acidente em outra das perigosas estradas do país.

Crianças e jovens deviam ser proibidos de morrer. Mas, infelizmente, muitos vão embora mais cedo ou ficam doentes gravemente, com deficiências físicas ou psicológicas aparentemente insuperáveis. Eu precisava então encontrar um sentido para a vida e, principalmente, para a dor. E felizmente, naquele final de 1987, ao atingir a maturidade dos meus 30 anos, começaria a pressentir uma explicação para o sofrimento, para a perda.

Na maioria das vezes, quando tudo vai bem, de vento em popa, é difícil pararmos para refletir sobre aspectos negativos do nosso dia-a-dia. O que dizer do futuro, da morte? Mas a dor ensina, abre corações. Assim, naquela noite surreal de amor com inusitadas revelações sobre as potencialidades do mundo invisível, a morte que feria começava, finalmente, a fazer algum sentido.

Abriram-se as portas para uma nova realidade. E que realidade! Como imaginar que iniciava ali uma rica caminhada que me poria em contato com um universo de fenômenos maravilhosos e sublimes, feito de luzes astrais, de objetos que se moviam "sozinhos" ou surgiam do "nada", de vozes que vibravam no espaço e de seres que vinham do outro lado da vida – muitas vezes portando aparelhos curativos jamais imaginados.

Seres que podiam falar, tocar em você, como se fossem pessoas comuns, para tratar de doenças graves como o câncer. Médicos do espaço que se materializavam como que anunciando que a morte – pelo menos a morte que tanto aprendemos a temer, como se fosse a negação da vida – simplesmente não existia.

Como materialista dialético – orgulhoso do que aprendera sobre a ciência da história e filosofia marxistas –, não podia fugir de um dado objetivo, forte: como evitar de pelo menos refletir sobre algo tão impactante dito por alguém que amava e confiava?

Cultivando o pensamento dialético, avesso a dogmatismos, sempre achei pueril a prática intelectual – infelizmente muito comum – de ridicularizar ou condenar veementemente algo *a priori*, sem qualquer investigação ou pelo menos uma reflexão mínima. Diante então de uma hipótese plausível de fatos existentes, por mais delirantes que pudessem parecer à primeira vista, decidi investigá-los com a mente mais aberta possível.

A revelação de Célia não só havia colocado meu pensamento materialista em xeque como abriu um caminho de estudo racional que, para muitos, devia ficar restrito apenas a práticas religiosas – por ser artigo de fé, jamais de prova científica.

Jamais esquecerei o momento em que ela me descreveu a primeira vez de que participou de uma reunião espírita de cura, na cidade do Rio de Janeiro. Um ser, que acabara de se materializar – e que dizia se chamar João Pedro, um médico que vivera em São Paulo 300 anos antes –, se aproximou dos presentes e, passando sua mão na coluna de alguns, inclusive na dela, retirou energia extra para melhor realizar as intervenções cirúrgicas programadas para aquela sessão.

– Quando ele passava a mão quente nas minhas costas, eu ouvia o barulho da fricção das vértebras, como se estivesse fazendo aquilo internamente. Ele fazia por fora, mas tocava dentro. O rosto tinha a fisionomia de uma pessoa, mas na altura da boca havia um orifício, não se viam os dentes. É como se tivesse um escuro na boca... a formação do rosto, o nariz eram apenas sugeridos. Os olhos também não existiam. É como se dentro de orifícios escuros houvesse dois pontos de luz bem brilhantes, como se fossem duas estrelas. Atrai, hipnotiza. Acho que se ficar olhando muito, você entra num transe e atravessa para outra dimensão. É como se ali fosse a passagem para outro universo – descreveu Célia.

Seis anos depois dessa conversa, o véu da minha cegueira filosófica acabaria derrubado de vez quando, em 8 janeiro de 1994, me seria dada a rara oportunidade de observar, pela primeira vez, um espírito materializado. Numa sessão de cura promovida no centro espírita Lar de Frei Luiz, no bairro de Jacarepaguá, na Zona Oeste do Rio, um médico do espaço faria jorrar diante de meus olhos, de estranho aparelho curativo que portava, uma luz que mais parecia a de raio laser – e que penetrava nos corpos dos enfermos.

Trabalhando à época como repórter do jornal *Folha de S.Paulo*, a partir dali passaria a comprovar, na prática, o quanto era mal informado, o quanto me guiava por dados imprecisos ou até mesmo falsos da mídia hegemônica – em livros, jornais, revistas, programas de tevê e rádio. Jamais poderia imaginar a quantidade de pessoas, no Brasil e no exterior, várias de renome internacional, que já haviam participado de experiências semelhantes – algumas deixando por escrito, em livros ou documentos de caráter científico, seu testemunho dessa fenomenologia do astral.

Percebi assim que chegara o momento de abandonar de vez meus preconceitos cartesianos, para dar uma radical virada conceitual em minha visão filosófica de mundo. A realidade da vida após a morte passava a ser não mais uma questão de pura fé religiosa, mas algo concreto, racional. Estava diante dos meus olhos, dos meus ouvidos, do meu tato.

Formado em engenharia e, depois, em jornalismo, havia assumido, desde jovem, como uma das minhas principais metas de vida, a busca do pensamento lógico, científico e objetivo. Mas, felizmente, aprendera também que para se fazer boa ciência, aquela que evolui, que nunca pára no tempo, é fundamental ter a mente aberta, para aceitar novas hipóteses de trabalho, por mais absurdas que possam parecer inicialmente.

É preciso acreditar na pesquisa em grupo, na troca de experiências, de informações e de dados confiáveis reunidos por pessoas reconhecidas por sua seriedade, competência e visão crítica – base da produção de consenso importantíssimo para a validação científica.

E foi confiando no senso ético e na conduta moral de muitos que tive a lucidez de jogar preconceitos de lado e apostar que estava no bom caminho, por mais maluco que pudesse parecer para colegas, amigos e até para a minha família. Tomei então uma decisão que mudaria minha vida: mergulhei no mundo do invisível, passando a trabalhar no Lar de Frei Luiz – casa espírita que tem a missão de cuidar de crianças carentes e de realizar sessões públicas semanais de cura espiritual, que atraem milhares de pessoas.

Ao agarrar assim a oportunidade de empreender apaixonante pesquisa sobre o mundo extrafísico, seis anos depois, em março de 2000, publicaria meu primeiro livro de temática espiritual: *Médicos do Espaço – Luiz da Rocha Lima e o Lar de Frei Luiz*[1].

Dessa forma, sem planejar nada, pelo menos conscientemente, minha missão estava traçada. Ao deixar fluir minha intuição, mas sempre à luz da razão, passei a tentar mostrar – em livros, entrevistas, palestras – que os chamados fantasmas e as esferas espirituais nada têm de sobrenatural, de fantástico, de milagroso. Apenas fazem parte de dimensões espaciais mais sutis, etéreas, que permeiam a todo instante nossa vida material – embora não sejam percebidas normalmente por nossos cinco sentidos comuns.

EVENTO HISTÓRICO

Uma de minhas primeiras grandes surpresas, ao começar a investigar fenômenos espirituais, foi me deparar com respeitada bibliografia sobre o tema – inclusive com livros, mais ao meu gosto, de pesquisadores renomados que não tomavam como base experiências místicas, mas sim fatos empíricos, estudados de forma criteriosa, sob rigorosa metodologia científica, digna de qualquer positivista mais radical.

O marco histórico do início oficial dos estudos sistemáticos dos chamados fenômenos de efeitos físicos – ruídos e vozes, luzes e corpos que se materializam – se situa em meados do século XIX, nos Estados Unidos. Na verdade, começariam aí os estudos científicos de fenômenos que, na prática, sempre existiram, desde os primórdios da humanidade. Afinal, parece-me coerente a hipótese de que os grandes ensinamentos religiosos e toda a cultura humana sobre o que se convencionou chamar de sobrenatural, com seus fantasmas e toda a sorte de aparições, tiveram como base experiências inusitadas de contatos de povos antigos com seus mortos ou, até mesmo, com seres extraterrestres.

Não fosse assim, seria como imaginar o surgimento de alucinações coletivas, perpetuando-se por séculos afora, capazes de produzirem uma grande lavagem cerebral em líderes espirituais e na gente comum – fazendo-os repetir histórias fantásticas, sem pé nem cabeça, da boca para fora, sem qualquer dado mais concreto ou experiência mais sutil.

Um estudo interessante que joga luz nessa questão foi realizado pelo engenheiro Hernani Guimarães Andrade (1913-2003), fundador do Instituto Brasileiro de Pesquisas Psicobiofísicas e especialista em experiências de comunicação com mortos. No livro *A Transcomunicação Através dos Tempos*[2], ele especula sobre rituais funerários da era paleolítica, afirmando que as primeiras comunicações da história humana com seus mortos teriam sido "a causa mais plausível da crença na alma, ou melhor, da crença nos espíritos".

Por sua vez, o pesquisador espírita francês Léon Denis (1846-1927), em seu livro *No Invisível*[3], recupera escritos históricos que dão conta da aparição de formas materializadas em diferentes épocas, como em cerimônias públicas na Roma Antiga em honra aos mortos:

– A multidão se aglomerava à entrada das criptas. As sibilas praticavam as encantações, e dos lugares obscuros, dizem os escritores da época, tal como atualmente dos gabinetes de materialização, viam-se emergir sombras e se apresentarem em plena luz. Às vezes mesmo os camaradas, os amigos de outrora retomavam por momentos seu lugar à mesa e no lar comuns – afirma, continuando:

– Nos mistérios órficos, dizem Porfiro e Próluz, as almas dos defuntos apareciam sob a forma humana, e conversavam com os assistentes. Ensinavam-lhes a sucessão das existências e a ascensão final do espírito à luz divina, mediante vidas puras e laboriosas.

Hernani Andrade também reúne vários exemplos de fenômenos de efeitos físicos ao longo da história, levantados por pesquisadores de diversas épocas. Um dos mais curiosos[4] é tirado do livro *Popoli Primitivi e Manifestazioni Supernormali*, publicado em 1941 pelo filósofo italiano Ernesto Bozzano (1862-1943), que consiste em uma coletânea de relatos de inúmeras testemunhas, viajantes e antropólogos de renome, que evidenciam a crença na existência de espíritos entre os povos primitivos.

Inicialmente um positivista-materialista, que acabaria se rendendo à realidade dos fenômenos espirituais, Bozzano reproduz trecho do trabalho *The Making of Religions*, do antropólogo Andrew Lang, sobre fato relatado por um dos pais da chamada ciência moderna: o naturalista inglês Charles Darwin (1809-1882). Pois o papa da teoria evolucionista – tão cara à ciência cartesiana – afirma ter visto duas mulheres malaias, na Ilha de Keeling, colocando um vestido em uma grande colher de madeira, para imitar uma boneca, e deixando-a sobre o túmulo de uma pessoa que havia morrido. Em toda a Lua cheia, "aquela colher se animava, saltitando e dançando convulsivamente".

Andrade não tem dúvida: "O intercâmbio entre os vivos e os desencarnados é uma constante que iremos observar em todos os tempos e lugares, sejam quais forem a nacionalidade, o credo religioso oficial, os costumes e o sistema político dos povos". Em seu passeio pela história da humanidade e seus experimentos de contato com os mortos, ele lembra, inclusive, citações bíblicas que falam de materializações e de outros fenômenos de efeitos físicos protagonizados por Jesus, antes e após sua crucificação.

Para o pesquisador e para muitos espíritas e espiritualistas de um modo geral, um dos "episódios mais marcantes", quando Jesus ainda vivia na Terra, foi o fenômeno da transfiguração no Monte Tabor, diante do apóstolo Pedro e de Thiago e seu irmão João. Com ligeiras variações, os evangelistas Matheus, Marcos e Lucas descrevem quando a aparência do mestre mudou, transfigurando-se diante dos três discípulos, e "seu rosto ficou refulgente como o Sol, e as suas vestiduras se fizeram brancas como a neve"[5].

A seguir, surgiram ao lado de Jesus – ou melhor, se materializaram – dois homens, dois vultos da história do judaísmo: Moisés, um dos fundadores da religião judaica e o libertador dos hebreus escravizados no Egito, no século XIII a.C., e o profeta Elias, que vivera no século IX a.C. Depois, quando Pedro falava com Jesus, "uma lúcida nuvem os cobriu". E da nuvem surgiu uma voz: "Este é aquele meu querido Filho em quem tenho posto toda a minha complacência; ouvi-o".

Esse e outros episódios, principalmente após a morte de Jesus – como quando ele apareceu, em um monte na Galiléia, para se despedir de 11 apóstolos, prometendo estar com eles até o fim dos tempos –, demonstram que até mesmo a Bíblia está repleta de exemplos de fenômenos de efeitos físicos.

Na minha infância, influenciado pela cultura católica, acreditava que acontecimentos dessa magnitude eram milagres que só poderiam ter sido protagonizados por Cristo ou por santos da igreja. Mas quando cresci e me tornei materialista dialético, aos 21 anos, ao ler pensadores que mudariam radicalmente minha maneira de pensar a sociedade, como Marx, Gramsci e Althusser, passei a achar que tudo era pura invenção, delírios místicos.

No entanto, nunca deixei de acreditar que Jesus havia existido e realmente tinha sido alguém muito especial, para poder marcar de forma indelével a história da humanidade.

Naquele instante da vida, porém, especial para mim era apenas sua visão social, sua prática revolucionária em prol de mudanças de comportamento, dos costumes de uma época. Mas anos depois, ao testemunhar inúmeros fenômenos de efeitos físicos, finalmente enxerguei que esses fatos não dependiam de santos nem deviam ser creditados na conta dos milagres. Eram reais, podendo ser estudados cientificamente.

Como observa Léon Denis no livro *Cristianismo e Espiritismo*[6], os quatro Evangelhos reconhecidos pelas igrejas cristãs trazem imprecisões e lacunas, típicas de suas inúmeras fontes de consulta e de variadas traduções e censuras históricas, por parte da cúpula manipuladora do poder religioso. Mas, por outro lado, é óbvio que não se consegue inventar uma grande mentira que perdure por muito tempo, ainda mais enganando milhões e milhões de pessoas. Chega um momento, mais cedo ou mais tarde, que a "casa cai".

Assim, se algo surge e se mantém firme, é porque deita raízes fortes. Se Jesus passou a ser reverenciado de uma maneira impressionante por grande parte da humanidade, com certeza não só existiu como tocou profundamente corações e mais corações de seus contemporâneos – com sua mensagem de amor e fraternidade e protagonizando experiências inusitadas que marcariam sua época; e persistiriam até os dias de hoje.

No entanto, mesmo que bem lá atrás, quando o tempo começa a se perder, lideranças espirituais – não só Jesus, como Moisés, Buda e Lao Tzé, entre outras – tenham deixado mensagens fortes, principalmente a partir de seus exemplos de vida, nada – ou pouco – de seus legados perduraria se não existisse um caldo histórico e espiritual propício. Ou seja: se fenômenos de contatos com a chamada espiritualidade não fossem uma constante na vida de muitos, não haveria no seio da humanidade um sentimento maior de religiosidade.

E para engrossar esse caldo, é evidente que alguns dos maiores ingredientes foram fenômenos como aparições de luzes e materializações de seres extrafísicos, capazes de impactar, de um momento para outro, corações e mentes mais endurecidos.

Para os mais céticos, descrições tão sublimes teriam a ver com um ato de fé e não com fatos palpáveis, que pudessem ser comprovados na prática e à luz da razão. Mas a evolução espiritual e cultural da humanidade é inexorável – e o mundo se transforma.

Antes, esses fenômenos tinham a ver com experiências individuais de uns ou de outros, até mesmo de uma multidão, mas dentro de uma perspectiva de algo mais sentido do que propriamente explicado. Uma relação mais mística do que racional. No entanto, com o desenvolvimento histórico ocidental, essa fenomenologia passaria a reivindicar seu status científico. Pelo menos da ciência dialética, viva, que evolui a partir de fatos novos, que possam se reproduzir sob determinadas condições e regras de controle.

Com o advento do chamado espiritualismo moderno, em meados do século XIX, esses episódios marcantes começaram a ser estudados sistematicamente. De modo que qualquer incrédulo, desde que tivesse a oportunidade de experimentar algo do gênero, não poderia deixar de ficar balançado em suas convicções.

De fato, alguns dos chamados fenômenos espirituais – não só os de materialização de espíritos, como os de deslocamento de objetos e de incorporação mediúnica, entre outros – se mostravam tão intensos que grandes sábios da época tiveram que encontrar tortuosas explicações para não ver suas crenças filosóficas materialistas sucumbirem de vez.

Afinal, como um pesquisador sério poderia duvidar da aparição de um ser materializado a sua frente? Fenômeno por tantas vezes promovido sob rigorosas condições de controle, com testemunhas idôneas e o sensitivo responsável pela aparição estando completamente amarrado e até mesmo enjaulado. Como negar sua existência?

Nada mais natural, portanto, que alguns materialistas mais ponderados tentassem encontrar explicações de acordo com suas crenças filosóficas. Surgiria assim a hipótese de que tudo não passava de qualidades supranormais da mente. Ou seja: a mente, o organismo humano, com suas potencialidades inimagináveis, seria a sede criadora desses fenômenos, que acabariam batizados de parapsicológicos.

Mas nada nas pessoas é tão definido, absoluto, sem comportar nuanças de pontos de vistas. Assim, até mesmo a parapsicologia se dividiria inicialmente entre aqueles mais materialistas e os mais espiritualistas, que chegavam a admitir alguma interferência de forças extrafísicas na produção dessa fenomenologia.

E essa nova ciência – que vinha crescendo no Ocidente a partir de instituições como a Sociedade de Pesquisa Psíquica, na Inglaterra – acabaria ganhando status universitário, em 1930, com a fundação do Laboratório de Parapsicologia da Universidade de Duke, na Carolina do Norte (EUA). "Até então, nenhuma universidade havia incluído em seu *curriculum* a pesquisa dos fenômenos paranormais", afirma Andrade[7].

A hipótese da sobrevivência após a morte e da possibilidade de haver comunicação mediúnica com espíritos chegou a mover pesquisas de ponta desse laboratório do Departamento de Psicologia da Universidade de Duke. Mas, após alguns anos, a visão positivista da ciência ganhou terreno e esses estudos seriam relegados a segundo plano, dando lugar a investigações de supostas funções paranormais do organismo humano. Uma regressão a critérios cientificistas que ficaria patente, ainda na primeira metade do século XX, com a fundação do que ficou conhecido como a moderna parapsicologia.

Para mim, porém, isso não representou necessariamente uma derrota para a filosofia espiritualista. Afinal, a vitória de correntes científicas mais conservadoras evidenciaria pelo menos a existência de uma realidade inquestionável: fossem fenômenos paranormais ou espirituais, qualquer pessoa de razoável bom senso não poderia ignorá-los.

Sim, para desespero dos materialistas mais intransigentes, eles existem, independentemente de causas que lhes sejam atribuídas. Caso contrário, não teriam chamado a atenção de pesquisadores qualificados, mesmo que mais céticos.

Precisamos então debater, de forma madura, quais os argumentos teóricos e práticos mais consistentes para explicá-los.

Existe uma avalanche de testemunhos sobre comunicações de seres – incorporados em médiuns ou mesmo materializados – que se identificam como espíritos e que, muitas vezes, fazem revelações desconhecidas de qualquer um que esteja presente. Ou ainda testemunhos sobre a materialização de objetos, de luzes e de espíritos que trabalham em sessões de cura.

Então, por que não se conceder o benefício da dúvida, em vez de críticas contaminadas por argumentos arrogantes e discriminatórios? Não seria mais científico? Até porque se admitirmos que a mente humana é mesmo capaz de produzir fenômenos de efeitos físicos e tantos outros classificados de paranormais, ela seria muito, mas muito mais forte do que poderia sonhar o mais descrente dos mortais, não é mesmo?

De fato, a mente tem uma força descomunal, infelizmente não reconhecida pela maioria. Força capaz inclusive de produzir fenômenos de efeitos físicos, como a materialização momentânea de objetos e até mesmo de formas "humanas". Uma capacidade mental de produção de fenômenos que foi batizada de ideoplastia pelo italiano Ernesto Bozzano, em seu livro *Pensamento e Vontade*[8].

Mas um olhar atento sobre os fenômenos de efeitos físicos revela também algo bastante concreto: a existência de inteligências exteriores comandando a maioria das ações e das aparições. Há, nesses casos, autonomia de decisão, de atos, de pensamentos. Não são, portanto, fenômenos produzidos a partir de qualquer pessoa que esteja presente.

Infelizmente – digo assim pois esse estado de coisas atrasa em muito a evolução cultural e espiritual da humanidade –, a grande maioria dos céticos critica, chegando mesmo a ridicularizar posições opostas a suas idéias preconcebidas, sem se dar ao trabalho de checar, de tentar participar de experiências semelhantes.

Ainda bem que quando era descrente jamais abandonei uma das máximas da boa filosofia da ciência: não tenha preconceitos, não critique sem se certificar sobre o que está falando. Observe, cruze informações, veja *in loco* o que é sério, separe o joio do trigo. Não seja "macaco de imitação". Não fale com arrogância sobre algo que jamais presenciou.

Um convite à reflexão: se fenômenos espirituais vêm sendo relatados por uma quantidade incalculável de pessoas ao longo da história, algumas com nome público a zelar, não haveria algo de verdadeiro no que sempre se afirmou? Não seria de bom tom admitir pelo menos a possibilidade de se realizarem experimentos do gênero, mesmo que para negar sua veracidade mais tarde? Não deve ser essa a postura de um verdadeiro cientista?

Como jornalista, aprendi a importância de sempre se ouvirem os lados envolvidos numa questão, checando-se as diferentes versões. Aprendi – mesmo que em muitas reportagens não me fosse dado tempo suficiente para isso – a importância de se investigar a fundo em busca da versão mais objetiva possível de um fato. E com a convicção adquirida em anos de pesquisas no campo espiritual, sustento à luz da razão: os fenômenos de efeitos físicos são verdadeiros.

Charlatões existem em qualquer atividade humana. O importante é reunir experiência suficiente para poder separar a pessoa séria da mistificadora. Na verdade, a história humana está repleta de exemplos de sensitivos que se dedicaram, de forma responsável, a provar a realidade da transcendência da vida.

E com o século XIX, havia chegado o momento de qualquer pessoa mais sensível e informada prestar atenção na atuação dos médiuns de efeitos físicos – classificação dada àqueles que, ao fazer a ponte entre o mundo material e o invisível, têm o dom de possibilitar a materialização de espíritos e de outros fenômenos de cunho espiritual.

NOVA ERA

No campo dos efeitos físicos, um dos fatos mais significativos na história ocorreria com os Fox, uma família de modestos fazendeiros que alugara uma casa no então vilarejo de Hydesville, no Estado de Nova York. Episódios ocorridos em 1848 nessa humilde casa, que acabou com fama de mal-assombrada, marcariam o início da fase em que, no Ocidente, fenômenos espirituais passaram a ser estudados com metodologia científica.

Na prática, impulsionaram todo um processo de análise de ensinamentos e experiências já praticados por diferentes povos do Oriente, alguns há mais de 5.000 anos, como no caso do hinduísmo, na Índia, e do taoísmo, na China.

Os fenômenos em Hydesville funcionaram como um divisor de águas para aqueles que pretendiam – e pretendem – fazer dos fatos espirituais um campo de provas científicas. Trata-se do marco oficial do que se convencionou chamar de espiritualismo moderno.

Naquela casa, em meio a fenômenos diariamente testemunhados por centenas de vizinhos e de pessoas que chegavam de várias localidades, duas filhas do casal Fox – as irmãs Kate, então com 12 anos, e Margaret, com 15, médiuns de efeitos físicos ainda sem o saber – possibilitariam a comunicação com algo que se fazia presente promovendo ruídos de arranhaduras e batidas nas paredes, no soalho e em móveis. As meninas chegavam a sentir mãos invisíveis – quase sempre frias – correndo sobre seus corpos[9].

A partir do número de batidas, que passou a ser associado a letras do alfabeto, em resposta a perguntas formuladas, familiares e vizinhos puderam se comunicar com alguém que se dizia o espírito de um mascate que havia sido assassinado, cinco anos antes, por um antigo inquilino da casa, para roubar-lhe US$ 500. O pesquisador francês Léon Denis[10] registra que houve uma ocasião "em que se reuniram 500 pessoas para ouvirem os ruídos".

O mascate, que soletrou seu nome como sendo Carlos Rosna, disse que tinha sido enterrado na adega da casa. Escavações foram então realizadas numa área do chão da adega, encontrando-se restos de ossos e de cabelos. Mas só 56 anos depois, o então dono da casa, William Hyde, acabaria encontrando uma lata do mascate e um esqueleto humano quase que completo entre a terra e escombros de uma parede da adega – o que indicava que o assassino, talvez com medo de ser descoberto, havia, em determinado momento, mudado o corpo de lugar. Ficava assim provada em definitivo a veracidade da comunicação espiritual.

Esse episódio histórico e muitos outros fenômenos são relatados no excelente livro *The History of Spiritualism*, do escritor escocês Arthur Conan Doyle (1859-1930), traduzido no Brasil com o título *História do Espiritismo*[11].

Ter acesso a esse livro foi uma surpresa: na minha "santa ignorância" de jornalista, como poderia imaginar que Sir Conan Doyle, criador de um dos maiores mitos da novela policial – Sherlock Holmes –, era um grande estudioso da espiritualidade? Pois o famoso escritor chegou a presidente de honra da Federação Espírita Internacional, a presidente da Aliança Espírita de Londres e a presidente do Colégio Britânico de Ciências Psíquicas.

Doyle traça um amplo panorama das grandes experiências espirituais ocorridas em vários países, principalmente da segunda metade do século XIX até o início do século XX. E o faz não só com um belo texto, mas com um senso crítico imprescindível ao bom pesquisador, que não se furta em colocar o dedo na ferida quando necessário, revelando escorregadelas de caráter de alguns médiuns famosos em sua época.

Dessa forma, mostra que o ser humano é falível, podendo de uma hora para outra, com a perda de seu poder de sensitivo, tentar enganar platéias, assim alimentando, infelizmente, o descrédito dos que procuram qualquer pretexto para negar a realidade espiritual.

O criador do detetive Sherlock Holmes foi o que se costuma dizer: o homem certo no lugar certo. Escritor hábil, retratou um dos momentos mais efervescentes da história espiritual do Ocidente, em que seres de inúmeras procedências faziam comunicações as mais diversas e se exibiam das formas mais variadas.

E esse tipo de fenomenologia explodira de tal forma – primeiro nos Estados Unidos, depois na Europa e, em seguida, em vários outros países, como no Brasil – que ficou evidente tratar-se de um plano orquestrado pela espiritualidade.

Lógico que os episódios ocorridos com os Fox não foram os primeiros do gênero – apenas indicam que a família foi colocada no centro de um turbilhão de fenômenos e de atração popular para divulgar todo um processo previamente delineado. Afinal, outros incidentes igualmente impactantes aconteceram antes e nem por isso tiveram a grande repercussão dos fatos ocorridos na "casa mal-assombrada" de Hydesville.

Só para citar um caso: dois anos antes, na França de 1846, a camponesa Angélica Cottin, de 13 anos, espantava boa parte de Paris com fenômenos que produzia à vista de uma multidão, como a agitação e a levitação de objetos. Por pelo menos duas vezes, tesouras amarradas e penduradas foram lançadas no ar sem que o cordão que as prendia fosse rompido. Ou seja: além de se movimentarem, "atravessaram" o cordão.

Em seu livro *As Mesas Girantes e o Espiritismo*[12], o pesquisador brasileiro Zêus Wantuil dá a dimensão da repercussão alcançada pelos fenômenos de efeitos físicos produzidos com a ajuda dessa pequena sensitiva: "Milhares de pessoas curiosas a visitavam, entre as quais se viam médicos de várias partes do país, físicos ilustres, advogados, farmacêuticos, magistrados, eclesiásticos etc., sem excluir alguns circunspetos sábios da Academia parisiense. Arago, o famoso astrônomo e diretor do Observatório, secretário perpétuo da Academia das Ciências de Paris, comunicava a esta, na sessão de 2 de fevereiro, os estranhos fatos que tivera a oportunidade de verificar" com mais três testemunhas.

Diante dessa realidade, por que os Estados Unidos se transformaram no palco central do lançamento do espiritualismo moderno? Tenho uma hipótese: ao prever a pujança econômica que o país iria adquirir no século XX, seres extrafísicos apostaram suas fichas numa sociedade com poder financeiro e cultural capaz de impulsionar as pesquisas sobre esses fenômenos em vários cantos do planeta. Uma nação que de fato se tornaria o centro de um movimento espiritual internacional que ficaria conhecido como Nova Era.

Mas independentemente de qualquer conclusão sobre o tema, é evidente que uma nova etapa histórica fora inaugurada após as experiências com a família Fox.

O pesquisador e jornalista russo Alexander Aksakof (1832-1903), conselheiro de Estado do regime czarista, recupera, no livro *Animismo e Espiritismo*[13], alguns episódios de novembro de 1848 quando, assustados com a repercussão que os fenômenos em sua casa alcançaram, os Fox não queriam continuar com as comunicações. Afinal, as pressões eram muitas. Após as primeiras manifestações, os integrantes da família chegaram a ser excomungados pela Igreja Episcopal Metodista, da qual eram "adeptos notáveis".

Mas os Fox acabaram cedendo diante do apelo de amigos, de sua própria consciência e de novas mensagens, pois "as pancadas não deixavam de repetir imperiosamente: ′Tendes um dever a cumprir; queremos que torneis públicas as coisas de que sois testemunhas′".

O plano traçado por seres extrafísicos apontou inclusive o aluguel de uma grande sala pública, para que as jovens irmãs exibissem seus dotes mediúnicos. Até esse momento, temendo uma reação negativa da opinião pública, as sessões com as meninas vinham sendo realizadas em casas particulares, comandadas por um conhecido da família.

– Foi só então, após numerosos ensaios, que decidiram tentar a grande prova, e um *meeting* público foi anunciado para a noite de 14 de novembro de 1849, no Corynthian Hall, em Rochester. O êxito foi completo. Três *meetings* consecutivos deram os mesmos resultados, e o movimento espirítico nasceu! – relata Aksakof.

Os encontros nesse que era o maior salão de exibição de Rochester, com a produção de fenômenos como a movimentação de uma mesa, resultaram na formação do primeiro núcleo de estudos do chamado espiritualismo moderno. Dali em diante, as notícias sobre as irmãs Fox começaram a cruzar os Estados Unidos e, depois, foram bater na Europa.

O pesquisador Zêus Wantuil reproduz[14] trechos de matérias publicadas em jornais da França e dos Estados Unidos, em 1852, que narram "um fato de ampla repercussão nos meios médicos". Trata-se de experiência protagonizada pelas meninas diante de uma assembléia de 500 a 600 pessoas, no anfiteatro da Escola de Medicina da Universidade de Missouri. Um comitê de investigação, comandado por um célebre professor de anatomia e convicto materialista, acabou por se dobrar aos fatos.

Assim, no momento em que o mundo ocidental descobria as potencialidades da ciência moderna – derrubando tabus e dogmas religiosos que atravancaram a evolução humana por séculos e séculos, particularmente durante as trevas da Idade Média –, surgia uma outra revelação. De forma sistemática, seres extrafísicos passaram a dar provas de que a espiritualidade deveria ser encarada sob outro prisma, menos mitológico, menos místico – mais calcado na racionalidade, na experimentação científica.

Ou seja: para fazer ciência, os pesquisadores não deveriam jogar fora toda uma experiência histórica de contato com realidades espirituais. Deveriam, sim, buscar um sentido racional onde imperava o misticismo.

Dessa forma, sem que ainda se tivesse idéia, nascia um movimento que, sobrevivendo ao século XX – o mais materialista que jamais existira –, desaguaria, no século XXI, numa espiritualidade mais racional e, ao mesmo tempo, reforçada por influências de práticas espirituais orientais.

O lado mais analítico do ocidental daria finalmente as mãos ao lado mais meditativo do oriental, formando-se uma nova corrente espiritual que passaria, lenta e sutilmente, a criar as bases para uma nova hegemonia cultural no planeta – possibilidade maior para a transformação da Terra num mundo mais harmonioso e coerente com as leis universais de amor e de fraternidade.

Estavam plantadas as raízes de uma nova era.

MESAS GIRANTES

Os episódios de Hydesville foram o prenúncio de um tipo de comunicação que se espalharia rapidamente pelos Estados Unidos e pela Europa, no início dos anos 50 do século XIX: o fenômeno das mesas girantes. Na presença de médiuns de efeitos físicos – muitos que nem se davam conta de seus poderes –, mesas pesadas se moviam, levitando até. Muitas delas produziam pancadas e ruídos com seus deslocamentos, em geral pelos pés tocando o chão, cujo número de batidas era associado a uma determinada letra do alfabeto.

Espíritos revelavam assim uma maneira pitoresca de comunicação com os seres humanos. Mas era um meio de comunicação lento demais, que logo seria substituído por formas mais rápidas e eficazes. Seguindo-se instruções da espiritualidade, mesinhas ou pequenas pranchetas, com duas rodinhas e um lápis – que fazia o papel da terceira rodinha –, passaram a ser posicionadas em cima de folhas de papel ou de pedras de ardósia. Colocando-se então as mãos em cima da mesinha, para mentalizar e concentrar energia, logo ela adquiria vida própria, se movendo e escrevendo respostas e mensagens de esferas astrais.

Poucos anos depois, porém, a escrita com o uso de mesas seria substituída por técnica bem mais rápida: a psicografia, em que o sensitivo escrevia mensagens ditadas por espíritos. Claro que era uma prática que também já existia em tempos imemoriais, apenas ganharia relevo no final do século XIX. O mesmo havia ocorrido com as mesas girantes, tampouco uma novidade.

Hernani Guimarães Andrade afirma[15] que o introdutor das mesas girantes na Europa foi o filósofo grego Pitágoras, por volta de 540 a.C., quando regressou de seu aprendizado no Egito, onde fora iniciado espiritualmente por sacerdotes e passara a conhecer a lei da reencarnação. "Ele e seu discípulo Filolaus usavam uma prancheta dotada de rodízios nos pés denominada 'mesa mística', com a qual consultavam os seres espirituais."

Em mais uma comprovação de que muitos dos fenômenos que passaram a ser estudados no Ocidente já eram vivenciados há muito no Oriente, o famoso psiquiatra italiano Cesar Lombroso (1835-1909) – fundador da antropologia criminal – registra em seu livro *Hipnotismo e Mediunidade*[16]:

– São todavia notórias, na China, as mesas girantes, das quais o abade Vincot, missionário, escreve, no *Univers*, de 14 de Abril de 1857: "São aqui conhecidas, desde há muitos séculos, as mesas semoventes, que sabem também escrever, com a ajuda, seja da pena, seja de um lápis que se lhes prende perpendicularmente a um dos pés".

Lombroso registra também o uso das mesas girantes por lamas do Tibete, para interrogar espíritos, segundo trecho de reportagem que retirou do *Journal des Debats*, de maio de 1894: "Coloca-se no meio de um aposento uma mesa redonda, coberta de cinza ou areia. Ao teto é presa uma flecha que toca com a ponta a mesa; os lamas, colocados em círculo, apóiam as mãos sobre o móvel. Aos poucos instantes, a mesa começa a mover-se e a flecha se agita e escreve na cinza as respostas às perguntas formuladas. As respostas são francas, no idioma do país, e as letras pertencem ao alfabeto tibetano".

Mais curioso ainda era outro uso que esses sacerdotes do budismo tibetano faziam das mesas girantes: descobrir objetos perdidos ou furtados. Zêus Wantuil recorda[17] experiência relatada em artigo do sábio Tscherepanof publicado no jornal russo *Sjevernaja Ptschelà*, em 27 de abril de 1853, em que descreve episódio que o impressionou quando viajava, em 1831, pelo Tibete:

Um lama colocou a mão em cima de uma mesinha quadrada e começou a ler um texto. Depois de meia hora, se levantou, com a mão ainda em cima da mesa – que acompanhou seu movimento, se erguendo também. Finalmente, a mesa se desgarrou da mão do lama e, levitando no ar, percorreu diversas direções e acabou por cair, indicando a direção principal onde deveria ser encontrado o objeto escondido.

Tscherepanof afirma que a mesa voou por cerca de 30 metros. Nada foi encontrado no trecho do campo onde caiu, inerte. Mas na direção apontada pela mesa, morava um camponês russo que, após observar o inusitado fenômeno, se suicidou. Realizadas buscas em sua casa, encontrou-se o que se procurava. "Eu não acreditava no que os meus olhos viam", confessa o sábio, "e a mim mesmo explicava este fato por alguma escamoteação que o lama empregava. Estava persuadido de que ele elevava o móvel no ar por meio de um fio invisível aos olhos dos espectadores. Mas, após exame minucioso, não encontrei o menor traço de fraude. A mesa movente era de pinho e pesava cerca de libra e meia."

O russo se diz convencido de que aquele fenômeno fora produzido "pelas mesmas causas que hoje fazem mover as mesas, os chapéus, as chaves etc.". Ele se referia à febre que assolava a Europa, vinda dos Estados Unidos.

No livro *O Espiritismo (Faquirismo Ocidental)*[18], o pesquisador francês Paul Gibier (1851-1900) fala da polêmica "agitação" provocada na América do Norte, em meados do século XIX, quando surgiu o fenômeno das mesas girantes: "De 1850 a 1860, só se falava disto em toda a parte; as sociedades sábias examinavam, os clérigos discutiam, os homens de letras, os advogados, todo o mundo, em uma palavra, agitava-se e... injuriava-se".

E assim como na América, a movimentação e levitação de objetos variados, principalmente de mesas de madeira, algumas extremamente pesadas, viraram mania na Europa dos anos 1850. Wantuil fez um belo levantamento sobre essa realidade em arquivos de jornais e revistas da época, além de livros de autores que escreveram sobre o fenômeno[19]. Parecia que não se falava de outra coisa em salões da ascendente burguesia européia.

Para descrever as experiências que, mais por diversão, eram promovidas em vários países, como Alemanha, Espanha, França e Portugal, a imprensa usava nomes como "febre" e "epidemia". Artigos e charges em jornais davam conta dessa nova mania importada da América do Norte. Uma verdadeira "invasão", como alguns definiam.

É preciso, porém, quantificar melhor esse estado febril. Como jornalista, vivenciei um vício presente nas redações da grande imprensa ao se buscar o insólito de forma apressada. Sem tempo para maiores apurações, muitas vezes sem apoio de qualquer dado estatístico, um "hábil" repórter, querendo aparecer, podia transformar um pequeno fato em algo bem maior. No tempo das mesas girantes, então, não seria temerário fazer generalizações do tipo "uma febre que tomou conta da Europa"?

Afinal, essa epidemia teria atingido a grande maioria de seus moradores, de suas famílias? Provável que não. Mas se existiam notícias constantes sobre esses fenômenos, parece razoável admitir que tenham realmente alcançado boa repercussão. Pelo menos entre famílias mais abastadas e bem posicionadas na sociedade – certamente o principal meio em que articulistas e jornalistas de então garimpavam suas notícias.

E essas notícias davam conta de uma invasão que começara oficialmente pelo Norte da Escócia, no final de 1852, quando ali desembarcaram alguns médiuns americanos. "Com eles vinha o *Modern Spiritualism*. Os fenômenos, principalmente as manifestações com as mesas girantes, espalharam-se pela Escócia, ganharam Londres e em menos de um ano se generalizaram por quase toda a Inglaterra", escreve Zêus Wantuil.

As notícias da Europa acabaram repercutindo em outras partes do mundo. No Brasil, Wantuil localizou o que seria a primeira matéria sobre o assunto, em exemplar de 14 de junho de 1853 do centenário *Jornal do Commercio*, do Rio de Janeiro, em que o seu correspondente em Berlim registra: "Não há neste momento uma reunião em Alemanha na qual não se fale da nova importação americana – *the moving table*, e não se experimente mais de uma vez o fenômeno".

Menos de um mês depois, em 11 de julho, o *Diário de Pernambuco* transcreveria longo artigo com o título "As danças das mesas", originalmente publicado no jornal *Courrier du Bas-Rhin*, em que o autor discorre sobre experiências realizadas em várias cidades alemãs e austríacas, como Berlim, Heidelberg e Viena. Sem deixar de frisar que alguns dos jornais mais sérios do seu tempo, como as gazetas de Leipzig e de Colônia, descreviam os fenômenos como "verdades inegáveis".

Dois dias depois, o mesmo jornal brasileiro publicaria artigo de importante médico que havia realizado em sua casa, no Recife, com a presença de ilustres membros da alta sociedade pernambucana, experiência com um prato, um chapéu e uma mesa de três pés. Sua explicação para a causa do fenômeno, porém, era a de que tinha a ver com o "magnetismo animal", uma poderosa força magnética produzida pelo corpo humano.

Mas independentemente do que seriam as causas para tais fenômenos, o fato é que se espalharam por vários países, convencendo pessoas das mais variadas procedências. No Brasil, após pesquisas em vários jornais da época, Wantuil chegou a comparar o fenômeno à atração que os discos voadores teriam no país a partir da segunda metade do século XX.

Ao lançar o seu livro, em 1958, o autor devia estar sob o impacto do clima no país após o cineasta americano Orson Welles ter provocado pânico nos Estados Unidos, em 1938, ao fantasiar, numa transmissão radiofônica, que marcianos estavam invadindo a Terra. "A novidade das mesas girantes rapidamente se espalhou por outras cidades importantes do Brasil, e em pouco tempo não havia ninguém que não tivesse conhecimento, pelo menos de ouvido, do estranho fenômeno giratório. Eram as tais mesas tão populares naquela época quanto o são hoje os enigmáticos discos voadores."

Na França, jornais do início de 1853 já registravam uma "epidemia importada da Alemanha", que por sua vez a tinha recebido pelos seus portos do Norte, onde chegavam navios dos Estados Unidos. O prestigiado jornal parisiense *L'Illustration* dedicava artigos e charges ao assunto. Em maio daquele ano, o fenômeno estava tão presente entre franceses que um dos mais importantes representantes da teologia e da filosofia católicas do século XIX, o reverenciado padre Ventura de Raulica, declarou que, a despeito de suas aparências de puerilidade, tratava-se de "o maior acontecimento do século".

Também bastante impressionado pelo fenômeno, um importante mágico da época, Roberto Houdin, assinalou: "Apesar de minha firme resolução de jamais intervir em discussões estranhas a minha arte, devo entretanto confessar, e mesmo afirmar, que o maior número desses fatos, praticados em tal escala, e em circunstâncias tão ingratas, desafiam inteiramente todos os recursos daquela mesma arte".

Pudera. Alguns fenômenos eram para impactar qualquer um, até mesmo profissionais acostumados com truques de ilusionismo. Foi o caso, entre inúmeros exemplos, de episódio narrado pelo musicógrafo e compositor francês August Gathy, em artigo publicado, em 26 de junho de 1853, no *La Patrie.* Em reunião com cerca de 20 pessoas, ele ficou estupefato ao testemunhar inusitada e violenta luta de pés entre uma mesa e uma mesinha de pé-de-galo.

No entanto, mesmo diante de experiências tão fortes assim, parte da imprensa ridicularizava muitas delas. É verdade que os jornalistas da época não faziam mais do que refletir o ambiente reinante: havia muita frivolidade em relação ao tema, favorecida pelo tipo de uso que em geral se fazia dessa fenomenologia, utilizando-a mais para diversão de amigos e conhecidos em chás e em outros encontros mundanos. A maioria fazia perguntas fúteis, como se ia ganhar muito dinheiro ou arrumar um belo emprego, ou pedia para a mesa demonstrar algum fenômeno, como dar pulinhos de um lado para o outro.

Esse clima de oba-oba, festivo, era possível pela maior facilidade de se produzirem esses efeitos físicos em vários lugares; ao contrário, por exemplo, das sessões para materializações de espíritos. No caso das mesas, em sua maioria redondas, as pessoas costumavam se sentar lado a lado, para fazer uma corrente, com as mãos pousadas sobre o tampo e, muitas vezes, apenas se tocando com as pontas dos dedos mindinhos. Com a concentração dos pensamentos, a cadeia energética formada – com a contribuição fundamental de um ou outro médium, mesmo que desconhecendo seus dotes sensitivos – era capaz de dar "vida" a objetos em ambientes os mais corriqueiros possíveis.

Uma das grandes discussões de então girava em torno das causas dos fenômenos. Num ambiente cultural em que o pensamento científico racionalista ganhava força, em contraponto à esgotada visão religiosa que tivera seu auge na Idade Média, muitos defendiam as teses do magnetismo animal. As mesas e outros objetos seriam assim movidos por forças e fluidos invisíveis emanados do corpo humano, da mente de sensitivos.

Para outros, porém, a causa espiritual parecia mais lógica, já que os objetos moventes apresentavam uma qualidade ímpar: pareciam ter vontade própria. A verdade é que logo, logo, como em outros países, Wantuil assinala que "a novidade mostrou na França outra faceta assombrosa. As mesas, além de girarem, também falavam! E até se elevavam e se mantinham suspensas no ar, sem qualquer meio de sustentação!"

Algumas mesas girantes transmitiam tantas comunicações que seria mais apropriado chamá-las de mesas falantes. A imprensa, que de vez em quando publicava anedotas e charges sobre o assunto, não deixava por menos. Nada mais ilustrativo desse clima de crítica irônica do que uma engraçada charge estampada pelo *L'Illustration*, em julho de 1854, em que uma mesa de três pés faz pose para um anúncio de pedido de emprego que diz assim: "Jovem mesa, de exterior simpático, que fala várias línguas e conhece um pouco de aritmética e muitas histórias, pede um lugar de intendente de finanças".

A fala, a mensagem – e não apenas o movimento. Brincadeiras à parte, esse era um diferencial importante, que passaria a atrair a atenção daqueles mais espiritualizados e com sentido lógico aguçado. Existiam mensagens profundas demais e contendo informações desconhecidas que não poderiam sair da mente de qualquer um dos presentes, fossem médiuns ou não. Além disso, eram experiências por demais impactantes e testemunhadas por várias pessoas influentes da época.

Mesas falando? Mesas brigando entre si? Difícil de acreditar? E o que dizer de mesas que não só transmitiam mensagens, batendo seus pés no chão, mas também ditavam notas de melodias e de ritmos musicais – uma pancada para dó, duas para ré, três para mi e assim por diante? Coisa de "doido varrido"? Impossível? Inacreditável?

Assim não pensava o famoso compositor alemão Robert Schumann (1810-1856), que em 1853 se apaixonou por esse tipo de experimentação. É bem verdade que ele terminaria seus dias numa clínica para pessoas com problemas mentais. Sensível, possuindo equilíbrio emocional precário, quem sabe essa sua aproximação com as mesas girantes não tenha mesmo contribuído para alimentar as vozes que o davam como louco, piorando seu estado? Não teria sido o primeiro sensitivo a sucumbir ao ceticismo preconceituoso.

Zêus Wantuil localizou, em biografia do músico, uma emocionante carta que escreveu para um amigo, em 25 de abril de 1853, dando conta daquela "força maravilhosa". Schumann – que teria dotes mediúnicos – afirma que perguntou para uma mesa qual era o ritmo dos primeiros compassos de uma sinfonia em dó menor que havia composto:

– Ela hesitou mais tempo que de hábito, antes de responder, acabando por me dar o ritmo, porém demasiadamente lento. Quando lhe disse: 'Mas o movimento é mais rápido, cara mesa', ela se apressou em me bater o compasso verdadeiro. Também lhe pedi se dignasse indicar-me o número em que eu pensava. Estávamos como que envolvidos de milagres.

ABRAHAM LINCOLN E VICTOR HUGO

Na medida em que aprofundava minhas pesquisas sobre a fenomenologia espiritual, volta e meia me deparava com nomes de pessoas famosas que jamais poderia supor que tivessem se interessado pelo tema. Somente uma cultura impregnada por uma visão cartesiana e materialista poderia justificar, por exemplo, o véu que encobriu, para o grande público, a força que esse tipo de experiências teve na vida de personalidades ímpares da história mundial como Abraham Lincoln (1809-1865) e Victor Hugo (1802-1885).

Um dos maiores ícones literários da França e do mundo, o escritor Victor Hugo se envolveu profundamente com mesas girantes em meados da década de 50 do século XIX. Além disso, apresentava dotes mediúnicos, como a capacidade de ver fantasmas invisíveis para a maioria, e abraçou teses caras ao espiritismo.

Outro que na mesma época demonstrava sensibilidade mediúnica foi o 16º. presidente dos Estados Unidos, Abraham Lincoln, que sonhou inclusive com o próprio velório, dias antes de ser assassinado por um ator sulista tresloucado, inconformado com a abolição da escravatura e com a vitória dos estados do Norte na Guerra da Secessão.

Mas por que esse lapso, esse apagar da memória de uma época? Para mim, como jornalista, isso não é propriamente surpreendente. Conheço bem esse processo lento e, na maior parte, inconsciente de esquecimento social. Episódios contrários ao senso comum podem até ser divulgados pela mídia, aqui e ali, em geral de forma folclórica, mas acabam abandonados nas entrelinhas da história, vitimados pelo filtro da cultura dominante. Em cada momento, padrões de notícias, de livros, de sistema educacional se tornam o pensamento hegemônico por sua reprodução constante – nada mais tendo valor.

Mas, afinal, o que motivaria esse comportamento de se negarem as provas da vida espiritual? Existe um componente inconsciente que no meu entendimento pesa bastante para esse preconceito – se não for mesmo sua força motriz principal. O medo atroz da morte, que foi exacerbado no ser humano com o desenvolvimento científico do século XIX, que contestou violentamente o discurso religioso e impulsionou o materialismo sem limites.

O problema é que as pessoas materialistas costumam fugir da idéia da morte como o diabo da cruz. O medo instintivo e atávico da morte irrompe nelas de uma maneira especialmente aterrorizante. No dia-a-dia, elas rejeitam – às vezes veemente e raivosamente – discussões mais aprofundadas sobre a espiritualidade, pois estariam invariavelmente tocando no tema morte – mito maior, provocador de angústias e ansiedades lancinantes.

Não é à toa que a sociedade materialista – e cientificista – é consumista por excelência. Como se o ato de comprar produtos e serviços – e também pessoas –, a cada esquina, pudesse deter a marcha inexorável do tempo. É como se a eternidade da matéria se realizasse no fetiche da posse do objeto sempre novo e diferenciado – e no sentimento inebriante do poder desmedido, de controle familiar e social sobre o próximo.

Por trás desse fetiche, a alimentá-lo, se encontra a paixão. A paixão despertada pela novidade nos dá a sensação inebriante da imortalidade. Quando nos sentimos apaixonados – sem maiores reflexões – por um novo objeto, por uma nova mulher, por um novo homem, por um cargo de poder, por uma nova situação de vida, acreditamos – quanta ilusão! – que a vida material é eterna.

E nesse caldo cultural – que fermentou o consumismo que tomou conta do planeta a partir de meados do século XX –, a faceta espiritualista de Hugo e de Lincoln acabaria varrida para debaixo do tapete.

Até hoje, a figura do presidente Lincoln é reverenciada nos Estados Unidos. Filho de um modesto carpinteiro e formado em advocacia, chegou a presidente num momento crucial do país, quando explodiu a guerra que o dividiu em dois. Corajosamente, em meio ao conflito, assinou a libertação dos escravos, em 1863.

No entanto, dentre inúmeros episódios marcantes de sua vida, foram relegadas pela história oficial suas experiências com fenômenos de efeitos físicos, como a levitação de pianos, e até sessões de incorporação de espíritos das quais participava, inclusive na Casa Branca. Mas Lincoln não só costumava ouvir espíritos incorporados em médiuns, como, num momento fundamental do seu período presidencial, foi aconselhado pela espiritualidade a abolir a escravidão, mesmo com o país dilacerado pela guerra civil.

Fatos inusitados como esses foram reunidos em interessante pesquisa do brasileiro Wallace Leal V. Rodrigues, que, ao publicar o livro *Sessões Espíritas na Casa Branca*[20], inclui texto da médium norte-americana Nettie Colburn Maynard, que fez amizade com Lincoln, e um depoimento raro do coronel do Exército Simon P. Kase, que também conheceu o presidente.

Mas Rodrigues foi mais longe: coletou documentos, livros e jornais esquecidos pelo tempo, completando sua obra com outras histórias curiosas envolvendo presidentes como Franklin Roosevelt. Histórias que dão conta de que até mesmo a Casa Branca é povoada por aparições de fantasmas, inclusive do próprio Lincoln.

Um dos poucos episódios – se não o único – relacionados a essa faceta espiritual de Lincoln que a cultura oficial deixou passar para a posteridade foi o sonho premonitório que teve poucos dias antes de morrer. Quem contou o "mais aterrador incidente na vida de Lincoln" foi o seu advogado e amigo Ward Hill Lamon, que testemunhou – e anotou em seguida – o diálogo que o presidente teve na Casa Branca com a mulher, Mary Todd, relatando um sonho que o deixara "obcecado":

– Há uns dez dias recolhi-me muito tarde. Pouco tempo depois de estar deitado caí em sonolência, pois estava fatigado e, em breve, comecei a sonhar. Parecia haver, a minha volta, um silêncio de morte. Subitamente ouvi soluços convulsivos, como se muitas pessoas estivessem chorando. Julguei ter deixado a cama e que vagueava pelo andar inferior. Aí o silêncio foi quebrado por doloridos soluços, embora as pessoas que assim se lamentavam estivessem invisíveis. Andei de sala em sala. Não havia, à vista, qualquer pessoa viva, mas, por onde quer que passasse, esperavam-me os mesmos lamentos de dor. Todos os móveis me eram familiares. Onde estavam, contudo, aquelas pessoas que assim se lamentavam como se seus corações estivessem dilacerados? Sentia-me, em verdade, confuso e alarmado. Que significaria tudo aquilo? Decidido a descobrir a causa do mistério continuei deambulando até a Sala Oriente. Entrei. Ali me esperava uma surpresa macabra. Diante de mim erguia-se um catafalco, no qual repousava um cadáver envolto em vestes fúnebres. Em volta perfilavam-se soldados, fazendo guarda, e uma enorme multidão. Alguns contemplavam lamentosamente o corpo cuja face estava coberta. Outros soluçavam piedosamente.

– Quem morreu na Casa Branca? – perguntei a um dos soldados.

– O presidente! – Foi a resposta – Ele foi assassinado.

– Da multidão veio, então, uma explosão ruidosa de dor, que me despertou do sonho. Não dormi mais naquela noite e, se bem que se trate de um sonho, desde então encontro-me estranhamente indisposto.

Dias depois, após ser baleado num teatro em Washington D.C., Lincoln acabaria velado como havia sonhado. Seu corpo foi exposto na Sala Oriente da Casa Branca, com uma guarda de soldados à volta.

Segundo Wallace Rodrigues, Lincoln já participava de reuniões mediúnicas desde 1850, recebendo mensagens do astral. Mesma época em que do outro lado do Atlântico, em 1853, Victor Hugo era iniciado por uma amiga nas experiências com mesas girantes[21]. Após sua posse como presidente dos Estados Unidos, em 1861, Lincoln não só seria visto em sessões espirituais em residências de pessoas influentes da alta sociedade da capital americana, como na própria Casa Branca.

Tornando-se amiga do presidente – a quem ele passou a recorrer quando desejava ouvir mensagens mediúnicas, inclusive para receber conselhos e táticas de guerra –, a médium Nettie Maynard, que costumava incorporar espíritos, relembra[22] a primeira vez que, "trêmula, tropeçando nos tapetes", entrou no Salão Vermelho da Casa Branca, para uma reunião social numa noite de dezembro de 1862. Enquanto os convidados esperavam Lincoln, uma médium de efeitos físicos muito conhecida pela alta sociedade de Washington, Belle Miller, começou a tocar um piano de calda num canto do salão. De repente, pareceu a todos que um mestre havia tomado conta de suas mãos.

– A melodia esfuziante, esplendidamente executada, ergueu-se irreprimível como a onda de um mar sonoro e silenciou-nos a todos – relembra Nettie. – Logo em seguida, toda a parte posterior do piano ergueu-se do tapete. Em breve, em um surpreendente movimento, pôs-se a marcar, com rigorosa precisão, o ritmo da marcha executada. Por alguns minutos estivemos mudos, em suspenso, mas, repentinamente, a música estacou. Em um só movimento voltamo-nos para a porta de entrada. O sr. Lincoln estava de pé, silencioso, parado ali.

Não seria a primeira vez que o presidente veria um pesado piano levitar. O coronel Simon Kase conta que na noite que conheceu Lincoln, num encontro na casa dos pais de Belle Miller, no elegante bairro de Georgetown, a médium Nettie entrou em transe e discursou para o presidente durante uma hora, enfatizando a importância de ele emancipar os escravos, pois a guerra não teria fim enquanto ele não tomasse essa decisão. Depois que ela saiu do transe, Belle começou a tocar um piano e, assim como na Casa Branca, a "cauda do instrumento ergueu-se e começou a marcar o compasso da música, em suaves pancadas no assoalho". O coronel não resistiu e então pediu à sensitiva se poderia testar o movimento do piano. Ela concordou, convidando quem quisesse a sentar no piano.

– O Juiz Wattels, dois soldados que acompanhavam o presidente e eu nos assentamos em diversas partes do grande piano. A médium recomeçou a tocar. O instrumento ergueu-se, apesar de toda aquela sobrecarga, até que, por fim, estava quatro polegadas além do assoalho. E, insolentemente, pôs-se a se movimentar ao compasso de valsa. Saltamos de cima dele quando recomeçou a marcar o ritmo da música; prosseguiu, deliberada e inteligentemente nesse propósito, até que a execução terminou – descreve o coronel.

Parece que o presidente gostou da brincadeira. Duas noites depois, em 5 de fevereiro de 1863, estava com a mulher de volta à casa de Georgetown. Desta vez, ele mesmo pulou em cima do piano que levitava, conforme narrativa da médium Nettie. Enquanto Belle tocava, seu pai, Laurie, "sugeriu que, como um teste adicional imposto ao poder desconhecido que movia o piano, sua filha colocasse apenas a mão sobre o instrumento e se mantivesse de pé, distanciada dele a toda distância que seu braço permitisse".

Lincoln resolveu também colocar sua mão por baixo do piano. Por sua vez, a médium apoiou sua mão livre por cima da do presidente, para demonstrar que não fazia qualquer força ou pressão misteriosa. "Nessa posição o piano subiu e desceu uma porção de vezes, de acordo com a vontade que o comandava. Atendendo a um desejo do sr. Laurie, o presidente mudou de posição, passando para o outro lado. E o resultado foi idêntico."

Nettie conta que, com "um sorriso malicioso", o presidente comentou: "Acho que nós podemos fazer com que este piano não se eleve no assoalho". Ele saltou então "para cima do instrumento, ficando com as pernas dependuradas a um dos seus lados". Ato contínuo, o coronel Simon P. Kase – que pelo visto também gostou da brincadeira – e mais duas pessoas pularam em cima do instrumento. "O piano, não obstante esse enorme peso adicional, continuou a se movimentar de um lado para o outro até que os que nele estavam assentados se sentiram mareados e desistiram, como depois se escreveu, de 'vogar ao som das notas musicais'."

Quando afirma "como depois se escreveu", Nettie se refere ao fato de que esse episódio foi publicado "em vários jornais da cidade, em artigos cujo tom, algumas vezes, era de ironia, e os termos, de troça". Cumpria-se assim mais uma ação do filtro da mídia oficial, que prefere ridicularizar fenômenos espirituais em vez de investigá-los com seriedade e imparcialidade. Mesmo que testemunhados pelo presidente dos Estados Unidos.

Bem que um dos homens da alta sociedade que pularam em cima do piano, sr. Somes, "algo perturbado" logo após o episódio, exclamaria para Lincoln: "Quando eu contar aos meus conhecidos, sr. presidente, o que observei esta noite, eles repetirão aquele olhar desaprovativo que tão bem conhecemos e pontificarão com toda a sua sabedoria: Tu estavas sugestionado e, assim sendo, não viste o que na realidade julgavas ver!".

Acredite se quiser, mas sempre existiram e existirão pessoas garantindo que presenciaram algum fenômeno de efeitos físicos ou viram algum fantasma vagando por aí. Na verdade, depois da morte de Lincoln, a Casa Branca se transformaria em palco de aparições fantasmagóricas e continuaria, com outros presidentes, a receber médiuns que passavam mensagens do astral por incorporação ou até mesmo por mesa girante.

Em suas memórias, publicadas em série pelo jornal *Daily Telegraph*, em 1939, a mulher do presidente Woodrow Wilson (1856-1924), Edith Bolling Galt Wilson, conta que para "distrair" o marido, três semanas antes de os Estados Unidos entrarem na Primeira Guerra Mundial, em 1917, foram realizadas sessões na Casa Branca com uma prancheta com rodinhas e um lápis. Assim como Lincoln, o presidente Wilson receberia conselhos sobre como atuar numa guerra. Um deles de um espírito que se identificou como sendo o herói britânico almirante Nelson (1758-1805), que se dispôs a discutir com ele a guerra submarina. "Ficamos intensamente interessados no que ele nos dizia, pois que suas observações eram caracterizadas por uma absoluta lógica", revela Edith.

Em 1952, jornalistas perguntaram ao presidente Harry Truman (1884-1972), que se preparava para terminar seu mandato, se tivera alguma experiência no terreno do "sobrenatural" na Casa Branca, já então o centro do poder político mundial. "A pergunta – conta Wallace Rodrigues – baseava-se no fato de que muitos dos ocupantes da mansão do executivo asseguravam que espíritos rondavam seus aposentos, sendo o principal deles o próprio Lincoln que, em algumas situações, se fazia visível. Não eram poucas as narrativas de ruídos de botas e passos de um lado para o outro, no segundo andar."

Certa vez, Katurah Brooks, uma das empregadas da mansão no período de 1931 a 1938, chegou a sair "correndo e nunca mais quis voltar" ao Quarto Rosa, que fora ocupado pelo sétimo presidente dos Estados Unidos, Andrew Jackson (1767-1845), após ouvir ressoar no aposento vazio "uma estrepitosa gargalhada".

Diante desse histórico, Truman não só levou as perguntas a sério como contou que, em várias ocasiões, durante o final da Segunda Guerra Mundial, havia sido despertado à noite por alguém do serviço presidencial que vinha avisá-lo de que Churchill o chamava de Londres, pelo telefone. Duas vezes, porém, atendendo ao chamado, levantara correndo da cama e, ao abrir a porta, ficara "perplexo ante o corredor vazio".

Corredor vazio não é nada. Muito mais perplexa deve ter ficado outra funcionária da Casa Branca, Mary Eban, colega da empregada Katurah Brooks na mesma época em que a mansão do executivo norte-americano era ocupada pelo presidente Franklin Delano Roosevelt (1882-1945). A mulher do presidente, Eleanor, conta que em 1934, pouco depois de o casal ter se instalado na residência, viu a funcionária descendo correndo as escadas, "pálida e terrivelmente impressionada". No quarto de dormir de Eleanor, que também tinha servido de aposento particular de Lincoln, Mary Eban garante ter visto o ex-presidente "assentado no leito, fazendo um movimento, como o de alguém que descalça as botas".

A primeira-dama contou ainda que ela mesma, muitas vezes, quando trabalhava em seu escritório até altas horas da noite, também experimentava "a estranha sensação" de que alguém se encontrava as suas costas. "Em certas ocasiões essa sensação era tão aguda que eu me voltava, para examinar em torno."

Experiências como essas provavelmente despertaram a atenção do casal presidencial para práticas comuns a um centro espírita. A ponto de Roosevelt, por duas vezes, no final de 1944, ter convidado à Casa Branca a famosa vidente americana Jeane Dixon (1918-1997), de quem ouviu previsões sobre desdobramentos de fatos políticos internacionais e sobre sua própria morte iminente, o que realmente ocorreria em abril de 1945.

Do ponto de vista de fenômenos espirituais, os anos na Casa Branca parecem ter sido realmente marcantes para o casal Roosevelt. Tempos depois de aparecer para a funcionária Mary Eban, o presidente Lincoln voltaria a ser visto de forma insólita, desta vez pela rainha Guilhermina, da Holanda, que visitava os Estados Unidos e se hospedou na mansão.

Wallace Rodrigues recupera uma narrativa sobre o episódio que "fortemente impressionou" o casal presidencial. "Certa manhã a soberana confessou ao presidente e sua esposa que havia desmaiado na noite anterior. Impressionado, Roosevelt perguntou-lhe o que havia sucedido e ela deu a seguinte explicação: 'Alguém bateu em minha porta, depois da meia-noite. Levantei-me e abri. Embora o que vá lhe dizer possa parecer ridículo, vi Abraham Lincoln de pé, à soleira. Tudo se escureceu em torno de mim e, quando recobrei os sentidos, estava estendida no assoalho'."

Quem já teve a oportunidade de presenciar, com racionalidade, algum fenômeno espiritual, sabe muito bem que não dá para ficar ridicularizando alguém como a rainha da Holanda. É como eternizou Victor Hugo, um dos ícones da literatura mundial, em sua obra *William Shakespeare*, ao escrever sobre as mesas girantes[23]:

– Ao demais, a mesa girante ou falante foi bastante ridicularizada. Falemos claro: esta zombaria carece de valor. Substituir o exame pela mofa, é cômodo, mas pouco científico. Quanto a nós, julgamos que o dever elementar da ciência é pesquisar todos os fenômenos, pois a ciência, se os ignora, não tem o direito de rir; um sábio que ri do possível, está bem perto de ser um idiota. O inesperado deve ser sempre aguardado pela ciência, que tem por encargo retê-lo e estudá-lo atentamente, rejeitando o quimérico, confirmando o real.

Um dos expoentes do espiritismo francês, o professor Léon Denis recorda[24] carta publicada num jornal, em 1906, em que E. Blum, amigo de Hugo, afirma que o escritor "confessava acreditar firmemente no espiritismo e conservou essa crença até a morte".

Blum recordou uma noite, em 1855, em que Hugo participava de experiência com uma mesa. A certo momento, o médium "deu um grito de dolorosa surpresa", afirmando que os espíritos davam-lhe "uma horrível notícia": uma amiga de Hugo, a escritora Delphine de Girardin, acabava de falecer naquele momento. De fato, no dia seguinte, chegaria uma carta à casa de Hugo informando a morte da amiga, no mesmo horário em que se dera a comunicação mediúnica.

Em interessante passagem de seu livro[25], o pesquisador brasileiro Zêus Wantuil recupera inúmeras experiências com mesas girantes que causaram grande impacto no escritor, como a mensagem da filha Leopoldina, que havia morrido com o marido num naufrágio. Em sessões memoráveis em que Hugo fazia o papel de secretário, redigindo mensagens transmitidas pelas mesas, ele, sua mulher, filhos e amigos recebiam a visita de inúmeros seres invisíveis, alguns que se identificavam como celebridades da história, como Camões, Dante, Galileu, Molière e Shakespeare.

Victor Hugo estava convencido de que não só falava com fantasmas invisíveis, como já os tinha visto várias vezes. Numa delas, na Ilha Jersey, no Canal da Mancha, ficou "pálido de assombro", segundo Zêus Wantuil, quando acompanhava o enterro de um conhecido e, ao olhar para dentro da cova, se deparou com a forma do espírito de uma mulher, "deitada e suavemente luminosa".

Era a Dama de Branco – um espírito que já tinha sido visto por moradores vagando por essa ilha inglesa onde o escritor, devido a suas posições políticas, viveu exilado por vários anos. Ali passaria a se dedicar entusiasticamente ao fenômeno das mesas girantes e, uma vez, quando um ser começou a se comunicar, afirmando ser a Dama de Branco, teve a idéia de adaptar um lápis a um dos pés de uma pequena mesa, para que espíritos pudessem desenhar. A mulher invisível traçou então o que seria sua forma: exatamente a Dama de Branco que, tempos depois, Hugo veria em uma cova.

Outro episódio que o deixou impressionado foi quando, em 9 de setembro de 1843, de volta de uma viagem à Espanha, ao entrar num café de uma aldeia francesa, leu num jornal que sua filha Leopoldina havia morrido num naufrágio no Rio Sena. Um dia antes, atingido por sentimento premonitório, o escritor havia redigido uma nota, publicada na folha *Pyrénées*, em que afirmava em determinado trecho: "Na noite de minha chegada a Oléron, encontrava-me vencido de tristeza... Tinha a morte na alma. Parecia-me que esta ilha era um caixão mortuário deitado sobre o mar, e que a Lua era ali uma vela".

As visões de fantasmas, as mesas girantes e demais experiências espirituais vivenciadas por Victor Hugo foram suficientes para enraizar nele uma profunda convicção da existência da vida após a morte. E numa resposta à visão materialista dos ateus, deixaria escritas tocantes palavras que reafirmam sua crença na imortalidade e na reencarnação:

– Quem nos diz que eu não me torne a encontrar nos séculos? Shakespeare escreveu: A vida é um conto de fadas que se lê pela segunda vez. Ele teria podido dizer: pela milésima vez! Porque não há século em que eu não veja passar minha sombra.

E mais:

– Há meio século que escrevo meu pensamento em prosa e em verso: história, filosofia, dramas, romances, lendas, sátiras, odes, canções etc.; tudo tenho tentado, mas sinto que não disse a milésima parte do que está em mim. Quando me curvar para o túmulo, não direi como tantos outros: terminei minha jornada. Não, a sepultura não é um beco sem saída, é uma avenida; ela se fecha no crepúsculo, ela se reabre na aurora!

ALLAN KARDEC

Em meados do século XIX, com o deslumbramento de muitos em relação às mesas girantes, novas experiências começariam a ser testadas – e objetos variados, como chapéus, relógios e chaves, passaram a rodar, a levitar. Daí em diante, foi um pulo para se idealizar na Europa outro método bem mais simples de comunicação com espíritos: um copo emborcado para baixo, para facilitar seu deslocamento.

Um copo era colocado em cima de uma mesa lisa, no centro de um círculo com letras do alfabeto. Colocando-se os dedos dos participantes em cima do copo, passando-se a concentrar pensamentos no mundo da espiritualidade, a partir de preces ou estados meditativos, criava-se a cadeia de corrente energética necessária. O copo então começava a correr de letra em letra, indicando a mensagem do ser que desejava se fazer ouvir.

Esse meio de comunicação acabaria obtendo grande aceitação no Brasil, a partir do século XX, principalmente entre crianças, ficando conhecido como "brincadeira do copo".

A palavra brincadeira denota na verdade um problema crucial das comunicações tanto por mesas girantes quanto por copos: o lado frívolo e festeiro que adquiriram. Na medida em que se avança com a prática e o estudo da espiritualidade, percebe-se que a ponte com o mundo invisível é feita por nossos pensamentos – que têm mais força do que muitos podem supor. Assim, dependendo da qualidade de nossas vibrações – para o bem ou para o mal –, chamaremos seres com a mesma sintonia de pensamentos. E ao reinar a frivolidade, essas reuniões acabam por atrair espíritos zombeteiros, de baixa evolução, que se acercam dos presentes muitas vezes para brincar, contar mentiras e mesmo tentar apavorar os iniciantes.

Na realidade, mesmo a inocente brincadeira do copo não deve ser obra para iniciantes. Uma vez, minha filha, Júlia D'Aquino, com seus 11 anos, voltou de um final de semana na casa serrana de suas amigas Joana e Luiza Hime com os olhos arregalados de pavor. As três e mais dois amigos haviam decidido brincar com o copo – e este passou a dar mensagens como a idade em que a avó das duas amigas iria morrer.

Depois, Júlia confessaria que já tinha passado por duas experiências amedrontadoras ao brincar com um copo na mesma casa. Uma vez, quando se pediu um sinal da presença da espiritualidade, a luz apagou, provocando gritos histéricos na garotada. Em outra ocasião, o copo pulou violentamente da mesa, espatifando-se contra a parede.

Quem já se dispôs a fazer esse tipo de experiência, com um mínimo de seriedade e concentração de pensamentos, sabe do que estou falando. Não sei se é devido ao copo ser um objeto leve e/ou porque concentra muita energia, mas de fato não precisa se estar na presença de algum forte médium de efeitos físicos para que ele se mexa.

O mais curioso é que, embora seja evidente a energia que pode ganhar um copo, quando existe uma ambiência adequada, essa modalidade de experimento costuma ser alvo de "papas" da parapsicologia que afirmam se tratar de fenômeno produzido pela mente dos presentes ou – mais absurdo ainda – que estes o empurram com os dedos.

Acho graça desse tipo de argumentação, principalmente quando um copo começa a correr – a palavra correta é essa mesma: correr – de um lado para outro, algumas vezes fazendo revelações absolutamente desconhecidas de qualquer dos praticantes.

Eu mesmo, em 1995, pude comprovar essa potência energética quando, a título de pesquisa, me reuni com Célia Resende, minha mulher, e um casal de amigos, mais velhos do que nós, que nunca tinham vivenciado a experiência do copo. Pois bem: alguém que se dizia mãe do nosso amigo começou a rodar o copo e dizer que ele precisava ir ao médico. Sua aflição em passar aquela mensagem era evidente, pois o copo ia de um lado para o outro da mesa, com nossos dedos indicadores em cima, sem se fixar em qualquer letra do alfabeto.

Mas quando ele pediu para que o copo indicasse sua doença, este apontou para a letra *c* e começou a girar, nervosamente, diminuindo depois de intensidade, como que prestes a escolher outra letra. E ao passar perto do *a*, nosso amigo, visivelmente nervoso, gritou "câncer!". O copo voltou então a correr vigorosamente de um ponto a outro do tampo da mesa redonda de madeira.

Era tão violento aquele corre-corre que, às vezes, só um de nós conseguia continuar com o dedo no copo, porque os outros se cansavam de mexer os braços e os troncos de um lado para o outro da mesa. O copo rodou, rodou, ziguezagueou, ziguezagueou, rodou, rodou... – até parar, abruptamente, inerte, sem vida.

Espantados, ficamos calados, uns olhando para as caras dos outros. Nosso amigo, já de idade, fez pouco caso do incidente. Não foi ao médico nem tampouco teve câncer. Mas quatro anos depois, devido a problemas circulatórios não detectados previamente, teve uma trombose, ficando com o corpo semiparalisado.

Experiências assim deveriam servir de reflexão. Imagine alguém sem preparo ou apavorado receber, de chofre, uma mensagem dessas, afirmando estar com um problema grave de câncer, de circulação ou de outra doença? A frivolidade, a brincadeira, enfim, objetivos menos nobres em relação a esse tipo de fenomenologia de efeitos físicos podem conduzir a experiências negativas ou mesmo resvalar para a vala comum da rotina, da mesmice.

E foi o que acabou acontecendo no século XIX com as mesas girantes. A febre esmoreceu e, por volta de 1855, segundo Wantuil, "o entusiasmo pelas mesas havia decrescido em todo o mundo". Claro que essa fenomenologia não deixaria de ocorrer, aqui ou ali, mas sua repercussão diminuiu. Sem que a maioria buscasse um sentido filosófico para a experiência, a força da novidade se esgotou.

No entanto, se a epidemia das mesas decresceu, por outro lado, pessoas mais espiritualizadas souberam fazer bom uso do fenômeno. E uma delas marcaria a história da espiritualidade no mundo: o conceituado pedagogo e escritor francês Hippolyte-Léon-Denizard Rivail (1804-1869) – discípulo do célebre educador suíço Johann Pestalozzi.

Inicialmente, em 1854, quando ouviu falar das mesas girantes[26], Rivail achou que eram movimentadas por magnetismo animal. Para quem estudava o magnetismo desde os 19 anos, nada mais natural apostar em explicações físicas e fisiológicas para justificar o fenômeno. Mas sendo um pesquisador de ponta, o pedagogo quis ver do que se tratava. E ficou impactado ao visitar uma reunião do gênero, em Paris, em maio de 1855:

– Foi aí, pela primeira vez, que testemunhei o fenômeno das mesas girantes, que saltavam e corriam, e isso em condições tais que a dúvida não era possível.

Depois, assistiria a ensaios, embora imperfeitos, de escrita mediúnica numa ardósia, com o auxílio de uma cestinha. "Minhas idéias estavam longe de se haver modificado, mas naquilo havia um fato que devia ter uma causa. Entrevi, sob essas aparentes futilidades e a espécie de divertimento que com esses fenômenos se fazia, alguma coisa de sério e como que a revelação de uma nova lei, que a mim mesmo prometi aprofundar."

Foi o que fez, com o apoio de um grupo de pesquisadores, durante dois anos. Perguntas formuladas e respondidas por inúmeros espíritos, com a colaboração de pelo menos dez médiuns, encheram 50 cadernos de comunicações e foram entregues para a compilação de Rivail. Usando o método experimental – uma das facetas da produção científica –, em que informações semelhantes eram produzidas em locais diferentes, através de vários sensitivos, cruzou dados comuns, selecionando o que havia de mais expressivo.

Meditando e comentando alguns dos ensinamentos do astral, o professor redigiu e publicou então – sob o pseudônimo de Allan Kardec, que adotara por orientação espiritual – um texto fundamental para o espiritualismo moderno: *O Livro dos Espíritos*.

Lançada em 1857, com revelações sobre realidades do mundo espiritual e ensinamentos éticos e morais para a conduta humana, essa obra – que três anos depois seria reeditada de forma ampliada – se tornaria a base filosófica da doutrina espírita, seguindo-se a ela outras publicações importantes de Kardec, como *O Livro dos Médiuns* (1861) e *O Evangelho segundo o Espiritismo* (1864).

Kardec também criou, como neologismo, o vocábulo espiritismo, para distinguir a nova doutrina que inaugurara – transmitida por seus guias espirituais – das filosofias espiritualistas anteriormente disseminadas pelo planeta.

Assim, um intelectual da pátria do racionalismo assentaria os fundamentos filosóficos e científicos de uma nova práxis religiosa: aquela em que crenças e ensinamentos sobre a vida após a vida não mais se limitavam a uma questão de fé, de metafísica, pois podiam ser comprovados na prática.

O espiritismo defende a reencarnação e a possibilidade de os vivos falarem com os mortos – ou, de uma forma mais sutil, de se comunicarem com aqueles que já mudaram de endereço, para planos mais etéreos de existência. Mas faz esta defesa com dados concretos que comprovam a existência do mundo espiritual: contatos com os chamados desencarnados, principalmente em reuniões em que os espíritos falam incorporando-se em médiuns. E, em casos mais raros, em sessões com espíritos materializados.

Trata-se, portanto, de uma religião não-formal, diferente daquelas que, cheias de cargos hierárquicos, se contentam com experiências místicas em que seguidores entram em suposto contato interior com a divindade e, assim, se investem da missão de se tornar porta-vozes das verdades eternas.

O espiritismo, não, vai além, desejando provar, na prática social e espiritual de suas sessões, que a espiritualidade é uma realidade "palpável", que pode ser testemunhada por qualquer um. Sua base de pensamentos filosóficos incentiva o desempenho individual de cada um, o chamado livre-arbítrio, chegando mesmo a sustentar que todos nós temos dotes mediúnicos, desde que consigamos desenvolvê-los. Praticando.

Por isso, um de seus fundamentos – além da prática social, caritativa, de ajuda ao próximo – é a questão experimental, científica, em que contatos com o mundo do invisível podem ser realizados e repetidos, desde que produzidos sob determinadas condições especiais de ambiência energética e com pessoas mediunicamente desenvolvidas.

O espírita por excelência sempre foi um estudioso. A doutrina espírita incentiva o conhecimento, a leitura. No Brasil, inclusive, onde alcançou popularidade, o espiritismo foi introduzido no final do século XIX por médicos de famílias abastadas que foram estudar homeopatia na França. Nasceu, portanto, de um movimento da elite pensante.

Ao reinterpretar a leitura que as igrejas cristãs fizeram da Bíblia, principalmente do Novo Testamento, o espiritismo conseguiu resgatar a visão que cristãos primitivos tinham sobre temas como a reencarnação – conectando assim, muitas vezes de forma inconsciente, os ensinamentos de Jesus com a base filosófica de grandes correntes religiosas orientais, como o hinduísmo, o budismo, o taoísmo, o confucionismo.

O espiritismo dá as mãos, portanto, a um discurso religioso mundial unido por um objetivo comum: o desabrochar do amor universal, do respeito, do entendimento comum entre as pessoas, entre as diferentes culturas. A exemplo de ensinamentos ancestrais, os espíritas buscam alcançar esse momento mágico do ser humano integral voltado para a prática do bem comum, em que cada um jamais faça com os outros aquilo que não deseja que façam consigo mesmo.

Para mim, a questão ética mais importante dos ensinamentos reunidos por Kardec é a ênfase dada à necessidade da reforma interior de cada um – em busca do aprimoramento do espírito, através de suas diversas encarnações na Terra, e conseqüentemente da construção de uma sociedade mais justa e fraterna.

Uma busca – tendo como base principal ensinamentos de Jesus Cristo que constam dos Evangelhos – que fez o espiritismo assumir no Brasil duas facetas importantes: a promoção de sessões para a cura de doenças e de atividades sociais de ajuda aos mais necessitados, como crianças e idosos carentes.

Dessa forma, a prática espírita vem reforçar um entendimento comum a muitos grupos e correntes espiritualistas dedicados a salvar pessoas: a cura de uma doença mais grave só é possível com confiança, persistência, fé e transformação interior.

E para se ter um maior entendimento do porquê de uma doença e merecer a cura, necessário se faz a abertura do coração para o dar, para o oferecer, para o desprendimento social, para o compromisso com a solidariedade, com a dor do próximo, com a fraternidade.

WILLIAM CROOKES

É interessante observar os caminhos que, ainda no século XIX, seres extrafísicos escolheram para passar ensinamentos e provas da existência de diversas dimensões espirituais. Dependendo de cada realidade cultural, foram enfatizados determinados temas. Na França racionalista, por exemplo, houve maior preocupação com mensagens sobre como devemos nos comportar quando encarnados e como funciona a vida além da morte.

Mais tarde, na primeira metade do século XX, essa visão cara ao espiritismo, sobre aspectos éticos e morais, seria seguida principalmente no Brasil, a partir das psicografias do médium Francisco Cândido Xavier (1910-2002).

Em outros países, porém, como nos Estados Unidos, na Inglaterra e na Itália, a ênfase recaiu no lado prático das sessões espirituais, sem maiores indagações filosóficas, com a realização de experiências que comprovavam a continuidade da existência após a morte.

Claro que não eram atividades exclusivistas, como se num país só se promovesse determinado tipo de reunião. Mas em se tratando de recursos utilizados por seres do astral para demonstrar que a vida, sim, continua após o desaparecimento do corpo físico, a Inglaterra foi um dos maiores – se não o maior – palcos escolhidos, com a promoção de enriquecedoras sessões de materialização de espíritos.

Para isso, seria fundamental a participação de um personagem da ciência: sir William Crookes (1832-1919). Químico e físico de renome, um dos maiores sábios de sua época, Crookes foi o descobridor do estado radiante da matéria e do elemento tálio, incorporado à Tabela Periódica, e o inventor do radiômetro e do tubo de raios catódicos – que viria a ser usado nos aparelhos de raios X e monitores de TV, de computador e de videogame.

Membro da Sociedade Real de Londres, nomeado Cavaleiro pela rainha Vitória, em 1897, dirigiu sociedades de pesquisas científicas, tendo sido fundador da prestigiada publicação *Chemical News* e redator do *Quarterly Journal of Science*. Em 1880, em reconhecimento ao seu trabalho científico, receberia medalha de ouro e prêmio de 3.000 francos da Academia de Ciências da França. Enfim, era um notável da Inglaterra vitoriana.

Pois essa figura proeminente dos meios acadêmicos europeus, inicialmente um cético, acabou por se dedicar intensamente à análise da fenomenologia de efeitos físicos, de 1870 a 1874. Experiências que mudariam radicalmente seu ponto de vista.

O escritor Arthur Conan Doyle sustenta[27] que as pesquisas de Crookes "constituem um dos mais significativos incidentes na história do movimento. São notáveis, devido ao elevado padrão científico do investigador, o severo e justo espírito com que o inquérito foi conduzido, os extraordinários resultados e a corajosa profissão de fé que se seguiu".

Após experiências inusitadas, em 1874, que lhe deram a prova cabal da existência de espíritos materializados, inclusive com o registro de dezenas de fotografias do espírito de uma mulher chamada Katie King, o cientista inglês teve a honestidade intelectual de sustentar publicamente suas novas convicções filosóficas a respeito da espiritualidade. Mesmo diante de campanha difamatória na imprensa movida por antigos amigos e simpatizantes dos meios oficiais científicos, inconformados com sua mudança de lado.

O russo Alexander Aksakof, que conheceu Crookes, foi testemunha dessa tentativa de desmoralização intelectual. Em seu livro *Um Caso de Desmaterialização*, afirma[28]: "A opinião pública mudou logo; o sábio, tão glorificado no começo, foi coberto de zombarias e epítetos desagradáveis. Outro qualquer, que não fosse o sr. Crookes, não teria resistido, mas seu caráter era tão puro que ele não pôde recuar diante das suas observações".

Com o passar dos séculos, alguns talvez não consigam avaliar a coragem moral que um cientista renomado como Crookes precisou de ter para colocar em jogo a reputação de seu nome perante a opinião pública. Volta e meia, ao conversar sobre esse assunto, ouço argumentos do tipo "isso foi há muito tempo", como que para descaracterizar a importância de algum cientista, no passado, ter assumido a veracidade desses fenômenos.

Argumentos inconsistentes, como se a vida de certas pessoas – já que não estão mais na Terra para contar seus dramas – e a defesa de sua reputação não tivessem a mesma importância do que para qualquer um, em sã consciência, no presente ou no futuro.

Pois concordando ou não com Crookes, qualquer pessoa coerente há de tirar o chapéu para a atitude de um cientista em sua posição. O escritor Conan Doyle conta[29] que ele começou suas investigações sobre esses fenômenos achando que "tudo fosse truque" – para satisfação dos seus pares da ciência oficial. Mas, com o tempo, ao constatar a verdade dos fatos, o mundo quase caiu em sua cabeça.

Doyle relembra que em 1874, ao publicar a história de suas pesquisas, "causou tamanho tumulto entre os mais fossilizados homens de ciência – desses de quem se pode dizer que ficaram com a mente dominada por aquilo em que trabalham – que chegaram a propalar que ele seria expulso da Sociedade Real. A tempestade desabou, mas Crookes foi chocado por sua violência e verificou-se que, durante muitos anos, até que a sua posição fosse consolidada, tornou-se muito cauteloso em exprimir publicamente as suas opiniões".

De fato, as pressões dos meios oficiais eram – e infelizmente continuam a ser – muito fortes. Que o diga um dos contemporâneos de Crookes, o médico francês Paul Gibier, que acabou se exilando nos Estados Unidos para fugir da perseguição de antigos colegas, iniciada depois da edição, em 1886, do livro O *Espiritismo (Faquirismo Ocidental)*[30].

Corajosamente, nessa publicação ele relata experiências de fenômenos de efeitos físicos em países como a Índia, os Estados Unidos e na Europa, como a levitação de faquires, a materialização de vozes espirituais em sessões com índios norte-americanos e encontros de Crookes com o espírito de Katie King. E ao descrever experimentos de que participou em Paris com o famoso médium norte-americano Henry Slade (1835-1905), Gibier garante que foi tocado por mãos materializadas e viu mensagens sendo escritas em placas de ardósia por lápis de pedra que se movia aparentemente sozinho.

Discípulo do famoso biologista francês Louis Pasteur, que desenvolveu a vacina contra a raiva, fundador do Instituto Bacteriológico (Instituto Pasteur) de Nova York, membro da Academia de Ciências de Nova York, da Sociedade de Pesquisas Psíquicas de Londres e Cavaleiro da Legião de Honra, Paul Gibier critica, no livro *As Materializações de Fantasmas – A Penetrabilidade da Matéria e Outros Fenômenos Psíquicos*[31], as hostilidades que sofreu:

– Quando, por haver proclamado um fato, porque cremos saber que ele existe, vemos as portas da carreira que nos parecia destinada se cerrarem diante de nós, e até nossos mestres, colegas e amigos mais estimados darem ouvidos às baixas calúnias e se desviarem de nós; quando nosso "dom quixotismo" nos conduz ao exílio e nos faz passar esses 15 anos longe da pátria, e do que ela significa para nós, temos, repito, alguns direitos à impaciência. Mas, enfim, é chegado o momento em que temos a satisfação de ver a avalanche dos fatos crescer todos os dias. O que era ontem apenas um floco imperceptível vai, em breve, num impulso poderoso, fazer irrupção no campo da ciência.

Relatório com suas novas pesquisas sobre materializações de espíritos havia sido preparado para o 4º Congresso Internacional de Psicologia, que ocorreria em Paris, em 1900. Gibier planejava ir à capital de sua amada pátria defender seu trabalho, mas infelizmente morreu um pouco antes, num acidente de carruagem. Sob o título original *Les Matérialisations de Fantômes*, o relatório acabaria publicado na França após sua morte, contribuindo para fortalecer o movimento do espiritualismo moderno.

Um acidente interromperia assim, prematuramente, uma importante carreira no campo das pesquisas psíquicas. Mas as sementes de uma nova e vigorosa ciência já estavam plantadas e nada conseguiria barrar seu desenvolvimento, nem mesmo os cientistas conservadores de sempre. Os passos abertos por Crookes não tinham sido em vão.

O sábio inglês, mesmo passadas quase três décadas após a apresentação pública do resultado de suas experiências com o extrafísico, havia continuado firme em defesa de suas convicções. Ao discursar num congresso científico em Londres, em 1898, não se furtara em rememorar aquele período tão marcante de seus contatos com a espiritualidade[32]:

– Trinta anos se passaram desde que publiquei as atas das experiências tendentes a mostrar que fora dos nossos conhecimentos científicos existe uma força posta em atividade, por uma inteligência diferente da inteligência comum a todos os mortais. Nada tenho que retratar dessas experiências e mantenho as minhas verificações já publicadas, podendo mesmo a elas acrescentar muita coisa.

Uma menina inglesa, Florence Eliza Cook (1856-1904), na qual desabrochara uma potente mediunidade de efeitos físicos antes dos 15 anos, havia transformado a vida do famoso cientista. Como boa parte dos médiuns, as faculdades especiais de Florence começaram ainda na infância, quando passou a ver e conversar com espíritos, aos quais tomava por pessoas vivas. Para os pais, tudo não passava de produto da imaginação.

O tempo foi passando e a sorte de Florence foi cruzar, em 1870, com uma colega de escola cujos pais eram espíritas. Era o apoio de que precisava para não terminar sendo dada como louca. E assim, em duas sessões na casa da amiga, em meio à penumbra, acabaria protagonizando cenas que a deixariam atordoada, sendo transportada de um lado para o outro de uma sala.

Em seu relato, reproduzido por Aksakof[33], a adolescente relembra quando forças invisíveis seguraram sua cadeira: "Fui erguida até o teto. Todos puderam ver-me no ar. Eu estava muitíssimo atemorizada para poder gritar, e, sendo conduzida por cima das cabeças dos assistentes, fui depositada sobre uma mesa na extremidade da sala. Minha mãe perguntou, então, se podíamos ter fenômenos em nossa casa. A mesa respondeu sim, e que eu era médium. Na noite seguinte, todos se reuniram em nossa casa. Os espíritos quebraram-nos uma mesa e duas cadeiras, e ocasionaram numerosos prejuízos".

Fico pensando no pavor de Florence diante desses primeiros fortes sinais de mediunidade. Muitas vezes, como prova de convencimento, seres do astral produzem fenômenos de levitação e outros mais – alguns de maior impacto.

Ainda bem que na primeira vez em que deitei numa maca para tratamento espiritual, numa sessão de materialização de espíritos no Lar de Frei Luiz, em 19 de maio de 2001, as provas da força da espiritualidade não foram lá muito, digamos, apavorantes. Apenas percebi – atônito –, logo após me acomodar, que o leito começou a tremer, como se estivesse vivenciando um princípio de terremoto. Felizmente o fenômeno parou logo depois, sem atingir grandes proporções.

E como prova de que eu não fora vítima de alguma alucinação, meu amigo Luiz Petry, jornalista da Rede Globo de Televisão, passaria por experiência semelhante ao participar de reunião no Frei Luiz em 21 de agosto de 2004. Ao esperar para ser atendido por um espírito materializado, a maca onde se deitara também começou a tremer, na medida em que o médico do espaço se aproximava. "Senti como se estivesse num banco na cidade e, no subsolo, passasse uma composição do metrô", compara.

Minha mulher, porém, vivenciou experiência um tanto mais chocante, no final dos anos 1960, numa casa na cidade do Rio de Janeiro, numa sessão comandada pelo seu tio Armando Ramos e Silva (1892-1973), que foi um dos maiores médiuns brasileiros de efeitos físicos. Num determinado momento, os presentes, assustados, começaram a ouvir uma gritaria vinda do "nada", que parecia a de espíritos discutindo violentamente entre si. De repente, puft! – uma cadeira vazia pegou fogo, queimando até virar cinzas.

Como se vê, fenômenos de efeitos físicos podem ser tão assustadores para os novatos que alguns médiuns em início de carreira acabam por desistir de trilhar essa árdua missão, estabelecida antes mesmo do seu nascimento. Mas a experiência demonstra ser essa a pior atitude a tomar. Sensitivos que não trabalham sua mediunidade, cortando assim os laços com o lado bom da espiritualidade, correm o risco de acabar envolvidos por forças terríveis, sem controle, alimentando doenças físicas e psicológicas e até mesmo atitudes anti-sociais.

Por isso, um conselho: se o seu caminho passar por experiências do gênero, não desista, é preciso seguir em frente, educando-se mediunicamente.

Nossa médium londrina do século XIX chegou a pensar em "jogar a toalha", diante da primeira quebradeira de móveis em sua casa, mas felizmente prosseguiu sua jornada. Suas palavras são transcritas por Aksakof: "Desde então, declaramos que não queríamos tornar a fazer sessões. Os espíritos começaram a atormentar-nos. Livros e outros objetos foram lançados contra mim; as cadeiras passeavam sozinhas, a mesa erguia-se violentamente durante a refeição e ruídos terríveis atordoavam-nos pelo meio da noite. Enfim, cedemos: reunimo-nos em volta da mesa para conversar com os espíritos".

Florence e sua mãe foram então aconselhadas pela espiritualidade a freqüentar uma associação espírita. Assim, em abril de 1872, com a menina aceitando sua missão mediúnica, começaria a se materializar uma mulher que se identificava como Katie King.

Eram, inicialmente, aparições parciais. Aksakof reproduz matéria publicada pelo jornal *The Spiritualist*, escrita pelo seu proprietário, William Harrison, que participou de uma dessas primeiras reuniões e testemunhou que do espírito só surgia a forma da cabeça e das espáduas. O resto do corpo parecia um nevoeiro. "Katie não se conservava sempre na mesma altura: ora se elevava, ora se abaixava até perto do chão, de sorte que seu busto parecia tocar no soalho; nesta posição, ela assustava muito a médium. Às vezes só se via uma cabeça vagueando por todos os lados, sem pernas e sem corpo visível!"

Esse tipo de fenômeno, diga-se de passagem, não tem nada de inusitado em reuniões de efeitos físicos – principalmente em se tratando de espíritos que começam a se preparar para participar de sessões de materialização. É que, na verdade, eles precisam retroceder do seu estado espiritual, que logicamente é bem mais sutil e etéreo do que o da matéria física, para voltar a ter, temporariamente, um corpo denso, influenciado pela gravidade.

Ou seja: necessitam partir de uma dimensão mais pura, de vibrações energéticas altíssimas, para retroceder, reingressando no grosseiro estado material do planeta Terra, em que os átomos vibram mais vagarosamente. E muitas vezes, esses espíritos ainda não têm o controle adequado dos procedimentos para se materializar totalmente.

Por outro lado, mesmo em se tratando de seres já preparados, podem também ocorrer fenômenos de aparições apenas parciais de corpos quando eles não encontram ambiência energética adequada para se materializar totalmente. Ou quando se apresentam dessa forma para dar algum tipo de prova das potencialidades do mundo do invisível. Existem também casos em que, para não gastar energia à toa, materializam propositalmente apenas as partes do corpo que precisam usar para determinados fins.

Curiosamente, na primeira reunião de materialização de que participei na vida, em 1994, no Lar de Frei Luiz, o principal espírito da equipe de médicos do espaço, Frederick von Stein, cuja missão é curar doentes, se iluminou por segundos na sala escura. A poucos metros de distância, ao observá-lo atrás de uma das macas de atendimento de enfermos, não vislumbrei sua cabeça, apenas seus braços e tronco.

Por duas vezes, o fenômeno se repetiu. Ao aplicar potente facho de luz curativo sobre os doentes, emitido de aparelho do astral que materializara e trazia na mão, semelhante ao formato de uma ampulheta, seu corpo ficou por segundos iluminado, naquela escuridão total. Mas nada de enxergar sua cabeça.

A serventuária da Justiça Elaine Vilella Campos, médium do Lar de Frei Luiz, passou por experiência semelhante em 2000. Só que pôde observar o fenômeno a menos de um metro de distância, quando foi encaminhada para tratamento em um dos leitos. E tomou um susto. Coberto por um manto esbranquiçado, como se fosse um véu meio transparente, Frederick se aproximou, debruçando-se sobre ela. Atônita, Elaine viu acender uma luminosidade dentro do manto: a forma do espírito estava lá, a moldar o tecido, mas não havia vestígio de sua cabeça. "O manto ficou todo iluminado. Tinha uma forma humana, mas não havia rosto, não havia nada. Tinha um espaço vazio dentro do manto."

Assim como o médico do espaço Frederick von Stein, o espírito de Katie King surgiu várias vezes com apenas partes do corpo visíveis. Mas, na medida em que a ambiência das reuniões ia melhorando, aumentava a consistência de suas materializações. Mesmo antes das experiências acompanhadas por Crookes, inúmeras outras pessoas haviam testemunhado as aparições desse ser, com a produção de fenômenos inimagináveis.

Aksakof relata o depoimento de um desses participantes, J. Enmore Jones, publicado no jornal *The Medium*, que atestou: "Katie foi observada por centenas de investigadores de diversas nacionalidades: ingleses, escoceses, americanos e europeus".

Um desses investigadores era a escritora inglesa Ross-Church, mais conhecida pelo pseudônimo de Florence Marryat (1837-1899), autora de livros como *There is no Death* (A Morte não Existe)[34]. E num trecho desta obra, ela dá um exemplo eloqüente de como a luz e altas temperaturas prejudicam em geral as materializações.

Ao ser questionada por que não poderia aparecer sob uma iluminação maior do que a do único bico de gás aceso no ambiente, Katie King, parecendo irritada, respondeu que já havia falado algumas vezes que não sabia o porquê. Mas que se os presentes quisessem provar a verdade do que dizia, que se acendessem todas as luzes dos bicos de gás da sala.

O espírito postou-se então em pé contra a parede da saleta de visitas, à frente de todos, com os braços abertos como se estivesse crucificado. Três bicos de gás foram acesos em sua potência máxima. Mais tarde, inclusive, a aparição revelaria que aquela experiência a fizera sofrer muito. A descrição da escritora sobre o que se seguiu é impressionante:

– O efeito produzido sobre Katie King foi maravilhoso. Ela se manteve por um segundo apenas, começando então gradualmente a derreter. Posso comparar a desmaterialização de sua forma nada menos com a de uma boneca de cera derretendo diante do fogo. Primeiramente, seus traços ficaram borrados e indistintos; pareciam se amontoar um no outro. Seus olhos afundaram-se nas órbitas, o nariz desapareceu, o osso frontal desabou. Depois os membros pareceram ceder sobre ela, que afundou cada vez mais baixo no tapete como um edifício ruindo. Por fim não havia mais nada do que sua cabeça sobre o chão – em seguida apenas um amontoado de roupagem branca que desapareceu repentinamente, como se uma mão a tivesse tirado – e ficamos fitando arregalados, sob a luz de três bicos de gás, o lugar onde Katie King estivera.

Com esse tipo de experiência, a espiritualidade começaria a ensinar, na prática, os efeitos deletérios que a luz/calor pode provocar numa reunião de materialização. Infelizmente, porém, a recomendação de obscuridade nesse tipo de sessão sempre serviu para alimentar o veneno dos céticos, que procuram negar a veracidade dos fenômenos sob a alegação de que a penumbra é proposital. Nada mais do que um estratagema para facilitar que o médium se fantasie e saia fazendo papel de espírito materializado.

Desinformados, não sabem que não só a luz, mas também o próprio comportamento negativista, crítico ao extremo, colocam em risco a continuidade de uma sessão, ao desarticular a harmonia vibracional de pensamentos fundamental para as materializações. E dependendo da reação de um cético, até mesmo a saúde do sensitivo pode ficar abalada.

À época, pesquisadores ainda não haviam descoberto que espíritos se materializavam tomando como base um fluido energético denominado ectoplasma, expelido pelos médiuns de efeitos físicos. Por isso, o ser do astral e o médium estão profundamente relacionados. Assim, qualquer ação inesperada contra o espírito provocará sua desmaterialização, com o ectoplasma que havia ajudado a lhe moldar o corpo físico retornando abruptamente para o organismo do sensitivo, provocando males diversos.

Uma experiência similar à realizada com Katie King, sob luz forte, pode em tese até matar um sensitivo – só devendo ser promovida com autorização de guias do astral, que preparam o organismo mediúnico para o choque do retorno do ectoplasma. Da mesma forma, um ataque inesperado ao espírito materializado é sempre perigosíssimo.

Um exemplo disso ocorreria numa reunião em dezembro de 1873, quando, ao pensar que iria desmascarar uma farsante, um homem levantou-se e agarrou Katie, gritando: "É a médium". Imediatamente, outros dois se levantaram, tentando impedi-lo, e travaram uma luta corporal. Mas o estrago estava feito. O choque para o espírito – e para a médium – havia sido brutal.

Presente ao encontro, o advogado Henry Dunphy deu seu testemunho por escrito, publicado por Aksakof[35]. "Notei que a forma parecia, primeiro, perder seus pés e suas pernas, e, para escapar-se, fazia movimentos ondulatórios semelhantes aos de uma foca dentro da água; a pessoa que agarrara Katie King parecia mantê-la solidamente, porém não pôde impedi-la de desaparecer, pois ela conseguiu safar-se do seu aperto brutal, sem deixar nenhum indício da sua existência corporal, nem um pedaço do véu", conta Dunphy.

Em seguida, Florence Cook teve violentas convulsões, precisando de atendimento médico. O lamentável incidente deixou-a muito abalada, física e psicologicamente.

Mas tudo tem um sentido, e o incidente acabou servindo para o progresso das idéias espiritualistas. Atordoada com críticas de que era uma impostora – "as pessoas que não compreendiam o fato diziam coisas cruéis a meu respeito" –, a menina, corajosamente, escondida dos pais e dos amigos, foi procurar uma das maiores sumidades científicas do seu tempo: William Crookes.

O cientista já vinha, desde 1870, participando de experiências de efeitos físicos, cujo resumo publicaria, em janeiro de 1874, no prestigiado *Quarterly Journal of Science*, e que mais tarde editaria em seu livro *Fatos Espíritas*[36]. Ao observar médiuns diferentes, inclusive Kate Fox, a sensitiva de Hydesville em visita à Inglaterra, Crookes presenciou fenômenos de levitação, de produção de sons e aparições de formas e figuras de fantasmas.

Numa dessas sessões, segurava um lápis junto a uma mesa, ao lado de Kate Fox, quando percebeu algo inusitado: "Mão luminosa desceu do teto da sala e, depois de ter pairado perto de mim durante alguns segundos, tomou-me o lápis, escreveu rapidamente numa folha de papel, abandonou o lápis e, em seguida, elevou-se acima das nossas cabeças, perdendo-se pouco a pouco na escuridão".

No entanto, o questionador pesquisador ainda não se sentia seguro da veracidade do que presenciara, acreditando que poderia ter sido vítima de alguma fraude. Uma vez, chegou a afirmar para Aksakof que não se daria por convencido sobre a verdade das materializações enquanto não visse, "ao mesmo tempo, a médium e a figura materializada". Este momento, sem o saber, estava próximo: nada se igualaria às experiências que teria, em 1874, com a médium Florence Cook e o espírito Katie King.

Ainda adolescente, a sensitiva teve realmente muita coragem em procurar Crookes. Afinal, além de ser um expoente da ciência, para complicar ainda ouvira comentários de que ele também a considerava uma impostora. Num texto que escreveu, reproduzido por Aksakof[37], Florence descreve assim o primeiro encontro com o professor:

– Uma coisa que ele havia dito atormentou-me de tal modo que fui diretamente procurá-lo, sem outro pensamento que não fosse o de desculpar-me diante dele e do mundo inteiro. Eis o que eu lhe disse: "Acreditais que sou uma impostora; pois bem, virei a vossa casa, a senhora Crookes dar-me-á o vestuário que ela quiser, e examinará a roupa com que eu chegar. Vós me vigiareis tanto tempo quanto isso vos convier, fareis todas as experiências que desejardes, a fim de vos convencerdes completamente. Só estabeleço uma condição: se virdes que sou mistificadora, denunciai-me tão fortemente e publicamente quanto quiserdes; porém, se reconhecerdes que os fenômenos são verdadeiros, e que eu sou apenas um instrumento nas mãos dos invisíveis, dizei-o francamente e bem alto, para me absolverdes aos olhos do mundo".

Provando ser um cientista ético, sem dogmatismos, Crookes cumpriria o trato, divulgando para a opinião pública que a médium era uma pessoa séria e merecedora de crédito. Sob seu controle absoluto, em sua própria casa, ele montou um verdadeiro laboratório de pesquisas do extrafísico, pronto para detectar qualquer fraude. Mas apesar do lado crítico saudável que deve nortear qualquer investigação científica séria, o sábio inglês conseguiu se manter sereno, criando um ambiente harmônico que favoreceu a fenomenologia de efeitos físicos.

Muitas vezes é difícil se entender isso, mas a dúvida, o pensamento negativo diminuem a harmonia energética fundamental para experiências do gênero. Um dos argumentos de céticos que mais se ouvem é por que a suposta materialização de espíritos ou qualquer outro fenômeno de efeitos físicos só acontece diante de quem acredita neles.

Em primeiro lugar, isso não é verdade, sendo comuns relatos de pesquisadores sobre pessoas que, em princípio descrentes, se depararam com fenômenos que, muitas vezes, serviram para mudar radicalmente suas concepções de vida. Por outro lado, a existência de uma sintonia energética – mesmo que inconsciente – com realidades extrafísicas explica por que, em geral, aqueles com mais abertura ou que acreditam nessa fenomenologia – e que, portanto, entram em harmonia com ela – têm maiores probabilidades de testemunhá-la.

Infelizmente, o senso comum não dá conta dessas nuanças preciosas, entendendo-as como uma barreira para qualquer investigação imparcial sobre a veracidade dos fatos. Mas quer queiram ou não os céticos, é imperioso nessas sessões se buscar uma maior harmonização energética e se evitar – principalmente em atenção à saúde do médium – a entrada de pessoas que possam vibrar pesadamente, em outra sintonia.

Crookes compreendeu isso e, assim, lentamente, passo a passo, sem investidas apressadas, foi conquistando a confiança da médium e de Katie King. E na medida em que as duas solidificavam a convicção de que estavam diante de um cientista criterioso e ético, numa busca honesta da verdade, os fenômenos começaram a se fazer mais e mais fortes. Chegando ao ponto, segundo palavras do próprio Crookes[38], de Katie aparecer com grande perfeição e passear por duas horas pela sala, conversando com os presentes. "Várias vezes tomou-me o braço, andando, e a impressão sentida por mim era a de uma mulher viva que se achava a meu lado, e não de um visitante do outro mundo."

Essa perfeição de formas que pode atingir uma aparição também faz incrédulos duvidarem das materialização, achando se tratar de alguém travestido de fantasma. No Lar de Frei Luiz, já estive várias vezes junto ao espírito de Frederick von Stein. Apesar da escuridão em que as reuniões são realizadas, ele em geral se auto-ilumina ou é iluminado por jatos de luz que jorram de aparelhos curativos que materializa do astral. É como estar diante de uma pessoa normal. Pode-se até mesmo ouvir sua respiração, sua fala.

Impressionante: por alguns instantes, realmente um espírito volta a adquirir um corpo semelhante ao que tivera em uma de suas vidas na Terra. E eu presenciando isso!

Como a vida dá voltas, seguindo por caminhos nunca dantes navegados e sequer imaginados. Qual não seria minha reação se, na adolescência, no auge dos meus medos em relação aos mistérios do além, alguém chegasse para mim e afirmasse que, adulto, estaria ao lado de fantasmas do outro mundo, "vivinhos da silva"? Certamente pensaria estar diante de um lunático, daria gargalhadas histéricas e acabaria tendo um pesadelo. Mas cresci, amadureci. Me espiritualizei e passei a encarar esses fenômenos da forma mais natural possível. Algo soberbo, inusitado – mas natural.

EM CARNE E OSSO

Talvez por aceitar os fenômenos de efeitos físicos de uma maneira natural, sem a ansiedade de um principiante, Crookes teria finalmente numa reunião a permissão que tanto buscava. Após passear novamente com Katie pela sala, os dois acabaram entrando dentro da cabine. E ali, frente a frente, o persistente – e ético – cientista pôde observar o fantasma materializado e a médium Florence Cook.

Foi um feito importantíssimo. As entidades extrafísicas costumam necessitar de área isolada para se materializar junto ao aparelho mediúnico, para que possam ser criados campos de forças poderosíssimos. Qualquer interferência de energias adversas cria desarmonia vibracional, podendo provocar a interrupção do fenômeno.

É recomendável então que o sensitivo fique isolado do restante das pessoas, nesse espaço conhecido como cabine de materialização – em geral um pequeno compartimento com uma pesada cortina funcionando como "porta" de acesso à sala principal. Aliás, outra regra de ouro que, a exemplo da escuridão na sala, costuma causar desconfianças de céticos que, sem presenciar o ato em si da materialização, encontram mais motivos para duvidar da veracidade do fenômeno, achando que o médium se disfarça de espírito ali dentro.

No Lar de Frei Luiz, onde já percebi visitantes com esse tipo de desconfiança, os seres do astral permitem que apenas uma minoria do grupo de materialização, mais afinada com as vibrações do ambiente, chegue poucas vezes junto à cabine da materialização – ou até mesmo dentro dela – para presenciar a formação de um espírito.

Ainda não tive essa rara oportunidade. Mas, para felicidade do meu instinto investigativo, já pude observar a formação de nuvens de ectoplasma – etapa preliminar da materialização de um espírito – sentado no salão principal, do lado de fora da cabine.

O ectoplasma apresenta luminescência própria. Na escuridão, aos poucos vai se condensando uma nuvem de substância levemente brilhosa, na maior parte das vezes esbranquiçada, mas que pode adquirir uma tonalidade mais escura, puxada para o azul, em geral um azul plúmbeo semelhante ao céu de um final de tarde.

Algumas vezes, cheguei a pressentir que algo estava tentando tomar forma em meio àquela nebulosidade, bailando no ar diante dos meus olhos, se alargando, se alongando, depois se estreitando novamente. Mas estando fora da cabine mediúnica, sem encontrar a concentração energética indispensável, a materialização não se completava.

A partir dessa experiência, sou capaz de imaginar o impacto da cena presenciada por poucos pesquisadores ao longo da história, inclusive por amigos meus e minha mulher: na medida em que transborda através de orifícios do corpo do médium, como boca e nariz, o ectoplasma vai se condensando, primeiro na forma de pequeno ponto, até plasmar o corpo de algum espírito – o que pode durar vários minutos ou ocorrer instantaneamente.

No entanto, embora a prática mostre a necessidade de que a materialização se dê com o sensitivo isolado dentro da cabine fechada, existem como sempre exceções à regra. Afinal, como se aprende com a fenomenologia de efeitos físicos, a espiritualidade tem poderes suficientes para driblar – quando necessário – dificuldades e limitações que se apresentam.

E um dos maiores exemplos da materialização de espíritos que pôde ser observada por dezenas de pessoas de uma vez só – e não apenas por uma minoria – ocorreu em Belém do Pará, em inúmeras sessões promovidas, de 1918 a 1921, pelo rico comerciante Eurípedes Prado, quando descobriu que sua mulher, Ana Prado, era uma forte sensitiva.

Conhecida como Dona Nicota, a médium – que morreu em 1923 – conseguia materializar espíritos à vista de todos, com a cabine aberta e até mesmo sob sutil luminosidade. Em pelo menos uma reunião participaram cerca de 80 pessoas.

Essa série de encontros extraordinários – que reuniu parte da elite local e também de outras regiões do país, como políticos e empresários – foi relatada por Raymundo Nogueira de Faria (1884-1975) em seu livro *O Trabalho dos Mortos*[39]. Figura respeitada da sociedade paraense, primeiro prefeito de Belém e tendo chegado ao cargo de desembargador, ele atesta que os fenômenos, de tão fortes, não eram negados nem mesmo por pessoas que não acreditavam em causas espirituais.

Um desses céticos era o ex-senador e ex-governador do Pará general Lauro Sodré, conhecido no Brasil por suas convicções positivistas. "Não creio que haja aí uma intervenção de almas. São, a meu ver, forças ainda desconhecidas. Mas o que repilo, pelos meus sentimentos de justiça, é a idéia de fraude", declarou o importante político, após participar de uma sessão.

Para se checar a veracidade dos fenômenos, Dona Nicota costumava ser encerrada numa espécie de jaula dentro da cabine, feita com madeira e arame e trancada a cadeado. Algumas das aparições chegaram a ser fotografadas pelo conceituado maestro Ettore Bosio.

Além dessas fotos, há no livro outros relatos de pessoas que também não acreditavam em causas espirituais, como o médico Porto de Oliveira. Ao publicar artigo na *Folha do Norte*, em 28 de julho de 1920, ele descreve uma reunião em que os participantes puderam observar – sentados de frente para o gabinete aberto – quando em poucos minutos "nuvens esbranquiçadas se desprenderam em torno da médium, se condensaram, tomaram forma". Em seguida, "a forma atravessou a grade, encaminhou-se para o meio da assistência, saudou-a, ajoelhou-se e orou, no que foi acompanhada por alguns crentes".

Minhas experiências com formações ectoplasmáticas aumentando e diminuindo de tamanho vão ao encontro de descrições de algumas atas dessas reuniões, como a de 17 de julho de 1920, em que os presentes viram "formar-se um núcleo branco, como uma nebulosa, ao pé da médium, núcleo que aumentava às vezes e outras diminuía. Ora percebiam-se uns pés brancos, ora um braço que procurava desprender-se da grade em que estava a médium. Por fim um vulto desprende-se, sai pela face lateral do gabinete, envolto em um roupão branco, e mostra-se com sua estatura elevada, muito mais corpulento do que ela. É a figura de um homem alto e forte que se mostra, dando alguns passos, mostrando claramente todos os seus contornos".

Concordo. É pedir demais que os não-iniciados e descrentes em geral aceitem de pronto a veracidade de cenas como essa. Mas existe algo que tem que ser levado em conta. Mesmo no caso da experimentação científica, por mais "exata" que seja, há um dado fundamental: a validade do testemunho, da concordância dos pares sobre o que se está observando, estudando e teorizando. A veracidade da ciência também se constrói por aí. Aliás, trata-se de um dos parâmetros básicos do fazer científico.

Na verdade, muitas das pessoas que tentam desqualificar os resultados das pesquisas da fenomenologia espiritual sequer compreendem o que é ciência. Desconhecem que cada ciência tem o seu objeto de estudo e sua práxis determinada. Desconhecem que nem mesmo a matemática – com algumas de suas equações atingindo níveis de abstração inimagináveis – pode, no fundo, ser qualificada de ciência exata.

Nenhuma ciência, seja a mais "abstrata" – como a psicanálise, a neurologia – ou a mais "exata" – como a matemática, a economia, a física –, é tão precisa quanto alguém possa imaginar a princípio. Por isso, nada mais errôneo do que se basear em idéias cartesianas sobre o fazer científico para tentar desqualificar o estudo da espiritualidade, como se a realidade desse tipo de fenomenologia só pudesse ser comprovada com alguma espécie de explicação de um físico ou com uma prova de laboratório incontestável.

No fundo, não há como comparar a pesquisa da espiritualidade com alguma ciência "exata". A comprovação científica da existência espiritual é de outra ordem, guardando imprecisões que lhe são inerentes – pelo menos na atual fase do desenvolvimento tecnológico da humanidade.

Lógico que temos que procurar o auxílio de aparelhagens de medição cada vez mais modernas para, paulatinamente, reforçar as provas da realidade do mundo invisível. Lógico também que uma ciência como a física tem muito a contribuir para se explicar melhor essa fenomenologia. Mas a abordagem científica dos fenômenos espirituais começa, antes de tudo, na vontade de seres do astral em se deixar pesquisar – e não em um tipo qualquer de maquinaria que um cientista possa fazer funcionar, quando bem entender, para se começar então a produção da fenomenologia e sua análise.

Aqui, o máximo que um pesquisador sério pode aspirar é promover a ambiência adequada para que manifestações espirituais se dêem. Mas se vão ocorrer ou não, em determinado momento, é outra história, cabendo à espiritualidade decidir, com base em leis que ainda deconhecemos.

Aí sim, iniciado o processo dos fenômenos, os cientistas mais sensíveis saberão conduzi-lo de forma a ganhar a confiança dos espíritos e, assim, prosseguir nas medições e na coleta de informações que forem possíveis de se obter em determinado momento. E como, muitas vezes, as aparições e outros fenômenos surgem inesperadamente, sem que possam ser medidos no ato por algum aparelho, por mais moderno que seja, a ciência da espiritualidade depende muito mais do testemunho dos presentes do que de qualquer outro recurso.

São esses testemunhos e, principalmente, as informações passadas por seres superiores do astral que ajudam na formação de precioso acervo de dados que, analisado criticamente, à luz da razão, contribui para a evolução teórica e prática dessa nova ciência.

Nesse sentido, a ciência da espiritualidade – com seu imenso arquivo de provas físicas, fotografias, documentos, testemunhos idôneos e até análises laboratoriais, quando possíveis – tem mais a ver com a ciência da história do que propriamente com a física ou a matemática.

Acho que ninguém de bom senso ousaria desqualificar a validade científica da análise histórica da evolução das sociedades humanas. Pois a história é uma ciência que se baseia, principalmente, em registros documentais e em depoimentos. E nem por isso deixa de ser ciência. Antes de tudo, acreditamos nela como ciência devido à qualidade de análise de estudiosos a partir de fontes de dados confiáveis.

Do mesmo modo, muitos dos fatos que tomamos conhecimento pela mídia só os aceitamos pela credibilidade de quem está falando e do meio que os está divulgando, já que na maior parte não estamos presentes para testemunhá-los.

Sinceramente, se fôssemos levar diariamente ao pé da letra a máxima "ver para crer", a humanidade estaria ainda na Idade das Trevas. Portanto, quando surge um cientista da credibilidade de William Crookes para dizer que os fenômenos de materialização são verdadeiros, por tê-los comprovado pessoalmente, temos que ser cuidadosos e aceitar, pelo menos em tese, a possibilidade de que algo de concreto existe realmente nessa história toda.

Infelizmente, porém, algumas pessoas têm preconceitos tão arraigados contra determinados assuntos que não os aceitam de jeito nenhum, sequer admitindo discutir a hipótese – por mais remota que seja – de sua validade. Um exemplo gritante do que estou falando são os neonazistas que, 60 anos depois do fim da barbárie liderada por Hitler, ainda têm a capacidade de afirmar que é invenção que milhões de judeus morreram trucidados em campos de concentração.

Para não falar nas pessoas que, no início do século XXI, ainda sustentam que o homem não foi à Lua, em 1969. Parece brincadeira, mas não é. Para meu espanto, volta e meia ouvia essa história, acreditando que era coisa de uma minoria de alienados. Até que, em 2002, li em jornais que a agência espacial norte-americana Nasa havia encomendado um livro sobre o assunto a um especialista. A fim de tentar acabar de vez com os rumores de que as cenas de TV do homem chegando à Lua tinham sido forjadas num estúdio, para convencer o mundo de que os americanos haviam superado os soviéticos na corrida espacial, a Nasa decidira produzir um livro dirigido para professores. O objetivo: dar base científica para que rebatessem em salas de aula os argumentos difundidos pelos que não acreditavam nessa importante conquista.

Como mostram esses exemplos radicais, não adianta forçar a barra. Principalmente no campo da espiritualidade, a conscientização de cada um tem que brotar naturalmente, de acordo com sua experiência de vida, com sua vivência interior. É preciso dar tempo ao tempo. De qualquer forma, nessa discussão, acho importante enfatizar que no meio espírita não costumo encontrar uma preocupação marcante em convencer os outros da realidade das materializações.

Depois que as dificuldades passaram, consigo até achar graça ao relembrar o período em que comecei a pesquisar dados para contar a história do Lar de Frei Luiz no livro *Médicos do Espaço*. Mas o fato é que me deparei com pessoas que nutriam verdadeira ojeriza a jornalistas, vistos como profissionais maldosos que só queriam o sensacionalismo.

E sensacionalismo – com reportagens do tipo "fantástico e maravilhoso" ou de que tudo era "uma grande picaretagem" – era o que menos queriam. Não por receio de que se descobrisse algo escondido que não podia ser revelado. Simplesmente, achavam que o sensacionalismo atrairia energias negativas que prejudicariam a harmonia dos trabalhos sociais e espirituais do centro.

Por isso, não me causa surpresa quando a direção da casa veta a entrada de jornalistas que volta e meia pedem para assistir às reuniões de materialização. Algumas vezes, porém, o cerco é furado, e alguns entram. E conseguem, diga-se de passagem, porque são autorizados pela espiritualidade, principalmente pelo chefe da equipe dos médicos do espaço, Frederick von Stein, que capta quando as intenções de determinados profissionais são as mais honestas possíveis; mesmo que em princípio sejam céticos.

Foi o caso da jornalista paulista Sibelle Pedral, editora-sênior da importante revista *CLAUDIA*, dedicada ao público feminino. Decidida a fazer uma matéria sobre o Lar de Frei Luiz, para sua surpresa obteve autorização para participar de uma reunião de materialização. E mais: o então presidente do centro, o respeitado médico Ronaldo Luiz Gazolla (1935-2002), a colocou num dos leitos de atendimento, para que pudesse receber as energias curativas de Frederick von Stein.

Depois da reunião, eu e minha mulher almoçamos com Sibelle e vimos que ficara muito impressionada com a experiência. Dizia que o médico do espaço havia tocado, com seu aparelho curativo, justamente um ponto do seu corpo que estava com problema de saúde.

Na matéria publicada na revista, em maio de 2001, com o título "A Casa dos Espíritos", Sibelle não se limitou a fazer uma reportagem em que descreve fenômenos espirituais ocorridos no Lar de Frei Luiz. A jornalista deu também seu testemunho pessoal do que vivenciou na manhã do sábado em que foi atendida por Frederick, num artigo publicado com o título "Uma forte luz branca se aproximou de mim".

Ela começa falando do "momento de pânico" que teve quando, surpresa, se viu chamada para deitar no leito, pois achava que assistiria à reunião de uma cadeira. "Tentei me acalmar. Quando um senhor me conduziu a um dos leitos, estava melhor. Mas durou pouco: já deitada, com as mãos cruzadas sobre o abdome, vislumbrei, com o canto do olho, uma figura luminosa a poucos metros de mim. Uma mancha de luz branca. Fui ficando mais assustada à medida que se aproximava. Dali a pouco, parou do meu lado. Eu não tinha coragem de olhar. Tremia quando mãos, firmes, calçando luvas brancas, desenlaçaram meus dedos. Seguravam um bastão que emitia uma luz verde, semelhante a um laser."

Sibelle relata então "uma longa sessão de passes" que Frederick lhe deu, deslizando o seu aparelho curativo – que ela chama de "bastão" – sobre seu corpo, sem tocá-lo. "Eu não sentia nada, exceto medo. Finalmente levantei os olhos e vi uma figura que parecia humana, coberta por panos brancos, máscara cirúrgica no rosto. Os contornos eram borrados; os olhos, brilhantes. Mais passes e ele se foi."

Ao final do depoimento, ela toca num ponto-chave que, para mim, é o atestado de idoneidade dessas sessões: mesmo tendo havido dissensões internas na equipe ao longo de sua história, algo extremamente natural num agrupamento humano, jamais ninguém contestou a veracidade das materializações. "A reportagem foi marcante mesmo para quem, como eu, tem uma relação serena com a fé. A figura na reunião de materialização poderia ser um dos presentes disfarçados? A resposta racional é: poderia. Mas por que alguém perpetuaria uma farsa durante tantos anos?", questiona.

Lembrando que o Lar de Frei Luiz realizava sessões de materialização há décadas e não lucrava nada com isso, conclui: "Mesmo em momentos conflituosos de trocas de diretoria, não se soube de mistificações. Muitas pessoas garantem ter se curado ali e milhares procuram o Lar a cada semana. Mesmo que não recuperem a saúde, descobrem solidariedade e calor humano, virtudes cada vez mais raras".

A jornalista teve sensibilidade e equilíbrio suficientes para, ao ser autorizada a entrar e a desfrutar de uma materialização, captar uma idéia fundamental: a importância, para validar esse trabalho, da credibilidade de um grupo. Como jornalista, eu também tive que me curvar a esse atestado de boa procedência. Não precisava ver um espírito se materializando na minha frente para poder dizer que tudo aquilo era verdadeiro. Outras pessoas, da mais alta credibilidade, podiam falar por mim.

Além disso, existe outro dado forte a favor da veracidade dessas materializações: como alguém fantasiado poderia portar aparelhos luminosos inusitados e ainda por cima curar doenças gravíssimas, como o câncer? Pura fantasia?

De qualquer forma, em reforço à realidade desses fenômenos, já tive a oportunidade de testemunhar algumas vezes a cortina da cabine de materialização ser aberta por seres do astral, para que observássemos médicos do espaço, com seus aparelhos curativos, projetando raios de luz regeneradores sobre o médium Gilberto Arruda, deitado em transe no leito do gabinete. A primeira vez que vi esse fenômeno, em 22 de junho de 2002, foi lindo: semi-iluminado, Frederick von Stein ficou por mais de um minuto jorrando luz de seu equipamento sobre o corpo do sensitivo.

Estava ali, diante dos meus olhos, a mostra de que Gilberto e Frederick eram dois seres distintos. A prova da transcendência, a prova de que a morte não existe!

Tudo bem: sempre aparecerá alguém para afirmar que pode haver um alçapão no chão da cabine ou mesmo que um integrante do grupo, aproveitando a escuridão, entre desapercebido na cabine. Fazer o quê?

Serve dizer que aquele é um lugar simples, sem alçapão, e que ninguém do grupo faria isso, até porque todos se conhecem e estão ali apenas para ajudar na cura de enfermos, e não para ficar brincando de fantasminha? Serve afirmar que ao longo da história do espiritualismo moderno essa dúvida sempre existiu, mas que já foi respondida por inúmeros experimentos com base científica?

Crookes foi um dos que conseguiram essa comprovação – dentro da própria cabine de materialização. Numa sessão, com uma lâmpada fosforescente, a gás, obteve finalmente a permissão para iluminar parcialmente o ambiente, vendo que Katie e Florence eram duas figuras distintas.

Antes desse testemunho visual, porém, Cromwell Varley, inventor do cabo transatlântico, que também participou de algumas dessas reuniões, já havia planejado uma forma de verificar se Katie e Florence eram dois seres diferentes, mesmo que não lhe fosse permitido entrar na cabine[40]. Passou então uma corrente elétrica através do corpo da médium, utilizando uma bateria galvânica e um aparelho que mediria qualquer variação elétrica se a sensitiva se mexesse. E durante uma hora, quando o espírito tocou em várias pessoas, a corrente elétrica se manteve inalterada, provando que eram dois seres distintos.

Mas as pesquisas de Crookes iriam mais longe. Em outra reunião, ele pôde tocar no espírito em busca de informações sobre sua constituição física. "Uma noite, contei as pulsações de Katie; seu pulso batia regularmente 75, ao passo que o da srta. Cook, poucos instantes depois, atingia a 90, seu número habitual. Encostando meu ouvido ao peito de Katie, pude sentir um coração bater no interior, e suas pulsações eram ainda mais regulares do que as do coração da srta. Cook, quando, depois da sessão, ela me permitiu a mesma experiência." Os pulmões também foram auscultados, mostrando-se "mais sãos do que os da srta. Cook", pois, no instante em que Crookes fez essa experiência, a médium "tratava-se de forte bronquite".

De fato, os corpos de espíritos materializados se mostravam tão semelhantes aos de uma pessoa viva que, tempos depois, em 1903, seria comprovado que processavam oxigênio nos pulmões, respirando como qualquer um de nós, em experiências realizadas pelo fisiologista francês Charles Richet (1850-1935).

Professor da Universidade de Paris que se tornaria Prêmio Nobel de Medicina de 1913, Richet comandou uma série de sessões de efeitos físicos, na cidade de Argel, com a médium Eva Carrière, então com 17 anos, que materializava um espírito que se identificava como Beni Boa e aparecia usando elmo e turbante.

O psiquiatra italiano Cesar Lombroso, no livro *Hipnotismo e Mediunidade*[41], descreve uma reunião em que "Richet pôde ouvir o ruído dos seus passos, constatar o calor, notar-lhe a respiração e também premir os ossos das suas mãos". Ao preparar um copo com água de barita límpida, em que se podia fazer gorgolejar o ar ao expirar por um tubo, o espírito, seguindo instruções, soprou-o por meio minuto, "provocando o embranquecimento do líquido, o que prova haver expirado ácido carbônico, como se vivo fosse".

O livro *Fatos Espíritas*[42] traz curioso relato do pesquisador russo Alexander Aksakof sobre outra experiência realizada por Crookes, também sugerida por Varley. A fim de comparar a condutibilidade elétrica dos corpos da médium e de Katie King, dois pólos de uma bateria foram colocados em comunicação com dois vasos com mercúrio. Quando o espírito mergulhou os dedos no vaso, umedecendo-os no mercúrio, a resistência elétrica não diminuiu nem a corrente aumentou de força.

Assim, como o mercúrio apresenta uma alta tensão elétrica superficial, a experiência revelou que o espírito possuía uma grande resistência a cargas elétricas, já que não houve variação no galvanômetro. Mas no caso da sensitiva Florence Cook, porém, a agulha do aparelho indicou um declínio considerável, na proporção de cinco unidades, mostrando que a médium possuía mais baixa resistência à corrente elétrica, que aumentou de força.

Portanto, em relação à corrente elétrica, verificou-se que Katie King oferecia resistência cinco vezes maior do que o organismo da médium Florence Cook. "Desta experiência podemos concluir que a condutibilidade elétrica do corpo humano é cinco vezes maior que a de um corpo materializado", analisa Aksakof.

Como existe apenas o registro de uma experiência do gênero, fica-se sem um dado científico mais consistente. Até porque não há qualquer indicativo sobre o nível de materialização que o corpo físico de Katie King atingiu nessa sessão. Se o seu corpo estivesse mais rarefeito ou até mesmo mais consistente, o resultado teria sido o mesmo, com uma variação, no mostrador do galvanômetro, na proporção de cinco para um?

De qualquer forma, havia um corpo materializado – e uma diferença de condutibilidade expressiva em relação ao organismo da médium. Assim, essa medição parece sugerir que o corpo humano apresenta mais água em sua composição do que o de um espírito. Afinal, quanto mais água num meio, maior sua condutibilidade elétrica.

Formado na primeira turma de física nuclear da Universidade Federal do Rio de Janeiro, no início dos anos 1960, o professor Paulo Larosa concorda com minha hipótese sobre a maior presença de água no corpo humano. Segundo ele, pode até não ocorrer sempre essa proporcionalidade de condutibilidade elétrica entre os dois organismos, mas ela deve girar em torno de cinco para um.

Mais do que muitos cientistas, Larosa entende relativamente bem dessa fenomenologia. Médium de efeitos físicos do Lar de Frei Luiz, não só é um estudioso do assunto, como materializa em sua mão direita pedrinhas coloridas, flores e outros objetos, além de exalar flagrâncias perfumadas, como já testemunhei várias vezes.

Em conversas com ele, à luz do conhecimento sobre fenômenos de efeitos físicos reunidos até agora, fica evidente a dificuldade de se precisar até que ponto o corpo de um espírito materializado se parece com um corpo humano, mas não resta dúvida de que pode atingir estágio bastante próximo ao de uma pessoa de carne e osso.

Outro indicativo disso é a massa corpórea que eventualmente adquire. Ao se materializar, esses seres chegam a ter o peso de uma pessoa comum.

Uma vez, no Lar de Frei Luiz, o médico Ronaldo Gazolla participava de uma sessão de cura quando se materializou Amélia Piccolotto. Antiga colaboradora da obra, que havia passado para o mundo do invisível em 1978, ela começou a conversar com seu marido, o empresário Antônio Piccolotto. De repente, passou pela cabeça de Gazolla a dúvida de quanto deveria pesar um espírito materializado. Amélia captou seu pensamento e imediatamente foi até ele, subindo com seus pés em cima dos do médico. "Eram 60 quilos mais ou menos. Um peso normal. Perguntei depois pro Piccolotto quanto que ela pesava. Ele disse mais ou menos 60, 70 quilos."

Algumas vezes, já testemunhei não só a respiração, como a consistência física de um espírito materializado, ao ser tocado na cabeça pela mão do médico do espaço Frederick von Stein. Mesmo no escuro, deitado em uma maca para tratamento espiritual, quando ele se aproxima é possível vislumbrar seu corpo envolto em um manto com certa transparência e luminescência – feito também à base de ectoplasma –, ouvir sua respiração e sentir a firmeza de sua mão.

Como entre sua mão e minha cabeça existia esse véu, conhecido como manto ectoplasmático – na verdade materializado pelo espírito para proteger o médium, pois filtra impurezas do ambiente que possam atingi-lo na cabine–, tive a sensação de ser tocado por alguém usando uma luva com a consistência de uma lona, de um tecido grosso.

Curioso. A sensação era mesmo de que o espírito usava uma luva, como se o manto se adaptasse perfeitamente entre seus dedos, pois senti suas formas bem definidas.

As experiências mostram que esse manto ou as roupas usadas por seres extrafísicos podem adquirir várias texturas, dependendo da condensação ectoplasmática. O delegado de polícia brasileiro Rafael Américo Ranieri (1920-1989), no livro *Materializações Luminosas*[43], descreve esse tecido como "uma espécie de filó de fios luminosos".

Em reuniões com o famoso médium cearense Francisco Peixoto Lins, o Peixotinho (1905-1966), em que espíritos surgiam com grande luminosidade, ele teve a oportunidade de observar detalhes das vestimentas: "Eu, por diversas vezes, observei os espíritos de perto, olhei os seus tecidos aproximando os olhos a uma distância de 20 a dez centímetros, verificando portanto detidamente, e posso afirmar que o tecido é uma espécie de filó de fios luminosos. Lembra uma grande lâmpada formada de milhares de fios de tungstênio".

No caso de algumas materializações, pode ocorrer de o espírito surgir sem o manto ectoplasmático. Em ocasiões assim, ao se ficar mais próximo dele, sempre com sua autorização, pode-se fazer uma análise mais apurada de sua constituição física. Algumas vezes, as materializações no Lar de Frei Luiz são tão perfeitas que alguns dos integrantes do grupo observam nos espíritos traços de uma pessoa normal.

Essas aparições ocorriam com mais freqüência em reuniões no final dos anos 60 do século XX, quando o grupo era bem menor. O industriário Salvador Oggiano relembra que, a menos de dois metros de distância, assistia "às mais maravilhosas materializações", em que, às vezes, de dez a 12 espíritos apareciam por noite – "todos iluminados".

Numa dessas sessões, que reuniam no máximo 30 pessoas, ele viu um indígena sair "abruptamente" da cabine de materialização, parecendo originário de uma tribo norte-americana, pelo tipo de cocar que usava, com duas penas luminosas, uma azul, outra vermelha. "O índio se materializou de forma perfeita e começou a andar no meio da sala. O torso era nu e ele olhava sério para todos, com um olhar hierático. Uma maravilha. Nós assistíamos a fenômenos espetaculares."

Os espíritos também podem se materializar com ossatura semelhante à de uma pessoa viva. No livro *Dossiê Peixotinho*[44], biografia desse famoso médium de efeitos físicos, os autores Lamartine Palhano Júnior e Walace Fernando Neves descrevem uma reunião realizada em Macaé (RJ), em 1955, em que um dos espíritos materializados, que se identificou como dr. Fritz, realizava tratamento de uma inflamação do apêndice de uma menina, Anísia Angélica, quando ela começou a refletir se o espírito teria ossos.

Ao captar telepaticamente o pensamento de Anísia, o médico do espaço disse-lhe "pegue aqui!" – e colocou o braço sobre ela. A mãe da menina, Angélica Ellery Torres, lembra que a filha "ficou encabulada", e Fritz pegou então "a mãozinha dela, e disse: 'Tem osso?' Ela disse: 'Tem'. Ele botou a mãozinha dela em seu braço e disse: 'Tem osso?'. Ela disse: 'Tem'. Aí ele tirou a mão".

No Lar de Frei Luiz, em sessão no início dos anos 1990, os médicos Luiz Augusto de Queiroz e Ronaldo Gazolla, que já presidiram esse centro espírita, foram chamados por Frederick von Stein até a porta da cabine. Ele mandou então que os dois segurassem em cada lado do seu rosto: uma mão no queixo, outra na fronte. Segundo Gazolla, em seguida o espírito comandou: "Segura com força". Frederick queria deixar de lembrança, para cada um, a metade da máscara cirúrgica que utilizava nas cirurgias durante as sessões.

– Ele falou assim para mim: "Gazolla, conte até três". Eu contei um, dois, três... a mão como que se afundou no vácuo. Quando ela afundou, estava segurando no osso, o osso dissolveu, sumiu tudo em frações de milionésimos de segundo, e a mão fechou, e quando fechou já estava metade da máscara na minha mão, e o Luiz Augusto com a outra. Nós medimos o pano e casava direitinho com a outra metade. Era a máscara do médico.

A perfeição chega a tal ponto que espíritos materializam-se até com dentes. Cesar Lombroso registra[45] uma série de reuniões promovidas em 1906 e 1907, em Gênova e Milão, com vários cientistas. Numa delas, ao perceber que um vulto havia surgido dentro da cabine – pois a cortina da entrada inflara, tomando a forma de um corpo humano que se movia coberto pelo pano –, o filósofo Ernesto Bozzano colocou a cabeça na abertura e, do lado de dentro, para sua surpresa, nada viu. Com a mão direita, começou a apalpar a forma sob o tecido aparentemente vazio, até encontrar a resistência de uma cabeça. Ao identificar a fronte, "deslizou a palma da mão pelas bochechas e nariz, e, quando tocou os lábios, a boca se fechou e lhe prendeu o polegar; sentiu nitidamente o morder de uma dentadura sã".

Na verdade, experimentos espirituais revelam que seres extrafísicos, sob condições adequadas, se materializam como querem. Em seu livro *Bases Científicas do Espiritismo*[46], o renomado dramaturgo e jornalista norte-americano Epes Sargent (1813-1880) publica o relato de um pesquisador da Associação de Investigadores de Dalton, conhecido como sr. Tapp, sobre um exame que fizera em Katie King. Ele descreve detalhes que diferenciavam o espírito da médium Florence Cook, como uma mão "mais longa, ornada de belas unhas, nada parecidas com as da srta. Cook, que tinha o mau hábito de roer as unhas".

Depois, ao observar um braço da aparição, algo inusitado ocorreu: "A pele era perfeitamente lisa, como a cera ou o mármore, apesar de ser a sua temperatura a de um corpo humano são. Contudo, não achei ossos na munheca. De novo palpei a munheca, e então Katie me disse que lhe faltavam os ossos. Riu-se e me disse: 'Esperai um pouco'; e, depois de ter apresentado seu braço a outros assistentes, veio e de novo colocou-o na minha mão". Desta vez, ali estavam os ossos que antes faltavam.

As materializações podem atingir tal grau de perfeição que até pêlos são notados. Quem testemunhou experiência semelhante foi o famoso escritor e professor de ioga José Hermógenes de Andrade, quando convidado, nos anos 1970, para participar de um trabalho de cura realizado por um grupo espírita na cidade mineira de Caratinga.

Um dos introdutores da ioga no Brasil, Hermógenes me contou que, numa sessão, comandada pelo espírito materializado do físico alemão Joseph Gleber, que morrera na Segunda Guerra Mundial, ele foi convidado para acompanhar algumas cirurgias. Num determinado instante, Gleber – atuando sem manto ectoplasmático – mostrou uma de suas mãos que, de tão carregada de energia, foi se iluminando. "Chegou a uma luminosidade tão grande que ele teve a iniciativa de levar a palma da mão para iluminar as costas da outra mão, e aí eu vi os cabelinhos de sua mão. Eu peguei, examinei, era uma mão mesmo."

Nos casos de materializações perfeitas, os espíritos ficam tão humanos que, segundo Hernani Guimarães Andrade, no livro *Espírito, Perispírito e Alma*[47], Crookes avaliou que até sangue sairia do corpo se um espírito fosse esfaqueado. O grande sábio, na verdade, não tinha ainda os conhecimentos que o avanço das pesquisas traria para os estudiosos da espiritualidade. No caso de um ataque semelhante, provavelmente o espírito, mesmo se houvesse sangue correndo em suas artérias e veias, se desmaterializaria abruptamente – e quem poderia sair com algum ferimento poderia ser o médium de efeitos físicos.

Nesse sentido, o jornalista Epes Sargent resgata[48] um impressionante – para não dizer dramático – incidente com o médium de efeitos físicos dr. F. L. H. Willis, que em 1879, ao escrever sobre os 23 anos em que vinha produzindo fenômenos de materialização de mãos, refere-se a uma experiência ocorrida com ele mesmo:

– Em certa ocasião, um cavalheiro presente sacou do bolso um canivete de longa e afiada folha e, sem consultar ninguém, aproveitando uma oportunidade, deu violento golpe em uma das mãos psíquicas. O médium sentiu uma dor forte, como se um canivete lhe houvesse realmente atravessado a mão. O cavalheiro levantou-se, exultante, julgando ter completamente desmascarado o embuste e esperançado de encontrar a mão do médium trespassada e sangrando. Com grande desgosto, porém, e cheio de pasmo, não encontrou nela nem um simples arranhão, apesar de haver o médium sentido a sensação de um canivete através de seus músculos e tendões, sensação dolorosa que permaneceu por algumas horas.

Também no Lar de Frei Luiz, essa relação umbilical entre espíritos materializados e médiuns ficaria demonstrada algumas vezes, como na reunião de 12 de março de 2005, em que eu estava presente. De repente, no escuro, em meio ao atendimento curativo do médico do espaço Frederick von Stein, ouvi de longe sua voz, chamando a atenção de alguém. Na hora, não entendi do que se tratava. Mas após a reunião, quando fui visitar o médium Gilberto Arruda em sua casa, que fica no próprio centro espírita, encontrei-o transtornado, com taquicardia e parte de sua testa irritada, meio avermelhada. Reclamava também de "uma ardência" no tornozelo direito, junto ao calcanhar. Visivelmente desorientado, falando coisas desconexas, chegou a esquecer meu nome, pedindo desculpas.

Mas, afinal, o que acontecera? Um integrante do grupo havia se espreguiçado em sua cadeira justo quando o espírito passava ao seu lado, acertando sem querer o pé no tornozelo direito de Frederick von Stein.

Em geral, em acidentes mais graves do que esse, o espírito se desmaterializa ao ser atingido, pois o ectoplasma que ajudou a formar seu corpo retorna instantaneamente para o organismo do médium, o que pode provocar sérios distúrbios no sensitivo. Mas, nesse caso, não só Frederick não se desmaterializou como Gilberto nem acordou. Porém, ao final da reunião, ao despertar do transe, o médium estava com forte taquicardia e dor de cabeça, como se houvesse "uma garra" apertando sua testa, além de uma ardência no tornozelo direito, embora na hora nada houvesse percebido de anormal na região.

No entanto, na madrugada do dia seguinte, Gilberto acordou sentindo "uma queimação": uma área do calcanhar e do tornozelo apresentava uma mancha avermelhada, como se fosse uma assadura, e que foi escurecendo com o passar dos dias. Tratava-se, na verdade, do que se chama no espiritismo de uma "queimadura psíquica". Queimadura essa que, embora cedendo aos poucos, à base de pomada cicatrizante, incomodaria o médium por dois meses. Em maio, ainda se podia perceber ali uma mancha tênue, estando a pele um pouco irritada.

Outro exemplo dessa relação dual entre espírito e médium, embora sem maiores conseqüências, ocorreria em sessão de materialização realizada em Belo Horizonte (MG), em 22 de setembro de 1949, no famoso Grupo da Fraternidade Irmã Scheilla. Um dos participantes dessa reunião, o empresário Dante Labbate relembra, no livro *Materializações Luminosas – Leis Cósmicas em Ação*[49], o instante em que alguém ofereceu bombons a um ser materializado que se autodenominava José Grosso. "O espírito fez questão que todos o vissem comer os confeitos. O restante, repartiu com a assistência."

Foi quando perguntaram-lhe sobre "a digestão dos bombons", e ele recomendou a todos que observassem "o rosto do médium ao término da reunião". Ao final, a cena insólita: "Quanto aos bombons ingeridos por José Grosso, o médium Fábio, ao ser despertado, apresentava o rosto e a camisa manchados de chocolate, evidenciando o destino do produto saboreado por José Grosso".

Mais uma prova dessa estreita relação surgiria um mês depois, também em reunião do grupo Scheilla, lembrando o efeito produzido no caso em que houve a agressão a canivete. Alguns espíritos materializados começaram a protagonizar uma série de brincadeiras com os presentes. Numa delas, Dante Labbate – então um estudante de 21 anos – foi incitado a empurrar uma cadeira na qual se sentou um espírito que se chamava Palminha. A espiritualidade anulou então a grande força usada para o deslocamento, aplicando outra igual, em sentido contrário. Assim, a cadeira não se moveu "um centímetro sequer".

Em seguida, o mesmo espírito brincalhão começou a fazer cócegas e a simular uma luta com outro integrante do grupo. Este, no escuro, achou que um colega do centro era o autor da brincadeira e, reagindo, acabou acertando-lhe um pé no tórax. Ao acertar Palminha, o médium Fábio Machado sentiu imediatamente o impacto.

– Fábio, ao despertar, exibia forte depressão no lado esquerdo do tórax, em decorrência do golpe recebido. Tão profunda, que aparentava ter sido a estrutura óssea amassada de um lado e estufada de outro. Mas as poucas dores não condiziam com a gravidade do fato. Todos examinaram-no assombrados com a deformidade – relata Dante.

O inesperado dano físico só seria sanado duas reuniões depois, quando a anatomia do tórax do médium foi "totalmente reconstituída, sem nenhuma intercorrência".

FOTOGRAFIA TRANSCENDENTAL

Uma comprovação contundente não só da existência, mas da perfeição física que atingem certas materializações é a chamada fotografia transcendental, que tem sido registrada, desde o século XIX, por inúmeros pesquisadores.

Fundador do Lar de Frei Luiz, o químico Luiz da Rocha Lima (1901-1995) foi um dos que promoveram uma série de reuniões especiais para se fotografar espíritos materializados. Graças ao seu trabalho, nos anos 1960 e 1970, foram feitas fotos de vários espíritos, como João Pedro, Frederick von Stein e o árabe Ahmed.

Com a colaboração do fotógrafo Luiz Manso, seguindo indicações técnicas da espiritualidade, foram utilizados filmes infravermelhos, mais sensíveis no escuro, e um aparelho de *flash* envolto com papel celofane vermelho. Essas fotos – publicadas em livros de Rocha Lima e, duas delas, em minha obra *Médicos do Espaço* – revelam seres com peles perfeitas. Dada a seriedade desse trabalho, com várias testemunhas, como o coronel-aviador Paulo Ruy Portella, essas fotos são o retrato cabal da realidade das materializações.

No entanto, outra prova forte da verdade espiritual são as fotografias de seres que não se encontram à vista dos presentes, no momento do registro, mas mesmo assim aparecem quando da revelação do filme.

Dentre esses experimentos, um episódio marcante é relatado pelo escritor Arthur Conan Doyle[50]. Segundo ele, por várias vezes soldados mortos na Primeira Guerra Mundial surgiram em fotografias para seus familiares e amigos. "Um dos mais notáveis exemplos" ocorreu em Londres, no Dia do Armistício, a 11 de novembro de 1922, quando uma médium conhecida como sra. Deane tirou a foto de uma multidão que participava de uma solenidade. "Foi durante os dois minutos de silêncio, e na fotografia vê-se um grande círculo de luz, no meio do qual estão duas ou três dúzias de cabeças" de soldados mortos.

Existem registros sobre os supostos primeiros episódios com fotografias transcendentais, na década de 50 do século XIX: nos Estados Unidos, uma faixa luminosa teria surgido numa foto; na Inglaterra, mãos e rostos teriam aparecido em chapas fotográficas. Mas com a inconsistência da primeira experiência e a acusação, no segundo caso, de que as chapas não estavam bem lavadas, o que poderia ter adulterado o resultado, esses experimentos não foram considerados conclusivos. Assim, oficialmente, o pioneiro das fotografias transcendentais ficou sendo o norte-americano William Mumler (1832-1884).

Gravador de uma das principais joalherias de Boston, que dedicava suas horas de ócio a fotografias, ele registrou a primeira aparição em 1862. Cesar Lombroso conta[51] que Mumler viu aparecer "uma figura estranha" junto ao grupo que fotografara, achando que alguma chapa velha havia se misturado por engano com as novas. "Mas, uma segunda prova deu igual resultado, com aparência humana ainda mais nítida. Esta seria a primeira fotografia espiritista ou transcendental. A notícia se espalhou rapidamente, e bem depressa o pobre diletante foi assediado com pedidos que chegavam de toda a parte, e, para satisfazê-los, houve de consagrar duas horas por dia a esta nova indústria. Depois, fazendo-se a clientela sempre mais numerosa, teve de renunciar ao ofício de gravador."

Um belo dia, Mumler foi procurado por uma senhora misteriosa, de luto e usando um véu espesso. Sem querer se identificar, pediu-lhe que tirasse uma foto, para ver se alguém apareceria ao seu lado. Segundo o pesquisador brasileiro Wallace Leal Rodrigues[52], ao revelar a chapa, o fotógrafo "se abalou profundamente" quando reconheceu a fisionomia que parecia ser a do presidente Abraham Lincoln, assassinado poucos anos antes. Mumler chamou então à sala uma senhora que estava em seu estúdio e que, ao ver a foto, também se surpreendeu: "Eu juraria que é o presidente Lincoln". Foi quando a misteriosa mulher revelou sua identidade: "Sim, de fato, é meu marido. Eu sou a sra. Lincoln".

Algo curioso que sobressaía dessas fotografias tiradas de pessoas, para ver se seres invisíveis apareciam na chapa, era que, no momento da revelação, as imagens dos fantasmas surgiam primeiro do que o restante da cena – indicando que possuíam uma energia fotoquímica, uma força luminosa maior do que a de qualquer ser humano.

Aksakof fala[53] de um amigo de Bristol, na Inglaterra, John Beattie, que promoveu uma série de sessões do gênero em 1872 e 1873. Um dos participantes, conhecido como dr. Thompson, publicou, em 1874, carta no jornal *Human Nature*, de Londres, em que assinala: "O sr. Beattie nos fazia freqüentemente observar a rapidez com a qual essas imagens apareciam à revelação, enquanto que as imagens normais só apareciam muito mais tarde. A mesma particularidade foi notada por outras pessoas que se ocupavam com semelhantes experiências e nos assinalaram esse fato".

Outra curiosidade apontada por Beattie: as formas tinham luz própria e não projetavam sombra.

Na mesma época, outro dos que se dedicavam a fotografias transcendentais era William Crookes, que ficou entusiasmado em poder realizar sessões especiais para registrar Katie King, quando esta lhe permitiu clarear o ambiente com luz elétrica, para a produção das chapas. Ele conta[54] que, na medida em que ela adquiriu mais confiança em seus propósitos, "os fenômenos aumentaram muito em força" e foram-lhe dadas provas que seriam impossíveis de obter se tivesse se "aproximado da médium de maneira diferente".

Crookes chegou a obter 44 negativos de Katie – "uns medíocres, alguns nem bons nem maus e outros excelentes" –, mas deixou claro que nada poderia se igualar à oportunidade de conhecer de perto aquele belo ser do astral.

Segundo ele, "a fotografia é tão impotente para representar a beleza perfeita do rosto de Katie, quanto as próprias palavras o são para descrever o encanto de suas maneiras. A fotografia pode, é verdade, dar um desenho do seu porte; mas como poderá ela reproduzir a pureza brilhante de sua tez ou a expressão sempre cambiante dos seus traços, tão móveis, ora velados pela tristeza, quando narra algum acontecimento doloroso da sua vida passada, ora sorridente, com toda a inocência de uma menina, quando reúne os meus filhos ao redor de si, e os diverte contando-lhes episódios das suas aventuras na Índia?"

QUARTA DIMENSÃO

Nenhuma ciência avança sem a atuação de ponta de corajosos pioneiros, que podem até errar, cometer imprecisões, mas acabam obtendo saltos fabulosos, qualitativos. Mesmo enfrentando uma onda de descrédito, William Crookes teve papel singular na fase experimental do movimento do espiritualismo moderno. Um dos primeiros cientistas de renome na Europa – se não o maior – a investigar sistematicamente a fenomenologia de efeitos físicos, acabaria por estimular pesquisas que já vinham sendo realizadas e despertar a atenção de outros estudiosos. Provavelmente sua principal missão, articulada pelo astral, teria sido a de abrir inúmeras outras mentes para a espiritualidade.

O interesse de Crookes por essa fenomenologia surgia num momento em que novas teorizações e experimentações da física preparavam o mundo para uma revolução cultural em relação aos conceitos do tempo e do espaço, da constituição atômica e da criação e evolução do universo. A partir das primeiras duas décadas do século XX, com a elaboração das teorias da relatividade e da mecânica quântica, o desenvolvimento da física conduziria a humanidade para outro patamar científico e filosófico.

A existência dos átomos não só seria comprovada, como passaram-se a conhecer melhor determinadas reações subatômicas.Descobriu-se que matéria e energia são equivalentes, como faces da mesma moeda, e que o universo não se limitava às três dimensões espaciais euclidianas, de largura, profundidade e altura. O novo universo descoberto era formado por dimensões que não conseguimos alcançar com nossos cinco sentidos comuns, sendo perpassado por campos de energias que não percebemos, mas que podem se transformar em matéria. Em outras palavras, energia é matéria livre e matéria é energia concentrada.

A revolução de pensamento provocada pelas teorias da relatividade e da mecânica quântica começaria a brotar em meados do século XIX, quando a comunidade científica ficou maravilhada com a possibilidade de haver uma quarta dimensão espacial – além das três dimensões estabelecidas pela geometria euclidiana. Em 1854, o matemático alemão Georg Bernhard Riemann assombraria o mundo científico ao anunciar as bases matemáticas que apontavam para a existência de uma dimensão espacial além das três coordenadas geométricas do grego Euclides (século III a.C.).

Limitado inicialmente a círculos científicos, o conceito da quarta dimensão espacial começaria a se popularizar impulsionado por um episódio que sacudiu a opinião pública da conservadora Inglaterra vitoriana, e que acabou por repercutir em outros países: o julgamento, em 1876, sob acusação de fraude, do famoso médium Henry Slade.

Provavelmente, dois fatos se cruzaram para aumentar a repercussão dada pelos jornais da época ao caso: tinha sido levado à Justiça não apenas um sensitivo conhecido, mas que contava com o apoio de alguns dos mais eminentes cientistas do final do século XIX, como William Crookes, que já o havia estudado, e o conceituado astrônomo alemão Johann Karl Friedrich Zöllner (1834-1882), professor da Universidade de Leipzig.

Os fenômenos de efeitos físicos produzidos por Slade, como o transporte de objetos de um lugar a outro, reforçavam a idéia de que o médium, de alguma forma, conseguia atuar através de uma quarta dimensão espacial.

Com as discussões geradas a partir do julgamento, a opinião pública passaria a incorporar esse conceito ainda misterioso de uma dimensão espacial adicional. Idéia que acabaria por influenciar até as artes plásticas da virada dos séculos XIX e XX, como prova o surgimento do cubismo, que causou escândalo – principalmente com quadros de Picasso – com suas inusitadas perspectivas que quebravam a ortodoxia Renascentista.

O escritor Conan Doyle relata[55] que, ao chegar a Londres para várias sessões de demonstração, o norte-americano Slade proporcionou vários fenômenos de efeitos físicos, como a escrita direta – em que um lápis escrevia textos em pedras de ardósia –, a levitação de objetos variados e até a materialização de mãos que surgiam do invisível. Mais extraordinário ainda, esses fenômenos eram produzidos "sob intensa luz do dia".

No livro *Provas Científicas da Sobrevivência*[56], que escreveu sobre inúmeras experiências que realizou com Slade, em 1877 e 1878, o astrônomo Zöllner recorda alguns fenômenos inusitados para o senso comum, como a materialização de uma mão, "pálida e de uma cor inclinada a um verde azeitona", que surgiu debaixo de uma mesa e "agarrou com força" seu "antebraço por mais de um minuto". Em outro experimento, o astrônomo segurou entre as mãos duas tiras distintas de couro, formando um laço e lacradas nas pontas. O médium colocou então sua mão direita de leve sobre as mãos fechadas de Zöllner, que sentiu um sopro fresco sobre elas e percebeu "ligeiro movimento das tiras de couro". Em seguida, ouviram-se três pancadas no ambiente e ele abriu as mãos, encontrando "as duas correias atadas uma à outra".

Em mais um dos encontros que teve com o médium, Zöllner sentou-se junto a uma mesa segurando as extremidades lacradas de uma corda que descia em direção ao chão, prendendo dois argolões de madeira. Ao lado, havia uma mesinha circular de três pés. Dentro do escritório do pesquisador, o médium afirmou, como geralmente fazia durante a produção de fenômenos físicos, "que estava vendo luzes". Em seguida, sentiu-se "um cheiro de queimado" que parecia vir de baixo da mesa e lembrava "o cheiro de ácido sulfúrico". Ouviu-se então "um ligeiro ruído que vinha da mesa próxima como de pedaços de madeira chocando-se".

Ao verificar a causa do ruído, Zöllner teve uma "imensa surpresa" ao observar que os dois argolões de madeira estavam circundando o pé da pequena mesa. Ou seja: a exemplo da jovem médium de 13 anos que, na Paris de 1846, fazia tesouras voarem, atravessando a corda que as prendia numa parede, Slade conseguia viabilizar a penetração da matéria pela matéria, sem qualquer fissura aparente.

Como?! Vou repetir: duas argolas de madeira amarradas por uma corda fina não só se libertaram desse laço lacrado, como, num salto instantâneo – quântico –, foram parar em volta de um tronco roliço de madeira, bloqueado em suas duas extremidades pelo tampo da mesinha de madeira e pelos seus três pés sobre o chão. Algo inexplicável para a física do tempo de Zöllner, mas que começaria a fazer sentido com a mecânica quântica, que poderia muito bem classificar esse fenômeno como exemplo de um "tunelamento quântico".

No século XX, a física quântica descobriria que os objetos físicos eram constituídos de uma determinada quantidade de energia. Assim, aquele que tivesse uma energia maior e mais sutil – portanto, com maior vibração de suas partículas subatômicas – poderia em princípio penetrar e atravessar outro objeto mais denso.

Segundo a física, a vida e o mundo subatômico devem ser entendidos como uma teia interligada de reações com probabilidades de ocorrer – algumas com maiores chances do que outras. Nada é realmente absoluto na natureza e no mundo subatômico que a forma, onde pululam fenômenos inimagináveis para o senso comum, onde predomina o princípio da incerteza.

A aparente normalidade dos objetos que nos cercam, do nosso corpo, do universo, esconde um "caos" constituinte em que, dependendo das condições energéticas envolvidas, os elementos subatômicos adotarão determinados padrões de comportamento para formar o mundo material que conhecemos e, até mesmo, provocar fenômenos inusitados.

Na realidade subatômica, mesmo que uma reação seja quase impossível de acontecer, esse "quase" já indica que ela pode algum dia vir a se realizar, mesmo que com uma probabilidade mínima. Portanto, do ponto de vista da probabilidade quântica, Slade poderia muito bem promover o que inúmeras testemunhas sustentavam que ele fazia. Por menor que fosse, havia a probabilidade de que isso ocorresse.

Não sei o que pensaria disso o físico norte-americano Brian Greene, que lançou em 1999 o livro *O Universo Elegante*[57]. Mas ao ler o trecho em que fala do tunelamento quântico, foi como se estivesse vendo as argolas de madeira penetrando no pé de uma mesinha, impulsionadas pela força mediúnica de Slade:

– Se você jogar uma bola de plástico contra uma parede de concreto de três metros de largura, a física clássica confirmará o que os seus instintos lhe dizem: a bola rebaterá na parede e voltará para você. A razão é que a bola simplesmente não tem energia suficiente para penetrar em um obstáculo tão formidável. Mas no nível das partículas fundamentais, a mecânica quântica demonstra inequivocamente que as funções de ondas – ou seja, as ondas de probabilidade – de cada uma das partículas que compõem a bola têm uma pequeníssima parte que se prolonga através da parede. Isso significa que existe uma chance – mínima, mas maior do que zero – de que a bola consiga penetrar na parede e sair do outro lado.

Essa chance mínima virava máxima com Slade e tantos outros médiuns de efeitos físicos que surgiram – e vão surgir – na face da Terra, capazes de fazer partículas subatômicas de um objeto se energizarem a ponto de romper a barreira do tempo e do espaço, indo parar instantaneamente em outro local, mesmo através de anteparos materiais.

No entanto, se Slade, por um lado, dava mostras de ser um sensitivo poderosíssimo, por outro costumava cobrar por algumas de suas exibições – o que acabava atraindo sobre ele muito mais desconfiança do que normalmente ocorreria com outro médium que trabalhasse sem qualquer interesse pecuniário. E num determinado momento, um eminente professor da Inglaterra o acusou de fraude, iniciando campanha pública contra ele, em carta editada no influente jornal *The Times*.

Conan Doyle reconhece[58] que existiram "muitos indícios" de que, no fim da vida, "o caráter de Slade degenerou", provavelmente havendo a diminuição de suas forças sensitivas e a tentação "para usar os truques". Mas assinala que, nesse caso, o médium foi condenado a três meses de prisão, com trabalhos forçados, num julgamento parcial em que o magistrado só levou em conta a visão da acusação. Logo depois, porém, com a apelação da defesa, a condenação acabaria anulada.

No prefácio da edição inglesa do livro *Provas Científicas da Sobrevivência*[59], o professor C. R. Lankester descreve um julgamento de cartas marcadas. Após aceitar que quatro pessoas defendessem o médium – entre elas, o eminente naturalista Alfred Russel Wallace (1822-1913), que desenvolveu, em paralelo com Charles Darwin, uma teoria da evolução das espécies –, o juiz surpreendentemente "qualificou o depoimento das testemunhas de esmagador para a acusação, mas apesar disso condenou o acusado 'por pretender alterar o curso das leis conhecidas da Natureza'".

É realmente inacreditável como algumas pessoas, no afã de defender pontos de vistas arraigados, sem maiores questionamentos, não se percebem caindo no ridículo. Cesar Lombroso recupera[60] outro trecho da sentença que é uma pérola demonstrativa da insanidade científica e do senso comum de uma época. Nele, o magistrado sustenta "que o curso conhecido da Natureza exclui a possibilidade dos fenômenos mediúnicos; ora, o impossível não se pode fazer, mas apenas fingir; logo, todos os médiuns são impostores".

Mas o mais importante nesse processo todo – para o avanço do espiritualismo moderno – foi que um grupo de sumidades científicas se colocou a favor de um médium. E não era um apoio sem sentido. Afinal, o alemão Zöllner não teria se empenhado na defesa do sensitivo se não tivesse a convicção da materialidade dos fenômenos de efeitos físicos. Aliás, foi graças a Crookes que ele se aproximou dessa realidade, ao aceitar convite para estudar a atuação de Slade no início dos anos 70 do século XIX, ainda na Inglaterra.

VANGUARDA CIENTÍFICA

Como se vê, mais uma vez William Crookes teve importante participação na difusão da veracidade da fenomenologia de efeitos físicos. Ao me convencer de que existem mesmo planejamentos de atuações na Terra por parte de seres espirituais de alta hierarquia evolutiva – que podem ou não dar certo, dependendo do livre-arbítrio das pessoas –, suspeito mesmo que a principal missão de Katie King, ao se materializar na Londres do final do século XIX, tenha sido a de se deixar analisar pelo famoso cientista. Afinal, acabaria por influenciar muitos outros estudiosos, a exemplo de Zöllner, a seguir o caminho da experimentação dos fenômenos espirituais.

No entanto, cumprida sua missão, chegara a hora de dizer adeus. As visitas de Katie ao mundo material terminariam em 21 de maio de 1874 – e ela estava ao lado de Crookes quando mergulhou definitivamente no mundo do invisível. O relatório dessa reunião, escrito por uma testemunha e publicado no *The Spiritualist*, foi reproduzido pelo russo Aksakof em seu livro *Um Caso de Desmaterialização*[61].

Fato raro, a sessão foi realizada com "uma luz bastante clara". Em boa parte, a cortina da cabine de materialização permaneceu levantada e todos puderam ver Katie e Florence Cook em transe. O ser espiritual falou então de sua partida iminente. Ao aceitar um buquê de flores dos presentes, dividiu os ramos com eles e escreveu algumas linhas de despedida.

Pegou então uma tesoura que estava no ambiente e cortou uma porção dos seus cabelos, distribuindo-a. "Depois, tomou o braço do sr. Crookes e deu uma volta pela sala, apertando a mão de cada um. Assentou-se, novamente, e cortou alguns pedaços do seu véu e do seu vestido, distribuindo-os; quando ela cortava, assim, vários pedaços grandes do vestido, perguntaram-lhe se os podia reparar, como já fizera em outras ocasiões. Neste momento ela estava entre o sr. Crookes e o sr. Tapp, ergueu o tecido esburacado, em plena luz, sacudiu-o com força, e, num instante, o vestido apresentou-se como anteriormente, pois os buracos haviam desaparecido."

Katie parecia fatigada, dizendo que "sentia ser obrigada a partir, pois o seu poder diminuía". Ao dar adeus a todos, entrou no gabinete escuro – na verdade, uma pequena sala contígua ao ambiente principal. William Crookes descreve então[62] com mais detalhes os últimos instantes de Katie, pois fora convidado por ela a entrar na cabine de materialização. O cientista testemunhou o espírito tocando na médium, que estava deitada, em transe. "Acorda, Florence, acorda! É preciso que eu te deixe agora!"

Crookes relembra que a sensitiva acordou e, em lágrimas, suplicou para que Katie ficasse ainda mais tempo. "Minha cara, não posso; a minha missão está cumprida; Deus te abençoe!" Elas conversaram por alguns minutos até que, chorando muito, Florence não conseguiu mais falar. "Seguindo as instruções de Katie, precipitei-me para suster Cook, que ia cair sobre o soalho e que soluçava convulsivamente. Olhei ao redor de mim, mas Katie, com o seu vestido branco, tinha desaparecido."

Segundo um dos presentes[63], a médium saiu então do gabinete "muito esgotada e profundamente perturbada", afirmando que Katie lhe dissera que "jamais poderia falar ou mostrar seu rosto na Terra; que ela tinha passado três anos tristes e penosos, purificando-se por essas provas na produção de manifestações físicas, e que tinha merecido subir a uma esfera espiritual mais elevada".

De fato, seu trabalho havia sido magnífico. Ao permitir que fosse estudada por William Crookes, incentivaria a consolidação de uma nova era de pesquisas do extrafísico. Muitos estudiosos que, até mesmo antes do cientista britânico, faziam sessões do gênero se sentiram estimulados a prossegui-las. Outros ainda, driblando preconceitos de toda a ordem, botaram a cabeça de fora, lançando-se em experimentos semelhantes.

Assim, na virada dos séculos XIX e XX, já se tinha notícia de estudos, em vários países, reunindo profissionais do porte dos médicos franceses Paul Gibier e Charles Richet e do psiquiatra italiano Cesar Lombroso, professor da Universidade de Turim e conhecido mundialmente por seus trabalhos na área de medicina legal e de antropologia criminal.

Inicialmente um crítico feroz das experiências de efeitos físicos, chegando a ridicularizar publicamente fenômenos como os das mesas girantes, Lombroso finalmente aceitou, em 1891, convite de um professor de Nápoles para assistir a sessões com a famosa médium italiana Eusapia Palladino (1854-1918). E após participar de duas reuniões, começou a se render aos fatos.

Numa carta escrita em 25 de junho de 1891 para um importante colega de ciência[64] – e que menos de um mês depois permitiria que fosse publicada pelo jornal *Tribuna Giudiziaria* –, ele reconhece – com humildade rara entre as estrelas da intelectualidade – que estava errado: "Estou muito envergonhado e desgostoso por haver combatido com tanta persistência a possibilidade dos fatos chamados espiríticos; digo fatos, porque continuo ainda contrário à teoria. Mas os fatos existem, e eu deles me orgulho de ser escravo".

Para Conan Doyle[65], a mediunidade de Eusapia "marca um estágio importante na história da pesquisa psíquica, porque foi ela a primeira dos médiuns de fenômenos físicos a ser examinada por um grande número de homens de ciência".

Lembra o escritor que fenômenos similares aos produzidos por Eusapia – como "movimento de objetos sem contato, a levitação de uma mesa e outros objetos, a levitação do médium, o aparecimento de mãos materializadas, de rostos, de luzes, além da execução de músicas em instrumentos, mas sem contato humano" – já tinham sido observados por William Crookes, no início dos anos 1870, em experimentos com o famoso médium escocês Daniel Douglas Home (1833-1886), um pouco antes das sessões com Florence Cook. Mas, à época, colegas do cientista inglês não aceitaram seu convite para que fossem estudá-lo.

Essa realidade, porém, havia mudado. "Agora, pela primeira vez esses fatos estranhos eram submetidos a prolongada investigação por homens de reputação na Europa." Uma dessas personalidades – que acabou atraindo outras mais – foi justamente Lombroso. Em 1909, poucos dias antes de morrer, ele finalizaria o livro *Hipnotismo e Mediunidade*, que coroava seus últimos anos de estudos dedicados aos fenômenos de materialização.

Nessa obra seminal, analisa alguns dos grandes fenômenos de mediunidades e de efeitos físicos ao longo da história, como as mesas girantes, as chamadas casas mal-assombradas, as levitações e materializações realizadas por faquires indianos e até mesmo reuniões xamânicas de indígenas e de outros grupos tribais de várias partes do mundo, como da África, dos Estados Unidos e da Nova Zelândia.

Mesmo sendo um cientista de renome, em vez de se isolar numa torre de marfim, cercado por suas concepções materialistas, Lombroso se deu ao trabalho de investigar uma realidade que pesquisadores do seu tempo atestavam ser verdadeira. Separou assim aqueles que seriam fenômenos produzidos apenas a partir da força psíquica de alguém, como no caso da hipnose, e os que pareciam genuinamente fenômenos mediúnicos e espirituais.

E se convenceu de sua veracidade, encontrando pontos em comum entre médiuns de sua época e sensitivos ao longo da história de diferentes povos[66]. "Ora, estes fenômenos, vistos singularmente, parecem justamente inverossímeis, porém surge a grande verossimilhança, por não dizer a certeza, do fato de que se repetem em épocas, em regiões e em nações diversas, sem ligações históricas entre si, e alguns, ao contrário, em completo antagonismo religioso e político."

Mais importante, Lombroso não se convenceu de maneira cega, inconseqüente, mas apontando acertos e falhas em alguns experimentos e até mesmo na conduta mediúnica de Eusapia, sua principal fonte de estudos.

Mesmo tendo presenciado fenômenos estupendos viabilizados por sua força sensitiva – como numa reunião em Milão, em 1892, quando Eusapia e a cadeira onde estava sentada começaram a levitar e foram parar em cima de uma mesa –, ele não se furtava em classificá-la como possuidora de uma cultura de "uma paroquiana da última classe" – referindo-se a sua precária formação educacional – e capaz de tentar alguns truques quando via falhar seus poderes mediúnicos, como levantar a perna de uma mesa com o joelho ou com o pé. "Ingênua, até se deixar iludir e mistificar por qualquer intrigante, ela própria é capaz de mentiras e velhacarias."

Conan Doyle, por sua vez, lembra[67] que numa visita que fez à América, já no declínio de suas forças mediúnicas, Eusapia foi pilhada em alguns truques já apontados por Lombroso, "e de tal modo ofendeu os assistentes que estes se afastaram; mas Toward Thurston, o famoso ilusionista, diz que resolveu pôr tudo isto de lado e continuar a sessão, cujo resultado foi uma autêntica materialização". Uma outra pessoa afirmou que no próprio momento em que "a censurava por mover um objeto com a mão, outro objeto, bastante longe dela, moveu-se ao longo da mesa".

Para o escritor, o caso de Eusapia é peculiar, "pois deve ser dito com mais verdade a seu respeito, do que em relação a qualquer outro médium, que ficou provado que possuía poderes psíquicos e também que, mais do que nenhum outro, aproveitou esses poderes para enganar. Nisto, como sempre, o que conta é o resultado positivo".

Incidentes como os ocorridos com Eusapia demonstram que um dos problemas de qualquer investigação sobre fenômenos espirituais é que ninguém – nenhum cientista, nenhum médium, nenhum participante – consegue ter o controle absoluto dos efeitos e do exato momento em que serão produzidos. Afinal, está-se lidando com inteligências exteriores, independentes, e não com simples fantoches. Seres que só entram em cena quando eles – e mais ninguém – decidem.

Por isso, a mediunidade que busca ganhar dinheiro fácil, à custa de espetáculos ou como meio de sustento de vida, sempre comportará riscos para a credibilidade desse tipo de experimento. Na ausência de algum fenômeno aguardado por ávida audiência, o médium – mesmo com genuínos dons – poderá ficar tentado a fraudá-lo, ainda mais se não possui senso ético e conduta moral dos mais acurados.

A maioria de nós comete erros, aqui e ali. Mas o que precisa valer, quando da análise sobre o caráter de uma pessoa, é o chamado conjunto da obra – se ela acerta mais do que erra. Foi o que fez Lombroso. Apesar das fraudes que constatou em manifestações produzidas por Eusapia, persistiu em suas experiências, ao perceber a veracidade da maioria. E acabou participando de cerca de cem sessões com a médium, reunindo um rico acervo de fenômenos que se transformou no tema principal do seu último livro.

Reuniões essas que acabaram lhe rendendo alguns dos momentos mais emocionantes – se não os maiores – de sua vida: o reencontro com sua querida mãe. Materializada. Certa noite[68], na Gênova de 1902, num ambiente de quase obscuridade, iluminado apenas por luz vermelha, Lombroso vislumbrou, saindo da cabine mediúnica, "uma figura, algo baixa, velada", que se acercou dele e exclamou palavras inesquecíveis: "Cesar, *fio mio*". Depois, afastando os véus ectoplasmáticos que lhe encobriam o rosto, deu-lhe um beijo.

Por mais 20 vezes, em reuniões posteriores, a mãe reapareceria para o psiquiatra italiano, dirigindo-lhe sempre palavras afetuosas e beijando-lhe a fronte e os lábios. Com lábios que, por duas vezes, lhe "pareceram secos e ásperos".

Um ano antes de morrer, Lombroso recordaria emocionado, em artigo na imprensa, a oportunidade que tivera de reencontrar a mãe querida: "Quando revi minha mãe, senti na alma uma das emoções mais suaves da minha vida, uma alegria que raiava pelo paroxismo, à frente da qual me surgia não um impulso de ressentimento, mas de gratidão, por quem me atirava de novo, depois de tantos anos, entre os seus braços; e na presença desse grande acontecimento terei olvidado, não uma, mas mil vezes, a humilde posição social de Eusapia, que havia feito por mim, embora automaticamente, o que nenhum gigante da ação e do pensamento teria podido fazer".

REENCONTROS AMOROSOS

Assim como aconteceu com Cesar Lombroso, o reencontro frente a frente com pessoas amadas que fizeram a passagem para o mundo espiritual acaba se tornando um prêmio de consolo para alguns. Ao longo da história das pesquisas espirituais, há vários relatos de experiências semelhantes, como a da escritora Florence Marryat, que em 1873 teve a felicidade de reencontrar sua filha Florence, que morrera recém-nascida, numa reunião que participou com a médium Florence Cook.

A escritora conta no livro *There is no Death* (Não Existe Morte)[69] quando viu sair da cabine de materialização uma figura feminina rastejando, que se levantou e passou a observá-la. Com a luz fraca, era impossível distinguir seus traços. De repente, a escritora se surpreendeu quando o espírito lhe disse: "Mãe! Não me conhece?". Levantando-se, para se aproximar, Florence exclamou: "Oh! minha querida criança. Eu nunca pensei que poderia encontrá-la aqui". A filha pediu então que a emocionada mãe voltasse para a cadeira.

Em seguida, foi até a escritora, sentando-se em seu colo. "Ela estava mais despida naquela ocasião que qualquer espírito materializado que eu já tivesse visto", recorda Florence Marryat. "Ela não usava nada sobre a cabeça, apenas seus cabelos, que aparentavam uma imensa quantidade, caíam sobre suas costas e cobriam seus ombros. Seus braços estavam descobertos, assim como seus pés e parte de suas pernas, e o vestido que usava não tinha forma ou estilo, mas parecia como alguns metros de uma macia e densa musselina, envolvendo seu corpo do peito até abaixo dos joelhos."

A filha, que vivera apenas alguns dias, surgia como uma moça de seus 17 anos. Ainda duvidando do que via, a mãe replicou: "Florence, minha querida, é realmente você?". A adolescente respondeu: "Aumente o gás e olhe minha boca". Luz intensificada, todos puderam ver um defeito raro no lábio, o mesmo que o bebê tinha ao nascer. "Ela também abriu sua boca e pudemos ver que não tinha a garganta", lembra a escritora, continuando: "Ela me abraçou em volta do pescoço e deitou sua cabeça no meu peito e me beijou uma dúzia de vezes".

Florence conta que se derramou em lágrimas naquele encontro inusitado que durou cerca de 20 minutos. Antes de desaparecer, a filha disse-lhe que Deus havia permitido que viesse com aquela deformidade para que a mãe tivesse certeza de que era ela realmente.

Na verdade, a filha da escritora poderia surgir como bem entendesse, inclusive como um bebê recém-nascido ou mesmo com uma forma superior que houvesse adquirido na espiritualidade. Assim ocorre em esferas astrais com espíritos mais evoluídos: eles são movidos pela força do pensamento, do princípio inteligente, podendo – desde que autorizados e treinados por seres superiores – adquirir a forma que quiserem, para demonstrar o que for necessário para quem quer que seja.

Na história do espiritismo, um dos casos clássicos desse tipo de reencontro foi a materialização de Heleninha, filha do delegado de polícia Rafael Ranieri, que morrera em 1945, com dois anos de idade. No livro *Materializações Luminosas*[70], o delegado paulista relembra episódio ocorrido em fevereiro de 1948, em Pedro Leopoldo (MG), com o médium Peixotinho, quando se materializaram diversos espíritos: "Todavia se apresentaram totalmente iluminados, por luz que saía de dentro para fora, tornando o ambiente, antes às escuras, num suave crepúsculo. A impressão exata que se tinha era de que um globo de luz fluorescente em forma humana caminhava pela sala".

Uma dessas formas luminosas se apresentou então a Ranieri: era sua filha Heleninha. "Na mesma estatura, em voz semelhante, dirigiu-se a mim dizendo algumas palavras de saudação. Deixou-me uma flor como lembrança, ainda fresca e cheia de orvalho. Embora pareça inconcebível, não me emocionei com a presença dela e pude dirigir-lhe calmamente a palavra. Era realmente ela, sem deixar dúvida alguma."

O pai reencontraria Heleninha outras vezes. Numa sessão de materialização na cidade do Rio de Janeiro, no Grupo Espírita André Luiz, também com o médium Peixotinho, a filha surgiria novamente: desta vez, para deixar-lhe como lembrança moldes em parafina de sua mão e pé.

Ao longo da história do espiritualismo moderno, têm sido realizadas diversas reuniões para a obtenção de moldes em parafina, inclusive com a presença de personalidades da ciência, como Charles Richet. Juntamente com as experiências de registros fotográficos de seres invisíveis para os presentes, esses moldes são uma das provas mais consistentes da realidade "material" dos espíritos.

Com todo o rigor de controle contra fraudes, como explicar que uma pessoa já falecida apareça sem mais nem menos numa foto – como foi o caso do presidente Lincoln surgindo ao lado da viúva? Da mesma forma, como fraudar uma modelagem em parafina?

Da forma como é produzida, me parece impossível se conseguir falsificar esse tipo de modelagem. Afinal, em geral, o espírito pede que se deixem dois recipientes no ambiente: um cheio de parafina fervente, sobre um fogo, e outro com água fria. O ser materializado se aproxima então e coloca a mão ou o pé na parafina fervente. Em seguida, retira e coloca-o na água fria. Repete a operação várias vezes, até que a parafina adquira consistência mais sólida, para não quebrar.

Ato contínuo, o espírito se desmaterializa, deixando o molde. Ao preenchê-lo depois com gesso, para dar mais perenidade ao produto, fica a reprodução fiel de sua mão ou pé. Com detalhes impressionantes, como marcas de poros da pele, cabelos e unhas.

Para o descrente, uma indagação: como uma pessoa conseguiria colocar uma mão ou um pé numa parafina fervendo? E mesmo que não se queimasse gravemente, como retiraria o membro sem o molde se quebrar, já que o pulso ou o tornozelo é mais fino do que a mão ou o pé?

– As luvas feitas pelos espíritos são inteiriças, não apresentam emendas. Reproduzem todos os sinais que haja no membro – analisa Ranieri, que, diante da "grandiosa perfeição" das modelagens produzidas pela filha, que foram inclusive fotografadas, não teve dúvida de sua autenticidade: "Eram aquela mão e aquele pé de criança de um ano e oito meses, com as mesmas curvas, as mesmas dobras, os mesmos dedinhos. Marca incontestável da sobrevivência espiritual".

O idealizador desses moldes foi o professor de geologia norte-americano William Denton, de Massachusetts, que em 1875 obteve as primeiras moldagens de dedos materializados. O russo Alexander Aksakof conta[71] que depois de uma série de sessões, em que pés e mãos completos foram modelados, o professor inventou um artifício para provar aos descrentes que não era o médium que estaria levando escondido moldes de parafina já preparados. Como se fosse razoável, aliás, alguém conseguir preparar tais objetos. Ele pesava antes o bloco de parafina que serviria para a experiência. Ao final, pesava os moldes feitos e a parafina que sobrava. A soma dava o mesmo peso inicial.

Algumas experiências de modelagem, reunidas por Aksakof, são curiosíssimas, como a de um espírito que, após fazer o molde de uma das mãos, a estendeu para um participante, convidando-o a retirar a luva de parafina que a envolvia. No mesmo instante, a mão desapareceu, deixando o molde entre as mãos da testemunha.

Em outra vez, em 1876, um conhecido modelador e escultor residente em Washington DC., John O'Brien, foi convidado a comparecer a uma residência para dar sua opinião sobre algumas moldagens em gesso. Confessando não entender nada da "filosofia do espiritualismo moderno", o escultor disse ter sido convidado a analisar sete modelos de mãos em gesso, que caracterizou como "uma obra de maravilhosa execução", reproduzindo "particularidades anatômicas" e "desigualdades da pele" com uma precisão que nunca havia visto em moldes daquele tipo, sem indícios de soldagem.

Uma delas, contou-lhe o dono da casa, era da mão do finado vice-presidente dos Estados Unidos Henry Wilson. "O gesso me pareceu assemelhar-se singularmente, quanto à forma e tamanho, à mão do defunto, que eu tinha examinado pouco tempo depois da sua morte, na ocasião em que eu fora tirar o molde do seu rosto em gesso – único molde que foi tirado", garantiu O'Brien.

Realmente, a perfeição anatômica desses moldes é impressionante. A professora de inglês Thaïs Vaz Rocha dos Santos me mostrou uma vez um molde em parafina da mãozinha de sua amada filha Caroline, que morreu com seis anos e meio, vitimada por um agressivo linfoma. Quando o câncer foi descoberto, antes de a menina completar 3 anos de idade, Thaïs e o marido, o professor Carlos Francisco dos Santos, procuraram uma cura espiritual, já que os médicos não tinham lhe dado mais do que alguns meses de vida.

Em 1981, os pais foram parar no Lar de Frei Luiz, em busca dos médicos do espaço, e acabaram se tornando dedicados colaboradores dessa obra social. Ali, Carlos e Thaïs entenderam que sua filha era um espírito de luz que, mesmo sem precisar, decidira reencarnar para, ao adquirir uma doença grave ainda criança, colocar os pais e seus respectivos familiares num trabalho espiritual e de serviço.

Caroline não teve o corpo físico curado, mas ganhou uma sobrevida que serviria para que o casal se engajasse de corpo e alma no centro espírita. E ao mudar de endereço, em 1983, a menina passaria a dar provas de que estava bem e bem viva – em sua verdadeira casa, o mundo espiritual.

Uma dessas provas se concretizaria numa tarde de 1988, quando o médium Livio Rocha se encontrou com Thaïs no Lar de Frei Luiz e, ao captar uma comunicação do espírito Scheilla, avisou-lhe que precisavam ir para a casa dos pais da professora, pois a espiritualidade iria lhe oferecer uma materialização com parafina.

Médium de psicografia e de efeitos físicos, em especial na produção do chamado fenômeno de voz direta – em que se materializam vozes de espíritos no ambiente –, Livio foi conduzido para a sala da antiga casa dos pais de Thaïs, sendo separado do resto do ambiente por uma cortina escura. Por orientação da espiritualidade, colocou-se então sobre uma mesa uma panela com parafina fervente, um balde de água fria e talheres de cozinha. Na outra parte, ficaram a professora, seus pais e o marido Carlos, cantando e orando.

O sensitivo adormeceu e começaram as materializações. "Nós ouvimos nitidamente, onde estava o médium, barulhos de talheres sendo mexidos, batidos, manuseados", lembra Thaïs. Ao final da reunião, tinham sido materializadas várias flores, como rosas para os pais de Caroline e seus avós. Um espírito conhecido como José Grosso chegou a escrever uma mensagem num papel que só podia ser lida no espelho, pois estava invertida.

Mas, de repente, veio o presente maior: a mãozinha de Caroline, em molde de parafina, igual ao tamanho que ela tinha aos 3 para 4 anos de idade. Molde inteiriço que terminava na altura do pulso, com um afunilamento do tamanho de um dedo mindinho.

De novo: como fraudar algo tão sutil e perfeito?

Na introdução do livro *Materializações Luminosas*[72], o delegado Ranieri dá um testemunho de fé sobre os fenômenos que estava abordando. Respeitado profissional da polícia de São Paulo, ele lembra que era conhecedor "da arte de enganar e iludir" da bandidagem e que fazia "da desconfiança constante a sua maior arma e o seu melhor e mais perfeito instrumento de trabalho". Assim, do alto de sua experiência, acreditava que não tinha sido enganado por ninguém e enfatizava que "um testemunho público de uma autoridade honesta tem que ser aceito como qualquer coisa de valor ponderável".

Casos como o de Ranieri e o da escritora inglesa Florence Marryat são incontáveis, seja onde for. Só para dar um exemplo pessoal: no Lar de Frei Luiz, eu estava presente numa reunião em que o avô de uma integrante do grupo se materializou e, além disso, ouvi mais três histórias emocionantes de pessoas sérias que reencontraram entes queridos, materializados. Duas das quais já relatei com mais detalhes no meu livro *Médicos do Espaço*[73]: as aparições do menino Luizinho e do psiquiatra Lauro Neiva. A terceira foram os reencontros de Thaïs com a filha Caroline.

Obviamente, a emoção que esses episódios despertam é sempre muito intensa, mesmo para pessoas calejadas em sessões de materialização, como a médium de efeitos físicos Marlí Campos Moraes, do Lar de Frei Luiz, que teve a felicidade de reencontrar o avô amado Oséias Henrique Campos de Souza – o "vô Henrique" – no sábado 7 de fevereiro de 2004, quatro anos após sua passagem para o mundo espiritual. Eu estava presente nessa reunião e, no escuro, pude ouvir o choro compulsivo de Marlí, que depois foi para casa num estado de tamanha emoção que não fazia outra coisa do que chorar.

Dias depois da reunião, pedi-lhe que tentasse me descrever com detalhes o que ocorrera. No encerramento da sessão, quando o médico Paulo Cesar Fructuoso, que presidia os trabalhos, solicitou que ela desse seu testemunho para o grupo, Marlí mal pronunciou poucas palavras. "Eu não conseguia nem falar. Era uma coisa que não dava mesmo para descrever. Eu era a neta predileta dele. Eu chorei o sábado inteiro."

O querido avô – que era espírita – surgiu, inesperadamente, quando os trabalhos de cura daquela manhã caminhavam para o fim. Paulo Cesar, ao lado da cabine, percebeu, por trás da cortina, um vulto materializado, o Preto Velho Jeremias, que lhe pediu para trazer "a irmã Marlí" até a entrada do gabinete porque "uma entidade" queria conversar com ela.

No escuro, o médico chamou Marlí por duas vezes – que demorou um pouco a se levantar da cadeira onde estava –, enquanto descrevia para o grupo que Jeremias estava ali ao seu lado. De repente, para sua surpresa, foi corrigido pelo espírito. "Não, Paulo Cesar, não é mais o Jeremias que está aqui, mas o avô da Marlí."

Ao se aproximar do ser materializado, sem enxergar suas feições, a médium começou a tatear o seu rosto carinhosamente, enquanto ouvia sua voz inconfundível. Médium experiente da casa, mulher do sensitivo Gilberto Arruda, ela teve uma reação instintiva, procurando checar se era mesmo seu avô materializado ou se estava incorporado no marido.

Mas logo percebeu que não era o corpo de Gilberto: encontrou a mesma careca do "vô Henrique", o mesmo nariz, ouviu a mesma voz que tinha quando mais velho, falando com certa dificuldade devido a uma paralisia parcial da boca, provocada por um derrame.

Já idoso, o avô não tinha mais dentes – e também esse detalhe anatômico foi constatado por ela sem querer, quando deslizava os dedos por sua face e acabou tocando sua gengiva. "Quando fui descendo a mão do nariz, chorando, e o dedo entrou na boca dele, estava sem dentes."

Soluçando muito, ela ouviu recados amorosos do avô para a mulher, Eliza, que andava muito adoentada: "Diz pra sua avó que eu estou esperando por ela, e que não fique preocupada porque estou orando por ela". Passou também recado para a filha Marlene, mãe de Marlí, e fez comentários sobre outros integrantes da família, como o neto Michel.

Por fim, coroando aquele encontro maravilhoso, ela teria a chance de observar o rosto do avô, quando este lhe deu uma rosa que, com luminescência própria, foi suficiente para iluminá-lo. Neste instante, Marlí quase desmaiou de emoção.

Henrique, que trabalhara na Marinha, viajando para vários países, costumava trazer do exterior, para a neta querida, bonecas de porcelana. "Eu adorava essas bonecas." Por outro lado, há muito tempo que Marlí – uma apaixonada por jardins – guardava um desejo irrealizado: receber uma flor materializada da espiritualidade, já que, volta e meia, alguns integrantes do grupo eram presenteados com flores. E foi assim que o avô se despediu dela:

– Eu não posso trazer a boneca de louça que você sempre gostou, desde criança, mas posso trazer uma rosa. Eu trouxe o presente que você tanto queria.

Outras histórias ocorridas no Lar de Frei Luiz também me emocionaram muito. Luizinho morreu vitimado por um câncer no rim, após doloroso sofrimento, aos 8 anos de idade. Sua mãe, Dilta de Moraes Almeida, me contou quando, numa sessão, percebeu que o espírito que havia se acercado dela no escuro era, ninguém menos, do que o querido filho, com a idade que tinha quando deixou a Terra. "Ele se aproximou e comecei a chorar. Eu já vi o Luizinho várias vezes materializado. A emoção é eterna quando a gente fala dele. Sempre, sempre ele está presente."

O reaparecimento do respeitado psiquiatra Lauro Neiva foi outra história tocante. Um dos mais íntimos colaboradores de Rocha Lima no Lar de Frei Luiz, ele morreu assassinado durante um assalto a sua casa em Ipanema, no Rio de Janeiro, em 1974, numa reunião pelo seu aniversário de 70 anos. Sete anos depois, um dia após a data de aniversário do seu casamento, sua mulher, Alvacoeli de Castro Neiva, a Celinha, estava numa sessão de materialização quando, no escuro, um ser alto, iluminado em várias cores, com os traços do rosto sem nitidez, coberto por um manto ectoplasmático, se aproximou e pegou sua mão, beijando-a. "Irmão, você quem é?", perguntou Celinha, ouvindo então uma voz meiga, inconfundível: "Eu, eu... eu sou o Lauro, minha Celinha".

Aquilo foi demais para ela. "Aí, pronto, eu comecei a chorar, a chorar, ele pegava a minha mão, ele beijava a minha testa, eu pegava a mão dele e beijava também. A gente não pode pegar, mas não sei... o instinto, a minha alegria foi tão grande, tão grande, que eu não pude conter essas coisas."

Foi quando lembrou ao marido que, na véspera, havia sido aniversário de casamento dos dois. "Eu sei, minha querida Celinha, e é por isso que vim aqui te dar um beijo."

Eu que, como muitos, já tive que me despedir mais cedo de pessoas queridas, ainda guardo, com olhos marejados, essas palavras que ouvi de Celinha: "É uma beleza a gente saber que a vida não acaba, que mais tarde a gente vai se encontrar, não é mesmo?"

Ela, que já teve o privilégio de ser presenteada com outros encontros com o marido materializado, chegou a contar essa história comovente, em novembro de 2000, para milhões de telespectadores, no programa Fantástico, da Rede Globo de Televisão, um dos campeões de audiência no Brasil. De tão emocionado com o encontro e a entrevista de Celinha, o repórter André Luiz Azevedo me diria, anos depois, que costumava repetir sempre essa história quando fazia alguma palestra sobre jornalismo para estudantes.

Mas como estudioso de fenômenos da espiritualidade, o que mais me impressionou nessas histórias ocorridas no Lar de Frei Luiz foi a rapidez com que Caroline, filha de Carlos e Thaïs, se dedicou a esse tipo de experimento. Logo após fazer a passagem, em 1983, a menina se materializaria por quatro vezes. Anos depois, em 1996, voltaria a aparecer, às vésperas da data do que seria seu aniversário de 20 anos.

Como uma boa professora, que sabe melhor do que ninguém o quanto a memória é fraca, que detalhes importantes são esquecidos com o passar dos anos, Thaïs chegava em casa, ao final de cada reunião, e anotava tudo. Ainda com a memória fresca, registrava, como uma repórter diligente, datas, falas, imagens dos fenômenos, emoções.

Caroline mudou para o mundo invisível em 15 de abril de 1983. Após sua passagem, Rocha Lima foi orientado pelo próprio Frei Luiz a colocar Carlos e Thaïs sentados ao lado da cabine mediúnica, inclusive autorizando a mãe a portar um pequeno gravador, pois Caroline iria se materializar. De fato, em 21 de maio, pouco depois de um mês, ela surgiria dentro da cabine de materialização. Mas não conseguiu ir muito longe. O médico do espaço Frederick von Stein diria depois para Thaïs que ela escapara do gabinete, tentando ir até a mãe, mas que ele teve que pegá-la de volta, pois Caroline "ainda não estava pronta".

Em 13 de agosto, ela voltaria a se materializar, mas se acercou dos pais sem se auto-iluminar, sem se deixar ver. Na escuridão, a mãe sentiu "uma mãozinha" mexendo nos seus dedos do pé direito, estendido à frente, numa banqueta. Aproximou então o gravador da área em volta dos pés e perguntou baixinho, muito emocionada: "É você, filha?"

Em uma gravação de pouca qualidade, prejudicada por uma música de fundo, dá para ouvir rapidamente uma voz esmaecida falando "mamãe querida", "mamãezinha". Antes de se desmaterializar, a menininha ainda jogaria um lindo galho com "dois grandes botões de rosas vermelhas" no colo de Thaïs. "Uma para mim, outra para o Carlos."

Numa terceira vez, em 18 de setembro, a menina se materializaria pela primeira vez se auto-iluminando. Logo que ela se corporificou dentro da cabine mediúnica, Rocha Lima, que presidia a reunião de uma poltrona em frente à entrada, percebeu um vulto e avisou para todos, com sua voz grave: "Uma entidade está ajoelhada orando atrás da cortina, emitindo luz azul de seu plexo solar, típica de espíritos altamente evoluídos".

A mãe pressentiu então que era Caroline, mas apenas conseguiria vê-la de costas, já que a menina, ao sair da cabine, se dirigiu para Rocha Lima, ajoelhando-se e pedindo sua bênção. O presidente do centro disse então: "Deus te abençoe, é Caroline completamente materializada. Ela manda um beijinho para o papai e para a mamãe, para o vovô e para a vovó". A menina então se desmaterializou.

Ela se materializaria pela quarta vez em 12 de novembro. Caroline não se auto-iluminou, mas foi até a mãe: "Ela me afagou toda e me deu uma imensa rosa-chá, aberta e fresca. Me apalpou os braços, pegou com força meu pé esquerdo, e senti o tamanho de sua mãozinha, ouvi sua voz. Então ela chorou, deu um soluço. A emoção foi tão grande que ela se desmaterializou".

Carlos e outros integrantes do grupo, como o coronel-aviador Paulo Ruy Portella, também ouviram o choro de Caroline. Paulo Ruy inclusive sentiu o manto ectoplasmático da menina se prendendo rapidamente em um dos seus dedos do pé.

Na quinta vez em que se materializou, no sábado 10 de outubro de 1996, próximo de 2 de novembro, quando faria 20 anos, a filha de Carlos e Thaïs escolheu um corpo mais maduro para aparecer. Veio como uma mocinha na altura de seus 20 anos. Thaïs demorou um pouco para perceber a identidade do ser iluminado que se postou junto dela.

O médico Ronaldo Gazolla, que presidia a sessão, havia pedido que a professora fizesse uma prece, para ajudar na harmonização do ambiente. Logo depois, concentrada, de olhos fechados, em meio à escuridão, Thaïs teve a atenção desviada por um tapinha de uma amiga no ombro, que estava sentada ao lado. Quando abriu os olhos, viu próximo – no corredor central que separa os dois blocos de cadeiras do salão – um ser materializado, com uma luz branco-azulada saindo de dentro do peito. "Estava vestida como se fosse Santa Rita de Cássia, com aquele manto que cobre o rosto, como se fosse uma freirinha, ocultando em parte suas feições."

Sem reconhecer a filha, a primeira reação de Thaïs foi se prostrar de joelhos no chão, voltando-se para aquele espírito que se chegava até ela. Muito emocionada, pediu então, juntando as palmas das mãos à frente, como sinal de carinho, que levasse todo o seu amor a Caroline e a sua mãe, que à época também já havia feito a passagem. "A entidade fazia largos gestos de assentimento com a cabeça. Foi aí que senti que era Caroline. Tinha ombros pequenos, estatura delicada e não era alta nem forte como o dr. Frederick."

No instante em que a mãe se conscientizou de que a filha estava ali a sua frente, embora mais crescida, Thaïs ouviu um estalo seco: instantaneamente, pulou uma flor nas palmas de suas mãos abertas – um lindo copo de leite. "Comecei a chorar, aí ela fez um grande sim com a cabeça e desapareceu. Quanta emoção, quanta felicidade."

Pedi a Thaïs que tentasse explicar em palavras – como se isso fosse fácil – qual a emoção de uma mãe que teve a oportunidade de rever uma filha que já havia partido. "É uma felicidade tão grande que, além de ser emocional, é quase física. Ela como que penetra aqui no esterno, no peito, como se fosse preenchendo, plenificando de luz, de alegria, de felicidade. Uma felicidade que chega até a tocar você fisicamente. No meio do peito."

Quem já passou pelo infortúnio de perder um ente querido pode avaliar melhor o tipo de felicidade do qual fala Thaïs. Outro tocante exemplo desse sentimento profundo se encontra no livro *O Trabalho dos Mortos*[74], de Nogueira de Faria, em que é relatada uma série de quatro sessões de materializações realizada em Belém do Pará, em 1921, com a médium Ana Prado. Presente a essas sessões, vindo do Rio de Janeiro, o casal Fred e Esther Figner teve o privilégio de ver, conversar, ser abraçado e beijado por sua amada filha Rachel, que, gravemente enferma, morrera um ano antes, aos 21 anos.

Ao todo, juntamente com outras duas filhas, Fred e Esther tiveram o privilégio de rever Rachel por quase três horas. Após essas sessões, que repercutiram no estado, o empresário e espírita Fred Figner assinalou com a certeza de pai, em emocionado depoimento ao jornal *Folha do Norte*: "Rachel vive! Disto estava certo antes de aqui vir e continuo na mesma certeza". E completou: "Tenho entretanto de confessar que estas duas horas e 40 minutos foram para todos nós o tempo mais feliz de nossa existência".

Natural da atual República Tcheca, Fred Figner (1866-1946) não foi um empresário qualquer. Introdutor no Brasil do fonógrafo e depois do gramofone, fundou no Rio de Janeiro, em 1900, a famosa Casa Édison, ponta de lança da primeira loja de varejo do país. E mais: no início do século XX, foi responsável por gravar os primeiros discos brasileiros.

Viajando a Belém com sua mulher e duas filhas, o empresário testemunharia sublimes fenômenos de materialização, como a formação de espíritos e também a produção de moldes em parafina na frente de todos. E dessas experiências, evidentemente as protagonizadas por Rachel Figner foram as mais impactantes.

Com lágrimas nos olhos, li o depoimento da mãe de Rachel publicado no livro de Nogueira de Faria. Inconsolável desde que a filha fizera a passagem, Esther se recusava a tirar o luto. Ao descrever a terceira sessão de que participou, em 4 de maio, a mãe relembra um momento inusitado, que demonstra que, mesmo com seu corpo invisível, um espírito pode exercer influência sobre a matéria – a exemplo do que já relatei sobre o médico do espaço Frederick von Stein atuando em enfermos sem que sua cabeça fosse vista. Ao sentir que "alguém colocava a mão" sobre o seu ombro, Esther foi avisada que sua filha se achava presente, invisível, e se dirigiu a ela. "Imediatamente Rachel se fez sentir atrás de mim, tocou-me o rosto e passou a mão sobre a minha cabeça, acariciando-me."

A emocionada mãe pediu então que a filha a beijasse, se aproximando mais. "À medida que lhe falava, mais Rachelzinha se fazia sentir. Beijou-me muito, fortemente, dando-me beijos estalados que a assistência ouvia. Apertava meu rosto contra seus lábios, tal como se aqui estivesse. Beijei-lhe as mãozinhas, toquei-lhe as unhas, verificando que estavam como as usava, pontudas e polidas. Quando ela assim me abraçava, perguntei-lhe: 'Minha filhinha, és feliz?'. Ela me enlaçou então de tal forma com seus braços que não mais senti o espaldar da cadeira em que estava sentada. Sentia unicamente o contato muito vivo do seu corpinho, seu calor, sua respiração, seu hálito. Era perfeitamente minha filha a me dizer ao ouvido: 'Sim'."

Numa das vezes em que se materializou de fato, a filha havia pedido à mãe: "Não quero que ande mais de preto, ouviu? Quero que venha toda de branco, assim como eu estou". E quando Esther apareceu toda de branco, na última da série de reuniões, em 6 de maio, a filha vibrou de felicidade. "Apenas viu que eu me achava de branco, manifestou grande satisfação. Falava, batia palmas e pulava de alegria, como costumava fazer na Terra, quando experimentava um vivo contentamento. Dizia: 'Que bom! Estou muito contente! Mamãe está toda de branco! Está toda bonitinha!'."

Nesse último reencontro, o casal, suas duas filhas e os demais participantes puderam também testemunhar com nitidez – já que havia uma relativa luminosidade no ambiente – um fato raro: fora da cabine mediúnica, Rachel produziu modelagens em parafina por cerca de duas horas, sob orientação de um espírito conhecido como João.

– Víamos minuciosamente esse trabalho, porquanto a luz era bastante forte e nos permitia distinguir tudo. Metia a mão na parafina fervendo, depois na água fria, examinava o molde e de quando em quando ia à câmara consultar o João que se conservava dentro desta e que, ao que suponho, lhe dava instruções – relembra Esther.

Num certo momento, a filha foi até a mãe, colocando "sua mãozinha enluvada de parafina" dentro de sua mão, para que sentisse a diferença de temperatura, fazendo depois o mesmo com o pai. Um instante glorioso que Esther nunca mais esqueceria:

– Ao colocar a sua mão na minha mão, ela estava bem defronte de mim e muito perto, de sorte que não só eu a sentia e via a mão, como via perfeitamente o rosto. Era a minha Rachel, tal qual eu a tivera na Terra. O rosto, o pescoço, o colo eram os seus. Não havia para mim possibilidade de ter a menor dúvida de que fosse a minha muito querida filha. Aproveitei assim as duas sensações ao mesmo tempo: via e sentia a minha filha. Só Deus me poderia dar tamanha felicidade, 13 meses após a desencarnação dela.

ENERGIA/MATÉRIA

Com o aprofundamento dos meus estudos, eu não tinha mais dúvidas de que fenômenos de efeitos físicos como esses eram reais, apenas não haviam ainda recebido a chancela oficial de uma sociedade que teimava em não abandonar seus conceitos reducionistas e ortodoxos. Uma sociedade que não parava para refletir sobre a importância e a credibilidade da avalanche de informações reunidas por pessoas da mais alta seriedade.

Uma sociedade patinando num preconceito estéril que atrasava mudanças filosóficas, científicas e de práticas de vida que se faziam necessárias nos meios educacionais, nas instituições de pesquisas, na mídia oficial, nas famílias – enfim, nas relações sociais, econômicas, culturais.

Qual não seria a renovação do mundo se a maioria das pessoas passasse mesmo a acreditar na existência da vida após a vida e na conseqüência dos nossos atos? Com a perspectiva palpável e racional da realidade espiritual, cultivaríamos a importância de cuidar responsavelmente, eticamente, de nossas ações, de nossa conduta moral, sabendo que continuaríamos a manter relações com as pessoas após a nossa passagem. E, portanto, nada – para o bem ou para o mal – seria apagado, esquecido.

Pois a realidade estava ali para quem tivesse olhos para enxergar: eram incontáveis os testemunhos, os relatos, as matérias e artigos divulgados em livros, em publicações e sites especializados, reportagens esparsas veiculadas aqui e ali nas rádios, nas televisões, nos jornais. Estudos referentes à espiritualidade levados adiante por faculdades e institutos de pesquisa em vários cantos do mundo.

Há sinais evidentes, neste início de século, de uma nova hegemonia cultural em formação, embora lentamente. Uma hegemonia cultural que não tem como base apenas discursos vazios ou místicos, mas uma teia de experiências concretas, ligando ciência e espiritualidade.

No século XX, a física deu um salto qualitativo, com conceituações e provas científicas que iam ao encontro de inúmeros ensinamentos milenares da espiritualidade, cultivados principalmente no Oriente. Do ponto de vista científico, a primeira grande ponte entre a lógica ocidental e a metafísica fora construída pela teoria da relatividade, desenvolvida pelo físico alemão Albert Einstein (1879-1955), que comprovara que matéria e energia são realidades equivalentes, uma podendo se transformar na outra.

Matéria passava então a ser entendida como energia condensada – e energia, matéria eterizada. Energia podia se converter em matéria a cada momento – e matéria em energia. Einstein demonstrou que um corpo, por menor que fosse, encerrava uma quantidade de energia colossal. Uma realidade não percebida no dia-a-dia apenas porque a energia contida na matéria não era normalmente liberada.

Mas no final da Segunda Guerra Mundial, em 1945, a humanidade tomaria conhecimento do quanto uma pequena massa de matéria poderia se transformar em energia arrasadora, quando duas bombas atômicas devastaram duas cidades japonesas em segundos. Nos Estados Unidos, físicos haviam conseguido partir núcleos de átomos de urânio em outros menores, criando assim uma reação em cadeia que liberava uma quantidade de energia inusitada. Em cada bomba lançada sobre o Japão, menos de dez gramas de urânio foram convertidos em energia arrasadora.

Também a partir de Einstein, a humanidade descobriria algo desconcertante, que mudaria a concepção que se tinha até então do tempo e do espaço como duas entidades separadas, distintas. Tempo e espaço passaram a ser entendidos como duas dimensões relacionadas dialeticamente, uma dependendo da outra.

Ou seja: a quarta dimensão descoberta não era exatamente aquela que fora imaginada por físicos no final do século XIX, que tanta repercussão causou na opinião pública, impulsionada pelo julgamento, na Inglaterra, do médium norte-americano Henry Slade. Ao contrário de uma dimensão extra-espacial, Einstein demonstrou que a quarta dimensão tinha a ver com o tempo.

O tempo não podia mais ser entendido como se tivesse uma batida fixa e determinada, iniciada quando da criação do universo – mas um ritmo relativo, que dependia da localização ou da velocidade de deslocamento da pessoa. A passagem do tempo se alterava na medida em que estivéssemos em outro corpo celeste, com gravidade diferente à da Terra, ou então em movimento, como dentro de uma nave espacial.

Em outras palavras, a física comprovou que o fluxo do tempo percebido por alguém na Terra, em seu dia-a-dia comum, não seria o mesmo caso fosse comparado ao de uma pessoa que estivesse em outro corpo celeste ou se deslocando em alta velocidade. O próprio metabolismo interno do organismo de um astronauta, sua batida cardíaca, seu fluxo sangüíneo sofreriam alterações, estando em outro planeta ou num foguete.

Na verdade, a física do século XX mostrou que cada realidade do universo se constitui num mundo espacial e temporal próprio. O deslocamento de um foguete provoca não só a diminuição da batida do tempo a sua volta, mas também o achatamento – como num efeito sanfona – da massa do objeto em movimento e do espaço percorrido por ele. Da mesma forma, corpos celestes – planetas, estrelas – provocam o encurvamento do espaço e do tempo em seu entorno, tanto maior quanto forem suas densidades.

Mas Einstein também sustentaria algo desconcertante: a existência de uma entidade padrão, imutável e referência universal para qualquer fenômeno, que não se alterava nunca: a velocidade da luz no espaço sideral, de 300 mil km/s.

A famosa equação matemática desenvolvida por Einstein – $E = mc^2$ (energia é igual à massa vezes o quadrado da velocidade da luz) – revelou não apenas a imensa quantidade de energia encerrada numa pequena quantidade de massa, pois c^2 é um número absurdamente alto. Revelou ainda que nenhum objeto podia se igualar à velocidade da luz.

Einstein descobriu que quanto maior a velocidade de deslocamento de um corpo, ele se torna mais achatado e mais denso, ganhando mais e mais massa. Isto porque a energia necessária para seu aceleramento vai se transformando em massa. Portanto, se fosse possível um objeto físico se aproximar da velocidade da luz, mais sua massa se tornaria infinita – demandando cada vez mais energia de aceleração para se movimentar, que tenderia ao infinito. Algo que para Einstein seria impossível de acontecer – daí sua conclusão de que nada se igualaria à velocidade da luz.

Mas seria algo impossível mesmo ou se trata apenas de um fenômeno ainda desconhecido pela física "moderna"?

Na realidade, Einstein abriu apenas uma fresta de um mundo misterioso. Mas há muito mais por ser descoberto ou melhor explicado. Os chamados fenômenos de efeitos físicos, como o deslocamento instantâneo de objetos de um canto a outro do planeta, indicam que a física do futuro acabará inclusive derrubando o maior cânone da teoria da relatividade: a categoria absoluta da luz – o postulado de que nada pode igualar ou ultrapassar a velocidade da luz ou mesmo que sua velocidade máxima é de 300 mil km/s.

Aliás, algumas teorias da física desenvolvidas nos últimos anos já apontam inclusive[75] para a possibilidade de velocidades da luz maiores do que a de 300 mil km/s.

De qualquer forma, a relatividade continua tão revolucionária que provoca especulações que formam uma base lógica – ao lado da mecânica quântica – para se começar a explicar realidades de dimensões extrafísicas paralelas às conhecidas atualmente.

Com a equação $E=mc^2$ e a equivalência entre energia e massa, fica patente que algo invisível aos nossos olhos (um espírito, por exemplo) pode, de um momento para outro, se transformar em algo visível – e vice-versa. Da mesma forma, pode haver a liberação de energias inimagináveis capazes de levantar uma mesa ou curar um enfermo.

Além disso, a mudança do fluxo do tempo, de acordo com cada realidade do universo, também indica que um dia será possível à física explicar um dos ensinamentos da espiritualidade: para o ser espiritual, o tempo – pelo menos como definimos hoje – não passa.

Na prática, pela física de Einstein é impossível alguém viajar à velocidade da luz, pela quantidade de energia infinita que seria necessária para se promover esse deslocamento. Mas se essa hipótese aparentemente absurda se concretizasse, um astronauta poderia viajar pelo universo no tempo zero. Pela relatividade, a luz é constante e não envelhece – portanto, o tempo não passa para ela. Assim, à velocidade da luz de 300 mil km/s, a realidade do astronauta seria atemporal.

Da mesma forma, não haveria sentido falar em tempo se todos nós virássemos luz. Ou, em outros termos, se todos nós readquiríssemos nossa condição de espírito.

De fato, ao longo da história seres extrafísicos nos têm informado – em sessões de incorporação ou de materialização de espíritos – que nas dimensões onde habitam não ocorre a passagem do tempo; pelo menos na forma como entendemos o tempo. Estudar então o comportamento da luz torna-se caminho precioso para a melhor compreensão de realidades espirituais.

A física do século XX teve papel fundamental na história da humanidade, abrindo as portas da ciência para que o mundo do invisível pudesse começar a ser explicado de uma maneira mais racional. Não que tenha comprovado a realidade espiritual ou que exista vida após a morte, como se apressam em afirmar alguns doutores da espiritualidade. Nem tão perto nem tão longe. A física não forneceu ainda essa prova, mas, à medida que evolui, valida cientificamente – veja só que coincidência! – ensinamentos religiosos ancestrais, como a relação matéria/energia e a realidade atemporal do extrafísico.

Jamais teremos condições de conhecer o universo – o todo, o incognoscível. Mas quanto mais a ciência caminhar lado a lado com os bons ensinamentos espirituais, mais rápido conseguirá explicar melhor (num jogo de eterna aproximação) as dimensões que existem em muitos e muitos outros universos, numa dança sem fim de campos energéticos e de fenômenos de criação, extinção e criação de realidades – "físicas" ou não.

O eterno devir.

CORPO ASTRAL

Convicto do meu perfeito juízo mental e aceitando, com a maior naturalidade possível, a verdade da realidade espiritual, busquei um melhor entendimento de como fenômenos de efeitos físicos tão sublimes são possíveis. Conversando com especialistas e lendo inúmeros textos, compreendi que três elementos são fundamentais para se começar a entender como ocorre essa fenomenologia: o corpo astral, o corpo etérico e o ectoplasma.

No processo de materialização, os três surgiam como fundamentais para se fazer a ponte entre a matéria densa – o nosso corpo físico e tudo aquilo que identificamos como a natureza material e os objetos que nos cercam – e as realidades mais fluidas, mais etéreas, que têm a ver com esferas espirituais, com dimensões paralelas.

Elemento básico dessa trinca, o corpo astral era reconhecido há milênios por correntes esotéricas e religiosas, como entre os hinduístas na Índia, os taoístas na China, os sacerdotes do antigo Egito, os gregos Aristóteles e Pitágoras e os primeiros católicos. O apóstolo Paulo de Tarso (10-67), em sua primeira carta aos cristãos da cidade de Corinto, ao abordar de que maneira os mortos ressuscitariam, declara[76]: "É semeado o corpo animal, ressuscitará o corpo espiritual. Se há corpo animal, também o há espiritual".

Forma energética que conecta o corpo físico a dimensões espirituais, foi chamado por inúmeros nomes, como psicossoma e corpo sutil da alma – assim batizado por Pitágoras. Mas no século XXI, dois deles figuram entre os mais populares no Ocidente: perispírito ou corpo astral.

A palavra perispírito (do grego *peri*, em torno, e do latim *spiritus*, alma, espírito) foi empregada pela primeira vez pelo codificador da doutrina espírita, Allan Kardec, em *O Livro dos Espíritos*[77]. Por sua vez, a denominação corpo astral, utilizada em textos ancestrais do Oriente, se tornaria popular no Ocidente a partir das obras dos teosofistas Helena Blavatsky (1831-1891) e de C. W. Leadbeater (1854-1934).

Numa visualização mais cara ao senso comum, o corpo astral poderia ser definido como a "forma" de aspecto humano que assume o princípio inteligente enquanto influenciado, em sua jornada universal, pelo orbe planetário da Terra. É ele que dá a forma – a roupagem – espiritual ao princípio inteligente, àquilo que alguns chamam de alma.

Essa roupagem tem a ver com a experiência material que adquirimos ao encarnar. Ao chegar a hora – se assim for nossa missão –, reencarnamos, ganhando uma roupagem física – uma forma semelhante ao corpo astral, só que com densidade material, com energia condensada sob ação, entre outros elementos, da força gravitacional terrestre.

Na roda histórica de encarnações e reencarnações, de vida e de morte, o corpo astral vai então se depurando, adquirindo uma forma que representa a soma de sua bagagem terrena – reunindo o aprendizado da consciência, as grandes características éticas e morais, que marcaram as inúmeras existências físicas do princípio inteligente.

Apesar de variação de denominações, inclusive no espiritismo, para mim o mais adequado e de mais fácil entendimento – a exemplo de Léon Denis – é designar como corpo astral/perispírito a forma que adquire o princípio inteligente/alma em determinadas etapas de sua jornada eterna. Nessa linha de conceituação, o popularíssimo nome espírito designaria o conjunto formado pelo corpo astral e pelo princípio inteligente.

Em uma linguagem simplificada, o espírito seria o princípio inteligente vestido – ou melhor, revestido por uma forma, pelo corpo astral. Só faz sentido então classificar determinada entidade de espírito se o princípio inteligente possui um corpo astral. Ou seja: se o princípio inteligente se reveste de uma forma, podemos chamá-lo de espírito.

As tradições religiosas que defendem o princípio da reencarnação entendem que existe algo em nós que é eterno, que existirá para sempre, independentemente de qualquer corpo físico ou de qualquer forma astral que viermos a adotar em nossa jornada universal, seja encarnados na Terra ou em diferentes dimensões extrafísicas. Trata-se, no caso, da alma, da essência energética do que somos – do princípio inteligente.

É a consciência que temos sobre a existência. Aquela noção de que penso, portanto, existo. O princípio inteligente. O Eu Superior. Um conceito que tem a ver com uma idéia, com uma energia – e não propriamente com uma forma, uma modelagem – criada em algum instante de nossa jornada universal.

Mesmo o ateu mais sensível pode ter uma noção, vaga que seja, do que isso significa: é aquela impressão, carregada de angústia no coração, de que ele é eterno, de que quem morre é sempre o vizinho, de que, enquanto estiver vivo, a vida é eterna, não acaba.

Para mim, esse sentimento atávico se relaciona com o conhecimento inconsciente que temos de nossa escalada evolutiva infinita: para além das diversas vidas que tivemos e que ainda eventualmente teremos aqui na Terra –

na roda das reencarnações –, vamos, após essa etapa terrena, passar por diferentes realidades astrais, espaciais – habitando em outras dimensões ou mesmo encarnando em outros sistemas planetários.

Quando não precisarmos mais reencarnar na Terra, quando nossa missão neste planeta se completar, nosso princípio inteligente seguirá sua jornada universal, com o nosso corpo astral adquirindo uma forma condizente com a dimensão que tiver que viver.

Mas enquanto o princípio inteligente tiver determinadas limitações de evolução, continuará a possuir um corpo astral. Em sua caminhada universal, porém, acabará por penetrar realidades cada vez mais sutis, etéreas, quando então começará a perder seu corpo astral.

E ao atingir um grau máximo de evolução, o princípio inteligente deixará de possuir sua forma espiritual, seu corpo astral. É quando não poderá mais ser chamado de espírito.

Numa linguagem figurada, é como se o princípio inteligente tirasse a roupa e ficasse nu. Terá se tornado apenas uma idéia, um princípio constitutivo, um Eu Superior a se integrar no oceano energético do (s) universo (s) infinito (s) – atingindo o estado em que os budistas chamam de búdico – o nirvana. Estado das energias causais da criação universal.

Mas mesmo integrado holisticamente a esse oceano energético, o princípio inteligente não perde sua centelha individual, pois tem a capacidade – se assim se mostrar necessário, por alguma missão de resgate – de voltar a possuir uma individualidade momentânea.

Adquire o poder de "materializar", com a força do pensamento, um corpo astral, até mesmo um corpo físico, para ajudar no aprimoramento de espíritos em qualquer dimensão, até mesmo encarnados na Terra – como fez Jesus Cristo.

Uma das mais belas descrições sobre essa ascensão evolutiva do Eu Superior e a missão de resgate de alguns seres extrafísicos mais evoluídos pode ser encontrada no livro *Autobiografia de um Iogue*[78], de Paramahansa Yogananda (1893-1952).

Esse líder espiritual indiano teve uma importante missão na vida: levar para o Ocidente os ensinamentos milenares do hinduísmo. Partiu então para os Estados Unidos, em 1920, e começou a ser ouvido em palestras por milhares e milhares de pessoas, com seus livros se tornando referência para muitos em várias partes do planeta.

Em se tratando de revelações da existência de outras dimensões, acessadas pelo corpo astral, uma das experiências mais marcantes da história do espiritualismo moderno – pela profundidade de seus ensinamentos e por ter sido transmitida por um espírito materializado – é relatada em sua autobiografia, uma viagem pelo mundo mágico e espiritual da Índia.

Tudo aconteceu na tarde de 19 de junho de 1936, quando Yogananda se encontrava num quarto de hotel em Mumbai e recebeu do seu guru, Sri Yukteswar, uma das lições mais abrangentes sobre diferentes realidades espirituais, além das mais diretamente relacionadas ao planeta Terra. Yogananda, que havia retornado temporariamente à Índia um ano antes, continuava sob o impacto da morte do mestre – em março de 1936 – que o havia introduzido ainda jovem nas técnicas da kriya yoga.

De repente, Yogananda foi interrompido em sua meditação "por uma luz beatífica". Diante então de seus "olhos abertos e atônitos, o quarto inteiro transformou-se num mundo estranho; a luz do Sol foi transmutada em esplendor sobrenatural". O iogui, "arrebatado por ondas de êxtase", contemplou então "a figura de Sri Yukteswar, em carne e osso!", podendo mesmo, após abraçá-lo com força, perceber "o mesmo odor suave, aromático e natural que fora característico de seu corpo terreno".

Seguiram-se então duas horas de ensinamentos profundos, revelando paralelos com muitos ensinamentos de outras correntes espirituais, como o espiritismo e o taoísmo. Mas que adquirem uma importância especial por terem sido passados por uma fonte direta, sem intermediários, e com conhecimento de causa, dada sua elevada espiritualidade.

Em geral, as comunicações recebidas do astral são fornecidas através de incorporações mediúnicas – ou seja, de espíritos que se comunicam utilizando-se do cérebro/mente do médium como sistema de transmissão. Por isso, podem acabar contaminadas por pensamentos do próprio sensitivo, que interfere – às vezes inconscientemente – nas mensagens, passando também informações e pontos de vista próprios, e não apenas do ser espiritual. Informações que podem não traduzir adequadamente as realidades mais sublimes de esferas astrais.

Mas com um espírito materializado, esse risco não existe. Acertando ou errando, sendo um ser mais evoluído ou não, ouvimos do próprio espírito o que ele tem a falar.

E Sri Yukteswar – com sua alta evolução espiritual – tinha muito a falar. Mesmo sem que tivesse sido gravada, a conversa foi – garantiu Yogananda, outro ser de alta espiritualidade – fielmente reproduzida.

O mestre surgira vindo de um planeta de outra dimensão denominado Hiranyaloka, ou "Planeta Astral Iluminado", onde ele havia recebido a missão de auxiliar "seres adiantados a esgotar seu carma astral e a se libertarem, portanto, dos renascimentos astrais". Segundo ele, os habitantes desse planeta já haviam passado "pelas esferas astrais comuns, para onde quase todos os seres da Terra devem ir ao morrer; ali, já destruíram muitas sementes de carma, relativas a suas ações passadas no mundo astral".

Aqui ele reafirma os ensinamentos milenares de que existem inúmeras esferas astrais – ou colônias espirituais, como se costuma chamar em textos espíritas – para onde normalmente vão os espíritos das pessoas logo após a morte. Esferas mais próximas da influência da crosta terrestre, habitadas por espíritos que, em geral, ainda precisam cumprir missões cármicas na Terra, reencarnando neste denso planeta material.

Alguns desses espíritos, porém, em momento determinado de sua evolução, queimam seus carmas e não precisam mais reencarnar. Seguem então para esferas mais sutis, como, por exemplo, para o planeta Hiranyaloka, onde renascem "em novos corpos astrais", como Sri Yukteswar. Mas ali também precisam passar por trabalhos evolutivos, para ascender a esferas ainda mais sutis, no chamado mundo causal.

Interessante observar, nesses ensinamentos, a confirmação de que a roda das reencarnações não ocorre apenas entre esferas astrais menos sutis e o planeta Terra. Ela persiste em girar mesmo quando o espírito ascende para esferas muito mais sutis, depois que não precisa mais reencarnar na Terra.

Em outras palavras, essa roda de reencarnações está também descrita nas palavras de Jesus quando, próximo de ser crucificado, se despede dos apóstolos e afirma[79]: "Não se turbe o vosso coração. Credes em Deus, crede também em mim. Na casa de meu Pai há muitas moradas; se assim não fora, eu vol-o teria dito; pois vou a aparelhar-vos o lugar".

Sri Yukteswar revelou ainda[80], para seu amado discípulo, que viviam também em Hiranyaloka "seres quase perfeitos, vindos do mundo causal superior". Ou seja: se ainda guardasse carmas inerentes à existência em Hiranyaloka, mesmo o espírito que conseguisse ascender para esferas do mundo causal, a partir desse "Planeta Astral Iluminado", teria que voltar a este mundo energicamente mais denso.

Ao procurar definir com palavras o mundo causal, o mestre de Yogananda refere-se a uma ascensão evolutiva em que o espírito atinge um estágio tão sutil que praticamente só existe como idéia, como um conceito, como um princípio inteligente. "Um ser em corpo causal permanece no beatífico reino das idéias. Meu trabalho relaciona-se com os seres astrais que estão se preparando para entrar no mundo causal", diz Sri Yukteswar.

Mas ainda subsiste algum tipo de forma, mínima que seja. Do contrário, apesar de pairarem "no beatífico reino das idéias", o guru não usaria ainda o termo "ser em corpo causal". Não usaria a palavra corpo.

Outra informação valiosa de Sri Yukteswar demonstra o quanto estão mais perto da verdade correntes da física moderna que sustentam a existência de outros universos paralelos em dimensões inacessíveis às limitadas observações científicas da Terra:

– O universo astral, feito de diversas vibrações sutis de luz e calor, é centenas de vezes maior que o cosmos material. A criação física inteira, como sólido cestinho, está dependurada no gigantesco balão luminoso da esfera astral. Assim como numerosos sóis e estrelas materiais vagam pelo espaço, no astral também existem incontáveis sistemas solares e estelares. Os planetas têm sóis e luas, mais belos que os físicos.

A fala desse ser iluminado revela assim a consistência de teorizações de físicos que defendem a existência de infinitos universos paralelos ao que a humanidade "conhece". Mesmo que muitos não reúnam condições propícias para a vida, os cientistas mais ponderados acrescentam que não haveria vida como conhecemos. Alguns físicos, inclusive, especulam que o nosso universo poderia estar interligado com esses universos paralelos através do que chamam de "buracos de minhoca" – tubos de espaço-tempo que funcionariam como portais energéticos de contatos interdimensionais.

Ao se referir novamente ao "universo astral comum", Sri Yukteswar afirma que ali também existem "diferentes planetas astrais", habitados por seres de acordo com suas "qualificações cármicas". E continua: "Reservam-se várias moradas celestes ou regiões vibratórias para espíritos bons e para espíritos maus. Os bons podem viajar livremente, mas os espíritos maus estão confinados a zonas restritas".

Em outras palavras, seriam algumas das colônias espirituais e das regiões umbralinas descritas em textos espíritas, principalmente os ditados pelo espírito André Luiz ao médium Francisco Cândido Xavier. Qualquer leitor desses livros identificará imediatamente essas informações com as regiões umbralinas onde espíritos pouco evoluídos ficam confinados – mas que podem ser visitadas, em geral em missões de resgate espiritual, por seres mais evoluídos, com vibração superior. Seres que, além de viajar livremente, têm o poder de se deixar observar – ou não – pelos de mais baixa evolução.

E em mais uma lição de comprovação científica – lembre-se: um dos conceitos caros à boa ciência é a validade consensual, em que experiências semelhantes são comparadas e, se estiverem de acordo, dadas como corretas – sobre a profundidade do que era transmitido, Sri Yukteswar descreve outra característica do perispírito tão estudada pelos espíritas:

– Na maioria dos casos, o corpo astral é a contraparte exata da última forma física. O rosto e a figura de uma pessoa astral assemelham-se aos que possuía na juventude, em sua última jornada terrena. Às vezes alguém, como eu, prefere conservar a aparência que tinha na velhice.

Nas esferas astrais, continua o guru, os seres extrafísicos se comunicam "inteiramente por telepatia e por televisão astrais", e ao contrário dos homens e mulheres, que dependem "de sólidos, líquidos, gases e energia para a sua subsistência", seus habitantes "sustentam-se principalmente de luz cósmica".

A continuidade dos ensinamentos de Sri Yukteswar reforça o princípio de que, mesmo na fase do mundo causal, o princípio inteligente/alma ainda possui algum tipo de forma, por mais sutil que seja. Como nas esferas astrais não existem a doença, a velhice e a morte, como são conhecidas na Terra, seus habitantes não têm "de lutar dolorosamente contra a morte, no momento de desprender-se de seu corpo luminoso. Muitos, não obstante, ficam um pouco nervosos com a idéia de trocar a forma astral por uma forma causal, mais sutil".

Além da forma, subsiste também o desejo nessas esferas astrais mais sutis. Mas não o desejo humano, mobilizador de atitudes negativas de egoísmo, de posse, de prazeres excessivos e desregrados. O desejo do qual fala Sri Yukteswar, "força coesiva" que mantém unidos a alma e os corpos astral e causal, é de uma ordem bem mais sublime. Os desejos astrais estão concentrados "em contentamento de tipo vibratório", como ouvir "a etérea música das esferas" e se extasiar "com a visão do universo inteiro como expressão inesgotável de luz mutável". Já os desejos causais "são realizados somente pela percepção. Os seres quase livres, alojados apenas no corpo causal, vêem o universo inteiro como realizações das idéias-sonhos de Deus; podem materializar tudo puramente no pensamento". Cobertas apenas "com o delicado véu do corpo causal", as almas "podem fazer com que universos inteiros se manifestem, à semelhança do Criador".

Em seguida, Sri Yukteswar define com precisão que ainda nessa fase causal, enquanto houver algum tipo de desejo, o princípio inteligente/alma possuirá um corpo astral: "Sendo invisível por natureza, a alma só pode ser percebida pela presença de seu corpo ou corpos. A mera presença de um corpo significa que sua existência se tornou possível devido a desejos irrealizados".

E ao chegar o momento de livrar-se dos desejos, quando se adquire a sabedoria suprema, a "diminuta alma do homem emerge, finalmente livre, unificada com a Amplidão Imensurável".

Diante então da pergunta de Yogananda para que desse mais esclarecimentos "sobre o elevado e misterioso mundo causal", o guru fornece uma pálida idéia de como seria:

– O mundo causal é indescritivelmente sutil. Para entendê-lo, o homem teria que possuir poderes de concentração tão extraordinários que poderia fechar os olhos e visualizar o cosmos astral e físico em toda a sua vastidão – o balão luminoso com o sólido cesto – como se existissem apenas sob a forma de idéias. Se, por meio desta concentração sobre-humana, pudesse converter ou resolver em meras idéias os dois cosmos, com todas as suas complexidades, alcançaria então o mundo causal e estaria na fronteira de fusão entre mente e matéria. Ali, percebem-se todas as coisas criadas – sólidos, líquidos, gases, eletricidade, energia, todos os seres, deuses, homens, animais, plantas, bactérias – como formas de consciência; exatamente como um homem pode fechar os olhos e perceber que existe, apesar de seu corpo ser invisível aos olhos físicos e estar presente apenas como uma idéia.

Ao continuar seus ensinamentos, Sri Yukteswar mostra que tanto "a morte quanto o renascimento no mundo causal ocorrem em pensamento". O pensamento ali é tudo. "Os seres de corpo causal banqueteiam-se apenas com a ambrosia do conhecimento eternamente novo."

Mas é chegado o momento em que esse corpo etéreo se desfaz completamente, liberando o princípio inteligente/alma para a eternidade do existir:

– Muitos seres permanecem durante milhares de anos no cosmos causal. Então, depois de êxtases cada vez mais profundos, a alma livre se retira do pequeno corpo causal e incorpora-se à imensidão do cosmos causal. Todos os isolados torvelinhos de idéias, as ondas particularizadas de poder, amor, vontade, alegria, paz, intuição, calma, autocontrole e concentração dissolvem-se no sempre-jubiloso Oceano de Bem-aventurança. A alma não terá mais que experimentar sua alegria como uma onda individualizada de consciência: agora funde-se no Oceano Cósmico Único, com todas as ondas – riso eterno, emoções, pulsações perenes.

Mas ele deixa claro que, ao fazer esse mergulho, o princípio inteligente "unifica-se com o Infinito sem qualquer perda de individualidade". É o momento da existência suprema e indefinível.

O mais importante de toda essa magistral fala de Sri Yukteswar não foram propriamente as noções gerais que passou sobre essas diferentes esferas invisíveis, mas os detalhes que reuniu dessas existências – como mensageiro direto de forças superiores. Até mesmo Yogananda, com sua elevada bagagem espiritual, se confessou surpreendido com a riqueza das informações passadas por seu guru:

– Nunca, de canção ou história, recebi conhecimento tão inspirador! As Escrituras hindus referem-se aos mundos astral e causal e aos três corpos do homem, mas que remotas e inexpressivas aquelas páginas, comparadas à calorosa autenticidade de meu Mestre ressurrecto!

REENCARNAÇÃO

Esses graus inimagináveis de ascensão espiritual, referidos em textos espiritualistas, revelam, antes de tudo, a necessidade de os seres humanos evoluírem, passando por etapas sucessivas de sua escalada universal.

E ao falar em evolução, em aprimoramento do ser, a reencarnação surge como ponto central em boa parte dos ensinamentos espirituais, como no caso do hinduísmo e do espiritismo. O aprendizado no denso planeta Terra é tido como fundamental, para que o princípio inteligente consiga passar por uma prova básica em seu processo de desmonte gradual de seu ego/centrismo: o exercício da diferença.

Nas dimensões astrais, por mais densas ou sutis que venham a habitar, após a passagem, os espíritos vibram em padrões energéticos afins ao seu estado evolutivo. Os de mais altas vibrações ao lado daqueles com mais altas vibrações, os de mais baixas com os de mais baixas vibrações energéticas.

Por isso, existe a necessidade de se encarnar numa realidade em que impere a desigualdade vibracional, para se aprender a superar obstáculos, a aprimorar a tolerância, a lidar com o mais forte e o mais fraco, com a dor e o prazer, com o ódio e o amor. Para se adquirir a noção do distanciamento refletido, do equilíbrio ponderado.

Ao aprender a conviver mais democraticamente entre si, o homem e a mulher adquirem qualidades de seres mais justos, que aos poucos vão sendo capazes de enxergar o drama social de fora do seu eu interno – como no caso de uma terceira pessoa, como um ator de uma peça teatral ao introjetar uma personagem.

O encarnado vai assim depurando o ego – etapa primordial para ascender a novas esferas astrais e, por fim, atingir a unificação com o todo, com o eterno devir.

Essas experiências em vidas sucessivas na Terra repercutem inclusive na densidade energética do corpo astral. Ao longo da história do ser, de suas encarnações, o espírito vai sendo burilado pelas qualidades morais e éticas – boas ou más – desenvolvidas. Embora um corpo de energias etéreas e invisíveis para os sentidos humanos básicos, o corpo astral é muito mais sutil no caso dos espíritos com alta evolução e, conseqüentemente, mais denso – claro que não tão denso como a matéria física – naqueles menos evoluídos.

A reencarnação traz o pressuposto básico de que as pessoas são, dentro de certos limites mais gerais, donas do seu destino, a partir do livre-arbítrio, das escolhas que venham a fazer durante a vida, para o bem ou para o mal. Aprimorando assim sua evolução espiritual ou estagnando num patamar qualquer.

Ao encarnar em determinada família, em determinado contexto social e cultural, assumem uma missão, um norte de desenvolvimento, que deverão cumprir para exercitar suas falhas, queimar carmas negativos acumulados em outras vidas.

Mas esses marcos de condutas e oportunidades, com probabilidades maiores de acontecer, podem eventualmente ser modificados, de forma atenuada ou radical – dependendo das escolhas que cada um fizer, de acordo com seu livre-arbítrio.

A terapia de vidas passadas e outras técnicas de regressão de memória demonstram a realidade não só da reencarnação como de diversos planos dimensionais ainda diretamente ligados à Terra, onde os que fazem a passagem – e ainda têm um papel a desempenhar neste planeta – habitam por determinado período de sua ascensão evolutiva, antes de reencarnar.

Uma pesquisa interessante sobre essa vida intermediária no astral foi publicada por minha mulher, a psicoterapeuta de vidas passadas Célia Resende, em seu livro *Nascer, Morrer, Renascer*[81]. Ela conseguiu reunir um rico acervo de imagens descritas por pacientes que, em sua maioria, nem tinham lido qualquer dos relatos sobre colônias espirituais já publicados, por exemplo, em livros psicografados pelo médium Chico Xavier.

E suas descrições batem "coincidentemente" com muitos dos ensinamentos da espiritualidade.

CORPO ETÉRICO

As recordações de alguns pacientes de Célia Resende, dentre outras incontáveis experiências de cunho espiritual relatadas pelo mundo, como os ensinamentos de Sri Yukteswar, reforçam os estudos sobre o papel central do corpo astral na evolução humana.

E mais: corroboram a idéia de que, por mais afeição que alguém possa ter em relação à vida na Terra, à vida material, a nossa verdadeira casa são as moradas espirituais. A Terra densa é um planeta de provas, de aprendizado. Um planeta de passagem.

A importância primária da realidade espiritual indica que para compreender melhor as causas dos fenômenos de efeitos físicos, é preciso iniciar pelo corpo astral, e não pelo corpo físico. A realidade espiritual é que forma a realidade material.

Ao contrário do senso comum, se faz necessário então tomar um sentido inverso de análise. Em vez de se pensar o corpo astral a partir do corpo físico, como se fosse a cópia invisível do organismo material, é preciso compreender o corpo astral como comandando a formação do corpo físico. Este, sim, é a cópia material do corpo astral.

O corpo astral fornece a sustentação de campos energéticos para que os átomos, "tensionados", se aglutinem em moléculas, em células, em órgãos e demais constituintes químicos da vida na Terra. O corpo astral age assim como uma forma energética. Para encarnar, o espírito constitui um corpo físico à imagem e semelhança do seu corpo astral.

Ou seja: um corpo astral constituído de átomos em vibrações altíssimas, típicas de esferas espirituais, fornece a base para que se condense e se forme um corpo constituído por átomos com vibrações mais baixas, menos sutis. Dessa forma, ele modela um corpo visível, do ponto de vista material, utilizando-se para isso do material genético fornecido pelos pais.

Nesse processo de condensação, iniciado pelo corpo astral, surgem então camadas sucessivas, intermediárias, com níveis energéticos cada vez mais densos. Até o instante em que se chega na fronteira entre o mundo espiritual e o material – o momento em que a condensação energética é de tal ordem que cria tensão suficiente para sustentar a constituição do corpo físico.

Nessa zona fronteiriça, intermediária, forma-se então o corpo etérico.

Assim como o corpo astral, o corpo etérico é uma realidade citada há milênios por correntes religiosas e filosóficas do Oriente. Em seu livro *Os Chakras – Os Centros Magnéticos Vitais do Ser Humano*[82], o pesquisador inglês C. W. Leadbeater chama a atenção para a importância desse "grau de matéria, também física, ainda que invisível", denominada pela teosofia de duplo etérico:

– Esta parte invisível do corpo físico é de suma importância para nós, porque é o veículo pelo qual fluem as correntes vitais que mantêm vivo o corpo, e serve de ponte para transferir as ondulações do pensamento e a emoção do corpo astral ao corpo físico denso. Sem tal ponte intermediária não poderia o ego utilizar as células de seu cérebro. O clarividente o vê como uma distinta massa de neblina gris-violeta debilmente luminosa, que interpenetra a parte densa do corpo físico e se estende um pouco mais além deste.

O corpo etérico deve ser entendido então como a estrutura energética invisível mais próxima da realidade material do corpo físico. Trata-se, como sugere um dos seus nomes, do duplo do corpo físico – um volume de energia que se estende a até 50 milímetros do contorno do corpo material.

Ao explicar a importância do corpo etérico para a criação do corpo humano, em seu livro *Mãos de Luz*[83], a psicoterapeuta e curadora espiritual norte-americana Barbara Ann Brennan define essa realidade energética de uma forma simples e elucidativa:

– O corpo etérico consiste numa estrutura definida de linhas de força, ou matriz de energia, sobre a qual se modela e firma a matéria física dos tecidos do corpo. Os tecidos físicos só existem como tais por causa do campo vital que os sustenta; e por isso mesmo, o campo, anterior ao corpo, não resulta desse corpo.

A importância do corpo etérico, não apenas para manter o corpo físico, mas para presidir sua formação, desde a vida fetal, foi estudada, entre outros inúmeros pesquisadores, pelo médico norte-americano Richard Gerber. Ao escrever o importante livro *Medicina Vibracional – Uma Medicina para o Futuro*[84], que deveria fazer parte da biblioteca de qualquer bom profissional de saúde do século XXI, ele afirma:

– É muito provável que a disposição espacial das células seja controlada por um complexo mapa tridimensional do que se espera que seja o corpo depois de completado o seu desenvolvimento. Esse mapa ou molde é resultado de um campo bioenergético que acompanha o corpo físico. Esse campo ou 'corpo etérico' é um molde de energia holográfica que contém informações codificadas para a organização espacial do feto e também um mapa para permitir a regeneração celular no caso de o organismo em desenvolvimento sofrer algum dano. Existe uma quantidade crescente de provas científicas, se bem que desconhecidas para uma grande maioria de cientistas, apoiando a hipótese de que esse corpo de energia holográfica efetivamente existe.

Por já ter sido detectado em experimentos científicos, o corpo etérico é mais fácil de ser aceito pelos céticos. No entanto, a visualização dessa entidade corpórea também demanda um novo olhar dialético que não parta da realidade material. O corpo etérico não é um prolongamento, uma extensão do corpo físico. Ao contrário, o corpo físico é que se forma, num volume mais denso, porém menor, em meio ao volume do campo energético do corpo etérico.

Assim, numa descrição geral desse complexo conjunto, o corpo astral envolve o corpo etérico – cujos átomos vibram mais lentamente, por estarem num momento energético mais grosseiro – e o corpo etérico, por sua vez, envolve o corpo físico – que vibra numa freqüência menor ainda, típica da realidade densa da matéria.

CHACRAS

As grandes correntes religiosas orientais também já reconheciam determinados pontos de conexão situados no corpo etérico que servem como canais de comunicação de fluxos de energias de esferas astrais para o corpo físico e vice-versa: os chacras ou centros de força. Existem sete principais chacras no corpo etérico. Chacras que, em formas mais sutis, etéreas, se fazem também presentes no corpo astral.

Esses centros de força maiores estão situados à altura do topo da cabeça (chacra coronário), da região entre as sobrancelhas (frontal), da garganta (laríngeo), do coração (cardíaco), do umbigo (umbilical), do baço (esplênico) e da base da espinha dorsal (fundamental).

A partir de visões mediúnicas, o inglês Leadbeater descreve[85] os chacras como "pontos de conexão ou enlace pelos quais flui a energia de um a outro veículo ou corpo do homem. Quem quer que possua um ligeiro grau de clarividência, pode vê-los facilmente no duplo etérico, em cuja superfície aparecem sob forma de depressões semelhantes a pratinhos ou vórtices. Quando já totalmente desenvolvidos, assemelham-se a círculos de uns cinco centímetros de diâmetro, que brilham mortiçamente no homem vulgar, mas que, ao se excitarem vividamente, aumentam de tamanho e se vêem como refulgentes e coruscantes torvelinhos à maneira de diminutos sóis".

A curadora Barbara Ann Brennan lembra[86] o reconhecimento que grandes tradições espirituais faziam, há milênios, da existência de uma "energia universal" apontada como causa original da vida como conhecemos na Terra. Seria denominada de prana pelos hindus, na Índia, e de ch'i, pelos chineses taoístas, para quem toda a matéria animada ou inanimada é composta por essa energia, que contém duas forças polares: o ying e o yang.

– A Cabala, teosofia mística judaica que teve início por volta de 538 a.C., refere-se às mesmas energias como a luz astral. As pinturas religiosas cristãs retratam Jesus e outras figuras espirituais cercadas de campos de luz. No Antigo Testamento, existem inúmeras referências à luz em torno das pessoas e ao aparecimento de luzes, mas, no correr dos séculos, esses fenômenos perderam o significado original.

Segundo Barbara, essa energia foi registrada pela primeira vez no Ocidente pelos discípulos de Pitágoras: "Em todo o discurso da história, a idéia de uma energia universal que impregna toda a natureza foi defendida por muitas mentes científicas ocidentais. Essa energia vital, percebida como um corpo luminoso, foi registrada, pela primeira vez na literatura ocidental, pelos pitagóricos, por volta de 500 a.C. Sustentavam eles que a sua luz produzia uma série de efeitos no organismo humano, incluindo a cura de doenças".

Essa energia causal sustentaria todos os objetos da natureza, sendo visível por sensitivos – e também por análises laboratoriais – como uma aura luminosa. No caso do chamado campo da energia humana, ou aura humana, seria a manifestação dessa energia no corpo físico. "Pode ser descrito como um corpo luminoso que cerca o corpo físico e o penetra, emite sua radiação característica própria e é habitualmente denominado 'aura'."

Em seu livro *Mãos de Luz*, publicado em 1987, Barbara reúne informações sobre técnicas de cura da aura humana pelo uso das cores e da ativação energética dos chacras. Com mestrado em física atmosférica, tendo trabalhado para a Nasa como pesquisadora, ela descobriria, em meio a um trabalho de aconselhamento de pessoas, que possuía alta percepção sensorial. Ao desenvolver poderes de clarividência, começou a ver cores à volta da cabeça dos clientes. Tornou-se então uma respeitada terapeuta em Nova York – e com seu livro vem ajudando a formar incontáveis curadores ao redor do planeta.

Na verdade, quando fala da aura – termo caro à teosofia –, Barbara está se referindo à visão que os sensitivos têm – em maior ou menor grau – da presença dos corpos etérico e astral envolvendo o corpo humano. Do ponto de vista da "energia universal" referida por ela e por muitos outros pesquisadores, sempre tive dificuldade em aceitar que fosse única, pois, filosoficamente, não aceito a existência de conceitos absolutos. Por que não seriam energias universais, em vez de a energia universal?

Mas, independentemente de discussões metafísicas sem qualquer sentido prático, o que textos religiosos ancestrais revelam – e a atuação de sensitivos e de curadores parece demonstrar – é que essas energias se relacionam com o corpo físico tendo como ponte principal os chacras e, em escala menor, os pontos de acupuntura.

Nessa troca energética – fundamental para o crescimento do corpo e a manutenção da saúde – entre as realidades física e astral, os chacras fariam como que um trabalho de transmudação das energias superiores, adaptando-as às tensões mais baixas do corpo material. Cada chacra exercendo uma função diferenciada e assemelhando-se a um vórtice de determinada cor, segundo o espectro do arco-íris.

Essas verdadeiras rodas de energia – e de vida – serviriam então para adequar as sutis vibrações energéticas do astral às condições mais densas do nosso corpo físico, permitindo a alimentação das células e órgãos do corpo.

Richard Gerber explica[87] que, anatomicamente, "cada grande chacra está associado a um grande plexo nervoso e a uma glândula endócrina". Essas glândulas são responsáveis pela emissão de hormônios – substâncias químicas produzidas no organismo que provocam efeitos específicos sobre a atividade de determinados órgãos ou tecidos.

Os sete principais vórtices de energia servem assim para alimentar a glândula pineal (chacra coronário), a pituitária (frontal), tireóide (laríngeo), timo (cardíaco), pâncreas (umbilical ou plexo solar), gônadas (esplênico) e glândulas supra-renais (fundamental).

Glândulas essas que, por sua vez, são responsáveis pelo bom – ou mal – funcionamento dos seguintes sistemas fisiológicos: sistema nervoso central e controle central (pineal), sistema nervoso autônomo (pituitária), respiratório (tireóide), circulatório (timo), digestivo (pâncreas), geniturinário (gônadas) e reprodutivo (supra-renais).

Portanto, quando um sensitivo ou um espírito materializado, em missão curativa, atua energeticamente sobre determinado chacra, está na verdade procurando revitalizar o funcionamento de órgãos e de outras regiões do corpo físico.

Os chacras se ligariam uns aos outros e a determinadas partes da estrutura físico-celular por canais energéticos chamados de nádis. Segundo Gerber, os "nádis são constituídos por delgados filamentos de matéria energética sutil", representando "uma extensa rede de energias fluidas que se compara, em abundância, aos nervos do corpo".

O sistema chacras/nádis é apontado por ensinamentos milenares orientais como uma importante rede de nutrição dos órgãos do corpo físico. "Do ponto de vista fisiológico, os chacras parecem estar envolvidos com o fluxo de energias superiores para as estruturas celulares do corpo físico através de canais específicos de energia sutil. De certa forma, eles parecem atuar como transformadores de energia, reduzindo sua forma e freqüência para adequá-las ao nível de energia imediatamente inferior. A energia, por sua vez, é traduzida em alterações hormonais, fisiológicas e, finalmente, celulares por todo o corpo."

Ao lembrar, por sua vez, que cada vórtice de energia está associado a uma glândula endócrina e a um plexo nervoso principal, Barbara Brennan explica[88] que os "chacras absorvem a energia universal ou primária (ch'i, orgone, prana, etc.), decompõem-na em suas partes e, em seguida, mandam-na, ao longo de rios de energia chamados *nádis*, para o sistema nervoso, as glândulas endócrinas e, depois, para o sangue, a fim de alimentar o corpo".

Mas nessa teia nutriente, a corrente principal de energia a alimentar o corpo físico flui verticalmente, pulsando para cima e para baixo, pelo campo da medula espinhal, para fora do corpo. Nesse sentido, o chacra fundamental é a ligação energética mais forte que temos com o planeta, e o chacra coronário, por sua vez, o mais próximo da realidade espiritual.

Não é à toa, então, que o sexo – associado diretamente ao chacra fundamental – se constitui no elemento básico de sobrevivência da espécie humana, a partir da reprodução. Trata-se de nossa ligação mais forte com a densa realidade da Terra. E na outra ponta do corpo, ligada ao chacra coronário, sobressai a consciência, realidade que se torna hegemônica em nós na medida em que envelhecemos, preparando – na relação inversa do abrandamento do desejo sexual – nossa passagem para o mundo do extrafísico.

Do ponto de vista científico, a ligação do chacra coronário com a espiritualidade ficará cada vez mais evidente na medida em que avançarem as experiências laboratoriais sobre o funcionamento do cérebro durante os chamados estados alterados da consciência, como o transe mediúnico. Em universidades e centros de pesquisa de várias partes do mundo, como o Monroe Institute, na Virgínia (EUA), estudos com sensitivos em ação, conectados a modernos aparelhos de medição, como eletrencefalógrafos e tomógrafos computadorizados, já detectam alterações significativas em suas atividades cerebrais, como padrões de ondas eletromagnéticas que adquirem amplitudes e freqüências muito mais elevadas do que durante seus estados normais de consciência.

Muito ainda terá de ser pesquisado para se detectar o real papel do chacra coronário e, por conseguinte, da glândula pineal nessa ligação entre o cérebro e as realidades espirituais. Até agora, por exemplo, existem muitos mistérios a serem esclarecidos sobre a pineal, uma glândula do tamanho de um caroço de azeitona, no meio do cérebro, tida pela neurociência como um importante relógio biológico do corpo, que exerce controle hormonal sobre a maturação sexual e os ciclos do sono, e apontada em textos espirituais como uma antena para a captação de comunicações do astral. Mas a estrada do conhecimento sobre a interação entre matéria e espírito já vem sendo trilhada há muito tempo por inúmeros cientistas que, a cada dia, encontram novas evidências da existência de dimensões extrafísicas.

EXPERIMENTAÇÃO CIENTÍFICA

Os céticos costumam se recusar a dar crédito a informações que, num passado remoto, foram transmitidas por seres astrais para lideranças espirituais, formando assim o corpo doutrinário de correntes religiosas milenares. Mas a maioria desses críticos não tem noção de que já no século XX, em vários países, pesquisadores passaram a comprovar em laboratório a veracidade de muitos desses ensinamentos.

Conservadora, a comunidade científica, infelizmente, sequer consegue olhar para uma sala de pesquisa vizinha, onde algum "colega" possa estar desenvolvendo experiências que ultrapassem os parâmetros cartesianos normalmente adotados.

Em 1987, ao terminar seu livro *Medicina Vibracional*, o médico norte-americano Richard Gerber tocou nesse ponto[89] ao demonstrar, com vários exemplos, como seus pares negavam muitos ensinamentos, sem se dar conta de que, pelo menos em alguns casos, já haviam sido comprovados cientificamente:

– A possibilidade de alterar os pontos de vista mecanicistas dos médicos de hoje e do futuro dependerá do desenvolvimento de instrumentos que possam expandir nossos sentidos físicos, para que nos tornemos capazes de perceber as energias sutis desse reino invisível. O instrumental necessário para a compreensão da anatomia energética sutil humana já existe. A maioria dos cientistas ocidentais ignora ou menospreza as informações relativas à existência e ao modo de usar esses equipamentos.

Ele lembra a "veemência" com que os que praticam a medicina ortodoxa afirmam "que não existe nenhuma boa evidência que comprove a eficácia" de formas alternativas de medicina, como a cura psíquica. Mas, na verdade, essas pessoas não têm conhecimento dos estudos relacionados a práticas alternativas. E um dos motivos básicos é que a maioria dos médicos nunca leu nada a respeito nas revistas que assinam.

– A questão é que uma revista médica de prestígio jamais publicaria um artigo de natureza controversa e que não contivesse nenhuma referência a trabalhos publicados em uma outra revista também de prestígio. Visto que nesse campo controverso ninguém consegue nenhuma penetração em revistas médicas ortodoxas, não existe obviamente nenhuma fonte respeitável de referências dignas de crédito para citar. Assim, as revistas médicas permanecem seguras em suas torres de marfim de dogmatismo científico.

Outro cientista que, anos depois, contestaria esse dogmatismo seria o físico português João Magueijo, que lançou, em 2003, o livro *Mais Rápido que a Velocidade da Luz – A História de uma Especulação Científica* (90). Por ousar afirmar que a velocidade da luz no vácuo, de 300 mil km/s, talvez não fosse uma constante universal, pois a luz já teria alcançado velocidades ainda maiores, ele precisou travar intensa luta com editores de algumas revistas científicas de prestígio, como a *Nature*, para publicar sua teoria inicial sobre o assunto.

Magueijo fala de cientistas fracassados e de relatórios de supostos especialistas no assunto, contratados por essas revistas, cujo conteúdo científico poderia "chegar a um por cento", mas que mesmo assim eram usados para que suas teses não fossem publicadas. Ele chega a acusar um dos editores da *Nature* de ser "um retardado mental de primeira", que se vale de "uma torrente de 'termos científicos' que não passam de palavras desconexas".

Como jornalista, também me deparo com realidades dogmáticas. Para mim, do ponto de vista da falta de visão de alguns editores para divulgar fatos ligados à espiritualidade, o que retarda mesmo o processo de difusão do conhecimento é o preconceito social em uma cultura ainda predominantemente materialista. Não fosse assim, como explicar que experiências espirituais fortes de conteúdo sejam – com raras exceções – sistematicamente desconsideradas, sem sequer se dar chance ao debate?

Invariavelmente, os argumentos de amigos e de colegas mais céticos, com quem converso sobre essa questão, batem na surrada tecla do "bom jornalismo": esses fenômenos não têm comprovação científica, portanto, é preciso muito cuidado em divulgá-los.

Para mim, porém, a explicação no fundo é outra. Na cabeça da maioria das pessoas, em qualquer época histórica, prevalece o padrão cultural transmitido pela família, pelo sistema educacional, pelas relações sociais, de trabalho, pela mídia, pelos livros. Cria-se assim um ciclo vicioso que só pode ser superado lentamente, com muita persistência.

Dessa forma, enquanto a cultura for predominantemente cartesiana e reducionista, histórias e experimentos ligados à espiritualidade, comandados até mesmo por supra-sumos das ciências, como William Crookes, serão postos de lado e renegados pela opinião pública. As notícias surgem, livros são lançados, alguns às vezes com certa repercussão, mas com o tempo começam a ser desconsiderados, desmerecidos – e acabam engavetados.

Felizmente, porém, alguns são desengavetados por pesquisadores de ponta, servindo mais cedo ou mais tarde como valiosas fontes de informação para livros, jornais, revistas, sites e programas de tevê alternativos, para institutos e grupos de estudos especializados, para experimentos ligados à Nova Era.

Podem não ter a chancela da sociedade oficial, mas deitam raízes no solo, à espera da sociedade do futuro.

Mas a despeito de todas as incompreensões, uma coisa é líquida e certa: uma revolução filosófica e científica está em marcha nesse campo, não há como abortá-la – a não ser que sobrevenha uma hecatombe mundial.

Na verdade, do ponto de vista científico, desde meados do século XX várias experiências vêm comprovando a existência de realidades ligadas à espiritualidade. No início da década de 1940, por exemplo, um poderoso arsenal técnico para a detecção de campos energéticos que se interpenetram para formar o corpo físico sairia do papel com a invenção da chamada fotografia Kirlian, inventada pelo pesquisador russo Semyon Davidovich Kirlian e por sua mulher, Valentina.

A chamada técnica de fotografia eletrográfica consiste em fotografar objetos vivos na presença de um campo elétrico de alta freqüência, alta voltagem e baixa amperagem. Na presença desse campo, objetos em contato com a terra apresentam descargas de centelhas eletromagnéticas, que podem ser fotografadas.

O mais curioso é que essa técnica revolucionária de fotografia foi descoberta por um casal russo em pleno período stalinista da então União Soviética. Enquanto grande parte dos cientistas ocidentais ignorava o estudo da fenomenologia dita paranormal, governos de países do antigo bloco comunista, como a Bulgária e a Tcheco-Eslováquia, apoiavam pesquisas sobre telepatia, premonição e movimentação de objetos a distância, entre outros fenômenos, como mostra o livro *Experiências Psíquicas além da Cortina de Ferro*[91], das jornalistas americanas Sheila Ostrander e Lynn Schroeder.

Não que fossem governos que apostassem em causas espirituais, mas possuíam, pelo menos, faro político suficiente para detectar que eram fenômenos reais e que – infelizmente – podiam até mesmo ser utilizados para fins militares.

Já em 1949, o casal Kirlian havia desenvolvido instrumentos – como um microscópio ligado a um potente gerador – que, segundo as autoras do livro, lhe permitia "examinar o jogo das correntes de alta freqüência em seres humanos, plantas, animais e objetos inanimados". Ao colocar sua mão debaixo de uma lente, Semyon observou como se fosse um espetáculo de fogos de artifício: clarões multicoloridos se acendiam, seguidos de centelhas, cintilações, relâmpagos.

Mas a prova final da importância e validade da descoberta foi dada quando receberam a visita de um botânico, presidente de um dos principais institutos de pesquisas científicas soviéticos, que trazia duas folhas idênticas de uma planta para serem fotografadas. O casal ficou atordoado, sem saber o que estava fazendo de errado, ao fotografar várias vezes as duas folhas. A luminescência de uma delas "mostrava clarões arredondados, esféricos, simetricamente espalhados por toda a imagem. A segunda folha exibia minúsculas figuras geométricas escuras, reunidas em grupos esparsos, aqui e ali".

Como isso poderia estar ocorrendo? O que estava dando errado nos testes fotográficos? Foi quando o botânico confessou: as duas folhas haviam sido arrancadas da mesma espécie de planta, mas uma "já tinha sido contaminada com uma moléstia grave". Ou seja: para espanto de todos, os Kirlian, ao analisar o campo áurico de uma folha já enferma, haviam diagnosticado – em seu corpo etérico – uma doença que ainda não se manifestara visivelmente.

O corpo etérico foi também detectado em inúmeras outras experiências feitas por cientistas não só do extinto bloco soviético, como da Suécia e dos Estados Unidos, entre outros. Pelo levantamento de Richard Gerber[92], o indício científico "mais antigo" em favor da existência desse corpo energético consta do trabalho do neuroanatomista Harold Saxton Burr e de sua equipe de colaboradores, nas décadas de 1930 e 1940.

Utilizando-se de um método experimental que tinha como base voltímetros convencionais, que podiam medir – assim como a técnica Kirlian – alterações nos campos de energia de organismos vivos, esse professor emérito da cadeira de Anatomia da Escola de Medicina da Universidade de Yale estudava a forma dos campos de energia existentes em torno de plantas e de animais vivos, como salamandras.

Na verdade, porém, como registram Sheila Ostrander e Lynn Schroeder[93], já na primeira década do século XX, o dr. Walter Kilner, do Saint Thomas Hospital, em Londres, descobrira algo já citado por ensinamentos religiosos milenares. Através de telas de vidro coloridas com uma solução de dicianina (uma tintura índigo-violeta), o cientista observara uma aura ao redor do corpo humano. "Tratava-se, no dizer de Kilner, de uma radiação em forma de nuvem que se estendia por uns 15 ou 20 centímetros e mostrava cores distintas. O cansaço, as moléstias ou o estado de espírito alteravam o tamanho e a cor dessa radiação, que também sofria a influência do magnetismo, da hipnose e da eletricidade."

Somente anos depois dessa experiência, em 1939, na Rússia, Semyon Kirlian daria partida a suas pesquisas, que só seriam divulgadas oficialmente em 1949.

No caso do estudo de campos elétricos que circundam as salamandras, o norte-americano Harold Burr descobriu algo notável[94]: em primeiro lugar, que as salamandras tinham um campo de energia com forma mais ou menos semelhante à do animal adulto; em segundo, que esse campo possuía um eixo elétrico, alinhado com o cérebro e a coluna vertebral, que se originava no óvulo não fertilizado!

Experimentos do cientista com plantas novas demonstraram também que o campo elétrico em torno do broto tinha a forma da planta adulta, e não da semente original. "Os dados de Burr sugeriam que qualquer organismo em processo de desenvolvimento estava destinado a seguir um modelo de crescimento previamente determinado e que esse modelo era gerado pelo campo eletromagnético individual do organismo", analisa Richard Gerber.

Um fato importante, assinalado por Gerber – que fornece pistas preciosas para que cientistas de ponta comecem a desvendar os mecanismos para o surgimento de enfermidades –, é que "Burr e Kirlian descobriram que doenças como o câncer provocavam significativas alterações nos campos eletromagnéticos dos organismos vivos".

Experiências como essas deixam claro que o crescimento das formas vivas da natureza é orientado por um molde/corpo energético. Esse molde é exatamente o corpo etérico. No entanto, intrinsecamente ligado ao corpo etérico, em plano mais sutil, se encontra o corpo astral – a guiar a formação embriogênica dos organismos da natureza, do mais simples ao ser humano, e a direcionar seu crescimento.

Embora a ciência não tenha ainda desenvolvido uma moderna aparelhagem – como adorariam os cientificistas – para registrar o corpo astral, outros experimentos indicam que esse tempo não deve estar muito longe. Afinal, já foi detectada, por equipamentos, a existência energética dos chacras – e até de suas cores específicas.

Inclusive, no início do século XXI, tinham sido desenvolvidos softwares de computador para se fazer a leitura dos chacras das pessoas, bastando-se colocar as pontas dos dedos de uma das mãos em plaquetas de metal que funcionam como leitores de impulsos eletromagnéticos emitidos por filamentos nervosos presentes nas mãos.

Segundo o médium e professor de física Paulo Larosa, esses impulsos são reflexos dos chacras, permitindo assim que um programa computadorizado registre a intensidade de cada um dos sete centros de força.

Em seu livro *Medicina Vibracional*, Gerber faz referência ao trabalho de dois pesquisadores médicos, o japonês Hiroshi Motoyama e a norte-americana Valerie Hunt, que demonstraram o funcionamento desses centros de energia e deram partida para toda uma série de experimentos e equipamentos de detecção.

Motoyama construiu uma cabine, com fios de chumbo, protegida das perturbações eletromagnéticas externas. Com um eletrodo móvel de cobre, colocado diante dos supostos pontos dos chacras, mediu a intensidade do campo bioelétrico humano a uma determinada distância da superfície do corpo de várias pessoas – muitas praticantes de meditação.

– Quando o eletrodo era colocado diante de um chacra que o indivíduo afirmava ter sido estimulado (geralmente através de anos de meditação), a amplitude e a freqüência do campo elétrico sobre o referido chacra eram significativamente maiores que os valores registrados nos chacras dos indivíduos de controle – informa Gerber, acrescentando: "Motoyama descobriu que certas pessoas tinham a capacidade de emitir energia conscientemente através de seus chacras. Quando o faziam, Motoyama podia detectar significativas perturbações no campo elétrico, que emanavam a partir dos chacras ativados".

Em um laboratório da Universidade da Califórnia, em Los Angeles, Valerie Hunt usou eletrodos eletromiográficos (em geral utilizados para medir os potenciais elétricos dos músculos) para estudar as variações de energia bioelétrica nas áreas da pele correspondentes às localizações dos chacras. Gerber relata que essa pesquisadora observou a emissão de oscilações elétricas regulares sinusoidais de alta freqüência jamais relatadas na literatura científica, atingindo níveis "muito acima dos valores tradicionalmente encontrados para as formas de energia radiante originárias do corpo humano".

E mais: em outras experiências, dessa vez com a ajuda de uma sensitiva, que percebia por clarividência alterações que ocorriam na aura humana, a pesquisadora percebeu que as mudanças nas cores dos campos energéticos das pessoas estudadas tinham correlação perfeita com os registros dos eletrodos.

– Com o tempo, Hunt descobriu que cada cor de aura estava associada a um padrão de onda diferente, registrado nas regiões da pele que correspondiam aos chacras dos indivíduos. Os padrões de onda foram batizados de acordo com as cores da aura às quais estavam associados – afirma Gerber.

Para a curadora Barbara Brennan – que também cita, em *Mãos de Luz*[95], vários experimentos para se detectar a presença de campos energéticos sutis que permeiam e ajudam a estruturar o corpo físico –, o estudo "mais emocionante" sobre a aura humana foi o realizado pela dra. Hunt.

Diante de inúmeras experiências semelhantes realizadas ao redor do mundo, inclusive em nações mais desenvolvidas, a comunidade científica oficial deveria ter mais humildade. Porque, na prática, o que se vem observando são provas e mais provas da veracidade de boa parte do que foi ensinado há milênios por correntes espirituais, como a existência do corpo etérico e dos chacras.

Portanto, já é possível uma postura de maior abertura científica em relação a outras realidades mais sutis. E mesmo que não se tenha ainda maquinaria sofisticada de análise que agrade aos mais céticos, há fortes indícios da existência daquilo que envolve e interpenetra o corpo etérico e que, em última instância, dá sustentação energética para a formação do corpo físico: o corpo astral.

Afinal, estudos com sensitivos sob rigoroso controle científico, como a projeção astral, e as experiências de quase-morte revelam a presença do corpo astral. Isto para não falar da maior prova viva dessa forma energética: as materializações de espíritos.

VIAGEM ASTRAL

Cada vez mais populares, volta e meia as chamadas experiências de quase-morte são divulgadas pela mídia – embora, em geral, de uma maneira ainda um tanto folclórica, enfatizando-se seu suposto lado sobrenatural.

Isso a despeito de importantes trabalhos científicos, como o do médico norte-americano Raymond Moody, Jr., que estudou pelo menos 150 relatos de moribundos – desde casos de pessoas que foram declaradas mortas clinicamente, mas acabaram ressuscitando, até as que estiveram bem próximas da morte física ou mesmo morreram, mas que conseguiram, instantes antes, relatar parte de suas experiências finais neste planeta.

E o que disseram? Raymond recolheu os depoimentos mais expressivos sobre a sobrevivência à morte física no livro *Vida Depois da Vida*[96], que, lançado em 1975, transformou-o em best-seller mundial. Sem pretender esgotar diferenças que pudessem ocorrer em casos semelhantes, ele descreve um "modelo" elaborado a partir de "elementos comuns encontrados em muitas histórias", para "dar uma idéia preliminar e geral do que uma pessoa que está morrendo pode experimentar".

Nessa situação, a pessoa "se sente se movendo muito rapidamente através de um túnel longo e escuro. Depois disso, repentinamente se encontra fora de seu corpo físico, mas ainda na vizinhança imediata do ambiente físico, e vê seu próprio corpo a distância, como se fosse um espectador". Após o susto inicial, porém, "acalma-se e vai se acostumando a sua estranha condição. Observa que ainda tem um 'corpo', mas um corpo de natureza muito diferente e com capacidades muito diferentes das do corpo físico que deixou para trás. Logo outras coisas começam a acontecer".

Coisas como encontrar um guia espiritual, transbordando de luz, ou amigos e parentes que já haviam feito a passagem.

Alguns descrentes tentam explicar esses fenômenos com argumentos pouco convincentes, como o de que são provocados pela falta de oxigenação do cérebro do moribundo, o que o levaria a ter alucinações. Mas como explicar, por exemplo, a existência de relatos tão semelhantes ou os casos de pessoas que, ressuscitadas, eram capazes de descrever literalmente o que havia acontecido no ambiente onde estavam seus corpos?

A explicação plausível, lógica, que responde a inúmeras indagações, é a de que existe vida após a morte – ou melhor dizendo, vida após a vida.

Mas para além dessas vivências de quase-morte, outra prova da existência do espírito são experiências com pessoas que "saem" do seu corpo físico em projeção astral.

Ou de uma forma mais precisa: o corpo astral de alguém desgarra-se por momentos do corpo físico e, embora ainda unido a ele, por um cordão invisível, conhecido como cordão de prata, viaja para outras regiões do planeta ou mesmo dimensões espaciais.

Na maioria das vezes, ao dormir, os seres humanos se projetam em viagem astral, só que inconscientemente. Mas, algumas vezes, o fazem de forma consciente. Aquele que já tenha tido algum tipo de "sonho" em que se achava consciente de estar "sonhando", inclusive podendo comandar seus atos, provavelmente não se encontrava sonhando. Estava, sim, desdobrado, com seu corpo astral descolado do corpo físico, em viagem astral.

No Brasil e no exterior, existem inúmeros grupos estudando – e praticando – o fenômeno de projeção astral. A partir de técnicas especiais – que se iniciam com exercícios respiratórios e de relaxamento mental –, é possível se provocar essas viagens astrais conscientemente. Inclusive criando-se situações para provar que realmente alguém flutuou para outro lugar distante – como visitar a casa de amigos, identificar o que faziam em determinada hora e depois checar esses dados com as pessoas envolvidas.

Mas para não ficar citando aqui apenas experiências que não se pode, vamos dizer assim, "apalpar", gostaria de esclarecer que, de um ponto de vista mais do agrado de um cientista positivista, vêm sendo promovidos experimentos em centros de pesquisa, desde o século XX, que comprovam a projeção astral. Richard Gerber, por exemplo, cita[97] o caso em que um sensitivo, em viagem astral, conseguiu provocar perturbação em um aparelho enterrado debaixo de um prédio da renomada universidade de Stanford, na Califórnia.

Os físicos H. Puthoff e R. Targ pediram a Ingo Swann que projetasse sua consciência para dentro de um magnetômetro enterrado numa galeria subterrânea, embaixo do edifício do departamento de física e blindado por camadas de alumínio, cobre e por um revestimento supercondutor. No momento em que o sensitivo percebia estar fora do corpo e observando o interior do magnetômetro, numa tira de papel eram registradas várias perturbações no campo magnético dentro do aparelho.

Chegou-se a constatar, por 30 segundos, a duplicação na onda de freqüência de um sinal magnético de fundo que, antes da experiência começar, havia sido produzido para a calibração do experimento.

– Além do mais, Swann conseguiu desenhar com exatidão as camadas interiores do magnetômetro com base nas observações que realizou durante sua viagem fora do corpo. Diversos cientistas do departamento de física do Instituto de Pesquisa Stanford acharam essas observações muito significativas, embora não as considerassem um experimento cuidadosamente controlado.

O que fazer, não é? Em experimentos como o realizado em Stanford surgirão sempre críticas do tipo "algo não foi cuidadosamente controlado". Em princípio, nada de mau nesse tipo de postura. Afinal, é importante que a ciência questione sempre as limitações e alcances das teorias e de seus experimentos. Contribui para a incorporação de novos valores, de novos objetos de estudo, deixando-se para trás os dados errôneos, imprecisos.

Mas é preciso separar a dúvida procedente e produtiva, para a práxis científica, da dúvida preconceituosa. E, infelizmente, a comunidade científica oficial ainda continua muito cética diante de fenômenos espirituais. E enquanto estiver nesse estágio elementar, negará sempre a validade científica de alguns experimentos – por mais que estejam diante de seus olhos, a solapar seus princípios mais cartesianos e positivistas.

Imagine então o que não diriam esses "diversos cientistas" de Stanford se pudessem ver a sua frente um espírito materializado. Certamente, como muitos já o fizeram – e, se tiverem a chance, outros continuarão a fazê-lo –, negariam sua existência, tentando descobrir algum truque mágico por trás de tudo.

Mas ao contrário do que essas pessoas pensam, não só as materializações de espíritos são uma realidade objetiva, como comprovam, inequivocamente, a existência do corpo astral e, conseqüentemente, da vida após a vida.

ANTIMATÉRIA

À luz de descobertas da física e de informações que chegam do mundo invisível, pesquisadores de fenômenos espirituais começam a ter uma melhor compreensão sobre a constituição do corpo astral e de dimensões extrafísicas – pelo menos as mais diretamente relacionadas ao planeta Terra. Essas realidades astrais seriam formadas por antipartículas – elementos subatômicos que a física quântica classifica de antimatéria.

Uma hipótese que é dada como certa por Joseph Gleber, um espírito que revelou ter sido, em sua última encarnação, um experiente físico e médico alemão. Colhi essa definição e outros importantes dados na brochura *Através da Ectoplasmia*[98]. Publicada em 1977, reúne respostas a perguntas feitas a esse médico do espaço em reuniões de materialização promovidas no Grupo da Fraternidade dr. João de Freitas, na cidade do Rio de Janeiro, com o médium de efeitos físicos Fábio Machado (1928-1985).

São dados, portanto, transmitidos diretamente por um espírito materializado, havendo, assim, confiabilidade sobre a procedência da fonte de informação. Bem verdade que o fato de um ser do astral passar um suposto ensinamento não quer dizer, necessariamente, que seja correto, que tenha fundamento – ou que pelo menos não contenha incorreções, imprecisões. Afinal, a mudança para o mundo do invisível não confere a ninguém o poder da onisciência.

Todos temos nossa caminhada evolutiva, na própria espiritualidade existem hierarquias dimensionais em que os seres extrafísicos se agrupam segundo seu estado de aprendizado, de consciência. Dependendo então de sua escala evolutiva, espíritos podem falar coisas sábias ou mesmo arrematadas tolices – ou, ainda, cometer imprecisões que precisam ser checadas, confirmadas ou ampliadas em posteriores comunicações espirituais, a partir do cruzamento de dados, como em qualquer procedimento científico responsável.

Contudo, no caso de Joseph Gleber, tudo leva a crer que suas comunicações tenham sido as mais objetivas possíveis, por se tratar de um ser voltado para a luz, para as vibrações harmônicas universais, para a elevação da sabedoria humana. A partir de sua experiência no Brasil em trabalhos de materialização para a cura de doenças – alguns testemunhados pelo professor Hermógenes –, suas referências são as melhores. Ele havia atuado em vários grupos espíritas que, no século XX, tiveram reconhecida ação curativa.

Na dimensão extrafísica onde habita, parece que seu interesse maior é o estudo da física voltado para o tratamento de enfermos. Em pequeno histórico de sua última vida na Terra, Joseph Gleber – pseudônimo que adotara na espiritualidade, pois fora um cientista renomado e queria se manter incógnito em seu retorno ao planeta – disse que nascera em 15 de agosto de 1904, na cidade de Hoffenbach, próxima a Frankfurt. Filho de judeus, se formou em física e fez doutorado em medicina.

Para sua surpresa, devido a sua origem judaica, foi chamado pelo governo nazista para integrar – e este foi seu drama fatal – uma equipe de físicos que estudaria possibilidades de aplicação da energia atômica na Segunda Guerra Mundial. Ao atrasar deliberadamente suas pesquisas, pressentindo o morticínio que elas poderiam provocar, gerou desconfianças e acabou preso, acusado de traição, sendo levado com a mulher e seus dois filhos para um forno crematório. E assim, "num dia de abril de 1942", foram todos "cremados vivos".

De volta à Terra, em missão de cura e de ajuda na evolução educacional das pessoas, Gleber passou a responder a perguntas esporádicas sobre a atuação da espiritualidade desde que começou a aparecer, em 1949, no Grupo da Fraternidade Irmã Scheilla, em Belo Horizonte (MG), um dos mais importantes centros espíritas com trabalhos de materialização que já existiram no Brasil.

Mas no Grupo da Fraternidade dr. João de Freitas, no Rio de Janeiro, ele foi além, respondendo a uma série de perguntas durantes várias sessões, que seriam publicadas numa brochura. E ao ser questionado sobre a natureza da antimatéria, foi taxativo:

– A antimatéria é o duplo. É aquilo que nós estamos cansados de conhecer e denominamos perispírito, ao invés de antimatéria.

Perguntado então se a antimatéria corresponderia "à aura das coisas", respondeu: "Perfeitamente. Aquilo que eles só agora descobriram, nós já conhecemos há muito tempo..." Questionado ainda se a antimatéria de que falava seria "um antielétron, um antipróton etc", respondeu: "Perfeitamente".

Num linguajar simples, poderíamos definir a antimatéria como formada por elementos de sinal trocado, de polaridade contrária à de seus pares de partículas subatômicas. Com carga negativa, o elétron tem seu parceiro com massa idêntica mas de carga positiva. O próton, positivo, também possui seu correspondente de carga negativa. E assim por diante.

Mas um dos grandes mistérios da física do início do século XXI continua a ser o porquê de existir no universo "visível" muito mais matéria do que antimatéria. As antipartículas não têm nada de fantasmagóricas, apenas são muito difíceis de se obter na natureza. Um dos grandes problemas da física, porém, tem sido o de estudar os poucos elementos de antimatéria que aparecem em experimentos de laboratórios ou até mesmo espontaneamente na natureza, como subprodutos de raios cósmicos que colidem com gases da atmosfera. Isso porque sua "sobrevivência" – ou, melhor dizendo, o momento em que conseguimos observá-los – é extremamente rápida.

No entanto, do ponto de vista da existência humana, é fundamental que a antimatéria surja apenas por frações de segundos e que o universo conhecido seja constituído predominantemente de matéria – e não de antimatéria. Afinal, ao aparecer, a antimatéria interage com a matéria, produzindo radiação luminosa. E quando partículas de matéria e antimatéria colidem, suas massas se desintegram, sendo convertidas em fótons – as menores partículas da luz.

Por isso, para existir vida como nós entendemos no universo "visível", é importante haver muito mais partículas do que antipartículas a nossa volta. Se houvesse equilíbrio entre elas, ocorreria um permanente processo de destruição mútua, sobrando apenas radiação luminosa. Não existiriam assim galáxias e mundos materiais – apenas luz.

Mas mesmo com as experiências realizadas até agora pela física, continua o mistério da origem da antimatéria. No entanto, se o físico Joseph Gleber estiver correto em suas respostas sobre a antimatéria, informações sobre a constituição do corpo astral e experimentos com espíritos materializados serão extremamente úteis como "meios" científicos não só de armazenamento de novos conhecimentos, como de análise de dados.

O fato é que ensinamentos da espiritualidade sugerem que a antimatéria é mais presente do que parece à primeira vista. Embora não seja detectável facilmente, tudo leva a crer que tenha a ver com a formação de dimensões astrais. Ou seja: a antimatéria está apenas escondida no universo que conseguimos observar – fazendo porém parte da realidade dos espíritos que circundam a Terra.

De alguma forma, elementos energéticos que povoam o extrafísico se tornam matéria, em algum momento, se transmutando em partículas subatômicas que formam o corpo físico e toda a natureza. No caso dos organismos vivos, esse momento de transição se daria no centro celular – mais precisamente, nos genes dos cromossomos.

A literatura espírita reúne informações sobre a constituição atômica do corpo astral que podem ajudar a esclarecer melhor a complexa questão da formação de dimensões astrais, servindo como hipótese de trabalho para estudos de físicos antenados com o movimento da Nova Era. Dados que indicam que o mundo invisível seria constituído por elementos que nem mesmo se resumem às antipartículas até agora conhecidas pela física quântica.

Nesse sentido, vários livros ditados pelo espírito André Luiz, psicografados por Chico Xavier, são valiosas fontes de informação. Afinal, este ser de luz provou, ao longo de sua vida, suas qualidades morais e éticas que o transformaram num dos maiores médiuns de psicografia que já passaram pela Terra, com 418 livros publicados. Por sua vez, seu parceiro de trabalho, André Luiz, demonstrou um nível elevado de ensinamentos. Em *Missionários da Luz* (lançado em 1943), *Entre a Terra e o Céu* (1954), *Nos Domínios da Mediunidade* (1955), *Evolução em Dois Mundos* (1958) e *Mecanismos da Mediunidade* (1960), esse espírito jogaria mais luz nesse reino ainda desconhecido, antecipando detalhes da constituição atômica do corpo astral.

Como é a tensão energética do corpo astral que possibilita a interação de campos de forças que formam e mantêm o corpo físico, é de se esperar que elementos subatômicos típicos de determinadas dimensões extrafísicas participem de sua constituição. Já que o corpo astral funciona como a forma extrafísica do corpo denso, até mesmo com "réplicas" mais sutis de seus órgãos internos, seria também formado a partir da combinação de diferentes átomos e moléculas característicos do astral.

Mas que comparações poderiam ser feitas entre elementos atômicos do mundo material e os que entrariam na formação de realidades astrais? Algumas dicas sobre essa complexa questão podem ser retiradas dos livros ditados por André Luiz, como em *Mecanismos da Mediunidade*[99], no capítulo em que fala de uma realidade em que o pensamento é o "agente essencial", o "alicerce vivo de todas as realizações nos planos físico e extrafísico".

Note bem: o pensamento é encarado pela espiritualidade como matéria, embora de um tipo especial. Trata-se, segundo André Luiz, de "matéria mental, em que as leis de formação das cargas magnéticas ou dos sistemas atômicos prevalecem sob novo sentido, compondo o maravilhoso mar de energia sutil em que todos nos achamos submersos e no qual surpreendemos elementos que transcendem o sistema periódico dos elementos químicos conhecidos no mundo".

O espírito continua: "Temos, ainda aqui, as formações corpusculares, com bases nos sistemas atômicos em diferentes condições vibratórias, considerando os átomos, tanto no plano físico quanto no plano mental, como associações de cargas positivas e negativas".

Uma realidade dimensional que, segundo ele, "nos compele naturalmente a denominar tais princípios de 'núcleos, protões, neutrões, positrões, eletrões ou fotônios mentais', em vista da ausência de terminologia analógica para estruturação mais segura de nossos apontamentos".

Em reforço a essa explicação, André Luiz sustenta em *Missionários da Luz*[100]: "Os elétrons e fótons que vos constituem a vestimenta física integram, igualmente, os nossos veículos de manifestação, em outras características vibratórias".

Em suma, seriam realidades energéticas de um mundo sublime que, na falta de palavras adequadas para traduzi-las, lembrariam estruturas atômicas estudadas pela física, embora não sendo idênticas a elas.

Numa comunicação mediúnica promovida em 1996 na Inglaterra, em meio a reuniões de efeitos físicos realizadas por um grupo espiritualista no vilarejo de Scole, no condado de Norfolk – cujos resultados seriam mais tarde publicados no livro *O Experimento Scole – Evidências Científicas sobre a Vida após a Morte*, de Grant e Jane Solomon[101] –, um cientista espiritual chamado Joseph (seria Joseph Gleber?) faz uma rápida comparação das energias existentes na Terra e em outras dimensões, que vai ao encontro das informações de André Luiz:

– É muito interessante como as coisas têm paralelos em outras dimensões. O que vocês chamam de "campos elétricos", "energia elétrica", "energia magnética", tudo isso tem paralelo em outras dimensões.

Ao discorrer sobre o forte "choque biológico" que ocorre no processo de reencarnação, no livro *Entre a Terra e o Céu*[102], André Luiz fornece outras dicas sobre a constituição do corpo astral/perispírito, explicando que ele é formado "à base de princípios químicos semelhantes, em suas propriedades, ao hidrogênio, a se expressarem através de moléculas significativamente distanciadas umas das outras".

Assim que o corpo astral se une "à matriz geradora do santuário materno", em busca de sua nova forma física, "sofre a influência de fortes correntes eletromagnéticas, que lhe impõem a redução automática". Finalmente, ao se ligar "ao centro genésico feminino experimenta expressiva contração, à maneira do indumento de carne sob carga elétrica de elevado poder. Observa-se, então, a redução volumétrica do veículo sutil pela diminuição dos espaços intermoleculares. Toda matéria que não serve ao trabalho fundamental de refundição da forma é devolvida ao plano etereal, oferecendo-nos o perispírito esse aspecto de desgaste ou de maior fluidez".

Em outras palavras: os tipos de antimatéria que formam o corpo astral são tensionados, durante o processo de fecundação, até se transformar no corpo etérico. Com a continuidade da tensão – provavelmente envolvendo neste processo as quatro forças universais descobertas até agora pela física: eletromagnética, gravitacional e as interações subatômicas fraca e forte –, as antipartículas originais do astral se transmutariam então nas partículas atômicas como conhecemos, constituindo a matéria do organismo físico.

E nessa complexa teia de interpenetrações energéticas, das mais sutis para as mais densas, os núcleos celulares seriam pontos de contato – particularmente os cromossomos, que guardam a memória genética do ser. Memória implantada de acordo com as necessidades reencarnatórias de cada ser definidas na espiritualidade, inclusive com eventuais doenças que tenham que eclodir em alguma etapa de sua jornada terrena. Enfermidades que serão reconhecidas – ou não – pela medicina como de origem genética.

Como ensina a espiritualidade, as células na verdade têm duas funções. Elas recebem mensagens de caráter magnético do astral e, numa via de mão dupla, enviam de volta sensações e aprendizados de dor e de alegria, de traumas e de ganhos do mundo físico para o espírito. Informações que serão carregadas quando da morte do corpo físico, acompanhando o espírito em outras encarnações na Terra ou mesmo em dimensões mais sutis relacionadas com sua escalada evolutiva.

ENERGIA MAGNÉTICA

Essa energia magnética proveniente de dimensões astrais – que pode ser constatada em atividades mediúnicas de incorporação, como nos casos de passes magnéticos – começou a ser desvendada pelo filósofo e médico austríaco Franz Anton Mesmer (1734-1815), que, no final do século XVIII, causava sensação nos salões da alta sociedade parisiense com experimentos em que tentava comprovar que "forças magnéticas" poderiam curar determinadas doenças, como problemas mentais.

Mesmer era interessado em ocultismo e promovia sessões de cura com as mãos para males diversos, como dores nas costas e músculos travados. Segundo ele, o corpo possuía uma "força magnética" que agia sobre os pacientes, caracterizada por um "fluido" que pode ser transmitido de uma pessoa para outra. Força esta que batizou de "magnetismo animal".

Em seu livro *A Ciência da Alma – De Mesmer a Kardec*[103], o médico espírita brasileiro Núbor Facure conta que "Mesmer ensinava a essência de sua teoria num conjunto de 27 proposições em que afirmava existir uma 'influência mútua' entre os Corpos Celestes, a Terra e os Corpos Animados". Essa influência se dava por um "fluido" universalmente difundido.

Elemento este que no Oriente fora chamado de fluido universal ou prana.

Dizia Mesmer que suas experiências mostravam a existência de "uma difusão de matéria sutil suficiente para penetrar todos os corpos sem uma perda considerável de energia e que sua ação tem lugar a uma distância remota sem a ajuda de qualquer outra substância intermediária. É como a luz, aumentada e refletida pelos espelhos. As propriedades deste 'fluido' são manifestas, análogas à do magnetismo, particularmente no corpo humano. Esta virtude magnética pode ser acumulada, concentrada e transportada".

Com regras práticas que desenvolveria, como a imposição de mãos sobre corpos enfermos, o médico austríaco sustentava que o magnetismo animal "curará diretamente as doenças nervosas e indiretamente outros males".

Mais de cem anos depois, na década de 1950, pesquisadores russos da antiga União Soviética já estavam convencidos – o que corroborava as teses de Mesmer – de que campos magnéticos, não só provenientes do Sol e da Lua, como também de máquinas, afetam campos de energia que cercam o corpo humano.

Ao fazer experiências com a famosa médium de efeitos físicos Nelya Mikhailova (1927-1990), usando detectores especiais de campos de força, cientistas soviéticos constataram[104] – assim que ela passou a mover um objeto a distância – que poderosos campos magnéticos à volta do seu corpo começavam a pulsar.

Ao continuar suas pesquisas com a russa Nelya e outros sensitivos, perceberam que o mau tempo, como tempestades acompanhadas de raios, diminuía o poder que médiuns possuíam de telepatia e de telecinesia. Por outro lado, segundo o cientista russo Genady Sergeyev, de um laboratório militar da então Leningrado, a ocasião mais favorável à produção de fenômenos de telecinesia – em que objetos são movimentados a distância – se dava quando atividades de manchas solares causavam perturbações magnéticas na Terra.

Aliás, por sua vez, as reuniões de materialização de espíritos são também prejudicadas pelo mau tempo e o conseqüente aumento da umidade no ar, o que seria mais um indicativo de que os médicos do espaço se valem de energias – para se materializar e atuar em enfermos – que têm a ver com as de teor magnético que são empregadas em trabalhos mediúnicos.

No entanto, se mesmo com esses e inúmeros outros experimentos, realizados inclusive por cientistas ateus, ainda continua difícil convencer a opinião pública sobre a realidade magnética de vários fenômenos, o que dizer da época em que viveu Mesmer?

Portanto, como era de se esperar, sua atuação granjeou adversários e, por fim, o governo francês instituiu uma comissão de sábios – formada com grandes nomes da ciência, como Benjamim Franklin e Lavoisier – para avaliar os trabalhos do polêmico médico[105]. E após analisar as ações de seus discípulos – veja só que absurdo, não as de Mesmer! –, essa comissão declarou, entre outros pontos, que nada provava "a existência do fluido magnético animal" e que, se este existisse, não teria "efeito benéfico" sobre ninguém.

A carreira de Mesmer acabou então declinando e ele saiu da França. Mas suas idéias seriam levadas adiante por alguns estudiosos, como o discípulo Marquês de Puységur (1751-1825), um forte magnetizador que desenvolveu o transe sonambúlico como técnica terapêutica. Para o médico Núbor Facure, o trabalho de Puységur "pode ser considerado o ponto de origem da moderna psicoterapia, quando são ali reconhecidos que a crença na eficácia da cura, o desejo de se curar e a natureza da relação entre o paciente e o terapeuta são fatores fundamentais no sucesso do método psicoterapêutico".

Tempos mais tarde, nos anos 1960, outro trabalho importante para comprovar o poder magnético das ondas curativas emanadas por sensitivos seria realizado pelo cientista Bernard Grad, da Universidade McGill, em Montreal, no Canadá.

Richard Gerber, que resgatou esses experimentos[106], diz que Grad tentava descobrir se sensitivos que afirmavam praticar curas psíquicas realmente promoviam "efeitos energéticos sutis" sobre os pacientes ou se os eventuais casos de cura eram devidos ao efeito placebo – o efeito fisiológico das emoções, da crença pessoal de cada um na cura.

O professor Grad fez experimentos diversos, começando por um em que provou estatisticamente que plantas regadas com água tratada previamente pela imposição de mãos de um sensitivo ficavam mais altas e apresentavam maior teor de clorofila do que outras. Depois, ele também obteve sucesso ao estimular a taxa de crescimento de plantinhas usando água tratada com ímãs comuns.

Dentre outros experimentos, Grad analisou quimicamente – e seus resultados seriam depois confirmados por inúmeros cientistas – a estrutura de águas tratadas por curandeiros com energias sutis, para descobrir se a ação havia provocado alterações físicas mensuráveis na estrutura molecular do líquido.

Segundo Gerber, análises "por espectroscopia de infravermelho revelaram a ocorrência de significativas alterações na água tratada pelo curandeiro. Esse teste mostrou que o ângulo de ligação atômica da água havia sido ligeiramente alterado. As pequenas alterações na estrutura molecular da água tratada pelo curandeiro também produziram uma diminuição na intensidade das ligações por pontes de hidrogênio entre as moléculas de água. Os testes confirmaram que a água tratada pelo curandeiro havia apresentado uma significativa diminuição na tensão superficial, resultado das alterações nas ligações por pontes de hidrogênio entre as moléculas de água energizadas. Curiosamente, a água tratada com ímãs apresentou não só diminuições semelhantes na tensão superficial, como também efeitos positivos na estimulação do crescimento de plantas".

A conclusão final do cientista foi a de que não se poderia explicar todos os casos de cura pela interferência apenas do efeito placebo. Grad comprovou isso de uma forma que seria difícil de ser contestada por qualquer cético, pois suas pesquisas acabaram lhe rendendo um prêmio de uma organização científica ortodoxa:

– O trabalho do dr. Grad mostrou que os efeitos da crença poderiam ser separados dos verdadeiros eventos energéticos sutis que ocorrem entre o curandeiro e o paciente. Embora desconhecido de muitos, o trabalho de Grad a respeito da cura pelo toque das mãos foi reconhecido e Grad recebeu um prêmio da Fundação CIBA: paradoxalmente, uma organização científica fundada por um grande laboratório farmacêutico!

Experimentos como o do dr. Grad revelam algo muito simples: o efeito placebo não explica tudo, mas nem por isso deixa de ser importantíssimo em qualquer processo de cura. Ao buscar a cura de uma doença, a pessoa enferma precisa cultivar sua auto-estima e ter consciência desse poder oculto da mente.

Assim, o fato de alguns conseguirem se curar por causa de auto-sugestão não deve servir como arma de incrédulos que queiram negar a realidade espiritual. Ao contrário, o efeito placebo será sempre um poderoso aliado em qualquer processo de cura, seja num centro espírita ou num moderno hospital.

A realidade é que campos magnéticos especiais surgidos a partir da imposição de mãos de sensitivos – ou de espíritos materializados – são capazes de curar. Médiuns ou seres materializados que nada produzem – apenas funcionam como agentes transmissores de energias do astral. Isto pode ser comprovado por qualquer pessoa de mente mais aberta que tenha a oportunidade de testemunhar sessões curativas espirituais.

Na verdade, uma das lacunas dos grupos espirituais é que, em geral, não se preocupam em anotar a trajetória do tratamento dos pacientes, para tentar precisar os índices de cura. Mas isso não invalida uma realidade inquestionável: embora nem todos que procuram auxílio espiritual sejam curados, nem haja por enquanto dados estatísticos sobre o assunto, existem inúmeros casos de sucesso – muitos até apontados como milagrosos.

O fato é que a própria ciência oficial vai aos poucos comprovando as propriedades curativas da espiritualidades. Por mais que os ortodoxos neguem a realidade dessas curas, ações como a do professor Grad estão sendo aperfeiçoadas por inúmeros outros cientistas.

Richard Gerber cita inclusive um interessante trabalho realizado pela dra. Justa Smith, cujos resultados, publicados em 1972, "demonstraram que os curandeiros podem acelerar a atividade cinética das enzimas de uma forma semelhante aos efeitos produzidos por campos magnéticos de alta intensidade".

Pessoas normais e um sensitivo, sob restrito controle, seguraram tubos de ensaios com a enzima tripsina. "Trabalhos anteriores haviam demonstrado que campos magnéticos de alta intensidade podiam acelerar as taxas de reação enzimática. Verificou-se que apenas nos tubos submetidos às energias do curandeiro ocorria uma aceleração linear nas taxas das reações enzimáticas ao longo do tempo."

Enzimas são proteínas especiais que, ao funcionar como catalisadores protéicos das diferentes reações químicas do corpo humano ou de qualquer forma de vida, provocam a circulação de energias nas células. Impulsionam, portanto, ações e atividades dos átomos no organismo, inclusive com fins curativos.

Os testes realizados pela dra. Smith, com enzimas diferentes, demonstraram que essas qualidades magnéticas do curandeiro seguiam um princípio inteligente. As atividades dessas diversas proteínas aumentavam, diminuíam ou nem sofriam alterações, sempre acompanhando o que era melhor para determinadas células. Campos magnéticos comuns, ao contrário, causavam apenas "aumento não específico" das reações enzimáticas.

– As energias do curandeiro pareciam afetar as enzimas sempre no sentido de proporcionar ao indivíduo uma melhor saúde geral e uma atividade metabólica mais equilibrada – afirma Gerber.

Em outro experimento, enzimas previamente danificadas por exposição à luz ultravioleta foram colocadas em tubos também segurados pelo curandeiro. "Anteriormente havia sido demonstrado que campos magnéticos de alta intensidade tinham a capacidade de restaurar a atividade enzimática. Verificou-se que, quando o curandeiro segurava as enzimas danificadas, estas recuperavam sua integridade estrutural e tornavam-se ativas."

O médico norte-americano avalia que todas as evidências experimentais sugeriam que, apesar de sua natureza magnética, os campos de energias dos curandeiros "apresentaram propriedades inteiramente diferentes daquilo que se sabe a respeito de campos magnéticos convencionais". Eles não eram tão intensos como os convencionais – pelo menos segundo os padrões de medições de aparelhagens até então desenvolvidas –, mas provocavam efeitos bem mais sutis e curativos.

Na década seguinte, em meados dos anos 1980, pesquisas do dr. John Zimmerman, da Faculdade de Medicina da Universidade do Colorado, nos Estados Unidos, trariam novas evidências sobre a natureza magnética sutil das energias liberadas por curandeiros. Com o apoio de um ultra-sensível detector de campos magnéticos, ele "demonstrou a existência de significativas elevações na intensidade dos campos magnéticos emitidos pelas mãos dos curandeiros". No entanto, em níveis de intensidade "muito menores que os necessários para produzir alterações enzimáticas em condições laboratoriais".

Para Richard Gerber, embora "os aumentos na intensidade dos campos magnéticos produzidos pelas mãos dos curandeiros fossem cerca de cem vezes maiores que os níveis normais do corpo, esses campos magnéticos associados aos curandeiros eram muito mais fracos do que aqueles usados para acelerar a atividade das enzimas nos experimentos da dra. Smith. Todavia, esses mesmos campos, quase indetectáveis, emitidos pelos curandeiros produziam sobre os sistemas biológicos poderosos efeitos, os quais só poderiam ser comparados àqueles resultantes de um tratamento com campos magnéticos de alta intensidade".

Outro dado curioso: nessas energias curativas existiam propriedades que combatem a entropia presente no universo. Entropia é um conceito físico que explica a tendência que impulsiona os sistemas – o corpo físico, o meio ambiente etc. – para a desordem crescente, para a sua desorganização. É o que conduz, por exemplo, um organismo a morrer, a se desagregar.

Mas, em alguns momentos, a entropia pode decrescer, como parecia se dar no caso dos sensitivos analisados. "A pesquisa da dra. Justa Smith sugeriu que os curandeiros têm a capacidade de atuar seletivamente sobre diferentes enzimas e modificá-las no sentido de um maior grau de organização e equilíbrio energético. Ao acelerar diferentes reações enzimáticas, os curandeiros ajudam o corpo a curar-se", afirma Gerber.

Para mim, à luz desses experimentos descritos por Gerber, fica melhor explicada a importância do poder curativo do amor. Principalmente em centros espíritas, costuma-se afirmar que o amor é um sentimento fundamental em processos de cura. Tanto o amor para se dar quanto o amor para se receber, para se sentir querido, cuidado. Com seu potencial agregador, o amor seria assim uma das mais fortes – se não a maior – energias universais de combate à entropia reinante no mundo físico conhecido.

ECTOPLASMA

O teor magnético dessas energias curativas espirituais – potencializadas pelo amor – ainda é desconhecido em detalhes. No entanto, espíritos em missão curativa revelam que, para serem absorvidas pelo corpo enfermo, precisam sofrer algum tipo de transmudação, para se adequar aos níveis vibratórios mais densos do organismo humano.

Nos casos estudados por Richard Gerber, essa “tradução” para o mundo material é feita por sensitivos. Com dons especiais, essas pessoas na verdade funcionam como canais comunicantes das energias do astral, sendo auxiliadas por guias espirituais que, normalmente, os presentes não percebem. Esse apoio curativo de seres de luz se torna mais evidente nos casos de médiuns de centros espíritas que atuam incorporando espíritos.

Mas são os trabalhos realizados por espíritos materializados a tradução mais perfeita das potencialidades dessas energias regeneradoras – por sua atuação direta, sem a intermediação do corpo humano de um médium. Nessas experiências sublimes, as energias curativas de dimensões astrais fluem diretamente para o corpo enfermo, intensificando sua ação.

O problema, contudo, é que essas experiências são relativamente raras no mundo, dificultando seu acesso para muitos. E são raras não só pela dificuldade de se acharem médiuns de efeitos físicos com poderes suficientes para a sua produção, como também pela carência de grupos que se eduquem adequadamente, com a união de propósitos necessária para se formar a ambiência ideal para a realização de sessões de materialização.

De nada vale a presença de um médium de efeitos físicos se ele não for treinado e se não houver harmonia para o trabalho. O tipo de ambiência, mesmo que com um grau mínimo ideal, definirá inclusive a maneira como o espírito surgirá materializado – se com seu próprio corpo astral ou com o do médium, de quem pode tomar emprestado.

Mas de que modo for, o corpo astral é sempre o elemento-ponte fundamental para que ocorram os processos de materialização.

Havendo perfeita sintonia entre as freqüências energéticas dos presentes, o espírito utiliza seu corpo astral para se materializar. São as chamadas materializações perfeitas, em que o ser extrafísico surge com as formas, os contornos, os detalhes do corpo que teve em alguma de suas encarnações na Terra. E como atua com a força do pensamento, ele pode escolher se materializar com o corpo de sua última vida ou de outra qualquer.

Caso, porém, a freqüência energética esteja baixa – mesmo que suficiente para produzir algum fenômeno de efeito físico –, o espírito se vale do corpo astral do médium para se materializar. Isto porque, estando ligado a um corpo físico, o corpo astral do sensitivo acumula energias mais resistentes a intempéries ambientais.

Esse tipo de aparição – que para alguns pesquisadores seria mais freqüente, pelas maiores dificuldades naturais de se promover uma ambiência ideal – foi batizado de materialização parcial. Nesse caso, o espírito surge com traços semelhantes aos do médium – o que, aliás, acaba provocando mais confusões e ataques de céticos, acusando uma suposta fraude.

Ataques sempre existirão. Mas a própria história das sessões de materialização – após o advento do espiritualismo moderno – indica as dificuldades que precisam ser superadas, pela espiritualidade, para se realizarem sessões do gênero. A começar pelo próprio preparo que um espírito precisa passar para se materializar. Afinal, de um estágio mais elevado de existência energética – em que os elementos que formam seu corpo astral vibram com mais intensidade –, ele tem que retornar a uma realidade mais grosseira, densa.

Mas além de treinamento adequado, nas dimensões onde habitam, os espíritos precisam encontrar, de volta à Terra, harmonia especial no ambiente das sessões – contando para isso com o bom preparo do médium principal e dos participantes.

No entanto, seja numa materialização perfeita ou parcial, para que essa operação sutil se realize com sucesso, é preciso – em boa parte das sessões – a presença de um elemento de apoio, um fluido especial que se adere ao corpo astral/perispírito, moldando-o, permitindo-lhe adquirir uma forma visível, material. O ectoplasma.

No livro *Materializações Luminosas – Leis Cósmicas em Ação*[107], o empresário Dante Labbate joga interessante luz nessa questão, ao recordar sessão realizada no Grupo da Fraternidade Irmã Scheilla, em 1949, quando um de seus integrantes inquiriu o espírito José Grosso, que acabara de se materializar, sobre a mecânica do processo. Sua resposta:

– Consigo materializar-me atraindo o ectoplasma para o meu perispírito. Este fluido penetra todas as células do organismo perispiritual, que entram em fortíssima vibração, condensando e solidificando o ectoplasma. Para cada célula do meu perispírito surge uma célula igual no meu novo corpo carnal temporário, emprestado pelo médium e pelos assistentes.

Embora sua fala fique meio confusa ao final, quando se refere a algo "emprestado pelo médium e pelos assistentes", ao que parece estamos diante de processo semelhante – que pode ser imediato ou durar até minutos – de criação da vida humana, quando elementos atômicos mais rarefeitos, típicos de dimensões astrais mais sutis, passam a dar forma a átomos, moléculas e células do mundo material. Assim, novamente se encontra em marcha a constituição do corpo físico a partir da tensão energética da forma do corpo astral, propiciada pelos efeitos de uma substância que foi chamada de ectoplasma.

Em pleno século XXI, integrantes do staff da ciência continuam a ignorar ou mesmo a fazer pouco caso da existência desse fluido. Mas a maior parte não sabe que um dos primeiros grandes estudiosos do ectoplasma – e que acabaria por lhe dar este nome – foi um emérito cientista: o francês Charles Richet, agraciado com o Prêmio Nobel de Medicina de 1913, pela descoberta da reação anafilática.

Pois esse respeitado fisiologista, professor da prestigiada Universidade de Paris, fez parte de um grupo de cientistas que, a exemplo de Cesar Lombroso, estudou à exaustão a médium Eusapia Palladino. Mas foi em 1903, ao realizar pesquisas com a médium de efeitos físicos Eva Carrière, que Richet cunhou o nome que perpetuaria, na história da espiritualidade, esse elemento: ectoplasma (do grego *ektós*, fora, exterior; e de plasma).

E dois anos após começar a pesquisar esse material esbranquiçado que era expelido pelo corpo de Eva, ele fundaria, em 1905, o que entendia ser uma nova ciência, responsável pelo estudo dos fenômenos de efeitos físicos: a metapsíquica.

Uma faceta curiosa do incansável trabalho de Richet nessa área foi que ele, até próximo da morte, nunca admitiu que os seres que se materializavam fossem espíritos, entidades com inteligência própria e independentes dos médiuns. Acreditava sim que fossem produções da mente humana. Produções anímicas, como se diz no espiritismo.

Apenas no final da vida daria o braço a torcer, mesmo assim de forma um tanto envergonhada, enviando carta ao amigo Ernesto Bozzano, só publicada em maio de 1936, cinco meses após sua morte, no jornal londrino *Psychic News*, em que confessa[108]: "E, agora, abro-me a você, de modo absolutamente confidencial. O que você supunha é verdade".

Referia-se à intervenção de inteligências estranhas nas sessões de materialização. No entanto, mesmo que não tivesse admitido publicamente, enquanto vivia, que eram entidades inteligentes e autônomas, suas experiências ensinam algo importantíssimo: ninguém mais do que um Nobel de Medicina, com todos os atributos, portanto, de um cientista de ponta do seu tempo, havia constatado, por A mais B, que tais fenômenos eram verdadeiros. Independentemente das hipóteses sobre suas causas, ele reconhecia sua existência.

Fica assim evidenciada, mais uma vez, a necessidade da seriedade, do cuidado de análise, antes de algum apressado negar inconseqüentemente a materialidade desses fenômenos. Caso contrário, teria que supor que um homem da estatura de Charles Richet foi vítima de uma série de alucinações ou se tratava de um impostor.

O fato é que – a despeito de suas crenças filosóficas – Richet se dedicou ao estudo de materializações e do ectoplasma. Mas antes dele, o próprio William Crookes, entre inúmeros outros pesquisadores, já havia analisado essa substância, ao observar sua emanação do médium escocês Daniel Home.

Segundo Léon Denis[109], o sábio inglês utilizou em seu laboratório uma balança de grande precisão para tentar detectar a ação dessa força. "A mão do médium chegou a influenciar o aparelho, sem contato, a ponto de produzir desvios de uma das conchas e aumento de peso até oito libras."

Léon Denis registra ainda o trabalho de pesquisa de um cientista conhecido como dr. Baraduc, que fabricou um aparelho, batizado de biômetro, para medir a força desprendida por alguns médiuns. O equipamento era composto de uma agulha de cobre suspensa por um fio de seda, acima de um quadrante numerado, colocados dentro de um globo de vidro protegido do ar e de influências exteriores. Tinha como objetivo detectar a influência na agulha, através do vidro, das radiações desprendidas pelo médium, a distância.

– O dr. Baraduc efetuou, no espaço de dez anos, mais de 2.000 experiências que lhe permitiram estabelecer, com a mais rigorosa exatidão, a existência dessa força e a intensidade de sua emissão ou o grau de atração sobre ela exercida, segundo o vigor ou a debilidade de nossa natureza.

E na medida em que o tempo avançava, mais e mais cientistas passariam a se dedicar ao estudo do ectoplasma. Após o início das experiências de Richet, um de seus mais destacados pesquisadores foi o barão von Schrenck-Notzing (1862-1929), cientista alemão que realizou novos experimentos com a médium Eva Carrière, entre 1908 e 1913.

Conan Doyle define[110] os resultados desses estudos – publicados em dois livros do barão – como estando "entre os mais notáveis de todas as investigações de que temos notícia. Foi verificado por numerosas testemunhas competentes e confirmado por fotógrafos que da boca, dos ouvidos, do nariz, dos olhos e da pele dos médiuns fluía esse extraordinário material gelatinoso".

Sobre essa substância, o escritor escocês registra ainda que quando "tocada, ou quando uma luz inadequada a atinge, ela se recolhe tão rapidamente e tão maravilhosamente quanto os tentáculos de um polvo invisível. Se agarrada e apertada, o médium gritará. Ela sai pelas roupas e some de novo, quase sem deixar traços".

A visão do ectoplasma – que, com luminescência própria, adquire em geral tonalidade branca, mas algumas vezes pode atingir gradações de azul, do celestial ao plúmbeo – impressiona os mais desavisados. Expelido de orifícios do corpo do médium, antes da formação do espírito propriamente dito, em geral toma uma forma branca e consistente que lembra a de um creme de barbear expelido por um spray.

Como pequena nuvem – que pode parecer um pequeno ponto branco no ambiente escuro, no chão ou flutuando –, começa a se condensar, ao entrar em contato com a força da gravidade, para finalmente dar forma visível ao corpo astral.

Uma das maneiras inusitadas de se dar essa concentração energética foi testemunhada pelo fundador do Lar de Frei Luiz, o químico Luiz da Rocha Lima, que a relatou para o cirurgião oncologista Paulo Cesar Fructuoso, integrante desse centro espírita:

– Rocha Lima nos informou certa ocasião que já fora levado à câmara de materialização para presenciar as etapas da complicada operação. Após a emanação do fluido ectoplasmático, estendia-se no chão ao lado do médium uma grande massa arredondada de matéria já mais solidificada e tendo adquirido um aspecto esbranquiçado brilhante. Dispunha-se no piso da cabine como um lençol. Aos poucos, por baixo daquela estrutura, via-se formar um corpo que ia se elevando como brotando das profundezas do solo. À medida que subia, empurrava o lençol de ectoplasma para cima até atingir a estatura de um ser humano adulto completamente envolto naquele manto. A seguir, adquiria movimentos ágeis, deixando perceber que possuía pernas e braços. Por fim, de uma abertura à altura da face, naquela espécie de pano alvíssimo, surgiu parcialmente seu rosto.

Fico imaginando o quanto essa cena não deve ter sido impactante, mesmo para uma pessoa experiente como Rocha Lima. A primeira vez que presenciei uma formação de ectoplasma, achei que estava tendo uma visão. Na escuridão total, de repente comecei a observar uma nuvem com luminescência própria dançando a minha frente. Com um tom de azul escuro, semelhante ao céu de final de tarde, parecia se condensar em alguns momentos, como se estivesse prestes a formar um corpo no ar.

Mais estranho é que, no escuro, não conseguia ter a perspectiva exata de onde a formação se encontrava. Era como se estivesse junto a minha face, mas passei a mão no ar e não consegui alcançá-la, parecendo estar um pouquinho mais adiante. Cheguei a esfregar os olhos, para checar se não estava tendo uma alucinação. Mas era real. Sentada ao meu lado, minha mulher confirmou, após a reunião, que havia visto a mesma coisa.

Em outra sessão, também assistiria a espetáculo de rara beleza envolvendo uma formação ectoplasmática, quando observei, na escuridão, uma nebulosidade esbranquiçada, com sutil luminosidade própria, ao lado da cabine de materialização. Era como se estivesse vendo uma cerração iluminada por uma tênue luz de néon – mas uma luz que não tinha um foco gerador, a nebulosidade é que adquiria um brilho próprio na escuridão.

De repente, passando em meio dela, a caminho de uma das macas para a cura de enfermos, vislumbrei o médico do espaço Frederick von Stein coberto por um manto branco. Pensei naqueles filmes antigos, em preto e branco: era como se estivesse assistindo a alguém coberto por uma capa andando em meio ao fog londrino.

Detalhes da constituição do ectoplasma ainda continuam desconhecidos, mas, graças a grandes pioneiros e à colaboração de espíritos que se prestaram a vários experimentos, avanços têm ocorrido. O próprio alemão Schrenck-Notzing obteve o consentimento da médium Eva Carrière para cortar uma pequena porção de ectoplasma expelido por ela. "Dissolveu-se na caixa em que foi colocada, como se fosse neve, deixando umidade e algumas células que poderiam provir de um fungo", relata Doyle. "O microscópio demonstrou células epiteliais da membrana mucosa, das quais a coisa parecia originar-se."

Rigoroso em sua metodologia de trabalho, o alemão foi em frente, obtendo cabelos de uma entidade materializada e comparando-o, no microscópio, com os de Eva: revelou que não eram da mesma pessoa. E o exame químico de determinada porção de ectoplasma, que foi reduzida a cinzas, produziu odor de chifre queimado. Doyle acrescenta: "Entre os seus elementos constituintes foram encontrados cloreto de sódio (sal de cozinha) e fosfato de cálcio. Finalmente obteve a filmagem do ectoplasma fluindo da boca da médium".

Pesquisas posteriores revelariam a presença de albumina, ligada à matéria gordurosa, e de fragmentos de células epiteliais e de leucócitos. Num diálogo com Frederick von Stein, em 2002, o médico Paulo Cesar Fructuoso obteve a informação de que existem ainda outros elementos químicos no ectoplasma, como magnésio e zinco, além de componentes que ainda não constam da Tabela Periódica.

Uma das referências na área da pesquisa espírita brasileira, o médico gaúcho Jorge Andréa, no livro *Dinâmica Psi*[111], faz um levantamento de pesquisas sobre o ectoplasma que revelaram a presença de fósforo em sua constituição:

– Muitos autores que analisaram a substância encontraram células anucleadas em sua constituição. O ectoplasma seria substância originária no protoplasma das usinas celulares, onde o ATP (trifosfato de adenosina) teria expressiva participação, ao lado de outros elementos. Dessa forma, não podemos deixar de considerar a importância do fósforo nas atividades bioquímicas orgânicas e, conseqüentemente, no desenvolvimento do processo ectoplásmico em suas específicas dosagens.

A ATP é uma proteína à base de fósforo produzida a partir de um ciclo de geração de energias nas células do organismo, o chamado Ciclo de Krebs. Funcionando como uma espécie de combustível celular, esse ciclo provoca reações químicas, produzindo substâncias como a ATP.

Segundo o professor de física Paulo Larosa, o trifosfato de adenosina – realmente um dos elementos fundamentais do ectoplasma – se transforma em biofóton, sendo a proteína que contribui para a produção da "luz celular", responsável pelos fenômenos luminosos muito comuns nas sessões de materializações de espíritos.

O médium Gilberto Arruda recorda que Rocha Lima, a partir de suas pesquisas e dados da espiritualidade, sustentava que, ao lado de cálcio, fósforo, magnésio e zinco, o potássio era outro elemento químico importante na formação do ectoplasma.

A partir de análises químicas e fisiológicas e de informações de espíritos, passou a existir um consenso entre muitos pesquisadores de que o ectoplasma é produzido no citoplasma celular dos seres vivos. E para alguns desses estudiosos, uma das principais fontes orgânicas do ectoplasma humano seria o sistema nervoso central.

Esta hipótese é reforçada – e melhor precisada – pelo espírito materializado Joseph Gleber, que afirma[112] ser o ectoplasma "um fluido magnético neurocelular" e, portanto, "refratário à luz".

Nesse sentido, admitindo-se como correta a informação desse físico do espaço, as células que constituem o sistema nervoso central de uma pessoa não são uma das fontes orgânicas de produção do ectoplasma – mas, sim, sua única fonte.

Naturalmente, esse é mais um dos temas ligados à produção de fenômenos de efeitos físicos que precisam ser aprofundados, cruzando-se resultados experimentais e informações procedentes de outras fontes espirituais. No caso do ectoplasma, há ainda muitas lacunas a serem preenchidas.

Uma delas tem a ver com a voz corrente no meio espírita de que existem três tipos de ectoplasma, que precisam ser reunidos para se materializar um espírito: o desprendido do médium, aquele produzido pela natureza – não só do verde, das florestas, mas dos animais – e um ectoplasma bem mais sutil, etéreo, presente em dimensões astrais e manipulado por seres extrafísicos.

Quanto à existência ou não do ectoplasma espiritual, em minhas leituras e indagações encontrei versões conflitantes, começando então a me questionar sobre sua real materialidade. É claro que quando alguns pesquisadores falam em ectoplasma dos espíritos, se referem a algo um tanto diferente, em termos de constituição, do ectoplasma produzido por seres encarnados e pela natureza.

Em *Médicos do Espaço*[113], eu mesmo assinalo que "os seres extrafísicos também geram ectoplasma, com características próprias das diferentes dimensões que habitam". Joseph Gleber, por sua vez, diz[114] que "cada pessoa ou espírito possui um tipo de ectoplasma e de teor magnético". Portanto, esse espírito materializado aponta alguma diferenciação, embora fale da existência do ectoplasma espiritual.

No entanto, existem correntes que negam que os seres do astral produzam ectoplasma. O espírito Ramatis, por exemplo, no livro *Chama Crística*[115], em que fala incorporado no médium Norberto Peixoto, nega categoricamente que os espíritos produzam ectoplasma. Classificando-o como um "fluido animalizado produzido no duplo etérico e decorrente do metabolismo biológico do equipo físico", o ectoplasma para ele tem a ver apenas com a esfera terrestre.

Guia de várias casas espirituais, Ramatis se identifica como um ser do astral que, quando encarnado no século XI, se tornou um guru na Índia. Antes, porém, numa vida anterior, na Grécia antiga, teria sido o grande matemático e filósofo Pitágoras.

Como já frisei, é preciso sempre ter cuidado com informações novas que venham da espiritualidade – já que podem vir contaminadas com idéias preconcebidas, mesmo de forma inconsciente, da mente do médium e também com informações imprecisas do próprio espírito.

Mas esse texto de Ramatis apresenta sentido lógico, indicando um elevado conhecimento da espiritualidade. Além disso, reúne explicações sobre questões referentes a processos de cura que diversos espíritos, como Frederick von Stein, já deram no Lar de Frei Luiz, em especial para Luiz da Rocha Lima.

De sua parte, o espírito André Luiz – em ensinamentos que recebeu no astral e ditou para o médium Chico Xavier, publicados no livro *Nos Domínios da Mediunidade*[116] – não se refere propriamente a ectoplasma espiritual, quando assinala a existência de diferenças marcantes entre os fluidos emanados do plano físico e do astral que formam o constituinte básico para a produção das reuniões de materialização.

Ao reproduzir ensinamentos que André Luiz recebeu numa colônia espiritual sobre o ectoplasma e seu processo de manipulação, o texto assinala que essa "força materializante" independe "do caráter e das qualidades morais daqueles que a possuem, constituindo emanações do mundo psicofísico, das quais o citoplasma é uma das fontes de origem". A seguir, resume os elementos necessários para uma sessão de efeitos físicos:

– Aí temos o material leve e plástico de que necessitamos para a materialização. Podemos dividi-lo em três elementos essenciais, em nossas rápidas noções de serviço, a saber – fluidos A, representando as forças superiores e sutis de nossa esfera, fluidos B, definindo os recursos do médium e dos companheiros que o assistem, e fluidos C, constituindo energias tomadas à Natureza terrestre. Os fluidos A podem ser os mais puros e os fluidos C podem ser os mais dóceis; no entanto, os fluidos B, nascidos da atuação dos companheiros encarnados e, muito notadamente, do médium, são capazes de estragar-nos os mais nobres projetos.

Como se vê, sequer o termo ectoplasma é utilizado nesse trecho. Além disso, mais adiante parece – pelo menos no meu entendimento – que ele evita classificar o ectoplasma como um fluido emanado das esferas astrais. Embora não seja muito claro ao situá-lo como "um produto de emanações da alma pelo filtro do corpo", assinala em seguida ser um "recurso peculiar" à humanidade e à natureza:

– O ectoplasma está situado entre a matéria densa e a matéria perispirítica, assim como um produto de emanações da alma pelo filtro do corpo, e é recurso peculiar não somente ao homem, mas a todas as formas da Natureza. Em certas organizações fisiológicas especiais da raça humana, comparece em maiores proporções e em relativa madureza para a manifestação necessária aos efeitos físicos que analisamos. É um elemento amorfo, mas de grande potência e vitalidade. Pode ser comparado à genuína massa protoplásmica, sendo extremamente sensível, animado de princípios criativos que funcionam como condutores de eletricidade e magnetismo, mas que se subordinam, invariavelmente, ao pensamento e à vontade do médium que os exterioriza ou dos Espíritos desencarnados ou não que sintonizam com a mente mediúnica, senhoreando-lhe o modo de ser. Infinitamente plástico, dá forma parcial ou total às entidades que se fazem visíveis aos olhos dos companheiros terrestres ou diante da objetiva fotográfica, dá consistência aos fios, bastonetes e outros tipos de formações, visíveis ou invisíveis nos fenômenos de levitação, e substancializa as imagens criadas pela imaginação do médium ou dos companheiros que o assistem mentalmente afinados com ele.

Para o médium Paulo Larosa, não há dúvidas de que o ectoplasma é produzido no nível do corpo etérico. Ele, porém, discorda da informação de Ramatis de que não existe ectoplasma no plano espiritual: "É um fluido muito semelhante. Ele só muda de nome de acordo com a esfera em que você está. Aqui, ele é chamado de ectoplasma. Mas você vai para qualquer outro lugar da galáxia ou fora dela e aquele fluido vai ter outro nome. Quanto mais sutil o campo gravitacional, mais sutil ele vai ficando".

No livro *Correlações Espírito-Matéria*[117], o médico Jorge Andréa não entra nessa discussão sobre a existência ou não de ectoplasma no mundo espiritual, mas trabalha com a hipótese de ele ser produzido, em boa parte, no corpo etérico, que ele chama de campo energético:

– É bem possível que esse campo energético forneça boa parte do ectoplasma, substância que se completaria com outros elementos da organização física, principalmente o trifosfato de adenosina (ATP) resultante do ciclo bioquímico específico de Krebs. É preciso que se diga que o ectoplasma, para completar a sua estruturação, necessita arrecadar substâncias nos reinos da natureza (mineral, vegetal e animal).

Mas, afinal, o ectoplasma seria produzido mais precisamente no corpo físico ou no corpo etérico? Poderia também ser encontrado em dimensões astrais ou apenas na Terra?

Quanto a ser elaborado no corpo etérico dos seres humanos e de outros elementos da natureza, parece para mim a hipótese mais plausível. As indicações mais consistentes – devido à qualidade das fontes de informações envolvidas, como Chico Xavier – sugerem que os elementos formadores do ectoplasma, no caso dos sensitivos, são subtraídos do citoplasma das células do sistema nervoso central e depois processados e energizados – seguindo uma receita ainda desconhecida – ao nível do corpo etérico.

Que existem elementos celulares em sua formação, parece incontestável, pelas análises laboratoriais já realizadas, embora ainda faltem dados sobre como esses constituintes se juntam para produzi-lo. Avalio então que elementos do corpo físico fluem pelos meridianos acupunturais e pelo sistema nádis e, chegando no corpo etérico, são potencializados – com a ajuda dos chacras – e "repaginados", transformando-se em ectoplasma.

Em relação ao ectoplasma não ser necessariamente um produto característico do mundo espiritual, suponho que a explicação mais lógica, à luz de conhecimentos que chegam da espiritualidade, é entender o ectoplasma como um elemento essencialmente originário das condições físicas da Terra – ou pelo menos de planetas que possuam características físicas e químicas semelhantes ao nosso orbe gravitacional. Até porque, por análises laboratoriais e algumas informações espirituais, o ectoplasma é constituído por elementos químicos típicos de organismos vivos, segundo leis físicas e químicas.

Mas é evidente que se trata de uma questão que ainda comporta opiniões divergentes, existindo até alguns estudiosos da espiritualidade, como o médium e professor de física Paulo Larosa, que afirmam que também os minerais – que têm, portanto, a ver com a química inorgânica – produzem algum tipo particular de ectoplasma.

– O mineral não possui células, com núcleo e citoplasma, mas tem centro de energia – sustenta Larosa. – E nesse centro de energia existem prótons, nêutrons e elétrons. E o elétron é a mônada de tudo, o início de tudo, tudo tem elétron. Então qualquer elemento pode ter a capacidade de emitir essa energia chamada ectoplasma. No caso em questão, será o ectoplasma na especificação determinada de um mineral, que inclusive facilitará, numa sessão de cura, a colocação pelos espíritos de minerais onde o organismo do enfermo está precisando. A materialização desses elementos é tirada do ectoplasma mineral. Da mesma forma, para colocar um fitoterápico no organismo, os espíritos tiram-no do ectoplasma vegetal.

Aliás, seria por causa da existência de ectoplasma não originário do citoplasma celular que o espírito André Luiz se refere – como acabei de mostrar – a "emanações do mundo psicofísico, das quais o citoplasma é uma das fontes de origem"? Note bem: este espírito de luz fala de uma substância em que o citoplasma celular é "uma" das fontes de origem – e, portanto, não a única.

Enfim, são questões em aberto que ainda necessitam ser melhor precisadas. Na verdade, os mecanismos para a produção de fenômenos de efeitos físicos são, em seus detalhes, ainda tão imprecisos que algumas experiências revelam, inclusive, que nem mesmo o ectoplasma é o único elemento utilizado pela espiritualidade para a realização dessa fenomenologia.

Eu mesmo ouvi do médico Ronaldo Gazolla – poucos meses antes de sua passagem para o mundo espiritual – relato sobre o trabalho de cura realizado por duas sensitivas do Santuário da Luz, em Campinas (SP), em que se materializam objetos diversos, como medalhas e crucifixos, sem o concurso de ectoplasma.

Ali não ocorrem materializações de espíritos, mas de objetos utilizados em processos de cura, como águas fluidificadas coloridas e perfumadas. Gazolla me falava maravilhado de cenas como "mel brotando" de paredes e de dentro de uma imagem da Virgem Maria.

Uma das coisas que mais o impressionaram foi que essas materializações se davam em plena luz do dia – o que era possível, enfatizava, porque as duas médiuns tinham "um canal direto com o astral, sem o uso de ectoplasma".

Tempos depois, sua mulher, Helena Mussi Gazolla, me confirmaria que os fenômenos – como objetos caindo do teto e surgindo das paredes da casa – eram impressionantes. Sua amiga, a cantora Elba Ramalho, que havia levado o casal a Campinas, testemunhou várias vezes a força das médiuns: "Anel, estrela, cruz, medalhas de Nossa Senhora, pergaminhos em aramaico, em hebraico, tudo vai caindo no chão".

Outras experiências sem o concurso de ectoplasma foram registradas na Inglaterra, de 1993 a 1998, na aldeia de Scole, por um grupo básico formado por dois médiuns e um casal que comandava as sessões, cujo trabalho está descrito no livro *O Experimento Scole*[118].

Infelizmente, as informações da espiritualidade sobre esse tipo de energia – batizada de "energia criativa" – foram esparsas. Seria interessante poder compará-la melhor com o ectoplasma, pois, em linhas gerais, os fenômenos produzidos – como levitação e transportes de objetos, materializações parciais de mãos, de espíritos e de luzes curativas, impressões de imagens em chapas fotográficas – eram semelhantes aos de uma reunião de ectoplasmia.

Havia, porém, uma diferença básica: com esse tipo de energia, os médiuns de efeitos físicos não precisavam ficar isolados em uma cabine para produzir os fenômenos, sentando-se ao lado dos presentes. É bem verdade que na história do espiritualismo moderno já foram registradas experiências assim com o concurso de ectoplasma. Mas nunca de uma maneira tão sistemática e duradoura como no caso do grupo de Scole.

Em duas sessões realizadas em 1993, dois guias espirituais dariam – incorporados em médiuns – explicações parciais sobre o processo energético ali empregado, enfatizando que era utilizada "uma energia criativa constituída de uma mistura de energias terrestre, humana e espiritual", e que por isso seria mais segura para a saúde do médium, ao contrário das reuniões produzidas à base de ectoplasma. Um dos espíritos, que se identificou com o nome de Manu, acrescentaria um pouco mais de detalhes sobre essa energia:

– A energia de que estamos falando é uma mistura de "energia criativa" de três origens distintas. A primeira iremos chamar de energia espiritual, que trazemos conosco desde o nosso mundo. A segunda é a energia humana, que tomamos dos seus corpos durante os experimentos. E a terceira é a energia da Terra, que é extraída de "colunas" ou "reservatórios" de energia natural existentes em determinados pontos geográficos do seu mundo. Essas energias eram conhecidas e usadas pelos antigos, mas esse é hoje um conhecimento esquecido. Estamos tentando ajudar a humanidade a se recordar.

Provavelmente, foi sobre o uso de novas energias como essa que se referiu o Irmão Leo – o espírito de um padre que trabalha no Lar de Frei Luiz – ao se incorporar no médium Gilberto Arruda, ao final de uma sessão de materialização, em 2004, e conversar com a presidente e o vice-presidente do grupo, Helena Gazolla e Paulo Cesar Fructuoso.

Leo lembrou então que o ectoplasma, devido a sua exteriorização e dependendo da forma como é utilizado, pode eventualmente trazer riscos para a saúde do presidente das sessões e, principalmente, do médium de efeitos físicos. Por isso, "novos métodos" vêm sendo elaborados para se evitar risco semelhante.

E num indicativo da veracidade da comunicação espiritual e de que fazia alguma relação com os trabalhos em Scole, o Irmão Leo completou, virando-se para o vice-presidente: "De acordo com o que você tem lido nos seus estudos, não é, Paulo Cesar?"

Ninguém ali sabia, mas o médico acabara de ler *O Experimento Scole*. E assim que o espírito começou a falar sobre o emprego de novas energias, Paulo Cesar pensou imediatamente no livro. "Ele deu a impressão de que estava sabendo o que eu estava lendo e de que captou o meu pensamento. Eu não tinha falado isso para ninguém", afirma.

PREPARO MEDIÚNICO

Estava no meu sangue de jornalista continuar minhas pesquisas e, quem sabe, ter a oportunidade – o que nunca é fácil – de visitar grupos semelhantes para obter mais detalhes sobre a ectoplasmia e outras energias utilizadas. A verdade é que existem ainda muitos e muitos mistérios no campo da espiritualidade a serem desvendados, precisados.

Todos aqueles interessados nesse fascinante campo de estudos precisam se conectar ao redor do mundo, dar as mãos, partilhar informações. Para se checar, à luz da razão, o que é procedente e o que precisa ser descartado. Trata-se de práxis filosófica e científica fundamental para que, aos poucos, um corpo de ensinamentos se mostre consistente.

Foi assim que agiu Allan Kardec para publicar *O Livro dos Espíritos* e todos os outros que escreveu, a partir de dados que lhe chegaram de várias fontes mediúnicas do mundo. "Na posição em que nos encontramos, a receber comunicações de perto de mil centros espíritas sérios, disseminados pelos mais diversos pontos da Terra, achamo-nos em condições de observar sobre que princípio se estabelece a concordância. Essa observação é que nos tem guiado até hoje e é a que nos guiará em novos campos que o espiritismo terá de explorar", sustenta em *O Evangelho Segundo o Espiritismo*[119].

Nesse sentido, se faz necessário cruzar muitas outras informações que vêm irrompendo do mundo do invisível. Uma delas tomei conhecimento quando li, em *Através da Ectoplasmia*[120], o espírito materializado Joseph Gleber discorrer sobre a quantidade de ectoplasma do médium principal de efeitos físicos que entra na produção dos fenômenos de materialização, em comparação com o volume liberado pela equipe de apoio mediúnico e até da audiência das sessões.

Existe um consenso entre pesquisadores de que o sensitivo principal doa a maior parte – alguns falam em algo entre 70% e 80% – do ectoplasma necessário para se formar o espírito, o restante cabendo à equipe de apoio e mesmo à natureza, principalmente ao verde das florestas. Mas Gleber contesta essa avaliação. Segundo ele, o médium principal fornece 100% do ectoplasma usado para a formação em si do espírito. Ou seja: a totalidade.

Ao falar do tema, esse físico do espaço dá importância a dois tipos de ectoplasma: o do médium principal e o do restante dos presentes, mas explica de outra maneira o uso que é feito pela espiritualidade de cada um deles.

Segundo ele, o ectoplasma do médium é utilizado integralmente para materializar os espíritos. Já o da equipe de apoio é empregado para manter um campo energético adequado que possibilite a ação curativa quando os seres do astral saem da cabine de materialização:

– As materializações dos espíritos se dão através do ectoplasma do médium de materialização. Os tratamentos, quer dizer, o modo com o qual as entidades materializadas contam para a cura, para a assistência, são extraídos dos médiuns da assistência – que são chamados médiuns colaboradores. Dali saem as energias para os tratamentos. Do médium de materialização sai a materialização do espírito, e os outros elementos neurocelulares de elementos estranhos são utilizados no preparo do medicamento em algumas aplicações, nunca em materializações.

Joseph Gleber discorre aqui sobre reuniões especiais para a cura, em que aparelhos e medicamentos do astral são materializados para o atendimento de doentes. Em outras palavras, ele afirma que as materializações de espíritos e de objetos são produzidas com o concurso do ectoplasma do médium principal.

O ectoplasma dos presentes – todos nós desprendemos ectoplasma, em menor ou maior grau, e não apenas os chamados médiuns de apoio – seria importante para se criar uma ambiência harmônica, para dar sustentação energética para a atuação dos espíritos, principalmente quando esses deixam a cabine de materialização e, portanto, se afastam do médium principal de efeitos físicos.

Embora Gleber não tenha se referido a essa questão, uma ambiência adequada é criada também com a ajuda de ectoplasma expelido da natureza. Não foi à toa que, por orientação de espíritos, um dos maiores estudiosos da ectoplasmia no mundo, Luiz da Rocha Lima, construiu o chamado santuário de materializações do centro espírita Lar de Frei Luiz em meio a uma densa floresta.

O professor de física Paulo Larosa, que desde criança desenvolveu uma forte mediunidade de efeitos físicos, é um dos pesquisadores da espiritualidade que discordam de Joseph Gleber nessa questão. Segundo ele, Gleber deveria possuir essa especialidade de trabalhar com 100% do ectoplasma do médium, mas isso não ocorre normalmente.

Para Larosa, é importante o médium principal não liberar, em geral, todo o ectoplasma necessário para a materialização de um espírito, em benefício da própria saúde, para que possa ficar com uma certa quantidade de energia armazenada.

– Se uma entidade precisa de 100% do médium e acontece alguma coisa durante a reunião, pode-se matar o médium na hora. Por isso, normalmente não se usam 100% do ectoplasma do médium, só se usam 70%. E no final da reunião, desses 70% utilizados só são devolvidos 40% de ectoplasma para o médium, porque os outros 30% ficam contaminados por elementos deletérios presentes no ambiente. Tem que manter essa proporcionalidade, senão se começa a comprometer a saúde do médium.

A posição de Larosa é reforçada por algumas informações passadas pelo espírito José Grosso, um dos mais destacados seres do astral que atuavam nas históricas reuniões de materialização para cura do Grupo da Fraternidade Irmã Scheilla, em Belo Horizonte. Sessões essas que, aliás, contavam com a constante colaboração do próprio Joseph Gleber.

No livro *Materializações Luminosas – Leis Cósmicas em Ação*[121], Dante Labbate recapitula a primeira sessão em que José Grosso se materializou no grupo, em 25 de agosto de 1949. Mas o fez parcialmente, pois não havia energia no ambiente suficiente para uma materialização perfeita. Ao explicar que naquele instante o ectoplasma do médium ÊnioWendling só era suficiente para materializar suas mãos, o presidente dos trabalhos, Jair Soares, indagou: "E para materializar o corpo todo?" O espírito respondeu: "São necessários fluidos de todos vocês, mas ainda não os há em quantidade suficiente".

Em novembro do mesmo ano, na sessão em que explicaria a mecânica do processo de materialização com o concurso do ectoplasma, José Grosso reforçaria o que havia afirmado em agosto. Embora termine sua fala de forma meio truncada, dá a entender que se refere também à doação fluídica do grupo de apoio, ao dizer que, com a atração do ectoplasma, para cada célula do seu "perispírito surge uma célula igual" em seu "novo corpo carnal temporário, emprestado pelo médium e pelos assistentes".

Enfim, diante dessas posições contraditórias de dois espíritos que atuavam no mesmo grupo de cura, fica uma questão em aberto para posterior confirmação. É mais provável até que se confirme o seguinte: em se tratando de poderes emanados da espiritualidade, tudo é possível. Dependendo da ambiência encontrada pelos espíritos que se preparam para se materializar, eles podem necessitar da totalidade do ectoplasma do médium principal ou apenas de parte, coletando o percentual que falta na equipe de apoio mediúnico.

Mas seja como for, acredito que as informações sustentadas por Joseph Gleber indicam pelo menos um dado importante: qualquer que seja a percentagem do ectoplasma do médium principal utilizada para as materializações, a contribuição principal da assistência é a de doar ectoplasma para sustentar energeticamente a atuação dos espíritos fora da cabine mediúnica, onde se encontra o espaço mais adverso para suas atividades.

No entanto, para além dessa discussão, Joseph Gleber fornece[122] outras informações valiosas para se entender melhor essa interação entre ectoplasma e corpo astral, quando das materializações. Ele esclarece como ocorre a sintonia eletromagnética entre o campo perispiritual mediúnico e o corpo astral do ser extrafísico:

– A materialização é produzida através de um processo eletromagnético que permite obter um fluido neurocelular denominado por meus irmãos de ectoplasma. Pela lei das sintonias eletromagnéticas, seria impossível atrair o fluido do médium para o perispírito da entidade que se quer materializar, porque cada pessoa ou espírito possui um tipo de ectoplasma e de teor magnético (chamado de vibração, na Terra), e os corpos se atraem na medida do seu teor magnético. Para nós é possível, porque empregamos aparelhagem própria para sintonizar o campo perispiritual mediúnico ao do perispírito da entidade a ser materializada. Como são forças antagônicas, quando se juntam produzem lampejos. Tudo isso é praticado em questão de segundos. Tratando-se de uma necessidade para a materialização, o médium não é prejudicado pela luz, nesta hora, pois o protegemos com um elemento especial.

De fato, algumas vezes, no Lar de Frei Luiz, podem ser percebidos clarões quando se inicia o processo de materialização de um ser do astral. Eu não posso garantir que sempre ocorre esse fenômeno, pois existe uma grossa cortina escura, feita com três panos de algodão superpostos, que serve de "porta" da cabine mediúnica – um cubículo com divisórias de madeira onde fica deitado, em transe, o médium de efeitos físicos. Mas em determinadas reuniões, conseguimos observar, através da pesada cortina, lampejos mais fortes produzidos no início das sessões, como se ali dentro estivesse ocorrendo uma chuva de raios.

Tudo de forma silenciosa, pois os fenômenos luminosos das reuniões de materialização não produzem ruídos. Aliás, com a exceção de vozes espirituais e de pancadas nas divisórias de madeira da cabine de materialização e de estalares de dedos, quando um espírito deseja sinalizar algo, a fenomenologia de efeitos físicos nessas sessões não produz efeitos sonoros.

Outros ensinamentos da espiritualidade sobre esse momento tão sublime dão conta da necessidade de se proceder à ozonização do ambiente. No livro *Missionários da Luz*[123], ditado pelo espírito André Luiz a Chico Xavier, é revelado que o "ambiente para a materialização de entidade do plano invisível aos olhos dos homens requer elevado teor de ozônio". Esta relativa ozonização é indispensável por sua ação bactericida, "a fim de que todas as larvas e expressões microscópicas de atividade inferior sejam exterminadas".

Ensina ainda André Luiz, ao reproduzir aula que recebera de um instrutor espiritual, que o "ectoplasma, ou força nervosa, que será abundantemente extraído do médium, não pode sofrer, sem prejuízos fatais, a intromissão de certos elementos microbianos".

Por isso é que parte do ectoplasma que normalmente fica contaminada não retorna para o médium. A necessidade da limpeza do ambiente explicaria também porque, na maioria das vezes, os seres se materializam usando um véu ectoplasmático – que na verdade funciona como um manto para proteger o médium.

Ao filtrar as impurezas do ambiente, como cargas deletérias provenientes de enfermos, esse manto impede a contaminação do médium principal, o que prejudicaria sua saúde e poderia até mesmo matá-lo, em casos mais graves.

Aliás, ao longo da história, é provável que alguns espíritos tenham se materializado, na frente de muitas pessoas, usando mantos ectoplasmáticos. Trata-se da única explicação plausível que encontro para uma indagação que ronda minha mente desde que, criança, via desenhos na TV e lia histórias em quadrinhos de fantasmas. Afinal, por que os fantasmas em geral aparecem com uma espécie de lençol branco esvoaçante? Por que, desde tempos imemoriais, em lendas e folclores populares, essa tem sido a imagem predominante dos fantasmas? Para mim, essa resposta finalmente foi dada quando passei a freqüentar reuniões de materialização.

De fato, a fase experimental da fenomenologia de efeitos físicos confirmaria a presença, na maior parte das vezes, do uso desse manto. E dependendo das necessidades filtrantes, esse véu pode ser mais fino – quase translúcido – ou mais grosso. E pode mudar sua textura de um momento para outro, em meio a uma sessão.

Nesse sentido, lembro em particular de uma reunião de materialização no Lar de Frei Luiz em que Ronaldo Gazolla passou a descrever para nós, no escuro, como o manto do médico do espaço Frederick von Stein ia engrossando cada vez que passava junto dele, ao sair da cabine mediúnica rumo às macas de atendimento dos enfermos.

Mas de que são feitos esses mantos? Que produtos – da Terra ou do espaço – são empregados e, com o concurso de ectoplasma, materializados para formar uma capa protetora?

Para Paulo Larosa, esses mantos normalmente são confeccionados a partir do linhão – um tipo de linho grosso, não refinado – ou do cânhamo. Essa informação lhe foi passada, do astral, pelo seu guia espiritual Odar-Hammar, que foi conselheiro do faraó Akhenaton, no antigo Egito (século XIV a.C.).

Segundo ele, ao captar na natureza e processar os componentes desses vegetais, primos do algodão, os espíritos se valem da qualidade de escudo do linhão e do cânhamo. Tendo um tipo de trançado em xadrez, esses tecidos formam, entre seus nós, uma rede eletromagnética de proteção que barra energias negativas e, em contrapartida, facilita a passagem de energias luminosas, positivas, que inclusive possuam variações de temperatura.

São vegetais, afirma Larosa, que crescem em geral em terrenos pantanosos, possuindo em seu DNA a tendência de "absorver toda a podridão do charco", para "transformá-la num fruto de boa qualidade". Ou seja: além de não captar energias negativas, atraem positivas.

Qualidades que têm muito a ver com o fato de serem tecidos pesados, grossos, naturais. "Se você botar, por exemplo, um linho refinado, um algodão super-refinado, perde-se essa propriedade. É igual ao arroz: você debulhou, esfregou a casca numa pedra de moinho, lá se foi tudo de vitamina que tinha de bom."

O uso desse produto especial por espíritos materializados, para não prejudicar o médium, reforça algo fundamental que já descrevi: o médium e o espírito – ou até vários espíritos que se materializem simultaneamente – são como criador e criatura. Na verdade, estão unidos o tempo todo por um fino cordão fluídico, também à base de ectoplasma, saindo da altura do chácara do plexo solar. Cordão que não costuma ser visível a olho nu, mas apenas para médiuns clarividentes.

E uma maior concentração dos presentes, com pensamentos positivos, no sentido de harmonizar melhor o ambiente, só favorece essa relação dual. Uma concentração que permite a criação de ponte eficaz com as energias dos espíritos que atuam nessas sessões.

No relato de uma aula que recebeu no astral sobre a preparação de reuniões de efeitos físicos, publicado no livro *Nos Domínios da Mediunidade*[124], André Luiz revela o quanto seres do hiperespaço necessitam do apoio de boas vibrações para conseguir se materializar.

Segundo seu instrutor espiritual, nos círculos, "aliás raríssimos", em que as forças superiores e sutis do plano astral "encontram segura colaboração das energias" liberadas pelo médium e o grupo de apoio, "a materialização de ordem elevada assume os mais altos característicos, raiando pela sublimidade dos fenômenos".

E para se produzir uma ambiência a mais equilibrada possível, já ensinava Rocha Lima, é fundamental o respeito a regras rígidas de disciplina, para se dar sustentação energética aos fenômenos de efeitos físicos. Caso não haja campo energético adequado no espaço imediatamente fora da cabine de materialização, na sala onde se situa o restante dos presentes, o espírito começa a perder energia assim que se distancia do médium principal.

Joseph Gleber toca nesse assunto ao responder[125] sobre a causa de ser observada em algumas reuniões a diminuição da luminosidade própria dos seres astrais quando saem da cabine de materialização: "Como já disse, a luminosidade é um fenômeno fosfórico ectoplasmático; torna-se de alta intensidade no momento da materialização, quando os meus irmãos notam os lampejos luminosos na cabine. Em contato com a assistência, estas vibrações ectoplasmáticas luminosas são absorvidas, aos poucos, pelo meio ambiente; muitas vezes, logo que saímos da cabine, há uma grande queda na intensidade desta luminosidade. No caso do fenômeno em cores, também suas tonalidades ficariam enfraquecidas".

Por isso, são raros os momentos em que espíritos materializados podem se afastar em demasia do médium de efeitos físicos – a não ser que haja uma grande harmonia no ambiente. Para que isso ocorra, é necessário que o ser materializado encontre um campo de forças eletromagnéticas que lhe forneça sustentação apropriada e ele se sinta confiante para ir adiante. Quando isso se dá, às vezes o espírito pode alcançar distâncias surpreendentes.

No Lar de Frei Luiz, numa bela reunião de materialização, em 7 de julho de 2001, pudemos observar o médico do espaço Frederick von Stein caminhar por quase 12 metros de distância da cabine, para atender a uma mulher que, sentada numa cadeira, parecia estar tendo uma crise histérica. Algo inusitado, já que a experiência revela que, em geral, os espíritos materializados não se afastam mais do que cerca de cinco metros da cabine, presos que estão ao médium pelo cordão ectoplasmático.

Foi um episódio inesquecível porque demonstrou o quanto as pessoas, mentalizando de forma necessária, podem reverter a ambiência de uma reunião da água para o vinho. Afinal, antes de entrarmos na sala de materialização, o então presidente do centro espírita, Ronaldo Gazolla, havia advertido a todos que havia um clima pesado prejudicando a ambiência, criado a partir de intrigas, de fofocas de alguns integrantes do grupo.

De fato, já dentro da sala, logo surgiria – em meio à penumbra – um ser na porta da cabine de materialização. Era Pai Jeremias, um preto velho que costuma se materializar no Frei Luiz usando o corpo de uma encarnação que teve no Brasil como escravo. Na escuridão total, de onde eu estava não dava para vê-lo. Mas da porta da cabine, com voz firme e forte, Pai Jeremias – ao lembrar a importância da união entre todos – criticou duramente aquele comportamento que provocava uma divisão prejudicial dentro do centro, afirmando que "os irmãos" que persistissem naquela conduta divisionista iriam "se dar mal", sofrendo as conseqüências de seus próprios atos.

Em seguida, saiu da cabine o médico do espaço Frederick von Stein. Apesar do escuro, identifiquei-o logo porque trazia na mão um aparelho curativo com pequeno foco de luz piscando na ponta. Com sotaque alemão, o médico do espaço pediu então que todos orassem por um integrante do grupo que estava doente.

Aquele momento delicado de chamamento à razão funcionou a contento. Ato contínuo, Frederick começou a caminhar pelo espaço que divide, em dois blocos iguais, as 90 cadeiras nas quais se acomoda a maior parte dos presentes. Numa das últimas cadeiras, se encontrava a mulher que começara a ter convulsões, chorando sem parar. Frederick foi até ela, tratando-a com seu aparelho curativo, de onde jorravam luzes astrais.

Segundos antes, ao passar perto da cadeira onde eu estava, seu corpo emitia uma luz branca tênue – e pude observar, mesmo na escuridão, a presença de uma forma "humana" sob um manto semitransparente. Um corpo alto e esguio, diferente do de Gilberto, que é mais corpulento.

Foi sublime.

Esse é um dos grandes segredos para o sucesso de uma reunião de materialização: uma ambiência harmônica. Gazolla costumava me repetir sempre isso quando comentava episódios que testemunhava nesses trabalhos de cura, realizados em manhãs de sábado:

– Às vezes, as pessoas estão chegando e, do vestiário, quando há desarmonia, quando discutem ou quebram regras de disciplina, o médium sente lá na cabine de materialização. E a gente vê o que acontece dentro da cabine. Uma série de fenômenos. Às vezes, o médium precisa sair para o banheiro com uma súbita diarréia, devido a cargas recebidas, voltando depois para dentro. Ora, quando um espírito sai da cabine, ele está à mercê das forças de pensamento do ambiente. Então, aquela base tem que ser coesa, tem que estar muito bem preparada, porque o espírito só se afasta da cabine quando encontra condições de vibração. Se ele se afastar muito da cabine, o médium pode sofrer conseqüências muito graves lá dentro, porque através dos pensamentos que possam ser emitidos ali, pode-se trazer grande perigo para a vida do médium. Se o espírito se afastar até determinada distância da fonte máxima, que é o médium, este pode receber aquelas vibrações e sentir no próprio espírito, no próprio corpo, porque grande parte dele está ali naquela materialização.

Eu havia, portanto, testemunhado um episódio marcante que ensinava, na prática, a importância de se ter responsabilidade, de se cumprirem regras.

Aliás, uma das falhas mais comuns do caráter humano é ficar culpando os outros por erros cometidos, antes mesmo de se analisarem os próprios defeitos e vacilações. Costumo dizer, a esse respeito, que antes de falar mal dos outros, precisamos primeiro aprender a falar mal de nós mesmos. Mas, infelizmente, quase nunca seguimos essa regra.

Assim, nos casos de reuniões de materialização que fracassam ou apresentam alguma falha grave, é comum se culpar imediatamente o médium de efeitos físicos. Como se ele fosse o grande – e único – responsável por tudo de ruim que venha a acontecer.

No entanto, pode não ser bem assim – cabendo a culpa aos presentes. E mesmo que o médium esteja com problemas, sem preparo adequado, se o grupo de apoio não se conscientizar sobre a importância de agir com harmonia coletiva, para ajudá-lo a superar eventuais problemas, mais cedo ou mais tarde as sessões fracassarão. Com a palavra, o físico do espaço Joseph Gleber:

– As pessoas presentes à reunião, como já disse várias vezes, são elementos curadores para o tratamento, fornecem energia para que tenhamos capacidade de trabalhar, fornecem elementos celulares ectoplasmáticos vibracionais que nos dão condições de trabalhar. Para a retirada desses elementos é que são usados esses processos magnéticos de identidade vibracional. Para isso é que nós necessitamos de paz, de harmonia e de união. Para isso é que nós necessitamos de fraternidade, para termos uma só vibração e nos facilitar a reunião das forças de todos os elementos dos assistentes. Um elemento dissonante, quer dizer, uma vibração dissonante, não irá fornecer a força que nos sirva, irá nos obrigar a gastar energia para isolá-la a fim de que a sua energia dissonante não venha a atrapalhar nossos trabalhos.

A história ensina: o processo de formação de um grupo de efeitos físicos é lento e demorado. Antes de tudo, porque somos cheios de imperfeições e, arrogantes, vaidosos, nos achamos perfeitos, não tolerando os erros dos outros – mesmo que erros pequenos, localizados, que, com um pouco mais de bom senso, poderiam perfeitamente ser relevados.

Infelizmente, porém, preferimos em geral o caminho da crítica, da acusação, da negatividade. E o pensamento, acredite, tem uma força fenomenal, podendo tanto construir quanto destruir uma obra, a reputação, a saúde de alguém.

A verdade é que todos nós temos qualidades e defeitos. Uns mais, outros menos. E um grande defeito da humanidade é apontar, quase sempre em primeiro lugar, o defeito do outro. Critica-se antes de elogiar. Mas achar defeitos no vizinho é sempre mais fácil. Difícil mesmo é apontar qualidades.

Mas elas existem. E o mundo seria muito, mas muito melhor, se procurássemos, antes de tudo, destacar as qualidades do próximo. Destacar as qualidades, não os defeitos.

Quem for realmente espiritualizado, não da boca para fora, mas do fundo do coração, deve começar a praticar essa máxima dentro de casa, com a mulher, o marido, os pais, os filhos. Enfim, praticar o que fala.

Prática que precisa ser estendida ao mundo, dando o exemplo nas ruas, na vizinhança, no trabalho, no lazer, no clube de esquina, no grupo religioso. Sem hipocrisias. Por mais difícil que seja, as pessoas precisam procurar destacar os aspectos positivos dos outros. Mesmo que alguém apresente mais aspectos negativos do que positivos.

É difícil, mas precisamos tentar, com sinceridade no coração. Só então estaremos preparados até para criticar os defeitos dos outros, porque dessa maneira faremos críticas tolerantes, construtivas, como a de um pai ou de uma mãe que deseja o melhor para seu filho, por mais desvirtuado que ele esteja.

As casas espíritas e espiritualistas de um modo geral precisam dar o exemplo dessa nova conduta, em prol de um mundo melhor. Infelizmente, porém, em pleno século XXI, boa parte ainda continua dividida com fofocas, críticas inconseqüentes, comportamentos inadequados, brigas tolas pelo poder.

Aliás, nada mais natural, devido ao nosso estágio evolutivo. Mas se esse lado negativo se faz presente – a despeito de um lado positivo fabuloso, de ajuda ao próximo –, mesmo após a psicanálise e tudo que se debateu, no século XX, sobre as relações sociais, ambientais e humanas, imagine qual não era o panorama na segunda metade do século XIX, quando as sessões de efeitos físicos começaram a se expandir?

DIETA ESPECIAL

Um dos casos mais famosos da literatura espírita de médiuns que sofreram com o despreparo de alguns, em reuniões de materialização, é o da artista plástica inglesa Elizabeth Hope (1849-1918), que trabalhava sob o pseudônimo de Mme. d'Espérance e que, no final da vida, escreveria sua autobiografia, *No País das Sombras*[126].

Numa época em que ainda pouco se sabia das conseqüências para um sensitivo de determinados comportamentos, seu testemunho foi fundamental para que se aperfeiçoassem normas para a realização dessas sessões.

O mais importante, no seu caso, era que d'Espérance tinha uma qualidade rara nesse tipo de mediunidade: passava o tempo todo acordada, e não em transe. Pôde assim relatar, com mais objetividade, o que sentia no momento mesmo em que os espíritos materializados enfrentavam algum tipo de transtorno, de dificuldade.

Em março de 1890, após uma série de reuniões que promovera a fim de se obterem fotos de espíritos materializados – à luz de magnésio –, a médium inglesa começaria a se conscientizar da causa de alguns problemas que sempre sofrera, desde que iniciara sua missão mediúnica.

Ela relata como, primeiramente, percebeu que "a luz agira dolorosamente" sobre seus nervos, "tornados demasiado sensíveis durante as sessões". Lembra que "ficava, mais ou menos, sofrendo de náuseas e vômitos depois das sessões de materialização", mas achava que eram conseqüências naturais desses encontros – embora nada sofresse quando estava rodeada apenas por membros de sua família ou de crianças.

– Durante as sessões de fotografia, esses incômodos aumentaram a tal ponto que eu ficava geralmente, por um ou dois dias depois de cada reunião, em estado de completa prostração, e, como todos os sintomas eram os de um envenenamento pela nicotina, fizemos experiências e descobrimos que nenhuma dessas sensações se manifestava quando as pessoas presentes não tinham o hábito de fumar. Do mesmo modo, quando pessoas enfermas faziam parte do círculo, invariavelmente eu sofria nas horas que se seguiam. A companhia de pessoas que tinham o hábito de beber álcool causava-me um mal-estar quase tão desagradável como o que era provocado pelos fumantes.

Elizabeth d'Espérance havia descoberto algo que, com o tempo, seria visto como importantíssimo: quando o corpo se apresenta carregado de impurezas, não só pelo álcool ou pelo fumo, mas pela carne vermelha e até de frango, o ectoplasma expelido carrega elementos deletérios que podem contaminar gravemente o ambiente – indo atingir, em cheio, o médium de efeitos físicos.

Não é à toa que no Lar de Frei Luiz, sob orientação da espiritualidade, o fundador Rocha Lima sempre foi exigente nessa questão: 72 horas antes das reuniões de materialização, nada de carnes – a não ser peixes e frutos do mar –, fumo e bebida. Ao contrário, devia-se comer muito verde e frutas, para limpar e energizar o organismo, estimulando a produção de ectoplasma.

No campo espiritual, nada é por acaso. Os alimentos e outros produtos provocam reações diferenciadas em nosso organismo, que, em alguns casos, precisam ser evitadas.

A carne vermelha, por exemplo. Um dia perguntei ao professor Paulo Larosa por que, afinal, do ponto de vista da química do corpo, essa carne é prejudicial para as reuniões. "A carne vermelha tem fundamentalmente a adrenalina", disse.

O animal percebe quando vai para o abate. Instintivamente reage à morte iminente despejando adrenalina no corpo, que é fabricada em sua hipófise. Esse hormônio, por sua vez, fica concentrado no plasma sangüíneo. Como a carne tem muito sangue, fica toda carregada, toda envenenada de adrenalina. Metabolizada pelo corpo da pessoa que ingere carne vermelha, a adrenalina transforma-se em amônia, gás venenoso que acaba, pela corrente sangüínea, contaminando as células que produzem ectoplasma.

Uma reunião com ectoplasma carregado desse produto químico – que de tão forte é usado para limpeza ou para acordar alguém desfalecido – irá dificultar a ação dos espíritos, já que precisarão gastar mais energia para se materializar e fazer a higienização necessária do local. Poderá também atingir o médium que, através de seu próprio ectoplasma, corre o risco de receber energias deletérias do ambiente, concentradas em outros ectoplasmas contaminados.

O coronel-aviador da reserva Paulo Ruy Portella, que deixou de comer carne vermelha aos 25 anos, me chamou a atenção também para outro dado importante, não propriamente físico: ao comer um tipo de carne carregada de sangue, a pessoa passa a alimentar seu corpo astral com um elemento mais denso, pesado, mais terra a terra. Começa assim a vibrar energeticamente de forma menos sutil do que, por exemplo, um vegetariano.

No fundo, isso remete à importante questão de que aqueles que consomem elementos pesados, deletérios, como carne vermelha ou álcool em excesso, acabam atraindo em torno de si, como uma antena, espíritos de energia mais densa, que sempre procuram ficar ligados a esses tipos de produtos.

Já com a carne de peixe não ocorre essa contaminação excessiva – o que também, conseqüentemente, tornará mais leve o corpo astral da pessoa. Em primeiro lugar, o peixe tem muito menos sangue para concentrar adrenalina. Além disso, ao ser pescado e se debater, pressentindo a morte iminente, descarrega para o ar boa parte da adrenalina produzida, através das guelras. Ao final, tem-se uma carne com muito menos adrenalina – e, portanto, muito menos amônia – do que a de boi.

Além do seu porte muito maior, implicando numa maior quantidade de sangue, o boi em geral não consegue nem liberar muita adrenalina para o exterior, através dos poros, porque não consegue se debater, espremido no corredor da morte.

Mas no meio termo entre as duas ficaria a chamada carne branca de frango ou de peru. Contendo mais sangue que a de peixe, mas menos do que a de boi, essa carne também é rejeitada para as reuniões de materialização – admitindo-se, porém, seu uso antes das sessões de cura por espíritos incorporados em médiuns.

O fumo e a bebida alcoólica, por sua vez, são outros exemplos de ação nefasta. Por quê? Bem, os malefícios do fumo – com seus componentes químicos que provocam câncer e outras moléstias graves – para o organismo humano e, conseqüentemente, para o ectoplasma, já são evidentes. O álcool também não fica atrás nessa ação nefasta.

– Se você beber álcool antes de uma reunião, toda a energia ectoplasmática potencializada nas células será grandemente diminuída. O álcool vai fazer uma expurgação daquela energia na extremidade das células – diz Paulo Larosa, informando que, do ponto de vista de sua estrutura química, o álcool é liberador de energia.

Com o corpo impregnado de álcool, as energias de qualquer alimento consumido por alguém serão rapidamente eliminadas. Cálcio, fósforo e outros importantes elementos constituintes do ectoplasma são como que lavados do organismo pela ação da bebida. O álcool libera rapidamente nutrientes essenciais para a sobrevivência do corpo.

É aquela velha história: quem bebe muito não tem energia para nada. É um ser descarregado para a vida – e ainda cheira mal, devido à evaporação dessa substância deletéria para o ambiente. Dessa forma, portanto, eliminará a energia necessária para a formação ectoplasmática. Além do mais, ao impregnar o ectoplasma de quem bebeu, o efeito nocivo do álcool atingirá, por tabela, o organismo do médium.

Por outro lado, sempre que alguém consome produtos prejudiciais ao organismo, como drogas legais e ilícitas – cigarro, maconha, álcool, remédios fortes, cocaína etc. –, acaba não só contaminando o ectoplasma do médium, como atraindo os chamados espíritos vampirizadores, que vêm em busca de emanações fluídicas negativas, que lembram seus vícios na Terra. São seres densos, pesados, que desarmonizam o ambiente.

Rocha Lima adotava tratamento especial para o viciado que fosse designado para uma materialização. O médium Gilberto Arruda lembra que o fundador do Lar de Frei Luiz tinha uma determinação rígida: o enfermo passava por 15 sessões de desobsessão e depois – após avaliação do próprio Rocha Lima, intuído pela espiritualidade – por 15 sessões de cura por incorporação de espíritos. Depois, nova avaliação. Só então poderia ser liberado.

Quanto àquele que tivesse consumido ocasionalmente um cigarro de maconha ou mesmo que fumasse diariamente cigarros comuns, Rocha Lima poderia até, se fosse um caso de emergência – e após ouvir a espiritualidade –, liberá-lo para uma materialização se cumprisse dieta de 72 horas.

No entanto, esses cuidados em relação a consumidores de drogas tinham a ver com outros tempos, outros problemas sociais. Ainda não havia se disseminado, por exemplo, o uso da cocaína nem de drogas como o ecstasy. Gilberto recorda assim de um tempo em que, quando lidava com essa questão, Rocha Lima se referia à maconha e não à cocaína e outras drogas químicas pesadas.

Então, qual seria a regra mais adequada para lidar com um enfermo com histórico – mesmo que eventual – de consumo de remédios pesados, de cocaína e de ecstasy, entre outras drogas químicas que mexem demais com a consciência? Ou mesmo para lidar com um consumidor mais do que eventual de maconha? Qual seria o tempo mínimo de abstinência para que alguém assim pudesse entrar numa sessão de materialização?

Um indicativo do tempo mínimo necessário de dieta para esses casos pode ser tirado da experiência da dianética – trabalho de atendimento psicológico desenvolvido pelo norte-americano L. Ron Hubbard (1911-1986). Em relação a consumidores eventuais de tranqüilizantes e drogas como maconha e cocaína, ele recomendava abstinência de pelo menos uma semana – tempo suficiente para que o paciente não apresentasse cansaço mental e dificuldades de raciocínio, para não prejudicar assim o bom andamento da terapia. Já os viciados em alto grau teriam que ficar pelo menos 45 dias sem consumir drogas.

A dianética é uma técnica terapêutica de regressão de memória – em que o paciente eventualmente acessa vidas passadas. Portanto, incentiva pontes com o mundo espiritual. Assim, sua condição prévia para tratar dependentes químicos ou eventuais consumidores de drogas me parece adequada para ser seguida nos casos de enfermos de mesmo perfil que tenham a oportunidade – um presente da espiritualidade! – de ir a uma materialização.

E do jeito que a nicotina impregna o corpo do viciado em cigarros, eu particularmente aconselharia – por questões de segurança – que esse tipo de enfermo parasse de fumar pelo menos uma semana antes – e não apenas 72 horas – de uma sessão de materialização.

Mas independentemente das normas que devem ser seguidas por cada participante, existem efeitos externos que também podem prejudicar – e muito – as materializações. A luz branca, por exemplo, é um grave problema.

Não que as reuniões de efeitos físicos não possam ser realizadas no claro – mas não é o ideal. A luz elétrica e a luz solar, principalmente, queimam o ectoplasma. Melhor dizendo, desagregam. A luz elétrica é quente, a solar mais ainda. Antes de se condensar, para materializar o corpo astral, o ectoplasma se encontra em estado gasoso. E gás se expande, desagrega-se com o calor.

Além disso, a luz branca é a síntese das cores do espectro do arco-íris. Reúne, portanto, todas as freqüências das ondas eletromagnéticas que formam as cores do dia-a-dia que podem ser vistas pela retina – da mais quente, o vermelho, à mais fria, o violeta. A luz, em suas várias gradações, pode fazer estragos desagregadores não só no ectoplasma, como em outros elementos naturais.

O espírita francês Léon Denis, em seu livro *No Invisível*[127], lembra que aqueles que observam a natureza "sabem que as ondas luminosas perturbam a formação do ser em seu período de gestação. Todo gérmen, todo corpo, seja vegetal, animal ou humano, deve constituir-se nas trevas, antes de aparecer à luz do dia. A fotografia é obrigada a operar em condições análogas".

Já na época em que Denis viveu, na virada do século XIX para o XX, as experiências com a telegrafia sem fio confirmavam essa ação prejudicial da luz solar. "Segundo uma comunicação do sr. Marconi à Sociedade Real de Londres, está verificado que as ondas hertzianas se transmitem melhor à noite que de dia; o nascer do Sol produz grande perturbação nas transmissões."

Mais tarde, se compreenderia o porquê desse fenômeno: a ionização da atmosfera, provocada principalmente durante o pôr-do-Sol, dificulta as transmissões eletromagnéticas.

Existem críticas recorrentes de céticos sobre o não uso de luzes nessas reuniões, como se fosse um artifício para a fraude. Nada mais tolo. Até porque nem todas as sessões são realizadas no escuro.

Por outro lado, como apontou Denis, antes do advento da máquina fotográfica digital, a revelação de um filme demanda a escuridão no laboratório.

E por acaso isso seria indicativo de alguma fraude? Não. Apenas alguns experimentos, para acontecer, têm que ser promovidos no escuro. Nada mais natural. Cada um com a sua regra particular.

Nas reuniões de materialização, embora o uso de luzes seja em princípio prejudicial, prefere-se, quando necessária alguma iluminação parcial na sala, a de cor vermelha. A freqüência do vermelho é a mais baixa do espectro do arco-íris. Sendo a de menor freqüência, mais longas e suaves são suas ondas eletromagnéticas, danificando menos o ectoplasma.

Mas, mesmo assim, não deixam de prejudicar o ectoplasma, como concluiu Rocha Lima, que passou a utilizá-la numa intensidade mais baixa e apenas em poucos momentos das reuniões no Lar de Frei Luiz. Ali, em meio ao breu total, só se usa luz vermelha – assim mesmo bem tênue, fraquinha – quando alguém é conduzido de um lado para outro da sala, antes que qualquer espírito saia materializado da cabine mediúnica.

Uma luz natural fria – a da Lua, com sua luz indireta vinda do Sol, é o melhor exemplo – pode ser usada com sucesso numa reunião de materialização, desde que à baixa intensidade e com um médium bem treinado. Em seu livro *Memórias de Um Presidente de Trabalhos*[128], Rocha Lima, do alto de sua experiência, analisa essa questão:

– A ação prejudicial da luz sobre as formações ectoplásmicas nada tem a nos surpreender. Sabe-se que a luz é, nitidamente, abiótica para os microorganismos e que ela parece, mesmo, prejudicar a organização das formas primordiais. A luz vermelha mostrou-se nas materializações tão prejudicial quanto a luz branca. Se ela parece ser menos prejudicial, é simplesmente porque é menos forte. Em intensidade igual, a luz vermelha não é preferível à luz branca, e tem a grande desvantagem de deformar e alterar a visão. A experiência tem mostrado que a luz menos prejudicial à ectoplasmia é a luz fria e desprovida de irradiações químicas.

Rocha Lima registra então uma análise do pesquisador francês Gustave Geley em defesa do uso da luz fria: "A claridade da Lua realiza muito bem este ideal e, de fato, pode-se obter, como o sábio William Crookes observara, magníficas sessões à luz da Lua".

Como permanecia acordada durante as sessões, a inglesa Elizabeth d'Espérance também lançaria luzes sobre a razão de a espiritualidade preferir trabalhar com médiuns de efeitos físicos em transe, dormindo, inconscientes do que se passa fora da cabine de materializações. Antes de tudo, é necessário se preservar a saúde mental do sensitivo e a vitalidade material do espírito que participa dos trabalhos. Os pensamentos do médium, quando acordado, acabam interferindo na forma e na consistência das materializações.

É o que fica evidente ao se analisarem algumas reuniões relatadas em *No País das Sombras*[129]. Quando das primeiras aparições de um espírito que se identificou como Walter, a médium recorda que tinha desejo de sair do gabinete de materialização, curiosa em observar sua criatura espiritual passeando entre os presentes, mas sentia-se "estranhamente inerte e apática". Sem sono, seu cérebro "estava mais acordado e ativo do que nunca", com os pensamentos e as impressões sucedendo-se nele "com a rapidez do relâmpago". Sons que "sabia produzidos a distância, pareciam ferir de perto" seus ouvidos.

Mais tarde, ela descobriria que seu estado "não era somente o da indiferença ou da inércia", pois estava "completamente sem energia e, se procurasse fazer um grande esforço, obrigaria invariavelmente as formas materializadas a se recolherem ao gabinete, privadas do poder de sustentarem-se; esse fato, porém, como muitos outros, não podia ser aprendido sem o sofrimento".

Em outro trecho, ela revela o quanto se sentia umbilicalmente ligada aos espíritos que ajudava a materializar, como no caso de uma mulher que se identificava como Iolanda. "Parecia existir entre nós um laço estranho", define, acrescentando que a entidade surgia independentemente de sua vontade, mas que, no momento em que se achava presente, "sua curta existência material" dependia da vontade da médium – que, em contrapartida, perdia sua força e poder de agir.

– Perdia também uma grande parte da minha substância material, embora na ocasião não desconfiasse disso. Sentia em mim uma transformação qualquer, e é curioso que todo esforço da minha parte para pensar com lógica e seguir o encadeamento de um raciocínio parecia molestar e enfraquecer Iolanda. Ela possuía mais força e vida, quando eu tinha menos inclinação a pensar e raciocinar; mas, o meu poder de percepção crescia a ponto de causar-me dor, não física, mas mental. Meu cérebro tornava-se uma espécie de galeria onde os pensamentos dos outros tomavam corpo e soavam como um objeto material. Se alguém sofria, eu sentia o eco do seu sofrimento; se alguém estava fatigado, aborrecido, eu experimentava instantaneamente o mesmo sentimento. A alegria e o sofrimento faziam-se de algum modo perceptíveis em mim, e eu, sem poder dizer quem isso sentia, ficava sob o domínio de tais impressões.

Para piorar, a médium "sentia penosamente que qualquer acidente ou imprudência" da parte do espírito repercutiria imediatamente sobre ela. Quando Iolanda passeava pela sala, ela às vezes tinha "uma vaga inquietação".

E se esse sentimento de ansiedade tomava realmente a forma de um pensamento, Iolanda se via forçada a entrar no gabinete onde se achava Elizabeth d'Espérance. Vinha "contrariada e, às vezes, com uma petulância infantil" – o que demonstrava que o pensamento da sensitiva exercia "uma influência dominadora sobre os seus atos" e que o espírito somente voltava ao gabinete "quando não mais se sustentava a si mesma".

Certa vez, quando se preparava para mudar da Inglaterra, a médium passou por "uma experiência amarga". Numa reunião de materialização, Iolanda foi agarrada inesperadamente por um homem que, sentindo-se ludibriado, achou que era d'Espérance quem passeava pela sala e tentou desmascarar a impostora. Foi um choque terrível:

– O que experimentei foi uma sensação angustiosa e horrível, como se me quisessem sufocar oú esmagar, como se eu fosse uma boneca de borracha violentamente apertada nos braços de uma pessoa. Depois, senti-me invadida pelo terror, constrangida pela agonia da dor; julguei que ia perder a razão e precipitar-me num abismo medonho, onde nada via, nada ouvia, nada compreendia, a não ser o eco de um grito penetrante que parecia vir de longe.

Com a sensação de que estava caindo, ela desmaiou. Após a sessão, ficaria em "penoso estado de prostração", sem conseguir se mover. "Sentia que pouca vida restava em mim, e esse sopro de vida era para mim um tormento. A hemorragia pulmonar, que durante a minha estada no Sul fora aparentemente curada, reapareceu, e uma onda de sangue quase me sufocou. Dessa sessão resultou para mim uma longa e grave enfermidade, que fez demorar por muitas semanas a nossa partida da Inglaterra, pois que eu não podia ser transportada."

Sem o saber, a sensitiva inglesa havia experimentado as conseqüências danosas do retorno abrupto do ectoplasma – que ajudara a materializar o espírito – para seu corpo.

Em outra ocasião, d'Espérance relata um sentimento angustiante de perda de identidade. Outro fato não muito comum em se tratando de médiuns de efeitos físicos em sessões à base de ectoplasma, ela não só ficava desperta, como também, com o passar do tempo, passou até a sair do gabinete.

E numa dessas reuniões, na Noruega, se materializaria uma menina de nome Ana. De repente, a garota foi identificada por uma participante como sendo sua filha, que morrera há tempos. A mãe se levantou então e correu para abraçar a filha querida, aos gritos: "Ana, ó Ana!, minha filha, meu amor!" Em seguida, outra mulher, irmã da menina, também correu para abraçá-la. Houve soluços, lágrimas e louvações a Deus. O que se passaria então na mente da médium deixaria profundas marcas em sua psique:

– Eu sentia o meu corpo puxado, ora para a direita, ora para a esquerda, e tudo se tornou sombrio a meus olhos. Experimentava a sensação de ser abraçada por alguém, e, entretanto, achava-me só na minha cadeira. Sentia que o coração de alguém batia de encontro ao meu peito, que tudo isso se estava dando, ao passo que junto a mim apenas se achavam duas crianças. Ninguém pensava em mim; todos os pensamentos, todas as vistas convergiam para a branca e delicada figura cercada pelos braços de duas mulheres de luto.

– Eu sentia distintamente pulsar o meu coração, e, entretanto, que braços eram esses que me cercavam? Jamais tive consciência de um contato tão real, e comecei a perguntar a mim mesma quem era eu. Seria aquela branca figura ou a pessoa assentada na cadeira? Seriam minhas as mãos que rodeavam o pescoço da dama idosa, ou só eram minhas as mãos que descansavam nos joelhos da pessoa sentada na minha cadeira?

– Certamente eram meus os lábios que recebiam os beijos, era meu o rosto que eu sentia regado pelas lágrimas abundantes das duas velhas damas. Como se dava isso? Era horrível o sentimento de perder assim a consciência da minha identidade. Desejei erguer uma das mãos do corpo que se achava na cadeira e tocar em alguma coisa, a fim de saber se eu existia realmente ou se era somente a vítima de um sonho; desejei saber se Ana era eu, se a minha personalidade e a dela eram a mesma coisa.

– Sentia os braços trêmulos da velha, os beijos, as lágrimas e as carícias de sua irmã; ouvia sua bênção e, entregue a uma verdadeira agonia de dúvidas e angústias, perguntava a mim mesma que tempo duraria isso, por quanto tempo continuaria esse estado.

– Eu seria Ana ou Ana seria eu?

As lembranças dessa reunião atormentaram-na "cruelmente". Esse caso, o ataque que Iolanda sofrera e outros incidentes em sua carreira mediúnica chegaram a fazê-la interromper por algum tempo as sessões de materialização, para melhor estudar e refletir sobre os fenômenos espirituais.

Essas experiências tormentosas se constituem em mais uma forte evidência do quanto os espíritos materializados dependem do médium de efeitos físicos – e o quanto estes também precisam ficar protegidos, de modo que ninguém toque ou faça qualquer movimento brusco contra os seres astrais, sob pena de provocar danos graves à saúde física e psíquica do sensitivo.

Portanto, um dos objetivos do transe mediúnico é atender à necessidade de se manter a mente do médium tranqüila, evitando que seus pensamentos atrapalhem a ação dos espíritos materializados. Além de servir para revigorar as forças do sensitivo.

O médium Gilberto Arruda, por exemplo, nas sessões do Lar de Frei Luiz, permanece inconsciente. Algumas vezes, chega a se lembrar de ter seu corpo astral desdobrado, "descolado" de seu corpo físico e, em viagem astral – sempre unido ao seu corpo físico, por um cordão de prata –, ser encaminhado a esferas espirituais sublimes, onde se encontra, para recarregar suas baterias energéticas, com seus guias protetores, como o próprio Frei Luiz.

– Eu deito, é um torpor tremendo, fico preso na cama. Aí entra o sono mediúnico e apago. Não sinto nada, não vejo nada. O que eu posso lembrar, às vezes, quando a sessão está muito boa, é que eles me desdobram, fazem um campo espiritual, me mandam para um hospital espiritual, onde vejo meu pai, minha mãe, um lugar lindo, como se fosse assim um campo bonito, claro, com muito espaço. Depois eu volto de novo.

Sua descrição dessas viagens lembra a de pessoas que vivenciam experiências de quase-morte, em que se vêem presas a um cordão de prata, unido ao corpo físico – existindo um limite dimensional, uma fronteira, de onde não se permite que passem, pois não voltariam mais para viver na Terra. Da mesma forma, Gilberto diz que fica ligado ao seu cordão de prata. "Eu sinto como se quisesse sair que nem um balão, mas não passo dali."

Não passa e acaba retornando ao corpo físico, ao final das sessões. No entanto, esta volta ao tempo presente às vezes é sufocante. Quando boa parte do ectoplasma que havia desprendido para as materializações retorna ao seu corpo, ele costuma ser acometido por tosses violentas, engasgando até.

Por isso, como forma de revigorá-lo, momentos antes do seu despertar, é possível algumas vezes observar – após a cortina da cabine ser aberta pela espiritualidade – médicos do espaço atuando em seu corpo com aparelhos curativos emitindo jatos de luminosidade variada, principalmente azul claro, cor cuja freqüência vibratória acalma, tranqüiliza.

Já presenciei também cenas das mais sutis e belas: fachos de luz azul celestial sendo projetados do teto do gabinete em cima do corpo de Gilberto, para que ele recuperasse parte das energias gastas. Tive a oportunidade de testemunhar esse fenômeno várias vezes, mas na reunião de 12 de novembro de 2002 algo especialmente forte aconteceu.

A sessão estava sendo presidida pela farmacêutica e bioquímica Helena Mussi Gazolla, que acabara de assumir a presidência do centro espírita em substituição ao marido, Ronaldo Gazolla, que havia feito a passagem. Já no início, antes de entrarmos na sala de materialização, pressenti que as vibrações estavam boas. Não sei explicar como isso se dá, mas muitas vezes, logo que chego na casa onde são realizadas as reuniões de materialização, pressinto se o clima energético do ambiente está pesado ou não.

Nesse dia, fui invadido por uma leveza no ar e, a seguir, Helena avisaria a todos nós que a ambiência dentro da sala era "a melhor possível" e que, inclusive, havia testemunhado uma projeção de luz saindo do abdômen e das pernas de Gilberto Arruda.

Entramos. Dezoito enfermos seriam atendidos pelo médico do espaço Frederick von Stein. Ao final dos trabalhos, uma das cenas mais lindas que já vi na vida se descortinou a minha frente. Estava sentado na terceira fila de cadeiras, a uns cinco metros da entrada da cabine de materialização, quando, de repente, naquela escuridão total, em que não se via um palmo à frente, comecei a notar um grande volume de ectoplasma esbranquiçado formando-se junto à entrada do gabinete.

Percebi logo, pela experiência, que algo de especial iria acontecer. Aberta a cortina por algum ser do astral, pude observar espetáculo de rara beleza: uma "chuva" de luz azul curativa – um azul que lembrava a tonalidade de um lindo amanhecer – banhava o corpo do médium. Do ângulo em que me encontrava, pude observar bem de onde partiam aqueles jatos de luzes: junto ao teto da cabine, se formaram pequenos aglomerados de ectoplasma, semelhantes a nuvens no céu – só que azuis. E dali despencou aquela "chuva" de luzes.

A imagem mais apropriada para descrever o fenômeno seria essa mesmo: uma "chuva" de luzes. Não que as luzes se precipitassem feito gotas de água. Mas me vem à mente a imagem de quando observamos no horizonte distante – por exemplo, em alto mar – uma pancada de chuva forte. A torrente de água não se precipita como num bloco monolítico, mas em faixas verticais de tonalidades diferenciadas, algumas mais escuras, outras mais claras, denunciando a variedade de densidades das partes das nuvens carregadas que vão se liquefazendo no céu. O coronel-aviador reformado Paulo Ruy Portella faz uma analogia simbólica que descreve bem essa cena: "Parece com a água caindo de um regador gigante".

E lá estava eu, vendo jatos luminosos – de um azul celestial – precipitando-se de pequenas formações de nuvens ectoplasmáticas sobre Gilberto. Foi lindo!

Diante do sublime espetáculo, minha reação imediata foi pensar: gente, o mundo espiritual existe! Que privilégio poder constatar essa realidade com meus próprios olhos!

Esses banhos revigorantes não são propriamente uma raridade nessas reuniões, pois em boa parte das que tenho participado podemos observar, ao final, um vai e vem frenético de luzes dentro da cabine – cuja claridade, de tão intensa, ultrapassa o tecido grosso da cortina escura que serve de porta do gabinete mediúnico. Não muito comum, porém, é podermos vislumbrar essas luzes diretamente, quando algum espírito abre a cortina. E nesses casos, já testemunhei banhos curativos de luzes que vão do azul ao branco.

Algumas vezes, ao término de uma sessão, os fenômenos luminosos são tão fortes e inusitados que chegam a brotar do próprio corpo de Gilberto Arruda.

Na reunião de 21 de agosto de 2004, o jornalista Luiz Petry, editor-executivo do programa Fantástico, da Rede Globo de Televisão, teve a rara oportunidade de observar um desses momentos sublimes. A cortina se abriu e luzes começaram a surgir dentro da cabine.

De onde eu estava, mais para o meio de uma fileira de cadeiras, não consegui divisar bem o fenômeno. Mas Petry, sentado na ponta de uma das fileiras, quase numa linha reta em direção à entrada da cabine, pôde enxergar o vulto do corpo de Gilberto deitado numa maca. Do teto, era emitida uma luz azul de pouca intensidade. Mas do abdômen do médium brotava uma luz mais forte, com determinado grau de inclinação, que se chocava contra a parede de madeira do fundo do gabinete. "Não sei bem como descrever essa luz. Era como se fosse uma combinação de vermelho e azul. Era um vermelho-azulado", afirma Petry.

Não pense, porém, que fenômenos especiais de luzes como esses são suficientes para revigorar completamente as energias do médium Gilberto Arruda. Apenas indicam que o desgaste do organismo do sensitivo é de tal monta que, algumas vezes, se faz necessária uma reenergização maior. Mas a verdade é que, invariavelmente, ele sai exausto das sessões de materialização. "Fico com muito sono, durmo o dia inteiro. Não tenho ânimo para nada."

DESMATERIALIZAÇÃO DE MÉDIUNS

A inglesa Elizabeth d'Espérance também ficava esgotada. Difícil fazer qualquer tipo de comparação com o que sente Gilberto Arruda, mas provavelmente as agruras físicas e psicológicas da médium eram muito maiores, porque a tudo vivenciava acordada, consciente.

Numa série de perguntas que lhe fez o pesquisador russo Alexander Aksakof, publicada no livro *Um Caso de Desmaterialização*[130], ela responde que sempre sentia no corpo quando Iolanda tocava em alguém ou, ao contrário, era tocada por uma pessoa.

E quando o espírito agarrava algo, a médium sentia seus "músculos se contraírem", como se as suas mãos "houvessem agarrado esse algo". Uma vez, Iolanda deu com o pé num cavalete de pintura e a médium, imediatamente, sentiu a pancada no seu pé. "Há alguns anos, em Newcastle, tinha ela uma rosa na mão, e um espinho cravou-se-lhe no dedo; no mesmo momento, senti a picada no meu dedo."

No entanto, o episódio mais impressionante ocorrido com a médium – e que motivou Aksakof a escrever *Um Caso de Desmaterialização* – foi quando, numa reunião com 15 pessoas, promovida em 11 de dezembro de 1893, em Helsingfors, na Finlândia, seus pés e pernas se desmaterializaram, provocando-lhe grande sofrimento e pânico.

Elizabeth d'Espérance soltou um grito de espanto quando, sentada no escuro, ao colocar as mãos nos joelhos, percebeu que a cadeira estava vazia. Chamou então cinco pessoas para testemunhar o incidente. Uma delas, Vera Hjelt, afirmou em depoimento por escrito que, cada vez que alguém passava as mãos sobre o vazio da cadeira, a médium "parecia sentir uma grande dor. Pediu de beber duas vezes pelo menos e, de cada uma delas, bebia com uma impaciência febril; estava visivelmente angustiada e, enquanto esperava a água, contorcia-se nervosamente".

A testemunha acrescentou que sobre o fundo branco da cortina da janela, que estava por trás da sensitiva, podia ver "distinta e nitidamente" a parte superior do seu corpo. Mais tarde, d'Espérance diria aos presentes que "tinha tido a sensação de que a parte inferior do seu corpo estava sempre no mesmo lugar, mas não podia ser percebida pelas suas mãos".

Quando alguém do grupo propôs que a sessão fosse encerrada, pois as forças da médium estavam se esgotando, ela não concordou, pedindo que a reunião continuasse até que suas pernas reaparecessem. "Sem que se produzisse o menor movimento nos seus vestidos – continua Vera Hjelt –, ouvi a médium dizer: 'Assim vai bem'; alguns instantes mais tarde, ela disse vivamente: 'Hei-las aqui!' Quanto às dobras do seu vestido, eu as vi, por assim dizer, encherem-se, e, sem que soubesse como, as pontas dos pés reapareceram cruzadas como o haviam sido antes do fenômeno."

A exemplo desse caso, Dante Labbate também passou por experiência inusitada, em 1949, numa das primeiras reuniões de materialização de que participava no Grupo da Fraternidade Irmã Scheilla. Ele recorda no livro *Materializações Luminosas – Leis Cósmicas em Ação*[131] quando, num determinado momento da sessão, o espírito José Grosso – numa materialização perfeita – colocou a mão sobre seu ombro e perguntou se ele não queria ir até a cabine onde se encontrava o médium Ênio Wendling. Diante da resposta afirmativa, o ser do astral o conduziu ao gabinete.

Ali, Dante perguntou então se poderia tocar no braço do sensitivo. O espírito respondeu que não, mas pediu que esperasse um pouco. Passados alguns segundos, autorizou o toque. "Segurei o braço de Ênio e o suspendi. Qual foi a minha surpresa! Estava flácido, sem ossos, inconsistente como uma pasta. Soltei-o imediatamente e José Grosso sorriu."

Por incrível que pareça, fenômenos de desmaterialização parcial e até total dos corpos de médiuns de efeitos físicos são mais comuns do que se possa imaginar. No Lar de Frei Luiz, o médium Gilberto Arruda já foi visto com o corpo diminuído e até desmaterializado totalmente por várias pessoas. Um desses episódios impressionantes, ocorrido no início dos anos 1980, foi testemunhado, entre outros, por Helena Gazolla.

Ela recorda quando, ao lado do marido, estava sentada próxima à entrada da cabine de materialização e a cortina se abriu, descortinando cena inusitada: "A cabine se iluminou e o corpo do Gilberto desapareceu, não tinha nada na cama, só tinha o colchão. Aí, de repente, começou a se formar uma bruma de ectoplasma, a bruma foi se condensando e formando o corpo do médium, que reapareceu deitado na cama da cabine. Fiquei impressionada, pois nunca tinha visto isso".

Outro integrante do Lar de Frei Luiz que passou por "experiência inesquecível" foi o médico Paulo Cesar Fructuoso, numa reunião também promovida no início dos anos 1980. De repente, num daqueles pensamentos que chegam sem mais nem por que, passou por sua mente, ainda inexperiente, a dúvida de se o espírito que acabara de surgir dentro da cabine não seria o médium Gilberto disfarçado.

Ato contínuo, ao captar telepaticamente o pensamento dissonante, saiu da cabine o Preto Velho Jeremias materializado, que caminhou até ele e, com sua "voz rouca e inconfundível", perguntou: "Paulo Cesar, você deseja conhecer a realidade da vida?".

Diante da afirmativa, o espírito segurou delicadamente a gola de sua camisa e, puxando-o para dentro da cabine, aproximou-o do leito onde Gilberto estava em transe, "profundamente adormecido e ressonando". De todo o corpo do ser espiritual, principalmente do seu tórax, jorrava luz, iluminando o ambiente. Atônito, Paulo Cesar pôde então observar o corpo do médium reduzido em cerca de 30% do seu tamanho normal.

Segundo esse médico espírita, virou consenso entre pesquisadores que "a redução do aparelho mediúnico corresponde a uma desintegração temporária do agregado de elementos materiais constituintes do corpo do sensitivo, que são então reagrupados pela entidade espiritual para sua própria materialização".

O físico do espaço Joseph Gleber toca nesse assunto[132] ao ser questionado sobre qual era a mecânica envolvida no complexo processo de doação – e retorno – do ectoplasma do médium:

– Quanto mais intenso for o fenômeno, tanto maior será a desmaterialização orgânica do médium. O retorno do ectoplasma cedido é questão de campo atrativo. Se imantarmos o campo "A", o campo "B" se desmaterializa e vem se materializar no campo "A". Se mudamos a imantação, a materialização se faz no campo "B". Há casos em que se verifica a desmaterialização completa do médium, restando, apenas, uma substância luminosa, que é a parte óssea, a última a ser desmaterializada.

De fato, esse é um assunto complexo que, até onde pude chegar em minhas pesquisas e ponderações, demanda uma série de explicações sobre as causas do fenômeno. Às vezes, lendo as respostas de Gleber, me dá uma angústia danada, daquelas que sentia quando, repórter da grande imprensa, não conseguia, com minhas perguntas, chegar onde queria. No caso em questão, fico imaginando o quanto poderia aprofundar os estudos desse tema se tivesse a oportunidade de entrevistar esse espírito materializado de viva voz.

No entanto, por sua explicação parcial, fiquei com a impressão de que ele sustenta que, quanto mais consistente o corpo materializado do espírito, mais o corpo do médium desaparece. Ou seja: nos casos de materializações perfeitas, em que o espírito esteja ali completamente, como que em carne e osso, com todos os traços e atributos humanos, o corpo do médium poderia até mesmo se desmaterializar por completo.

Mas isso ocorreria sempre – e somente – nessas situações de materializações perfeitas? Quando Gleber fala dessas materializações, se refere apenas a casos em que o espírito se materializa com seu próprio corpo astral ou também quando utiliza emprestado o perispírito do médium?

Rocha Lima, numa palestra que deu em 1977, no Lar de Frei Luiz, sobre materialização, afirmou – sem excluir outros casos, creio eu – que o fenômeno de desmaterialização parcial do médium poderia se dar quando, por falta de energia ambiente adequada, ele tinha que ceder seu próprio corpo astral para o espírito poder se materializar.

São as materializações que classificava de fisicalizações, em que "o médium se desdobra na cabine e, desdobrado, seu perispírito vem para fora da cabine. E pela mente do espírito que quer se materializar, ele cobre, como um grande artista, todo o perispírito do médium, preso por um laço, um cordão fluídico que se nutre à forma materializada das energias do médium. Daí a razão da perda de peso, que o médium apresenta, muitas vezes até sumindo seu corpo na cabine, para que a forma materializada possa realizar toda a sua aparência".

Para Paulo Larosa, a desmaterialização do corpo do médium pode ocorrer tanto nesse caso como também quando o espírito usa seu próprio corpo astral – desde que não haja energia ambiente suficiente para a ocorrência normal da materialização.

Segundo ele, quando o espírito utiliza o corpo astral do médium para se materializar e o sensitivo se encontra sem energia suficiente em seu corpo físico, os mentores espirituais da reunião o conduzem para recarregar suas baterias numa dimensão extrafísica. E, por incrível que pareça, o médium se desdobrará com os constituintes atômicos do próprio corpo físico, que então, dentro da cabine, se desmaterializa parcial ou totalmente, dependendo da intensidade do fenômeno.

No outro caso, quando o espírito usa seu próprio corpo astral, pode ocorrer o mesmo, desde que não haja energia espiritual suficiente concentrada no aparelho mediúnico. Energia que, misturada ao ectoplasma do sensitivo, é fundamental para o processo de materialização. A energia estando fraca, o médium terá que captá-la na espiritualidade. Nesse processo, seu corpo também se desmaterializa, porque essa energia é tão concentrada que ele não poderá buscá-la simplesmente desdobrado com seu corpo astral.

– Ele tem que levar o corpo físico, para armazenar essa energia no plexo solar e na pineal. Para trazer essa energia de volta, ele tem que trazer com o corpo físico, porque ela vem tão concentrada, em tão grande quantidade, que não dá para trazê-la em seu perispírito. Na prática, o médium reabastece o corpo físico, como se fosse um galão vazio, e o traz de volta, continuando assim a materialização.

Rocha Lima reuniu, em alguns de seus oito livros, inúmeros exemplos de desmaterializações – parciais ou não – do corpo mediúnico e até mesmo de redução da massa do seu volume, sejam tirados da literatura espírita, sejam a partir de suas próprias experiências. Numa reunião no Lar de Frei Luiz, em 25 de janeiro de 1974, registrada em *Memórias de um Presidente de Trabalhos*[133], ele e outros integrantes do grupo presenciaram, em dado momento, o corpo do médium Gilberto, que estava adormecido, ficar "com apenas 50 centímetros de comprimento".

Em outro livro, *O Grande Investidor*[134], Rocha Lima imortalizaria um "fato maravilhoso", ocorrido na reunião de 2 de outubro de 1982, com a presença de 72 pessoas, dentre elas o coronel-aviador Paulo Ruy Portella:

– Pela quarta vez o corpo do médium se desmaterializou, como também os lençóis do leito. Luzes deslumbrantes jorravam da cabina do dr. Bezerra de Menezes, refletindo-se no teto do Santuário, em faixas luminosas laterais. Ainda entravam os irmãos na nave, já as entidades materializadas na cabine mediúnica do dr. Frederick jorravam luzes astrais de intenso alvor. Diversos médicos materializados tratavam de dez irmãos enfermos e três crianças, também, enfermas. Cinco médicos assistiram a esta magnífica reunião. Após tratar com luz astral um irmão enfermo, esta entidade alta e corpulenta entrou na cabine iluminando-a. Abriu as cortinas, aplicando luz com sua destra no leito vazio, em toda extensão do mesmo. À medida que ele assim operava, desciam do alto da cabine como que nuvens de ectoplasma condensado, com formatos de peças anatômicas: cabeça, busto, pernas, pé etc., ficando, à vista de todos, o corpo do médium reconstituído e integralmente materializado no leito. Depois a entidade fechou a cabine com as cortinas espessas e duplas.

A partir de observações sistemáticas no Lar de Frei Luiz e da análise de casos clássicos semelhantes ocorridos na história do espiritualismo moderno, o médico Paulo Cesar Fructuoso constataria "que quando tal fenômeno acontece, as formas materializadas adquirem maior perfeição, vigor e agilidade. Quanto maior a desmaterialização do médium, melhor a materialização do espírito. O fato atinge proporções tão extraordinárias que, por vezes, o médium perde segmentos inteiros e fundamentais do próprio soma, como as pernas, tronco e cabeça".

O ideal seria se pesquisadores pudessem entrar a qualquer momento numa cabine sempre que ocorresse uma materialização perfeita, para checar se nesses casos o corpo do médium costuma se desmaterializar, total ou parcialmente.

Mas seja com que periodicidade esse fenômeno se dê, episódios como o da desmaterialização parcial do corpo da médium inglesa Elizabeth d'Espérance revelam outra informação preciosa: mesmo que o corpo físico desapareça aos olhos comuns dos mortais, de alguma forma ele continua ali. Melhor dizendo: seu corpo etérico permanece sustentando-lhe a vida.

Seres do astral ensinam inclusive que não se deve passar a mão pelo espaço "vazio" do sensitivo, pois o corpo etérico continua a existir e qualquer movimento brusco pode até mesmo provocar a morte do médium.

O caso de d'Espérance que, acordada, podia descrever as dores que sentia quando alguém passava a mão pelo "vazio" do seu corpo, fornece a dimensão aproximada do que é capaz de ocorrer em casos semelhantes. Era como se o seu corpo estivesse ali, embora num estado atômico rarefeito, dotado de supersensibilidade. Por isso, quando alguém passava a mão pelo "vazio", parecia atingir seus órgãos internos.

Relatos de outras experiências do gênero demonstram que também pode haver, em determinadas situações, apenas a desmaterialização da camada mais externa do corpo humano, possibilitando-se até a observação do seu interior.

O delegado de polícia Rafael Ranieri relembra, no livro *Materializações Luminosas*[135], uma impressionante reunião de efeitos físicos no Grupo Espírita André Luiz, no Rio de Janeiro, quando foi levado para a cabine de materialização onde se encontrava, em transe, o médium Francisco Peixoto Lins:

– Ao penetrarmos nela quedamos admirados diante de um espetáculo grandioso. Deitado na cama em nossa frente estava o médium Peixotinho como se estivesse morto. O seu corpo porém estava todo iluminado interiormente: víamos a superfície de suas mãos, braços e barriga, embora estivesse vestido de pijama, como se fosse de vidro, e dois ou três centímetros abaixo, interiormente, dessa superfície, luminosidade igual à do vaga-lume, saindo de dentro para fora. Na região do plexo solar, a luz era intensíssima e nas mãos notavam-se os clarões verdes interiores. Transformara-se a cabina numa doce claridade de luar.

Experiência semelhante foi testemunhada pelo médico Joaquim Vicente de Almeida, antigo colaborador do Lar de Frei Luiz, em 1972, pouco antes do início da sessão de cura de sua mulher, Dilta de Moraes Almeida, que tinha um câncer no endométrio uterino. Num dos trechos do seu relato, reproduzido no livro *Medicina dos Espíritos*, ele afirma[136]:

– Naquele dia, eu, acompanhando o nosso irmão Rocha Lima, lá no Santuário, já estando na cabine o irmão Gilberto, a fim de receber preparação, fomos novamente introduzidos na cabine a chamado das entidades, e lá, nos mostraram o médium em transe e todo o seu abdômen transformado em substância transparente e iluminada, de uma cor rósea que deixava perceber os órgãos internos em funcionamento.

VESTUÁRIO ESPIRITUAL

O que as experiências nesse campo revelam é que a relação entre o corpo do médium e o do espírito materializado, através de uma ponte ectoplasmática, parece ir além do físico propriamente dito do ser humano. Em grau ainda desconhecido, essa ligação é tão forte que chega a ponto de elementos da roupa usada pelo médium participarem, de alguma maneira, da confecção da vestimenta utilizada pelo ser extrafísico.

Provavelmente, ocorre nesses casos algo semelhante à forma que um espírito produz alquimicamente seu manto ectoplasmático a partir do linhão presente na natureza.

O russo Alexander Aksakof reproduz, no livro *Um Caso de Desmaterialização*[137], depoimento apresentado num dos congressos da Associação Nacional dos Espiritualistas, promovido em Londres, em dezembro de 1876, em que foi relatada experiência desse tipo ocorrida com uma médium conhecida como sra. Compton.

Como prova de que não sairia do gabinete de materialização, para se fingir de espírito, a sensitiva teve seu vestido de alpaca escura fixado no soalho, além de ser amarrada na cadeira com cordas enceradas. No decorrer da sessão, de repente saiu da cabine uma entidade com uma vestimenta branca que, para ser confeccionada por alguém, devido ao seu volume, demandaria de 30 a 40 metros de pano.

O pesquisador que comandava a reunião, identificado como dr. Newbrough, foi convidado então pela aparição para entrar no gabinete, encontrando, para sua surpresa, a cadeira da médium vazia. Ao sair, pediu à entidade um pedaço de sua vestimenta. "Se cortardes algum pedaço, ele fará falta na roupa da médium", disse o espírito, acrescentando que, nesse caso, seria preciso "presenteá-la com um vestuário novo".

Feito o acerto, o pesquisador cortou um pedaço do tamanho de sua mão. O espírito foi então para dentro da cabine, e, logo depois, novamente convidado a entrar, o doutor viu apenas a médium presa pelas cordas apertadas e sua saia fixada no soalho, como no início da reunião. No seu vestido negro, porém, "encontrou-se um grande buraco, exatamente do mesmo tamanho que o pedaço branco, um pouco antes cortado".

Segundo Aksakof, o mesmo fenômeno fora observado várias vezes nas sessões com Elizabeth d'Espérance, em que, "quando algum dos assistentes conseguia cortar clandestinamente um pedaço do véu que envolvia a figura materializada, reconhecia-se que algum pedaço do vestido ou da saia da sra. d'Espérance havia desaparecido".

Ao longo da história, inúmeras outras pessoas testemunhariam fenômenos semelhantes. O economista Carlos Augusto Rezende Lopes, por exemplo, me contou um caso curioso que presenciou em reunião de materialização, nos anos 1960, na cidade do Rio de Janeiro, com seu tio Armando Ramos e Silva, que era um grande médium de efeitos físicos. O médico do espaço João Pedro surgiu vestindo a mesma camiseta que o sensitivo costumava usar por debaixo de sua camisa. Carlos chegou a perceber os pequenos furos que existiam na trama do tecido da camiseta de algodão do tio.

Ao debater essa experiência com ele, chegamos à conclusão de que pode ter ocorrido um dos casos em que espíritos utilizam o corpo astral do médium para se materializar – aparecendo com formas e traços semelhantes aos do aparelho mediúnico, inclusive de suas vestes. Mas não foi possível constatar a hipótese, segundo Carlos, porque não se tratava de uma materialização perfeita: o rosto de João Pedro estava "nublado, sem nitidez", e assim o economista não conseguiu observar detalhes físicos, para ver se eram iguais aos do tio.

Por sua vez, o físico do espaço Joseph Gleber forneceu dados indicando que, mesmo que não ocorra sempre assim, algumas vezes pelo menos os espíritos se utilizam de elementos atômicos da roupa do médium para confeccionar suas próprias vestimentas – e que o brilho que eventualmente apresentam é retirado do teor fosfórico presente no ectoplasma. Ao ser questionado se o tecido de suas vestes era feito no plano invisível e se, caso cortassem algum pedaço, se encontraria similar na Terra, afirmou[138]:

– Para responder ao nosso irmão esclareçamos, inicialmente, que a materialização é um fenômeno por demais complexo. Possui diversos graus, diversas modalidades, que se manifestam de numerosos modos, dependendo da situação do ambiente. Nós, materializados, dependemos daquilo que nos fornecerem os irmãos. Assim sendo, quando o ambiente e o teor vibratório estão de acordo, nós retiramos e desmaterializamos não só a parte ectoplasmática, mas desmaterializamos, juntamente com o ectoplasma, partes, muitas vezes, da própria vestimenta do médium, e fazemos, com isto, elementos diversos, que, pelo fato de serem misturados com o teor fosfórico do ectoplasma, se tornam luminosos. Se cortarmos uma parte destas vestimentas, materializadas, como já foi feito numerosas vezes, nós notaremos a falha na roupa de alguém. Portanto, podemos dizer que, quando os espíritos se apresentam com as vestes luminosas, as mesmas são feitas por processo eletrônico de imantação constante, quer dizer, de aderência, à parte materializada, de parte do tecido mediúnico, para lhe dar contextura, e de parte de certos elementos ectoplasmáticos para lhe dar luminosidade.

Ele acrescentaria ainda que, para que o tecido pudesse ser exibido posteriormente – como, aliás, já havia ocorrido em alguns experimentos, inclusive no Lar de Frei Luiz –, seria necessário passá-lo por "um processo bastante longo de resistência", já que, com o fim "do teor vibratório do ambiente", ao término das reuniões, o material desapareceria.

Um dos mais antigos colaboradores do Lar de Frei Luiz, o coronel-aviador Paulo Ruy Portella lembra que Rocha Lima recebeu, por diversas vezes, máscaras asspéticas e mantos de médicos do espaço com a recomendação para guardá-los dentro de sacos plásticos, para evitar que desmaterializassem. Como se vê, o plástico funciona nesses casos como adequado elemento isolante.

– Essa recomendação era feita também para se guardarem documentos importantes da obra, que eram alvos de tentativas de desaparecimento por parte de espíritos das trevas. O interessante é que essa recomendação era sempre para o caso de objetos orgânicos, nunca para metais ou outros produtos inorgânicos.

As experiências indicam – algumas delas fotografadas – que os espíritos podem se materializar com qualquer tipo de vestimenta que quiserem, como jalecos de médicos, trajes esportivos, vestidos, túnicas de árabes, uniformes de marinheiro.

Mas, afinal, como essas roupas são confeccionadas? Com que tipo de material?

Três episódios curiosos – dois ocorridos em sessões de materialização no Grupo da Fraternidade Irmã Scheilla, em 1949, e um no Grupo da Fraternidade Irmão Joseph Gleber, em 1952 – ajudam a colocar mais ingredientes nessa interessante discussão.

No livro *Materializações Luminosas – Leis Cósmicas em Ação*[139], o empresário Dante Labbate recorda a reunião de 17 de outubro de 1949, no grupo Scheilla, em que estava presente o delegado Rafael Ranieri, que fez uma série de perguntas para o espírito José Grosso, que surgira numa materialização perfeita – e usando botinas. Seguiu-se então um diálogo inusitado e informativo:

– José, espírito também usa botinas?

– Usa, mas os calçados aqui não têm número.

– Eles são feitos de couro ou de outro material?

– Outro material, tão bom quanto o couro, mas vocês não o conhecem.

– Vocês conseguem fazê-los apenas com o exercício da vontade ou são feitos de outro modo?

– Não, Ranieri, temos máquinas para fabricá-los.

– E vocês recebem os calçados de graça?

– Não. Por este paguei meio bônus-hora. Aqui também se trabalha, e muito. Estes trabalhos de materialização, que parecem brincadeira, valem muitos bônus-hora.

– E suas roupas, como são feitas?

– Também temos máquinas para isso.

– Onde elas estão?

– Aqui mesmo. Fazemos na hora.

No entanto, assim como ensinou Joseph Gleber, fica evidente, por outra experiência relatada por Dante, que essa maquinaria do astral – invisível aos olhos comuns, mas presente numa dimensão paralela – depende da vibração do ambiente e da qualidade do ectoplasma mediúnico para produzir determinadas texturas de roupas.

O autor recorda uma sessão realizada na cidade mineira de Itanhomi, no início de 1952, em que o pedreiro Antônio Sales dava seus primeiros passos de médium de efeitos físicos em formação, no grupo Joseph Gleber. De repente, se materializou José Grosso, mas sem a consistência de quando se corporificava através dos experimentados médiuns Peixotinho e Fábio Machado. Como era de se esperar, aliás, no caso de um médium ainda iniciante, que precisava "calibrar" melhor seus fluidos com os dos espíritos. E Grosso veio com uma roupa, apesar de lisa, mais grossa do que de costume.

Após passar suas mãos por "uma espécie de túnica de tecido bastante suave ao tato" e apertar seu braço e pulso, sentindo "pouca consistência em relação aos encarnados", Dante perguntou: "Por que as vestes dos espíritos materializados por Fábio e Peixotinho mostram diferença no tato? Sua roupa é mais lisa e mais grossa...". José Grosso respondeu: "Dante, cada médium tem um potencial específico de energias, principalmente de ectoplasma".

Dois anos antes, numa reunião de materialização realizada no grupo Scheilla, em 25 de abril de 1950, havia surgido a demonstração cabal de que mesmo se utilizando de constituintes atômicos das vestes do médium, os espíritos também confeccionam roupas com a ajuda de elementos de tecidos desconhecidos na Terra.

Ocorrera ali fenômeno semelhante ao relatado no congresso londrino de 1876 da Associação Nacional dos Espiritualistas. Dante relembra quando Scheilla – mentora espiritual do grupo – se materializou com a "pele muito clara, nariz bem talhado" e retirou pedaços de suas vestes alvas, oferecendo-os a assistentes do grupo. Ao final da reunião, o médium Fábio Machado reclamou, gracejando, que seu agasalho estava "cheio de buracos".

No dia seguinte, um dos integrantes do grupo levou um dos panos ao Instituto de Tecnologia e Mineralogia de Minas Gerais e, sem explicar sua origem, pediu que fosse analisado. Veio depois o laudo: "Tecido estranho para as ciências. Nenhuma das partículas tem relação com seda, algodão, lã ou com outros tecidos sintéticos conhecidos".

Dante conta que o dirigente do grupo, Jair Soares, e sua mulher, Dona Ló, chegaram a emoldurar o tecido, "protegendo-o da ação do ar, mas em dois meses tornou-se de cor amarelo fosco e foi se desfazendo até desaparecer por completo".

PERDA DE PESO

Outro fato comum nas sessões de materialização é a perda de peso do médium de efeitos físicos e até de pessoas da assistência, que acabam por doar elevado nível de ectoplasma. Em suas obras, Rocha Lima faz diversos relatos desse fenômeno.

Houve inclusive uma época, no Lar de Frei Luiz, nos primeiros anos dos trabalhos sistemáticos de materialização, na década de 1960, em que numa balança eram registrados os pesos de médiuns antes e depois das reuniões. Gilberto Arruda, iniciando-se em sua missão mediúnica, chegava a perder de dois a três quilos por sessão.

O coronel-aviador Paulo Ruy Portella recorda que essas pesagens tinham também outro objetivo: indicar os sensitivos com mais pendor para produzir fenômenos de efeitos físicos e suas condições de preparo. "Quanto melhor o preparo e a concentração mental, conseqüentemente maior a doação de ectoplasma e maior a perda de peso", diz.

Por sua vez, numa reunião no Grupo Espírita André Luiz, no Rio de Janeiro, em dezembro de 1946, relatada no livro *Dossiê Peixotinho*[140], o famoso médium brasileiro Francisco Peixoto Lins chegou a perder quatro quilos e meio. Outros dois médiuns, em trabalho de apoio energético, perderam um quilo e meio cada.

No entanto, o mais inusitado seria o registro do aumento de dois quilos de uma mulher que havia recebido tratamento curativo. Para mim, tinha sido observada nesse caso a presença de determinado volume de ectoplasma introjetado em seu corpo quando do tratamento espiritual.

Enfim, como se podem observar, os seguidos exemplos de pesagens de médiuns indicam a existência de desgaste natural do corpo mediúnico devido à doação de ectoplasma – em que uma parte significativa, em geral uns 30%, nem retorna para o sensitivo. Ao comentar esse desgaste físico, Joseph Gleber afirma[141]:

– Geralmente os médiuns que auxiliam sofrem desgaste físico. É do conhecimento quase geral, podemos dizer, que o ectoplasma expelido não retorna em sua totalidade, em conseqüência de diversos fatores de insalubridade, após contaminação com o ambiente, sendo, por isto, rejeitado organicamente, e aí se dá perda de peso. É lógico que o médium de materialização é quem mais sofre os efeitos do ambiente; é ele quem está sujeito aos principais elementos prejudiciais que, muitas vezes, nos obrigam à vigilância e a extremos que podem parecer exagerados, mas, para nós, sumamente necessários, por termos conhecimento do perigo a que fica exposto e da imensa perda que ele sofre durante cada trabalho.

Gleber explica também que o retorno do ectoplasma, quando da desmaterialização do espírito, é feito de forma criteriosa, "através de um processo de filtragem, que não permite a reintegração da parte que se tornou doentia ao ser tratado o enfermo, pois iria causar uma inoculação da doença no organismo do médium".

Ao final e mesmo durante as reuniões, esse processo de filtragem de elementos deletérios, quando necessário, é realizado com o auxílio de aparelhagem invisível. Numa sessão do grupo Scheilla, em 1949, relatada por Dante Labbate[142], o espírito José Grosso, materializado, informou que a espiritualidade utiliza maquinaria especial para a retirada de fluidos da ambiência, bons ou ruins: "Temos uma máquina para isso. É semelhante a um aspirador de pó. O fluido ruim é sugado por um tubo especial. O bom é aproveitado".

Em relação aos médiuns auxiliares, os chamados médiuns de apoio, o físico do espaço Joseph Gleber afirma[143] que ocorre o mesmo processo de cessão de ectoplasma, para ajudar na criação da ambiência adequada, mas com um pequeno diferencial:

– Como, porém, cedem pequena quantidade de fluidos, não é procedido qualquer retorno. Quanto às outras pessoas, podem sentir, vibracional ou magneticamente, os fluidos doentios que ficaram no ambiente por não poderem ser reabsorvidos pelo médium – embora também não os assimilem – através de uma série de sintomas que se manifestarão em seus organismos.

Joseph Gleber forneceria ainda outras importantes informações para um melhor entendimento dessa perda de ectoplasma devido à contaminação ambiente, enfatizando, primeiramente, a diferenciação que já havia feito entre o médium principal, que é "quem realmente" proporciona a materialização dos espíritos, e os demais médiuns auxiliares, que "colaboram nos recursos para os tratamentos":

– Esta perda, por se tratar de maior volume, se faz sensível, unicamente no médium de materialização. Embora os médiuns auxiliares percam, são quantidades ínfimas, que será melhor não levarmos em consideração. Com referência à insalubridade, nós podemos, para melhor compreensão, qualificar o ectoplasma em linhas paralelas aos plasmas sangüíneos. O ectoplasma possui tipos iguais aos tipos sangüíneos, tipos estes variáveis, de acordo com o teor vibratório, tipos estes variáveis com o teor neurocelular de sua consistência. Com as entidades em movimento materializadas e com as desmaterializações e materializações consecutivas, há a perda ectoplasmática, justamente pela aderência, pela combinação, pela mudança de teor vibratório do ectoplasma; algumas porções são talvez mais aderentes aos corpos perispiríticos, outras se confundem com o teor vibratório ambiente, e justamente por mudar o seu teor vibratório, por não serem mais de vibração idêntica à vibração ectoplasmática mediúnica, se perdem. Essa perda é normal, e, poderemos dizer, imprescindível, porque é justamente por ela que conseguimos as materializações mais perfeitas. Existe também a contaminação ectoplasmática, através dos germens, através das retiradas de vibrações e de plasmas doentios dos tratamentos; muitas vezes essa aderência faz com que nós, vigilantes nas desmaterializações, não deixemos que isto aconteça. Geralmente fica no ambiente grande parte destas quantidades ectoplasmáticas misturadas com germens, misturadas com vibrações não condizentes à saúde mediúnica. Justamente por isso, é que recomendamos que, primeiramente, faça-se a queima sobre o corpo mediúnico para evitar que, por qualquer motivo, haja aderência, não condizente com a sua saúde.

Ao constatar que as energias trocadas e doadas em sessões semelhantes atingiam proporções tão altas, Rocha Lima passou a adotar a seguinte conduta disciplinar, no Lar de Frei Luiz: depois das reuniões, mandava servir uma sopa, de ervilha ou de legumes variados, com alto teor de ferro, para recompor fisicamente os participantes. Pães e bolachas, chá e café, após a sopa, também contribuíam para a reconstituição das forças de todos.

O psiquiatra Lauro Neiva, que participou dessa fase pioneira de trabalhos de materialização, afirma, no livro *Aconteceu no Outro Mundo*[144], que o médium Armando Ramos e Silva costumava se utilizar de um estratagema ensinado por espíritos, para manter as energias em dia: ingerir glicose. “Após cada sessão de materialização, bebe todo um copo com água e açúcar. Às vezes, a conselho das entidades, toma uma injeção de glicose na veia. Assim, recompõe-se dos gastos energéticos. As entidades, segundo o modo habitual, lhe fazem, durante o sono, o transe, que é completo, passes e massagens.”

Segundo constatou Lauro Neiva, a manutenção do organismo com adequada taxa de glicose é importante para a realização das materializações. De fato, ao comentar resultados de análises clínicas realizadas na médium Eusapia Paladino, o psiquiatra italiano Cesar Lombroso registrou[145] uma grande queda da taxa de açúcar e um aumento de albumina.

Antes de uma reunião de efeitos físicos, foi coletada amostra de urina da sensitiva, que indicou “leves traços de albumina” e um percentual de açúcar de 40%, entre outros componentes. “Depois de uma sessão mediúnica, aumentou de muito a albumina: 0,5%, e diminuiu o açúcar para 20%.”

Ao seguir religiosamente as orientações de Rocha Lima para a recomposição energética do seu corpo, após as sessões no Lar de Frei Luiz, o médium Gilberto Arruda costuma, além de beber um copo de café com dois dedos de açúcar, tomar água de coco – para repor potássio no organismo – e uma dose dupla de sua porção diária de vitaminas contendo, principalmente, zinco e magnésio – outros dos elementos gastos com o uso do seu ectoplasma nos processos de materialização.

O médium Paulo Larosa chama, porém, a atenção para um detalhe crucial dessa recomposição energética: ela deve ser realizada somente após as reuniões, nunca momentos antes. Ele cita, a título de exemplo, o caso do chocolate, um rico produto energético. “Antes da reunião, nunca. Mas depois, sempre.” Isso porque o organismo do médium não pode, horas antes da reunião, se dar o luxo de ficar queimando energias para digerir um alimento tão forte como o chocolate. Prejudicaria a produção necessária de ectoplasma.

Esse era inclusive o motivo pelo qual Rocha Lima – orientado pela espiritualidade – recomendava jejum aos que iriam participar de reuniões de materialização e não apenas aos médiuns. No máximo, admite-se a ingestão de uma fruta ou outra. Mas tudo muito leve.

Horas antes dessas reuniões, eu não como nada. Se estiver com muita fome, ao acordar, me limito apenas a uma banana. Alimentos salgados, então, nem pensar. Segundo Larosa, ao acelerar qualquer processo eletrolítico em que entra água, em que entra energia, “o cloreto de sódio é um inimigo fundamental das materializações”. Se alguém ingerir muito sal – e poucas horas antes de uma materialização, qualquer quantidade poderá produzir este efeito –, esse elemento chegará aos rins, entrando em contato com o cobre ali presente e, assim, produzirá uma reação elétrica. Essa energia criada circulará então pela corrente sangüínea, acabando por desequilibrar a pessoa.

Larosa explica que o corpo humano é rodeado, na pele, por uma capa energética – pertencente ao corpo etérico – que vibra na freqüência de 27,5 MHz. Para que um participante ou um médium em uma reunião possa expelir o ectoplasma na quantidade e qualidade necessárias, precisa estar com essa energia eletrotérmica equilibrada. Mas uma eventual energia produzida no organismo com a reação do sal nos rins acabará por provocar o aumento da freqüência dessa capa. Com isso, o ectoplasma liberado pelos poros e demais orifícios do corpo começará a queimar.

– A freqüência superficial para se ter uma materialização em boas condições são 27,5 megahertz. Se você aumentá-la, acabou. Você exacerba o metabolismo do corpo, o ectoplasma começa a sair mais rápido e vai queimando.

É inclusive por causa desse efeito deletério do sal que, segundo Larosa, não se devem promover sessões de materialização próximas ao mar, pois a maresia, o borrifo do cloreto de sódio no corpo do médium, pode acabar produzindo efeito negativo semelhante.

Logo entendi a importância, mais do que nunca, de seguir regras estritas, em se tratando de experiência tão fora do senso comum. As perdas e trocas energéticas numa sessão de efeitos físicos são tão inusitadas e complexas que somente um comando experiente pode levá-la a bom termo.

A perda de peso do médium, por exemplo, não se configura apenas ao final de uma reunião. No instante mesmo da materialização, quando da liberação de grande massa ectoplasmática, o seu peso baixa.

O francês Léon Denis recupera[146] uma curiosa experiência em que o cientista inglês William Crookes fabricou uma balança especial para pesar a médium Florence Cook. Anotou perdas significativas: quando da materialização completa de Katie King, o peso da sensitiva desceu quase à metade do normal.

Denis registra ainda outras experiências de pesagem de médiuns, como algumas realizadas em Liverpool, na Inglaterra, em que também se verificou que a quantidade de peso perdida por duas sensitivas era transferida para as aparições materializadas. "Todo tempo que duram esses fenômenos os médiuns estão mergulhados em transe profundo, semelhante à morte. Seus corpos minguam, os vestidos flutuam em torno deles; a pele pende flácida e vazia e forma verdadeiros sacos", acrescenta o pesquisador.

Cesar Lombroso também relata[147] experiências, como a promovida por Crookes, que também comprovam uma forte transferência temporária da massa corporal dos médiuns para os espíritos que se materializam. Ele conta, por exemplo, o caso de uma médium que foi presa em uma rede cujos sustentáculos estavam atados a aparelho para registrar suas oscilações de peso. Quando o espírito surgiu, o aparelho registrou uma perda de 27 quilos, metade do peso normal da sensitiva.

– Quando o fantasma começou a desmaterializar-se, o peso da médium foi de novo aumentando, e, no fim da sessão, não assinalou mais do que uma perda de um a dois quilos.

ESPÍRITOS EM MINIATURA

O processo de transferência de massa ectoplasmática do médium para o espírito pode produzir efeitos físicos ainda mais inusitados, como a formação de seres do astral com seu tamanho normal reduzido – às vezes produzindo-se miniaturas. Fenômeno, aliás, testemunhado, pelo menos duas vezes, em sessões no Lar de Frei Luiz.

Rocha Lima relata[148] a reunião de 2 janeiro de 1969, em que houve a materialização em miniatura, com cerca de 25 cm de altura, "dos espíritos iluminados de Rita de Cássia dos Impossíveis e de Tereza d'Ávila".

Anos depois do aparecimento inusitado dessas duas personalidades caras à Igreja Católica, outro ser se materializaria em miniatura, na reunião de 27 de abril de 1974: também uma freira surgiu no momento em que Ivan Ferreira de Castro (1933-2004), importante médium de efeitos físicos do Lar de Frei Luiz, recebia tratamento espiritual.

– Uma entidade materializada cuida do médium Ivan, demoradamente, com uma luz azul claro; em seguida verificamos a materialização minúscula de uma freira no ombro do médium Ivan. Seu rosto é de uma beleza angelical e a vemos totalmente envolvida em luzes claras.

No livro *Materializações de Espíritos*[149], o filósofo italiano Ernesto Bozzano recupera seis casos semelhantes de materialização em sessões em vários países, como na Nova Zelândia. Algumas vezes, apenas rostos surgiam em meio à formação ectoplasmática. Contudo, um dos casos mais interessantes descritos por ele ocorreu em 25 de maio de 1921, por volta das quatro e meia da tarde, com a médium Eva Carrière, que materializou alguns seres minúsculos em plena luz do Sol – fato raro nos fenômenos de efeitos físicos.

O relatório dessa sessão foi apresentado ao Congresso Metapsíquico de Copenhague, na Dinamarca, em 1922, pela pesquisadora Juliette-Alexandre Bisson, que participou, com mais cinco pessoas, de reunião com a famosa médium. Para Bozzano, não havia qualquer possibilidade de fraude. "Aquele que duvidasse delas seria convidado a explicar como poderia reproduzir, pela fraude, semelhante manifestação, em plena luz do dia, na presença de seis pessoas e com um médium seguro pelas mãos."

Na ata da reunião, os participantes descrevem como, em determinado momento, surgiu nas mãos da médium "um pouco de uma substância cinza e branca, cujo volume aumenta, atinge o de uma tangerina, depois ovaliza-se e alonga-se de tal modo que o seu comprimento pode ter uns 20 centímetros e seu diâmetro, seis. Nesse momento e em plena luz diuturna, a materialização se desprende das mãos da médium e dos fiscalizadores e se mostra um pouco acima".

Todos observam então, admirados, "a curva da cintura de uma mulher, vista de costas, como que engastada em uma ganga sem forma". Essa substância inicialmente amorfa "se transforma progressivamente em uma mulherzinha nua, de forma impecável, na qual vemos surgir, sucessivamente, a cintura, as coxas, as pernas e os pés". Com "longos cabelos louros", essa aparição tinha 20 cm de altura.

Dentre outros exemplos, Bozzano publica ainda relato do professor F. W. Pawloski, editado na revista *Psychic Science*, em 1925, sobre suas experiências com o famoso médium polonês Frank Kluski (1873-1943), que jogariam luzes em algumas das causas que levariam espíritos a se materializarem em formas minúsculas.

Uma delas seria poupar o médium em função do desgaste físico devido à prévia doação excessiva de ectoplasma. "As materializações não são sempre do tamanho normal. No fim da sessão, quando o médium começa a ficar esgotado ou quando não está fisiológica e psicologicamente bem disposto, a estatura dos espíritos torna-se inferior à normal; ela fica reduzida a dois terços ou mesmo à metade da normal", escreve Pawloski.

Em seguida, ele fala de um efeito "literalmente maravilhoso", quando, ao pressentir que o médium estava sem forças, os participantes começaram a executar respiração profunda: "O tamanho dos espíritos anões aumentava rapidamente e, em alguns segundos, tomava proporções normais".

Essa experiência demonstra que uma maior oxigenação do corpo ajuda a fortalecer as energias do médium principal e, assim, a aumentar o volume do ectoplasma expelido, harmonizando energeticamente a sessão.

Mesmo sem entrar nessa questão, as jornalistas e pesquisadoras americanas Sheila Ostrander e Lynn Schroeder confirmam esse ensinamento ao revelar, no livro *Experiências Psíquicas além da Cortina de Ferro*[150], que cientistas da Universidade do Cazaquistão, na antiga União Soviética, já haviam demonstrado, nos anos 1960, que o oxigênio reabastece energeticamente o corpo energético ou bioplasmático – que é como se referiam ao corpo etérico, usina de produção do ectoplasma.

Segundo elas, esses cientistas, usando aparelhagem desenvolvida pelo casal Kirlian, "descobriram que o oxigênio que respiramos converte alguns dos seus elétrons excedentes e um certo *quantum* de energia no corpo energético. Na silenciosa descarga de alta freqüência foi-lhes possível assistir efetivamente ao processo no instante em que ocorria".

Na avaliação das pesquisadoras, tudo indica que "a respiração carrega o corpo bioplasmático, renova as reservas de energia vital e ajuda a regularizar os padrões energéticos perturbados. A filosofia hindu da ioga sempre sustentou que a respiração carrega todo o corpo de 'força vital' ou 'prana', e a ioga prescreve exercícios específicos da respiração para conservar a saúde".

Enfim, os experimentos relatados pelo professor Pawloski demonstraram, para Ernesto Bozzano, a veracidade da hipótese formulada por ele e por mais dois pesquisadores sobre a razão das aparições minúsculas[151]: "Dever-se-á então reconhecer que, quando rostos ou espíritos em proporções minúsculas se materializam, isto significa, quase sempre, que as personalidades mediúnicas, que se manifestam, não dispõem de ectoplasma em quantidade suficiente para poderem materializar-se normalmente".

O estudioso italiano ressalta outro ponto importante: algumas vezes, o fenômeno pode "produzir-se por efeito da vontade da entidade que se manifesta".

Bozzano está certo. Mesmo com um bom equilíbrio ambiental e a produção adequada de ectoplasma, a decisão dos mentores espirituais que dirigem os trabalhos de materialização será sempre preponderante, orientando o que precisa ser feito, de acordo com as condições energéticas que forem fornecidas pelo médium e demais presentes.

Por uma questão de prova ou para demonstrar algum fenômeno – e não simplesmente por falta de ectoplasma –, espíritos podem então surgir no tamanho normal, em miniatura ou apenas materializando partes do corpo, como mãos e troncos.

PARTE II

Cura Espiritual

GRANDEZA MORAL

Experiências como a perda de peso de sensitivos e o surgimento de espíritos em miniatura indicam os altos níveis de esgotamento físico e energético que podem sofrer os médiuns de efeitos físicos. E aqui, mais uma vez, a inglesa Elizabeth d'Espérance é um dos grandes exemplos dessas vicissitudes enfrentadas por esse tipo de sensitivos.

Ao relembrar o único "mal realmente grave" que sofrera na vida, em 1893, quando da desmaterialização parcial do seu corpo, a médium afirma[152] que seus cabelos "branquearam prematuramente". Felizmente, porém, após "dois anos de sofrimento", sua saúde se restabeleceu e "eles cresceram quase tão negros como anteriormente".

Apesar dos percalços, ela se sentia feliz por ter contribuído para o aperfeiçoamento dos trabalhos de efeitos físicos: "Se estas conclusões, resultado de muitos anos de estudo e de amargas experiências, forem aceitas e seguidas no futuro pelos investigadores e experimentadores, nós nos julgaremos felizes por haver ressaltado os melhores. Os que retomarem o trabalho no ponto em que o deixei, poderão encontrar caminhos mais planos e seguros que os que trilhei. Há ainda muito que aprender, buscar e compreender!"

De fato, com a revelação de seus percalços, Elizabeth d'Espérance fez com que muitos pesquisadores começassem a perceber comportamentos que deviam ser evitados.

Mas ela fez mais do que isso. Num momento histórico – o que era natural – em que havia um predomínio de sessões para a demonstração de efeitos físicos – e que, muitas vezes, adquiriam aspectos frívolos, de puro divertimento –, a médium e seu grupo de colaboradores colocaram em relevo outro aspecto que, com o passar dos anos, se estabeleceria como marca principal desse tipo de atividade: o socorro aos mais necessitados.

Também possuindo dons mediúnicos de psicografia, d'Espérance recorda as comunicações que escrevia ditadas por um espírito que se identificava como Humnur Stafford, que desencarnara jovem num acidente e cuja "simpatia pelos enfermos era sem limites, bem como o seu desejo de dar-lhes auxílio".

Como esse espírito não era partidário de medicamentos farmacológicos, por acreditar que podiam provocar outras moléstias, sendo em muitos casos "mais perniciosos que o próprio mal", indicava um método de tratamento associado a novo padrão de comportamento e estilo de vida. Estava assim adiante no tempo, prescrevendo cuidados preventivos que seriam adotados, um século depois, pela medicina e terapias alternativas:

– Seu método curativo era, em geral, um modo de vida regular, uma dieta simples, o ar puro, os exercícios físicos e o conhecimento do que é bom ou mau para a saúde, a fim de levar as pessoas enfermas a curarem-se a si próprias. "Dai alimentos a essas crianças", escrevia ele algumas vezes, "e deixai de parte as drogas." Por isso, os medicamentos que remetíamos a alguns desses tugúrios ou colméias de miseráveis eram formas de farinha de aveia, pães, frutas e outros comestíveis, em vez dos repulsivos preparados das farmácias. A minha clientela crescia rapidamente, a ponto de eu nunca saber se podia ter uma hora disponível, apesar do concurso que me prestavam o sr. e a sra. F... Se eles aí não estivessem, muita coisa ficaria por aviar.

Exemplos de sensibilidade social como o de d'Espérance não foram os únicos nessa época. Conan Doyle cita[153] pelo menos mais dois casos, embora não dê detalhes sobre as atividades curativas que esses médiuns praticavam: dr. J. R. Newton, "famoso médium curador da América", que esteve na Inglaterra em 1870 e "numerosas curas gratuitas foram registradas"; e o escocês Daniel Dunglas Home, cujo "notável poder curador", na segunda metade do século XIX, "tinha excitado a admiração" de quem o conhecia. Doyle também registra que "a caridade era uma das mais belas características de Home".

Relatos esporádicos sobre o tema, como o de Conan Doyle, indicam que as atividades mediúnicas voltadas para a caridade e a cura eram minoritárias nessa fase. Mas pelo menos haviam sido plantadas as sementes para uma nova etapa do movimento espiritualista: para além das demonstrações de efeitos físicos, chegara a hora de se adotar uma maior preocupação com o atendimento social e de cura de enfermos – do corpo e do espírito.

E nesse novo patamar histórico – que muito se deve às noções éticas e morais codificadas pelo espírita francês Allan Kardec –, o Brasil assumiria uma posição de vanguarda no cenário mundial. Como não existe levantamento estatístico digno de confiança, procuro me guiar por programas de tevê e textos de revistas, livros e sites especializados, além de contatos com pesquisadores, inclusive do exterior.

De fato, existem registros de vários cantos do planeta sobre o crescimento de grupos de estudos e de trabalhos práticos de apoio espiritual ao longo do século XX, seja em instituições formais, como igrejas e centros espíritas, ou por terapeutas ou mesmo por médiuns trabalhando em consultórios, como na Inglaterra. Mas com certeza as ações curativas e de solidariedade social praticadas no Brasil, por diferentes correntes espiritualistas, em sua maioria gratuitas, são exemplo marcante dos desdobramentos do movimento da Nova Era.

A partir da incorporação de espíritos em médiuns, são comuns sessões de operações espirituais e de psicografia, atendendo a pessoas ávidas por alguma cura – às vezes milagrosa – ou em busca de mensagens de entes queridos que já tenham feito a passagem. Boa parte desse trabalho está ligada a alguma atividade social, de ajuda a pessoas mais carentes, como a distribuição de alimentação e a promoção de atividades educativas e mesmo de apoio médico e psicológico.

São, na verdade, trabalhos de apoio espiritual que acabam atraindo voluntários, donativos e recursos financeiros para importantes obras sociais.

No Brasil, existem grupos que apresentam ação social gigantesca, como o Centro Espírita Caminho da Redenção, em Salvador (BA), fundado pelo famoso médium de psicografia Divaldo Franco. Ali, em sua Mansão do Caminho, formada por escolas, padaria, gráfica, livraria e pronto-socorro, entre outros, é dado apoio social e educacional a milhares de crianças e jovens carentes, além de seus familiares.

No Lar de Frei Luiz, no Rio, o trabalho de cura espiritual acaba atraindo donativos para a manutenção de cerca de 200 crianças e de 50 idosos necessitados, que ali vivem. Além disso, com a doação de remédios, ajuda a manter serviço ambulatorial realizado por médicos voluntários, que atendem mensalmente a milhares de enfermos carentes.

Mas em termos de sessões de materialização de espíritos para a cura, as experiências são raras em qualquer parte. Sim, elas continuam a existir – no Brasil e no mundo –, mas os relatos que chegam são esparsos e sobre pequenos grupos que, muitas vezes, centralizados apenas em torno de uma pessoa, não conseguem dar continuidade a esse tipo de trabalho espiritual – soçobrando diante de crises mais graves, como a morte do seu fundador.

Alguns não chegam a ultrapassar a fase primária de conflitos de egos – às vezes por fatos comezinhos, como uma disputa por pequeno cargo de poder. Outros, sem conseguir arrumar um sucessor, se perdem com a morte do líder ou do médium de efeitos físicos – ou mesmo quando este, vítima da invigilância, não cuida de sua saúde física e moral e acaba perdendo sua força mediúnica precocemente, às vezes até passando a fraudar fenômenos.

Com mais de 50 anos envolvido com questões espirituais, o economista Carlos Augusto Rezende Lopes, irmão de minha mulher, colocou-me uma vez, em meio às ricas discussões sobre o espiritismo que sempre tivemos, uma questão importante: o grande erro no desenvolvimento do trabalho de algum sensitivo é largá-lo sozinho, sem o amparo de uma instituição, ou permitir que ele se torne o carro-chefe de uma obra de cunho espiritual.

Óbvio que sempre haverá exceções à regra, mas em geral o médium é muito atacado por forças das trevas – pela própria nobreza do trabalho a que se propõe. Instável emocionalmente, necessita muitas vezes de ter acima, na hierarquia organizacional, um disciplinador, um chefe que lhe dê comando, orientação.

Largado à própria sorte, pode facilmente descambar para demonstrações fúteis de poder mediúnico e, algumas vezes até, para a exploração da fé alheia, enriquecendo-se à base da cobrança compulsória por seus serviços espirituais e, assim, desperdiçando sua grande oportunidade de resgate espiritual. Nada melhor então que atue dentro de algum grupo que o ampare e supervisione.

O Lar de Frei Luiz, nesse cenário, tem sido um exemplo positivo. Não que seja uma instituição perfeita, sem problemas, e que não possa acabar um dia, como qualquer atividade humana. Mas com certeza esse respeitado centro espírita só chegou à dimensão atual graças à herança do grande senso de disciplina e de fé na espiritualidade do seu fundador, o químico industrial Luiz da Rocha Lima.

Nos anos 1940, ao fundar o grupo, ele não reunia mais do que dez pessoas em suas sessões espíritas. Nos anos 1990, ao passar para o mundo invisível, havia deixado uma marca impressionante: nas sessões públicas de cura espiritual do Lar de Frei Luiz, através de incorporações mediúnicas, nas noites de quarta-feira e em manhãs de domingo, podia ser contabilizada a freqüência de cerca de 4.000 pessoas.

Também no campo das reuniões de materialização de espíritos para a cura – obviamente mais restritas, para atender a casos mais graves de enfermidades, em sua maioria –, Rocha Lima podia se orgulhar de sua obra. Em termos de presença em cada reunião e de persistência dos trabalhos ao longo dos anos, não se tem conhecimento de algo tão representativo em qualquer parte do planeta.

Gostaria novamente de enfatizar que não existem dados oficiais sobre o panorama de raros grupos semelhantes espalhados pelo Brasil e pelo mundo. Por isso, me guio pela mensagem que nos foi transmitida, no início da reunião de 4 de agosto de 2001, pelo Irmão Leo, um dos seres de luz que atuam nesse centro espírita: nunca existiu no mundo um trabalho de materialização desse porte e com tamanha longevidade.

Pudera. Nesse dia, o Lar de Frei Luiz comemorava um marco histórico: após mais de 40 anos de dedicada atuação, estava sendo realizada a 1.500ª. reunião de materialização de espíritos para a cura.

Com certeza, o grupo só conseguiu chegar a essa marca graças às bases de disciplina e de compromisso com a espiritualidade plantadas por um homem que, numa justa homenagem, deve integrar o panteão das personalidades do espiritismo mundial.

A história desse homem simples, de uma família alagoana sem recursos, que veio para o Rio de Janeiro estudar química industrial, já contei com mais detalhes em meu livro *Médicos do Espaço – Luiz da Rocha Lima e o Lar de Frei Luiz*. Importa aqui frisar que, somente aos 46 anos de idade, em 1947, ele assumiria como sua grande missão de vida cuidar de crianças carentes, montando um educandário.

Com esse ideal nobre, iniciou um trabalho espírita de cura a doentes, muitas vezes em estado terminal, que acabou contribuindo para angariar donativos e apoio de voluntários para o trabalho de assistência a crianças. Do nada, contando com sua fé interior na força da espiritualidade e com o apoio crescente de pessoas que foram se solidarizando com sua missão, conseguiu erguer um educandário por onde já passaram centenas e centenas de crianças ao longo dos anos.

Neste início de milênio, uma minicidade do amor reúne semanalmente, em diferentes salas de tratamento espiritual, milhares de pessoas de vários níveis sociais, entre anônimas e famosas, tornando-se referência do trabalho espírita no Brasil e até no mundo, já que são freqüentes as visitas de estudiosos estrangeiros em busca de informações sobre suas atividades.

Essa importante missão ficou clara para Rocha Lima quando, em 1947, na terceira reunião espírita de que participava na vida, um ser de luz, que se dizia chamar Frei Luiz – frade franciscano alemão (1872-1937) que passara a maior parte da vida religiosa na cidade serrana de Petrópolis (RJ) –, se incorporou no químico industrial. A partir daquele instante, Frei Luiz se tornaria, da espiritualidade, o patrono dessa importante obra social.

E com o passar do tempo e o merecimento adquirido num trabalho árduo em prol da caridade e da cura espiritual, através da incorporação de espíritos, Rocha Lima obteria finalmente, em meados dos anos 1950, a autorização de Frei Luiz para iniciar um atendimento diferenciado para alguns casos de doenças: reuniões com espíritos materializados – os médicos do espaço.

Uma permissão que só lhe foi dada por ser um disciplinador nato. Tinha uma rigidez de horários e de tarefas que mais lembrava o comportamento de um militar. Com o avançar de seus estudos e da prática na promoção de fenômenos espirituais, Rocha Lima imprimiria – sempre sob orientação da espiritualidade – regras estritas a serem seguidas, sem abrir mão de vê-las cumpridas e até mesmo dispensando os que teimassem em desrespeitá-las.

Aí está a chave para se entender por que o Lar de Frei Luiz foi tão longe, particularmente em se tratando de reuniões de materialização de espíritos: DISCIPLINA.

O francês Léon Denis, que também trabalhou em reuniões espíritas, já ensinava[154]: "Nenhum grupo, sem ser submetido a uma certa disciplina, pode funcionar. Esta se impõe não somente aos experimentadores, como também aos espíritos. O diretor do grupo deve ser um homem de dupla enfibratura, assistido por um espírito-guia que estabelecerá a ordem no meio oculto, como ele próprio a manterá no meio terrestre e humano. Essas duas direções devem mutuamente completar-se, inspirar-se num pensamento igualmente elevado, unir-se na prossecução de um objetivo comum".

Com disciplina – e ajudado do alto pelo seu guia maior, Frei Luiz –, Rocha Lima conseguiu inclusive um fato raro. No momento em que o pernambucano e profissional liberal Armando Ramos e Silva, seu primeiro grande médium de efeitos físicos, viu suas forças se exaurirem, no início dos anos 1970, pelo peso da idade, já havia sido realizado o rito de passagem: a sucessão de seus trabalhos, a partir do desenvolvimento prévio da mediunidade do protético Ivan Ferreira de Castro e do mecânico de carros Gilberto Arruda.

Essa passagem fora crucial. Afinal, não se deve esquecer a trajetória de grupos que, na falta de substitutos, tiveram que abandonar seus trabalhos de efeitos físicos, até mesmo fechando suas portas, após a morte ou o fim das forças de seus médiuns.

Gilberto nunca mais esqueceria quando, no início dos anos 1960, Armando olhou para ele e disse, enfático: "Olha, você é médium de efeitos físicos. Médium de provas, tem que trabalhar na cura".

Não que isso fosse novidade para ele, pois, anos antes, Rocha Lima havia salvado a vida de Gilberto, ainda garoto, quando mostrou a seus pais que o menino era um sensitivo fortíssimo que precisava de educação mediúnica. Nessa época, Gil passava por processo obsessivo, ouvia vozes, idéias negativas, de que ia morrer. Tinha visões, como a de um ser todo encolhido, de preto, nos cantos da casa. "Desde os 6 anos, eu não dormia, não queria comer, não queria tomar banho. Eu era um morto-vivo."

Um médium não se improvisa – tem que ser encontrado e depois, formado. Em tese, todos os seres humanos podem apresentar dotes mediúnicos. Só que apenas alguns concentram energias suficientes para trabalhar como sensitivos. Outros mais raros ainda acumulam poderes para a mediunidade de efeitos físicos. E quando ela desabrocha, precisa ser lapidada, porque em geral irrompe sem limites.

No caso de Gilberto, já se pensava até em interná-lo para tratamento psiquiátrico. Foi quando surgiu Rocha Lima na sua vida, mostrando aos seus pais que o menino era médium e precisava trabalhar sua sensibilidade. Portanto, anos depois, a fala de Armando serviria como um chamamento final a suas responsabilidades.

A mediunidade é uma missão das mais árduas. A sorte de Gilberto Arruda foi contar com a força disciplinadora de Rocha Lima e a bondade de Armando Ramos e Silva, que não se furtou em ajudá-lo a aprimorar sua mediunidade e também a de Ivan, mesmo sabendo que algum dia os dois teriam naturalmente que ocupar o seu lugar.

Mas a vida precisava seguir seu curso, e, ao lado de Armando e do fundador do Lar de Frei Luiz, os dois passaram a fazer exercícios de mentalização e de relaxamento para o desenvolvimento de suas potencialidades mediúnicas.

Em qualquer processo de formação de um médium que se preze, são necessários disciplina, estudos de textos e práticas relacionadas ao desenvolvimento da espiritualidade. Dessa forma, vai-se aos poucos deixando as energias e dons de determinado sensitivo entrarem em sintonia fina com as vibrações dos espíritos que pretendem trabalhar com ele.

A formação de Gilberto, em especial, serve como parâmetro para se entender esse delicado processo de aprendizado. Em seu caso, isso foi "um parto". Claustrofóbico, tinha não só pavor de permanecer na escura sala de materialização, como, pior ainda, na reduzida cabine mediúnica. "Da primeira vez passei mal e disse que não entrava mais ali, que não tinha condição", recorda.

Mas Rocha Lima, paciente, foi conversando, conversando – e dando-lhe doses do calmante natural Maracugina. Assim, de conversa em conversa, de Maracugina em Maracugina, Gilberto acabou aceitando entrar na sala.

Num belo dia, o médico do espaço João Pedro – que era quem costumava se materializar com os recursos ectoplasmáticos de Armando Ramos e Silva – se aproximou "todo iluminado" de Gil e, passando luzes curativas em sua cabeça, em seu corpo, lhe disse com voz grossa: "Você é médium de efeitos físicos. Você é um dos nossos, você tem que desenvolver a sua parte de ectoplasmia. Não é para exibição, que você não é superior a ninguém. É somente para a cura. Isso está cunhado no seu carma".

O médium balbuciou então um "tudo bem". Mesmo assim, vários meses se passariam até que João Pedro autorizasse Armando a começar o desenvolvimento mediúnico do mecânico.

Um pouco antes com Ivan, que era mais velho, e depois com Gilberto, o presidente Rocha Lima começou a puxar suas mediunidades de efeitos físicos com a ajuda de determinados experimentos, como a mesa girante.

Sim, ali estava ela de volta, em pleno século XX, dessa vez para ajudar na formação de sensitivos. Era uma mesa redonda de madeira, de cerca de um metro de raio. Armando chegava e botava as mãos em cima do tampo, seguido por Ivan e Gilberto. A mesa levantava, flutuava de um lado para outro, com os três com as mãos em cima, formando uma corrente de energia espiritual.

Segundo Gilberto, o presidente do Frei Luiz fazia então perguntas para os seres do astral – principalmente para João Pedro –, querendo saber se já era hora dos dois sensitivos começarem a entrar na cabine. "Aí, a mesa batia com os pés no chão: uma pancada era sim, duas era não." Duas pancadas se sucederam até que, finalmente, a autorização foi dada.

Gilberto, claustrofóbico, inicialmente só ingressava na cabine levado pelo fundador do centro espírita. "Rocha Lima me dava a mão até eu entrar em transe, que é um torpor, parece que você tomou dez comprimidos tranquilizantes. Você sente uma pressão aqui na barriga, assim, um puxar de barriga, e aí apaga."

O médium em formação ainda levaria cerca de seis anos até conseguir materializar um espírito, num treinamento de três vezes por semana. No início, Rocha Lima costumava deixar uma verga de madeira pintada com tinta fosforescente dentro da cabine, para que pudesse ser vista no escuro. Uma música clássica, tranqüila, harmoniosa, era colocada para ajudar no equilíbrio vibracional do ambiente. Às vezes, na medida em que a sintonia dos médiuns ia se ajustando com as do astral, a verga flutuava e "regia a música que estava sendo tocada". Em outros momentos, a verga se levantava um pouco e caía, inerte.

Para ajudar a equilibrar as energias dos dois novatos com a espiritualidade, havia como que um troca-troca energético dentro da cabine entre Armando, Ivan e Gilberto. Do lado de fora, junto ao gabinete mediúnico, Rocha Lima colocava duas poltronas. Armando, Ivan e Gilberto se revezavam então nessas poltronas e na cama dentro da cabine. Armando ficava na cabine, em transe, e os dois nas poltronas. João Pedro e outros espíritos, como o Preto Velho Jeremias, costumavam sair da cabine materializados e dar orientações para os iniciantes. Depois, Armando saía da cabine e ia para uma das poltronas – enquanto um dos novatos entrava para deitar na cama.

Esse processo continuou por anos a fio, enquanto Rocha Lima fazia os dois sensitivos – que adotara como se fossem seus filhos – lerem importantes obras espíritas, como *O Livro dos Médiuns*, de Allan Kardec.

Gilberto passaria anos entrando na cabine de materialização para relaxar, mas nada acontecia. Aos poucos, porém, começaria a ver pequenos focos de luzes flutuando no escuro – e apagava, entrando em transe.

Até que, sem perceber, espíritos começaram a se materializar. Um deles, mais afinado com as energias do médium, passaria a surgir constantemente, a partir de 1970, marcando a história curativa do Lar de Frei Luiz: o médico do espaço Frederick von Stein.

Como entra em transe, Gil nunca vê qualquer espírito se materializando. Em sua carreira mediúnica, o que sempre o tem acompanhado, antes de adormecer, são fenômenos de luz. Pequenos pontos de luzes flutuantes, do tamanho de uma moeda.

– Eu deito na cabine, estou naquele sono, querendo dormir, e vejo muita luz lá dentro. Luz verde, azul, vermelha... Mas não é uma luz que ilumina você. É uma bola opaca. Não tem posição fixa, ela bate no chão, bate na parede, fica num canto. Às vezes é lilás, às vezes amarela, às vezes um vermelho vivo, mas ela não ilumina, fica ali na dela, não emite facho de luz.

AUTOCONHECIMENTO

Ao ouvir o drama infantil vivido por Gilberto Arruda e por tantos outros médiuns de efeitos físicos, me lembro das amargas experiências de uma sensitiva como Elizabeth d'Espérance[155], que desde pequena via "pessoas" passarem de um lado para outro na casa antiga onde morava, em Londres. Pessoas só vistas por ela. "Um dos meus amigos fantasmas era uma velha, sempre vestida com roupa preta, feita de uma fazenda mole e macia como o cetim, sem que o fosse realmente."

Ainda inocente, sem ter idéia das pressões sociais que sofreria por possuir o dom da clarividência, ela afirma que nunca lhe pareceu que houvesse algo estranho: "Eu aceitava a presença deles como uma coisa natural, e era infeliz quando eles estavam ausentes".

Um dia, porém, os pais chamaram um médico para examiná-la. Com o tato natural dos cartesianos que não enxergam um palmo além da matéria, o doutor diagnosticou que ela sofria de grave desequilíbrio mental. "Dia e noite sofri esse tormento. Ser louca! Que significava ser louca? Eu pensava em todas as coisas horríveis que me tinham contado, nos crimes cometidos pelos maníacos, nos horrores dos asilos de alienados, nas câmaras acolchoadas, nos ferros, nas camisolas de força... e tremia de medo, e pedia a Deus, quase freneticamente, que me preservasse da loucura."

Outro que sofreu "o pão que o diabo amassou" foi o médium escocês Daniel Dunglas Home. Nascido em Edimburgo, em 1833, chegou a ser definido por Conan Doyle[156] como o maior médium no campo das manifestações físicas que "o mundo moderno já viu". Quando criança, tinha visões e, um dia, muito abatido, começou a gritar para a tia que a mãe, que viajara para visitar alguns amigos, havia morrido ao meio-dia. A própria mãe lhe aparecera para dar o aviso.

Após esse incidente, batidas fortes e móveis se arrastando começaram a perturbar a tranqüilidade do lar onde residia. "Sua tia, criatura de estreita visão religiosa, disse que o rapaz havia trazido o diabo para casa e jogou-o na rua."

Por pouco não acontecia coisa pior com o médium cearense e capitão do Exército Francisco Peixoto Lins, o Peixotinho. Quando tinha seus 15 anos, começou a ser assediado por espíritos obsessores, de baixa evolução, que sugavam suas energias físicas. Com o agravamento dos ataques, acabaria sofrendo uma paralisia nas pernas, sem explicação aparente, e momentos de letargia.

Segundo as filhas Alcione e Ceila Peixoto[157], o pai ainda rapaz via espíritos no bonde em que andava, achando que eram pessoas reais. Obsediado, ia para as farras e "comprava as maiores brigas". Um dia, com medo dos ataques desses seres pouco evoluídos, passou a pedir que a família o trancasse dentro de casa, para vigiá-lo.

– Aí, os espíritos o ameaçaram dizendo que, se ele não saísse, iria morrer. Diante da ameaça, ele teve um ataque de letargia, ficando como morto durante 24 horas, com direito a velório e tudo, e o pai insistia em não enterrá-lo, pois achava que tinha acontecido algo diferente. Ele estava vestido com a mortalha de São Francisco e, de repente, ele se levantou e deu-se tudo por milagre. Entretanto, ficou paralítico, tendo que andar de cadeira de rodas por algum tempo.

A sorte de Peixotinho – assim como a de Gilberto Arruda, Ivan Ferreira de Castro, Paulo Larosa e tantos outros sensitivos iniciantes – foi ter esbarrado com alguém sensível e experiente, capaz de perceber que sua "anormalidade" era simplesmente devida a dotes mediúnicos não desenvolvidos. Assim, sob orientação de um major do Exército, Vianna de Carvalho, presidente da Federação Espírita Cearense, foi educado mediunicamente num centro espírita, curando-se das obsessões e doenças sem causa aparente.

Esse capítulo na vida do mais famoso médium de efeitos físicos que o Brasil já conheceu demonstra, mais uma vez, que os sensitivos não são necessariamente pessoas evoluídas, em paz e tranqüilas – pelo menos no início de suas tarefas mediúnicas.

Ao contrário – e Rocha Lima batia sempre nesta tecla –, são pessoas endividadas que trazem problemas cármicos de vidas passadas e que, por isso, recebem do astral a árdua missão mediúnica, cheia de provas, sacrifícios e renúncias pessoais. Como forma de resgatar faltas do passado e aprimorar sua jornada universal, precisam ajudar pessoas a construir conexões com o mundo espiritual.

Mas aqui começa um problema crucial. Quem se bate pelo bem, acaba sendo muito assediado por espíritos pouco evoluídos, que tentam plantar discórdias, enviando ondas negativas de pensamentos que estimulam ações maléficas; até mesmo crimes.

O astral é feito de hierarquias: alguns espíritos são mais evoluídos, outros não. Uns influenciam a humanidade através de ondas-pensamentos voltadas para o bem, para o relacionamento harmonioso entre os semelhantes, para a concórdia, para o amor. Outros, ao contrário, estimulam as brigas, as guerras, as vaidades, as futilidades da vida, o consumismo e o sexo desregrados. O ódio. É da lei da evolução universal.

No caso de médiuns de efeitos físicos, o problema tende a assumir proporções mais graves, advindas de sua capacidade de materializar espíritos e da vaidade que isso acaba provocando – despertando, na contramão, inveja e ciúme.

Por mais que esse trabalho espiritual não tenha nada de sobrenatural, evidenciando apenas a existência da vida após o desaparecimento do corpo físico, às vezes adquirem dimensões tão impressionantes que costumam – mais do que qualquer outro tipo de mediunidade – provocar na mente humana estados impactantes, que acabam resvalando para o misticismo cego, pouco refletido, para a idolatria.

O sensitivo passa então a ser visto como alguém especial, capaz de resolver problemas de saúde mais graves e de provar por A mais B, com a materialização de um ser, que a morte não existe. Aí, termina tornando-se o centro das atenções, sendo bajulado e procurado para demonstrações frívolas de poder mediúnico.

Ao criticar as pessoas que estragam esses sensitivos "com elogios e vaidades", Rocha Lima costumava advertir em suas palestras: "O maior inimigo dos médiuns está dentro dos nossos próprios muros. Os próprios espíritas, os próprios meios espíritas viciam, prejudicam os médiuns, endeusam os médiuns, e são a causa de sua queda, são a causa da destruição da mediunidade".

Esse é um dos motivos pelos quais ele não gostava do assédio da imprensa. Além do sensacionalismo típico como boa parte da mídia trata os trabalhos espirituais, enxergava nos jornalistas uma ameaça à integridade psicológica do médium, que, eventualmente "incensado" por uma reportagem, poderia sucumbir, vitimado pelo ego insuflado.

Mas além da idolatria, os sensitivos costumam despertar inveja, competições e ciúmes às vezes inconciliáveis. Como resultado de todo esse turbilhão de emoções contraditórias, sentindo-se bajulados e agredidos, podem ficar emocionalmente instáveis, agressivos, até mesmo adquirindo doenças físicas. Os mais fracos psicologicamente acabam sucumbindo – às vezes pelo dinheiro, às vezes pelo sexo desregrado.

Uma vez, ao comentar sua experiência com a mediunidade masculina, Ronaldo Gazolla me disse com toda a razão: "A atração de um médium desses é tão grande, suas forças são tão desenvolvidas, que fascinam as mulheres que querem poder. Esses médiuns são muito assediados".

Mas o poder "sem limites" tem seu preço – e costuma ser amargo. Esses sensitivos acabam perdendo seus dotes mediúnicos – porque esses vêm de esferas astrais, já que ninguém é dono de nada, apenas intermediário de um poder maior. Daí para o abismo, é um passo. Por isso, a necessidade não só da disciplina, mas também do autoconhecimento.

Rocha Lima repetia sempre a importância de, diariamente, o médium – ou qualquer outra pessoa – fazer um processo de auto-análise, uma introspecção diária sobre o egoísmo, a vaidade, o orgulho.

Em outras palavras, é o mesmo que dizer que precisamos viver com a consciência quase que instantânea dos nossos erros. Porque todos nós erramos – mas impediremos que o erro assuma proporções degradantes se aprendermos a reconhecê-lo na primeira esquina. Se você foi autoritário ou comportou-se egoisticamente numa situação, é fundamental aprender a detectar esses vacilos morais o mais rápido possível, para corrigi-los.

A humanidade vem se aprimorando na medida em que conseguimos, lentamente, em meio a tantas dificuldades, deixar para trás a carga pesada do nosso ego desmedido, de uma herança instintiva e cultural maldita que nos faz querer ser sempre o primeiro da fila, a voz da razão, o dono da vez. O mundo precisa ser de troca de afetos, de informações, de colaboração.

Conheço espíritas que acham que seus eventuais problemas mentais e físicos poderiam ser muito bem resolvidos num centro, numa sala de passes, num trabalho de desobsessão, numa escola de formação mediúnica, no aprendizado das obras de Allan Kardec. Sim, são ações fundamentais. Mas diante do estágio evolutivo de boa parte da humanidade, não bastam.

A psicologia humana, as neuroses, as patologias mentais mais graves, as marcas negativas que trazemos de nossos instintos animalescos, de nossa infância e de outras vidas adquirem proporções muito complexas para serem equacionadas apenas num grupo espírita ou espiritualista de qualquer ordem. Precisamos, em nossa trajetória evolutiva, de um enriquecimento interior maior, que ultrapasse os limites de um grupo religioso, por mais importante e sério que seja.

Necessitamos, isto sim, de um trabalho terapêutico de apoio que ajude a estimular a nossa auto-análise diária.

Não estou falando aqui de um trabalho que substitua as ações educativas espirituais de um grupo ou que concorra de alguma maneira com suas atividades normais de cura espiritual. Estou falando de um trabalho paralelo e não conflitante, que possa auxiliar o médium – e qualquer um de boa vontade que queira se ligar com seu Eu Superior – a evoluir como pessoa, pelo autoconhecimento.

Aliás, se um trabalho de apoio espiritual, como num centro espírita, fosse em geral suficiente para curar as neuroses e outras enfermidades psíquicas das pessoas, muitas direções de grupos espirituais não se veriam envolvidas com brigas e disputas tolas de poder que, infelizmente, ainda continuam a ocorrer, minando a ação de ajuda aos mais necessitados.

Ao longo dos anos, por dever profissional ou relacionamentos familiar e social, venho conhecendo muita gente – algumas famosas, outras nem tanto. Como traço comum, boa parte se liga por uma característica padrão: a vaidade exacerbada e a dificuldade de reconhecer seus próprios erros e insuficiências. Encontro pessoas que se acham muito evoluídas espiritualmente, mas que, na verdade, têm muito pouco autoconhecimento de suas limitações pessoais, de suas fraquezas de caráter, de suas vacilações morais.

Falam em espiritualidade, em fraternidade, em ajuda ao próximo, mas, dentro de casa, em suas relações de trabalho, em suas práticas religiosas, são autoritárias, machistas, egoístas, interesseiras, carreiristas, fofoqueiras, narcisistas ao extremo. E, em geral, se revelam resistentes a um processo terapêutico sério – que misture principalmente a psicanálise com técnicas de regressão a vidas passadas –, para aprofundar seu conhecimento integral.

Nada melhor, aliás, para um machista incorrigível – me atenho a este exemplo porque, como homem, sei muito bem como, no dia-a-dia, somos hipócritas e autoritários com as mulheres, apesar de eventuais discursos de bom-mocismo –, do que se ver em outra encarnação na pele de uma mulher submissa e explorada.

Só aceitando nossos erros, antes de apontar os erros dos outros, só falando mal de nós mesmos, antes de falar mal dos outros, poderemos progredir – inclusive no trabalho mediúnico.

Sentir raiva, inveja, não ter tolerância são comportamentos normais em nosso estágio evolutivo. Mas precisamos – repito – aprender a reconhecer assim que somos tomados por sentimentos negativos, para procurar superá-los com atitudes opostas de amor, de solidariedade social, de respeito a laços familiares e de amizade.

Allan Kardec já ensinava em *O Evangelho Segundo o Espiritismo*[158]: "Reconhece-se o verdadeiro espírita pela sua transformação moral e pelos esforços que emprega para domar suas inclinações más".

Nessa linha filosófica, o trabalho de Rocha Lima só progrediu porque ele bateu na tecla do amor incondicional, da caridade, da disciplina e da tolerância – da tolerância com os erros dos outros. Sim, ele era duro às vezes, alguns achavam-no até intolerante em certas ocasiões. Mas ele não era grosseiro e sabia perdoar. Era duro porque seguia regras, chamava todos as suas responsabilidades – e as pessoas, em geral, não suportam ser chamadas à atenção.

No entanto, se disciplina e amor são elementos indispensáveis para quem deseja formar um grupo de materialização, não se pode esquecer, claro, da necessidade básica de se achar um médium de efeitos físicos.

Mas, além disso, o grupo precisa possuir um ideal superior de ajuda aos enfermos e aos mais necessitados socialmente. A atividade espiritual deve sim ter um lado experimental, de buscar provar cientificamente os fenômenos, de provar que a vida continua depois da vida. Isso é importante para atrair mais e mais pessoas para essa ligação fundamental com nosso Eu Superior. Mas ficar apenas nisso é erro crasso.

São necessárias sim provas fenomenológicas, mas não acho que seres de luz irão ficar rondando a Terra só para provar que existem. Qual a finalidade útil de sabermos que continuamos além da vida material, a não ser para entender o que isso significa em termos de responsabilidade pessoal e assim começarmos, imediatamente, a mudar para melhor nosso comportamento interior e social?

Não se pode ficar esperando apenas as iniciativas do astral. Para se preparar um grupo de assistência espiritual, será sempre necessária a colaboração ativa de pessoas com bons propósitos de ajuda, de disciplina e de ação. Por isso, se um grupo não quiser fracassar ou ser vítima de entidades zombeteiras e de pouca evolução, que queiram prejudicar alguém ou simplesmente produzir efeitos sem qualquer conseqüência prática, recomenda-se que seus integrantes se dediquem a tarefas de solidariedade social. Só assim as entidades de luz se sentirão dispostas a colaborar no seu desenvolvimento, pois perceberão que seus integrantes – a despeito de vacilações normais de comportamento – estão dispostos a se aprimorar espiritualmente, ultrapassando o egoísmo infantil a partir do trabalho solidário.

Cobrar taxas obrigatórias pelo serviço, então, nem pensar. As doações materiais e de ajuda financeira desprendidas devem ser bem-vindas – até porque qualquer atividade humana precisa de recursos para ir adiante –, mas nunca obrigatórias.

Todo sensitivo ou instituição que se vê enredado na fome por dinheiro, explorando um trabalho cuja fonte é espiritual – e não das pessoas –, acaba vítima de vibrações de ganância e de enriquecimento fácil. Daí estará a um passo de perder o poder mediúnico e começar a explorar a boa-fé alheia – já que, depois do costume, a máquina de arrecadação financeira não pode parar de funcionar –, com a produção de truques e enganações anímicas.

Além da ganância pelo dinheiro, a exploração da vaidade, por espíritos das trevas, sempre foi uma das principais causas para a queda de um médium. Por isso, é vital – desde o início, quando de sua formação e produção dos primeiros fenômenos – não ficar bajulando o sensitivo, como se fosse um ser superior, diferente da média do grupo.

No final dos anos 1950, por exemplo, após o início dos trabalhos de materialização para a cura no Lar de Frei Luiz, o então médium de efeitos físicos começou a sucumbir à vaidade. Com o tempo, acabou perdendo seus poderes e, em meio à escuridão das reuniões, passou a se levantar da cabine de materialização e se fingir de médico do espaço.

No entanto, não se consegue por muito tempo enganar um grupo sério de efeitos físicos. Os fenômenos de materialização costumam vir acompanhados de efeitos luminosos, os espíritos se auto-iluminam com tonalidades de luzes sutis e, às vezes, intensas e difíceis – diria mesmo impossíveis – de serem reproduzidas por qualquer aparelho terrestre conhecido. Pressentindo então que o trabalho vinha sendo fraudado, num belo dia um integrante do grupo deu um pontapé no "fantasma".

Descoberto o truque, Rocha Lima, muito abalado, interrompeu os trabalhos. Não teve conversa. A disciplina falou mais alto. E só cerca de dois anos depois, no início da década de 1960, as reuniões de efeitos físicos puderam ser retomadas, com a entrada para o Lar de Frei Luiz do psiquiatra Lauro Neiva, que trouxe para o grupo um grande amigo: Armando Ramos e Silva.

Poderoso médium de efeitos físicos, Armando era disciplinado, tomava cuidados necessários. Voltado para a família, alegre e bem-humorado, gostava de ficar em casa, evitando discussões desnecessárias. Não bebia, não fumava.

Seu sobrinho Carlos Augusto Rezende Lopes, que viveu em sua casa por vários anos, lembra-se de um homem tranqüilo, que "não tinha preocupações" aparentes. "Era tipo assim muito aberto, que se dava com todo mundo." Próximo à casa e ao local de trabalho, onde conhecia muita gente, ia parando a todo momento para conversar com alguém.

Em seu livro *Aconteceu no Outro Mundo*[159], Lauro Neiva define o amigo, que então contava com 68 anos, como "uma das personalidades mais perfeitas" que já conhecera na vida, "sob todos os aspectos". Chamava-o na intimidade de "espírito iluminado":

– O dr. Armando Ramos e Silva não sofre de nenhuma doença grave; possui um eletroencefalograma normal; não bebe nenhuma bebida alcoólica, não fuma, não joga e só possui uma única mulher!... Nasceu numa família católica e sua esposa foi educada, interna, num colégio de freiras. Abstém-se, nos dias de sessão de materialização, de comer carne e evita quaisquer aborrecimentos, cansaços e problemas de negócios. Vive, dentro de toda a simplicidade, para a sua família, para os amigos e para o bem dos aflitos do corpo e do espírito. Não aufere o menor lucro monetário pelos benefícios prestados. É o primeiro, invariavelmente, a acorrer às sessões e o primeiro, rapidamente, a sair, ansioso para chegar ao lar ditoso.

Sendo um médium disciplinado, na verdade ele parava de comer carne vermelha – que sempre apreciou – dias antes das sessões, passando a ingerir muito verde e frutos do mar. E certamente também não fazia sexo com a esposa às vésperas das reuniões.

Sexo... Veja bem: não pretendo aqui fazer nenhuma crítica moralista ao ato sexual. Pelo contrário. É adorável, sublime, gostoso. O sexo amadurecido, sensual e com a pessoa amada, é um dos melhores prazeres do mundo, não é mesmo? Só que o sexo é sublimação de energia, provoca potente descarga energética. O corpo se esvai de energia.

Além disso, quando as pessoas praticam sexo, acabam atraindo pensamentos – e espíritos – conflitantes e de baixa freqüência vibratória. É muito comum no ato sexual – com exceção dos casais mais afinados e harmônicos, o que positivamente, na minha avaliação, não formam maioria – o pensamento vagar por cenas dantescas de posse, de traições, imaginárias ou não, de ciúmes, de egocentrismo, de narcisismo, de culto desregrado ao corpo, por sensações materiais, terra a terra.

O sexo tem a ver com o chacra fundamental, básico, sendo extremamente ligado a sensações terrenas. Fazer sexo, pensar em fazer sexo, sonhar em fazer sexo de maneira regrada, sem excessos, será sempre algo relativamente difícil – pelo menos para quem é mais jovem, com os hormônios, como se diz, à flor da pele, queimando de prazer.

O sexo, assim, acaba contribuindo para a formação de estados mentais extremamente desarmoniosos – estimulando o acoplamento de espíritos obsessores ou mesmo o desprendimento de cargas energéticas negativas que entrarão em choque com a necessária elevação espiritual de uma sessão de materialização com bons propósitos.

Um exemplo claro de como um pensamento sexualizado pode provocar graves distúrbios em reuniões de efeitos físicos é revelado pelo empresário Dante Labbate no livro *Materializações Luminosas – Leis Cósmicas em Ação*[160], ao descrever uma sessão ocorrida em 1950, em que, após se materializar, um espírito começou a fazer aplicações terapêuticas numa enferma:

– Aconteceu, então, uma desagradável ocorrência. Um cooperador do grupo, em momento de invigilância, emitiu um pensamento com tão forte teor de sexualidade que atingiu o espírito materializado. Sofrendo o impacto, a entidade retirou-se imediatamente e o médium na cabine foi tomado por demorado acesso de tosse. O criador da imagem psíquica plasmada deu-se conta de sua ação. Sentiu-se envergonhado, desejando que a terra abrisse suas entranhas e nela ele mergulhasse. Seu peito doía. A cabeça pesava. Jovem, 22 anos, via-se aniquilado.

Após pequena pausa, Dante faz corajosa confissão: "Este personagem era eu...".

O fato é que a sessão de cura teve que ser interrompida. Outro ser se materializou e afirmou, sem apontar o responsável, que "vibrações de sexualidade prejudicaram o trabalho dos espíritos", fazendo ver ao grupo o perigo que isso acarretava para as tarefas ali desenvolvidas. Por sorte, porém, nada de mais grave ocorreu com o médium.

Envergonhado, o jovem espírita pensou em abandonar as reuniões de materialização do Grupo da Fraternidade Irmã Scheilla. Mas, como seus propósitos eram voltados para o bem, acabou convencido pela espiritualidade a prosseguir.

– Exponho essa marcante experiência, cuja recordação me constrange, com a intenção de alertar a quem deseja participar de trabalhos de materialização – nos quais o campo energético do ambiente torna-se altamente sensível aos pensamentos dos assistentes – que é imperioso o cuidado com as projeções mentais, como nos ensinam os dedicados amigos do plano espiritual.

No entanto, em que pesem as projeções mentais negativas, o ato sexual em si acarreta também um grave problema material para a formação do ectoplasma. Sendo feito de forma sublime ou não, provocará sempre uma descarga energética do corpo. O médium Paulo Larosa explica um detalhe crucial da atividade sexual: ela baixa momentaneamente a densidade do corpo físico, pela liberação de endorfinas.

Hormônio fabricado no cérebro para inibir a dor, com efeitos semelhantes à morfina, a endorfina é, segundo ele, elemento essencial na formação do ectoplasma. E num momento em que, mais do que nunca, os médiuns precisam concentrar força, o sexo consome endorfinas. Uma baixa que provoca interferência direta no equilíbrio energético do corpo etérico, que "fica fora da faixa de freqüência de 27 megahertz", necessária para se produzir ectoplasma adequadamente.

Mas além da baixa de endorfinas, o sexo consome teor fosfórico do corpo. E o fósforo – como ensinado pela espiritualidade – é outro elemento fundamental na constituição do ectoplasma, sendo responsável pela produção de fenômenos luminosos nas reuniões de materialização.

Aliás, a luminosidade provocada por esse elemento fica patente, como ensina Larosa, no ato do gozo sexual, quando o fósforo, queimando durante o clímax de prazer, possibilita aos amantes ver/sentir um indescritível espocar de luzes.

O fósforo é tão importante nos fenômenos de materialização que, para alguns estudiosos, se constitui no elemento central para os efeitos luminosos, mesmo que o médium não tenha elevada evolução espiritual.

Para outros pesquisadores, contudo, como Ranieri[161], que trabalhou com Peixotinho, o "alto grau de evolução" espiritual do médium justificaria os fenômenos luminosos.

Opinião que não é compartilhada por espíritas como Luciano dos Anjos[162]. Segundo ele, que também havia atuado com Peixotinho, o alto potencial luminoso de suas materializações era devido à grande quantidade de lecitina presente no pescado que comia.

A lecitina é um subproduto do fósforo presente em peixes que habitam mares profundos, para que, com a luminosidade própria gerada, não precisem, para viver, subir próximo à tona para buscar luz e oxigênio.

– Os espíritos ditaram para ele, Peixoto, que a substância fosfato de lecitina é que era usada para produzir a luminosidade e diziam que esse tipo de médium teria que comer muito peixe e, com um detalhe, as materializações guardavam pouca semelhança com o perispírito de Peixoto. Eram diferentes da configuração morfológica dele, porque o mesmo era uma usina de ectoplasma, um médium fabuloso – afirma Luciano.

O físico do espaço Joseph Gleber é outro que credita ao fósforo a luminosidade dos fenômenos, independentemente da evolução espiritual do sensitivo[163]: "Esta luminosidade é de efeito fosfórico ectoplasmático, natural do médium, e somente com, podemos dizer, implantação gradual em sua massa ectoplasmática do fósforo necessário à luminosidade, poderíamos torná-lo um médium de efeitos luminosos".

Ao ser questionado se haveria algum fator ligado à evolução espiritual do médium, respondeu que não: "É somente um efeito material". Ele inclusive diz que se um médium tomasse algum medicamento com teor fosfórico, poderia produzir fenômenos luminosos.

Questão polêmica, essa. Afinal, alguns médiuns, como Armando Ramos e Silva e Peixotinho, deram mostras de elevação espiritual no decorrer da maturidade de suas vidas. Mas outras experiências em sessões de efeitos físicos revelam exemplos de pessoas não tão desenvolvidas assim que, de fato, são capazes de produzir fenômenos sublimes – o que indica que a mediunidade é um dom que não precisa, necessariamente, ter relação direta com o caráter de alguém.

Seria, porém, algo tão mecânico? Se a produção de fenômenos luminosos tivesse a ver apenas com a presença de fósforo no organismo, o que dizer de um espírito de luz que se materializasse com os recursos ectoplasmáticos de um médium evoluído espiritualmente? Mesmo que ele não tivesse tanto fósforo assim no organismo, que não houvesse comido alimentos com alto teor fosfórico, isso o impossibilitaria de materializar um ser que, por sua própria natureza espiritual, teria a capacidade de se transbordar de luz?

Lógico achar que não – embora, lógico, eu possa estar errado.

Mas, por outro lado, também é claro que em geral – a experiência também assim ensina – os espíritos de mais luz procuram se afinar com médiuns mais evoluídos espiritualmente, mais de acordo com suas freqüências vibracionais.

Além do mais, como os poderes da alta espiritualidade podem alcançar níveis inimagináveis, é bem provável que um ser de alta hierarquia transborde de luminosidade se assim for seu desejo, independentemente se o médium afinado com ele tiver ingerido ou não alimentos de alto teor fosfórico.

Mas, como regra geral, já que nem sempre esses seres de luz se fazem presentes, acho razoável concordar que, sendo o médium evoluído ou não espiritualmente, o fósforo justificaria, em última instância, as materializações luminosas.

Por outro lado, para além da questão da luminosidade, é bem provável que a qualidade de evolução espiritual de um médium seja capaz de explicar materializações mais perfeitas e intensas. Afinal, para se trabalhar bem nesse campo, se fazem necessários antes de tudo uma mente e um coração mais tranqüilos.

Da mesma forma que um médium indisciplinado e de comportamento social inadequado – com conseqüente desgaste psicológico e físico – acaba tendo seus dons enfraquecidos, produzindo fenômenos cada vez mais esmaecidos, aqueles mais calmos e éticos viabilizam materializações mais fortes – mesmo que nem sempre tão luminosas.

Armando Ramos e Silva, por exemplo, tinha um estilo de vida que lhe permitia materializar espíritos que, constantemente, sem o uso de mantos ectoplasmáticos, vinham falar e tocar as pessoas. E de uma só vez era capaz de materializar vários espíritos.

Peixotinho, então, nem se fala. Talvez tenha sido o maior médium de efeitos físicos do Brasil – pelo menos, o mais famoso. Morando boa parte de sua vida adulta em Campos (RJ), era uma pessoa dada, tranqüila, desprendida, voltada para a família e de uma simplicidade franciscana.

Para as filhas Alcione e Ceila[164], o traço mais marcante de sua personalidade era o "bom humor, a alegria para enfrentar todas as situações da vida. O sonho dele era ter um carro, e, juntando um dinheirinho, saiu para comprar. Como o dinheiro não foi suficiente, ele comprou uma cadeira de balanço, dizendo que se balançaria na cadeira, na falta do carro, com toda tranqüilidade".

As filhas relembram que quando a família ia dormir e todos faziam orações – o chamado culto no lar –, era comum a materialização de flores e de outros objetos. Ceila recorda inclusive, referindo-se a uma de suas irmãs, que quando "papai se deitava, um espírito se materializava, pegava Marisa no colo e a ninava".

Achei tocante essa história de um espírito ninando um bebê e passei a pesquisar outros relatos semelhantes. O russo Alexander Aksakof, por exemplo, registra dois, em *Animismo e Espiritismo*[165]. Num deles, a famosa médium norte-americana Kate Fox, de Hydesville, já casada e com o sobrenome

Jencken, promovia em casa, em 1874, uma sessão espiritualista com o marido e um amigo da família. De repente, segundo o marido, J. Jencken, a mulher teve o desejo irrefreável de ver o filho Freddy, que dormia no quarto e, assim como a mãe, vinha apresentando poderes mediúnicos. "No quadrilátero que separava o salão do aposento da criança, ela avistou uma figura humana que ia ao seu encontro conduzindo a criança nos braços. Trêmula de emoção, recebeu-a, e no mesmo momento o fantasma desapareceu."

Depois, segundo o pai, um espírito, comunicando-se por pancadas, informou que o filho fora tirado do quarto para que ficasse livre "da influência nociva de forças estranhas".

Aksakof registra ainda o caso de um médium inglês que vivia na Liverpool dos anos 70 do século XIX e produzia fenômenos sublimes. De caráter reservado, promovia sessões apenas para amigos, sem permitir sequer que fizessem publicidade do seu nome ou que algum estranho participasse das reuniões. Mesmo diante de pedidos insistentes de pessoas ricas, que lhe ofereciam dinheiro para entrar, negava sempre.

Pois esse sensitivo parecia morar numa residência muito benquista pela espiritualidade. "A dona da casa era uma senhora muito simpática; as crianças eram de tenra idade e contavam, em família, que os espíritos encantavam a casa, e até iam adormecer as crianças na ausência da mãe."

Esses casos, envolvendo médiuns respeitados em sua época, revelam, no fundo, a importância de se ter uma boa ambiência – principalmente dentro do próprio lar – para se produzirem fenômenos físicos dos mais expressivos. Uma ambiência formada não só por um grupo mediúnico de apoio harmônico, como por uma exuberante natureza ao redor.

Não é à toa que, aconselhado pela espiritualidade, Rocha Lima construiu o chamado Santuário de Frei Luiz – a casa para a realização das sessões de materialização – isolado num morro, em meio ao verde, para poder captar o ectoplasma bruto produzido pela natureza, contribuindo assim para a necessária purificação ambiental.

Para ele, o preparo para uma reunião de materialização era algo muito sério a ser perseguido, dia após dia. "Cada pensamento negativo, cada onda mental que ali se forme, a conduta desviada do bem durante a semana, leva para ali também um cortejo de entidades perseguidoras, invisíveis mas atuantes!", ensinava, em uma de suas inúmeras palestras.

FORMAS-PENSAMENTOS

O pensamento tem uma força fenomenal. Do ponto de vista comum, do dia-a-dia, qualquer um mais sensível há de convir que existe uma diferença brutal entre freqüentar um ambiente – como se costuma falar – carregado, onde as pessoas não gostam da gente, e um lugar tranqüilo, de concórdia, repleto de amigos. Existe uma energia diferente no ar.

Isso é "visível". O primeiro suga nossas energias, nos cansamos facilmente, podendo até sentir dores de cabeça – ou mesmo pegar uma doença séria, se tivermos que conviver ali de forma prolongada, como num local de trabalho. O segundo acalma, até possibilitando pensamentos edificantes, de amor, de uma maior compreensão sobre a vida.

O poder da mente, de tão forte, é capaz de levar alguém para a frente, para o sucesso, ou destruí-lo, tornando-o depressivo, angustiado, raivoso, de mal com a vida.

A mente tem poderes que extravasam os limites do corpo físico. O pensamento pode não só ser transmitido telepaticamente – fato já comprovado experimentalmente, inclusive por cientistas da antiga União Soviética –, como criar formas "materiais" humanas, de objetos, que chegam a impressionar chapas fotográficas.

Por isso, a atenção especial que deve ser dada à qualidade dos pensamentos nas reuniões de materialização. Os pensamentos negativos são capazes não só de atrair seres de baixa evolução, mas até mesmo – num sentido mais "físico" – de produzir formas mentais que atrapalhem os trabalhos. Em casos extremos, essas criações mentais podem se transformar, por instantes, em objetos e corpos materiais.

Ronaldo Gazolla me contou que uma vez se deparou com um Frederick von Stein que, na verdade, não era o médico do espaço materializado, mas apenas uma forma criada pelo pensamento do próprio médium. "Um dia Frederick chegou para mim, muito titubeante, muito inseguro, muito temeroso... e de repente, que coisa interessante, ele se desmaterializou. Passam uns cinco minutos e veio outro Frederick, forte, seguro."

Um dos estudiosos de aparições produzidas pela mente foi o filósofo italiano Ernesto Bozzano. Dentre suas inúmeras obras sobre fenômenos psíquicos e de efeitos físicos, publicou o livro *Pensamento e Vontade*, em que reúne experiências realizadas por diversos pesquisadores, como a de sensitivos que, com a força da mente, conseguiam modelar corpos a distância ou impressionar chapas fotográficos com objetos pensados.

Bozzano registra[166], por exemplo, várias sessões curiosas com a médium Stanislawa Tomezyk, em 1912, promovidas pelo professor Ochorowicz e publicadas nos Anais das Ciências Psíquicas. Primeiramente, ele fotografou a mão da médium enquanto esta mantinha, espontaneamente, o pensamento concentrado na imagem de uma Lua cheia, que havia admirado no céu. Quando da revelação da chapa, no lugar da mão surgiu a Lua cheia. Depois, ao se repetir o experimento, a Lua voltou a aparecer.

Para Bozzano, "o pensamento e a vontade são forças prodigiosas, não somente capazes de impressionar diretamente uma placa sensível, ou condensar fluidos bastantes para tornar fotografável uma imagem, como também de modelar a imagem e materializar membros do corpo e até corpos organizados".

O pensamento pode inclusive prejudicar fotografias transcendentais. O coronel-aviador Paulo Ruy Portella, que participou das sessões no Lar de Frei Luiz para se fotografarem espíritos, lembra-se de uma em que um participante vibrou com muita curiosidade. "Em conseqüência, a foto saiu com muito chuvisco, ficando quase sem imagem."

Outra prova da força do pensamento são os fenômenos classificados de bilocação, em que o sensitivo exterioriza seu corpo astral durante o sono ou em estado de vigília, consciente ou inconsciente, surgindo materialmente em outro local.

Não estou me referindo aqui a casos de materialização em que o espírito se utiliza do corpo astral do médium para se materializar, mas, sim, do desdobramento a distância do corpo astral do próprio sensitivo.

Um dos episódios mais famosos sobre esse fenômeno foi registrado pelo russo Alexander Aksakof no livro *Animismo e Espiritismo*[167], envolvendo os desdobramentos da professora francesa Emilia Sagée, que, em 1845, com 32 anos, passou a dar aulas no conceituado Colégio de Neuwelcke, próximo à cidade de Volmar, na antiga Livônia, na região do Mar Báltico, onde estudavam 42 meninas, a maioria de famílias nobres.

Certo dia, uma onda de pânico começou a tomar conta da escola. De repente, enquanto Emilia dava lições num quadro-negro para 13 alunas – uma delas filha de um importante barão –, surgiu uma professora idêntica ao seu lado.

– Somente a pessoa verdadeira tinha um pedaço de giz na mão e escrevia efetivamente, ao passo que seu duplo não o tinha e contentava-se em imitar os movimentos que ela fazia para escrever – recorda o sr. Buch, então diretor da instituição.

Os meses se passaram e os fenômenos se repetiram. Por várias vezes, alunas e criadas testemunharam a professora jantando e, atrás de sua cadeira, em pé, seu duplo imitando seus movimentos, porém sem talheres nem comida nas mãos. “Entretanto, nem sempre sucedia que o duplo imitasse os movimentos da pessoa verdadeira. Às vezes, quando esta se levantava da cadeira, via-se seu duplo ficar sentado ali”, afirma Buch.

Para o diretor, o caso mais notável dessa aparente independência entre as duas formas ocorreu num dia em que todas as 42 estudantes estavam reunidas numa sala ao redor de uma grande mesa, em lições de bordado. Do lado de fora, no jardim, observavam Emilia colhendo flores, uma de suas distrações prediletas.

De repente, as meninas viram a forma da professora sentada numa poltrona. “Imediatamente elas dirigiram a vista para o jardim e viram-na sempre ocupada em colher flores; apenas seus movimentos eram mais lentos e pesados, semelhantes aos de uma pessoa sonolenta ou exausta de fadiga. De novo dirigiram os olhos para a poltrona, em que o duplo estava sentado, silencioso e imóvel, mas com tal aparência de realidade que, se não tivessem visto a jovem Sagée e não soubessem que ela tinha aparecido na poltrona sem ter entrado na sala, acreditariam que era ela em pessoa.”

No entanto, duas alunas mais ousadas tocaram na aparição, acreditando “sentir uma certa resistência, comparável à que teria oferecido um leve tecido de musselina ou de crepe”. Uma delas chegou a atravessar uma parte da aparição. “Apesar disso, essa durou ainda por certo tempo; depois, desfez-se gradualmente. Imediatamente notou-se que a jovem Sagée tinha recomeçado a colheita de suas flores com a vivacidade habitual. As 42 colegiais verificaram o fenômeno da mesma maneira.”

Os desdobramentos da professora duraram 18 meses, com alguns poucos intervalos de calmaria. O curioso é que Emilia não conseguia ver o seu duplo nem tampouco se apercebia da rigidez e inércia que se apoderavam do seu corpo quando o fenômeno ocorria. À luz da teoria da relatividade, era como se ela estivesse em espaço/tempo próprio. “Notou-se que à medida que o duplo se tornava mais nítido, e adquiria maior consistência, a própria pessoa ficava mais rígida e enfraquecida, e reciprocamente, que, à medida que o duplo se desfazia, o ser corpóreo readquiria suas forças”, lembra o diretor.

As aparições se davam em geral quando ela estava muito preocupada com algo ou extremamente concentrada em seus serviços. Com o tempo, porém, aquela situação bizarra passou a incomodar os pais das meninas, e acabaram sobrando apenas 12 alunas na escola. A direção da casa decidiu então despedir Emilia.

Ao saber de sua destituição, ficou desesperada e confessou que já havia sido mandada embora de 18 escolas por causa do mesmo problema. Como era uma professora dedicada, recebia cartas de recomendação e ia procurar emprego em lugares cada vez mais distantes, fugindo da fama maldita.

Registros de casos surpreendentes como esse têm sido incontáveis em várias partes do mundo. Outro exemplo: radicado nos Estados Unidos, o sociólogo cipriota Kyriacos Markides se dedicou, de 1978 a 1983, a estudar os ensinamentos e as curas espirituais de um sensitivo da Ilha de Chipre, Stylianos Atteshlis (1912-1995), mais conhecido como Daskalos, que produzia fenômenos de materialização e de transporte do seu próprio corpo a distância, entre outros.

No livro *O Mago de Strovolos – O mundo Maravilhoso de Daskalos, seus Ensinamentos e suas Curas Espirituais*[168], Markides reproduz um encontro em que o sensitivo lhe ensinou que o ser materializado a distância é capaz, em alguns casos, de produzir um efeito físico ou mesmo sofrer uma ação material. Daskalos fala de três tipos de materialização que podem ser feitas: a invisível e tangível; a visível, mas intangível; e a visível e tangível, ou sólida.

Lembrou, em relação ao primeiro caso, um episódio em que fez movimentar uma tesoura a distância, mas com suas mãos invisíveis. No segundo caso, objetos sólidos não eram alterados: dava até para se ver uma mão ou alguém em "forma de um fantasma", mas qualquer contato atravessava a aparição. O terceiro fenômeno, segundo ele, era o mais perigoso para o sensitivo, pois, no caso de uma materialização sólida, qualquer ferimento na aparição repercutiria no corpo material.

Daskalos acrescentou, porém, que mesmo no segundo caso – aparição invisível, mas tangível – esse problema podia ocorrer, desde que o sensitivo não realizasse um processo de desconexão da comunicação entre a materialização e o corpo.

Para ilustrar esse perigo, citou episódio em que, da sala de visitas de sua casa, se projetou astralmente para dentro de um barco em meio a uma tempestade, a 160 km de distância, a fim de auxiliar a tripulação. Materializando suas duas mãos no leme, ajudou o atônito capitão a controlá-lo. Depois, já com a tempestade mais calma, se encontrava invisível no convés quando um mastro despencou, batendo no seu rosto. "Não havia desligamento algum entre meu corpo físico, que estava em transe, e minha materialização. Quando acordei, minha boca sangrava e eu estava com uma dor de cabeça horrível."

Diante da curiosidade do pesquisador, Daskalos não sabia explicar como conseguia produzir fenômenos semelhantes. Apenas sabia que, no caso desses tipos de materialização, era necessária "tremenda força de vontade e concentração".

De qualquer forma, qualquer que seja a explicação para o caso, parece incontestável, desde o século XIX, que médiuns possam se desdobrar a distância, às vezes em locais inimagináveis. Tudo depende da força do pensamento de uma pessoa e, obviamente, da conexão que tenha com o astral.

Esse tipo de fenomenologia, que alguns estudiosos batizaram de "fantasmas dos vivos", foi classificado pelo espiritismo como fenômenos anímicos. Ou seja: produzidos pela força de vontade, do pensamento de uma pessoa.

Fenômenos esses que, aliás, não têm sido constatados apenas em experimentos do espiritualismo moderno. A própria história da Igreja Católica revela[169] que alguns de seus santos mais adorados, como o italiano Santo Afonso de Liguóri (1696-1787) e o português Santo Antônio de Pádua (1195-1231), protagonizaram fenômenos de bilocação.

Da Índia vem outro episódio marcante, ocorrido com o iogue Paramahansa Yogananda, que relembra em sua autobiografia[170] um momento sublime de sua vida em que, ainda na juventude, esperava no quarto de um hotel, na cidade de Serampore, a chegada do seu guru, Sri Yukteswar, que havia ido a Calcutá.

Yogananda estava com Dijen, um colega de quarto da faculdade de Humanidades, onde estudava. Um cartão-postal do guru informara que os dois deveriam esperá-lo na estação de trem às 9 horas de uma quarta-feira. No entanto, ocorreu uma reviravolta. Uma hora antes da chegada, Yogananda recebeu "uma mensagem telepática" do seu guru, dando conta de que se atrasara e não era mais para os dois irem esperá-lo às 9 horas. O amigo, ainda cético da realidade espiritual, não acreditou na história e, como Yogananda não quis acompanhá-lo, saiu furioso para a estação de trem, para esperar o guru.

Sozinho no quarto, próximo à janela que dava para a rua, Yogananda foi então surpreendido quando, subitamente, "a tênue luz do Sol aumentou até uma intensidade resplandecente, na qual a janela, com sua grade de ferro, desapareceu por completo. Contra este fundo deslumbrante, apareceu a figura de Sri Yukteswar, claramente materializada!".

Atônito, levantou-se da cadeira e se ajoelhou diante do mestre, observando detalhes dos seus pés e trajes. "Estes me eram bem familiares, de lona tingida de alaranjado, com sola de corda. Sua túnica ocre de swami roçou em mim; senti não só a textura de sua túnica, mas também a áspera superfície dos sapatos e a pressão dos dedos dentro deles."

Encarando então o guru "com olhos interrogativos", este lhe disse que estava alegre por ele ter recebido sua mensagem telepática e informou que chegaria no trem das 10 horas. Diante do atônito discípulo, que o fitava "com olhos arregalados, e sem voz", Sri Yukteswar continuou:

– Esta não é uma aparição, mas minha forma de carne e osso. Foi-me divinamente ordenado que lhe proporcionasse esta experiência, raramente conhecida na Terra. Encontre-me na estação; você e Dijen verão que me aproximo, vestido como estou agora. Serei precedido por um companheiro de viagem – um menino carregando uma jarra de prata.

O guru colocou então suas duas mãos na cabeça do discípulo e, ao murmurar uma bênção, Yogananda ouviu "um som peculiar, como o ribombar de um trovão", iniciando-se o processo de desmaterialização. "Seu corpo começou a dissolver-se gradualmente na imensa luz. Em primeiro lugar se desvaneceram seus pés e pernas, depois seu torso e cabeça, como um pergaminho que se fosse enrolando. Até o último instante, senti seus dedos levemente pousados em meus cabelos. O resplendor apagou-se; nada ficou diante de mim, a não ser a janela gradeada e uma pálida faixa de luz solar."

Logo depois, Dijen voltaria da estação, desapontado por Sri Yukteswar não ter chegado. O amigo de quarto tomou-lhe então pelas mãos e correram para a estação. Momentos antes da chegada do guru, Yogananda contou para o amigo detalhes de como ele se aproximaria dos dois, ao descer do trem das 10 horas. "Assim que acabei a explicação, vimos Sri Yukteswar, usando as mesmas roupas que eu vira pouco antes. Caminhava devagar, atrás de um jovenzinho que carregava uma jarra de prata."

Estudioso não só do hinduísmo, mas também do cristianismo – assim como o seu guru –, o jovem Yogananda ficou arrepiado diante da aproximação de Sri Yukteswar, refletindo se não estaria de volta aos tempos bíblicos. "Por um momento, um gélido arrepio de medo me percorreu de cima abaixo, pela incrível estranheza de minha experiência. Senti o mundo materialista do século XX escorregando para longe de mim; estaria eu regressando a tempos longínquos, quando Jesus apareceu diante de Pedro, sobre o mar?"

Contemporâneo do indiano Yogananda, da Itália católica Ernesto Bozzano daria o seu veredicto de cientista de ponta do século XX[171]: "Os fenômenos de aparições telepáticas dos vivos e de aparições de fantasmas dos vivos (bilocações) demonstram respectivamente a existência no homem de uma vontade capaz de projetar a própria imagem a quaisquer distâncias, bem como a existência de um espírito independente e separável do seu corpo".

SERES DAS TREVAS

Episódios como esses – relatados à exaustão por estudiosos de fenômenos espirituais – demonstram a força que pode adquirir o pensamento. São fatos que mais uma vez chamam a atenção para o cuidado que se deve ter com o controle da mente em reuniões de efeitos físicos, evitando-se assim experiências desagradáveis ou até mesmo trágicas.

Sublimes por natureza, os trabalhos espirituais com propósitos nobres costumam sofrer ataques de seres errantes que se encontram vagando por dimensões sombrias, feito vampiros obsessores. No caso das sessões de materialização, espíritos atrasados podem inclusive agir manipulando o ectoplasma para o mal.

É o tal negócio: abriu as portas, "baixou a guarda", "bobeou", as trevas se fazem presentes. Em meio ao campo gravitacional deste planeta, mais apegada à crosta terrestre, existe uma multidão de seres que, no passado, quando encarnados, praticaram atos maldosos, crimes, se envolveram em situações pouco edificantes, levados pelo egoísmo, pelo ciúme, pela inveja, pela ganância.

Muitos continuam a buscar o mal pelo mal, já que nunca souberam o que é praticar o bem. Outros praticam o mal porque, em vidas passadas, foram prejudicados por ações maléficas e, sem saber perdoar, passam a atacar seu antigos algozes agora reencarnados na Terra.

Em casos mais graves, espíritos vingadores não desgarram da vida de antigos inimigos em nenhum momento. Acompanhando seu dia-a-dia, tentam influenciá-los – pela transmissão de pensamentos – para práticas do mal, para a discórdia, para a depressão, para que não evoluam para ações construtivas, de busca de harmonia, de ajuda ao próximo.

Assim, num ciclo vicioso de maldades, continuam errantes por planos astrais inferiores, compatíveis com a freqüência vibracional de seus pensamentos negativistas.

Rocha Lima foi um dos gigantes da espiritualidade que procuraram doutrinar esses espíritos de pouca luz, para que superassem suas baixas vibrações e seguissem sua escalada de ascensão universal. No livro *Memórias de um Presidente de Trabalho*[172], ele relata um episódio ocorrido numa sessão de materialização, em 5 de agosto de 1978, que é emblemático do que esses espíritos são capazes.

Diante de 66 pessoas, dentre elas o coronel-aviador Paulo Ruy Portella, a mulher do fundador do Lar de Frei Luiz, Astéria, que ficara com parte do corpo paralisada por causa de um derrame, estava num leito para tratamento. Inesperadamente, uma entidade, em frente à cabine de materialização, colocou a mão para fora e por instantes agarrou o tornozelo de Rocha Lima "com violência". Mesmo assim, o presidente conduziu a prece para o início da sessão, junto à porta da cabine.

Logo depois, foram ouvidos gritos abafados do médium Gilberto Arruda, de dentro da cabine. "Abrindo as cortinas vi a situação perigosa em que se encontrava o médium Gilberto. Os espíritos tiraram a fronha do travesseiro no qual repousava sua cabeça. Molharam-na e fizeram com a mesma forte mordaça, tapando seu nariz e sua boca hermeticamente. Com o lençol molhado, fizeram uma corda e amarraram com nó cego os braços do médium para trás."

Com muita dificuldade, o sensitivo foi libertado da armadilha, refazendo suas energias. Vencidas as forças das trevas, a reunião se normalizou e "luzes feéricas" iluminaram a cabine da materialização.

No entanto, quando tudo parecia estar caminhando bem, novamente houve queda da harmonia de pensamentos e, enquanto o médico do espaço Frederick von Stein cuidava de alguns enfermos, "algo foi jogado com violência" sobre a cabeça de Rocha Lima. "Depois, jatos copiosos de água sobre meu corpo e o de Astéria, como um chuveiro."

E mais: começou-se a sentir um cheiro de pano queimado dentro da sala e um "lençol todo molhado" foi lançado entre Rocha Lima e Astéria. "Após a reunião, o lençol que cobria o corpo de Astéria estava com um rombo resultante do pano carbonizado", recorda o presidente. Felizmente, porém, entidades de luz conseguiram "abafar o fogo".

A história das reuniões de materialização no Lar de Frei Luiz reúne muitos outros casos de ataques das trevas. Eu inclusive estive numa reunião dessas, em 16 de março de 2002, embora não tenha presenciado a agressão sofrida por Gilberto Arruda.

Antes do grupo entrar na sala de materialização, o médium já estava em seu leito, em transe, quando de repente, aterrorizado, acordou com uma cutucada no olho esquerdo e uma pontada na mão direita. "Acordei com uma dedada e o olho tremendo. Minha mão tinha sido furada com um troço, como se fosse a ponta de um estilete."

Depois, ele saberia o motivo: do lado de fora, no vestiário feminino, uma colaboradora do grupo travou áspera discussão com uma enferma que, além de não ter ido com as peças íntimas de algodão, ainda insistia em desobedecer outra regra exigida para se entrar na sala de materialização: tirar os vários enfeites metálicos que usava. "Aquilo repercutiu na cabine e eu tive esse problema."

Com a quebra de corrente, um espírito se materializou e feriu Gilberto. Felizmente, nada de mais grave aconteceu. Só após a reunião saberíamos do ataque ao médium.

O oncologista Paulo Cesar Frutuoso é outro que se lembra de uma reunião, em 1974, em que a vibração baixou tanto, por causa do comportamento de alguns assistentes, que um ser das trevas materializou sua mão em forma de monstruosa garra e a aplicou violentamente sobre a cabeça de Rocha Lima.

– Jamais esqueceremos seu grito de dor na escuridão da câmara ao sentir a garra ferindo sua fronte. Mas logo a seguir, quase instantaneamente, revelando o sangue frio e a confiança total em Jesus e Frei Luiz, o grande comandante fez vibrar nas trevas um segundo brado: "Eu te perdôo meu irmão pelo mal que tu me fizeste, assim como perdôo aqueles que ocasionaram esta quebra de corrente". Como um toque de mágica, tudo então serenou e os trabalhos seguiram em paz até o final.

A ponte com a espiritualidade superior havia sido refeita pela força mental de um líder – e sob a proteção de seres de luz.

Mas nem sempre a paz é restabelecida. Pelo contrário. No mundo inteiro, grupos com algum tipo de trabalho espiritual surgem e desaparecem, como que por encanto. Acabam vítimas de desavenças ou da falta de sintonia entre sua práxis e a espiritualidade maior. Mas a experiência ensina: maquinando por trás, trabalhando contra no invisível, em geral se encontram seres das trevas.

Um desses exemplos negativos foi o encerramento, em 1998, do trabalho realizado no vilarejo de Scole, em Norfolk, na Inglaterra, por um grupo de quatro pessoas – formado pelos médiuns Alan e Diana Bennett e chefiado pelo casal Robin e Sandra Foy; ela, dona-de-casa, ele, um piloto da reserva da Força Aérea do Reino Unido.

Na noite de 23 de novembro daquele ano, os autores do livro *O Experimento Scole – Evidências Científicas sobre a Vida após a Morte*, os terapeutas e escritores Grant e Jane Solomon, receberam[173] um telefonema de Robin avisando que tinha "notícias inquietantes": a equipe espiritual que atuava com o grupo teria que encerrar o trabalho.

– Uma personalidade do futuro está interferindo com a porta interdimensional toda vez que a abrimos. Ele está fazendo experiência com uma sonda de tempo cristalina e os motivos dele não são inteiramente benéficos. A equipe fez esforços para superar esse problema, chegando a ponto de consultar especialistas em tempo e espaço em outras esferas. Não conseguiram nada e assim estão sob pressão para fechar a passagem. Todo o trabalho vai ser interrompido por enquanto – afirmou Robin.

Foi um baque para o grupo e todos os pesquisadores – alguns cientistas renomados – que estudavam os experimentos de efeitos físicos realizados sem o concurso de ectoplasma. Justamente no momento em que os guias espirituais informavam que o trabalho de cura, que já começava em pequena escala, "seria uma parte muito ampla e importante" das atividades do grupo e também da fundação que haviam formado para divulgar os resultados de Scole, a New Spiritual Science Foundation.

Ao todo, haviam sido promovidos cerca de 500 experimentos ao longo de cinco anos. Boa parte dos trabalhos se concentrou em fotografias e vídeos com imagens de seres astrais. Em reuniões promovidas no escuro, chapas fotográficas – muitas delas doadas pela Polaroid – eram lacradas e deixadas em cima de uma mesa, na escuridão total e sem estar dentro de uma máquina. Quando reveladas, surpreendentemente surgiam imagens, algumas parecendo paisagens terrestres, outras cidades espirituais. Apareceram também rostos que seriam de espíritos – inclusive do escritor Arthur Conan Doyle – e até de um extraterrestre.

Mas além de experimentos com imagens, ocorriam fenômenos de materialização como sons vindos de paredes e bolas de luz surgindo em alta velocidade, entrando e saindo de objetos e de corpos de pessoas. Luzes que eram comandadas por forças inteligentes, como ficou provado numa reunião demonstrativa do grupo de Scole em Los Angeles, nos Estados Unidos, em 7 de abril de 1997.

Um clínico de Hollywood, George Dalzell, conta como de repente o aposento começou a se encher de "luzes espirituais" que lembravam vaga-lumes com iluminação constante. Como teste, para ver se poderia se comunicar pela mente com algum ser, levantou a mão no escuro e pensou que se alguém o estivesse ouvindo, que enviasse uma luz para tocar sua mão.

– Depois disso, uma luz voou por cima da cabeça dos espectadores e do grupo de Scole e tocou o dedo indicador da minha mão direita. Fiquei incrédulo. Eu sentia fisicamente aquela luz me tocar e via claramente que não se tratava de um cordão de fibra ótica nem de uma projeção luminosa, mas uma esfera independente de luz azulada de origem indeterminada.

Só na Califórnia, nessa época, foram nove apresentações do grupo para cerca de 200 pessoas – dentre elas, cientistas da Nasa, do Institute of Noetic Sciences e da Universidade de Stanford. Não há dados sobre o que a maioria pensou das experiências, e provavelmente, em se tratando de fenômenos observados no escuro, alguns devem ter se sentido iludidos por truques. De qualquer forma, pelo que descreveram em relatório os organizadores das sessões, o impacto geral deve ter sido grande.

Houve uma reunião apenas para cientistas em que, segundo os organizadores, um índio americano se materializou, fazendo uma dança tribal e cantando. "Então os tambores começaram a tocar. E eles estavam na parede, por trás e acima do sofá cheio de cientistas, cerca de três metros de onde estávamos sentados."

Os autores Grant e Jane Solomon, contudo, não chegaram a participar de qualquer experimento do grupo. Pouco antes de marcada sua visita, com uma equipe de estudiosos, os trabalhos tiveram que ser encerrados. Mas diante das evidências documentais que reuniram, decidiram escrever o livro em colaboração com seus fundadores.

Tomaram como base o relatório dos integrantes, depoimentos de testemunhas, gravações de vozes do astral e filmes e chapas fotográficas cuja autenticidade fora corroborada por pesquisadores e cientistas da mais alta credibilidade, como Ralph Noyes, subsecretário do Ministério da Defesa do Reino Unido.

Outro a atestar a veracidade das experiências, o cientista do governo do Reino Unido Piers Eggett classificou de "empolgante" a reunião que assistiu em Scole e avaliou que os fenômenos observados seriam suficientes "para convencer qualquer pessoa racional e inteligente". Ao fazer então um comentário crítico sobre o comportamento cético de seus colegas, lembrou que as pessoas costumavam se surpreender ao descobrir que ele era um cientista do governo e também um espiritualista comprometido:

– De alguma forma, as duas coisas não parecem combinar, mas de jeito nenhum eu sou o único. Eu me considero como seguindo as pegadas dos pioneiros, alguns dos quais muito melhores cientistas do que eu jamais serei, gente como William Crookes e Oliver Lodge, para citar apenas dois. Os cientistas, no entanto, são notadamente céticos, então o que pode ser feito para convencê-los da verdade?

Após fazer comentários sobre os fenômenos que presenciou e ressaltar a importância de "haver experimentadores que tenham no mínimo alguma experiência com o trabalho", avaliou que a maior comprovação que poderia dar para convencer os colegas céticos seria "o tipo de prova pessoal" que obteve. Mas temia que, mesmo que as pessoas se certificassem de que não estavam sendo enganadas, "muitos cientistas" ainda teriam "as suas dúvidas".

Então, afinal, o que fazer? Sua resposta:

– Não podemos forçar as pessoas a acreditar no que acreditamos, mas se pudermos incentivá-las a pensar a respeito das nossas palavras e nas evidências fornecidas pela clarividência de alta qualidade, teremos prestado um enorme serviço a elas. Se elas puderem apenas admitir para si mesmas que a existência do espírito é uma possibilidade, então quando elas estiverem prontas para a sua prova pessoal será menos provável que elas dêem as costas para ela ou olhem ao redor em busca de sinais de trapaça. Será mais provável que elas digam a si mesmas: "Isso é realmente verdade!"

A prestigiada Sociedade de Pesquisa Psíquica – reconhecida instituição científica de investigações da paranormalidade que teve em seus quadros estudiosos do porte de William Crookes – decidiu enviar representantes para estudar os fenômenos. Um deles, o fazendeiro Montague Keen, achou que estava diante de uma combinação de provas que constituía a mais admirável evidência da sobrevivência já reunida: "Esse trabalho deve afetar a maneira como todos vemos a nossa vida – e a nossa morte".

Aí começa o problema. A experiência de pessoas como Rocha Lima demonstra que qualquer trabalho que signifique um avanço no nível consciencial da humanidade, com vistas a mudar a maneira como a maioria encara a vida e a morte, acaba por atrair a oposição de seres das trevas.

Talvez, publicamente, nunca virão à tona os detalhes que provocaram o fim dos trabalhos do grupo de Scole. Mas algo de muito grave ocorreu, pelo teor da declaração final assinada pelos seus quatro membros permanentes. "Descobrimos que o resultado das nossas quatro energias unidas, acrescidas à natureza do trabalho audacioso e pioneiro que vimos fazendo na ciência espiritual, causou problemas no espaço-tempo relacionados a uma passagem interdimensional que foi criada pelos nossos experimentos."

Os quatro integrantes também receberam a comunicação de que "essa situação ameaçadora" afetava apenas o pessoal de Scole, sendo "inteiramente seguro" que outros grupos experimentais com base no mesmo tipo de energia criativa continuassem suas atividades. Sendo assim, a New Spiritual Science Foundation manteria seus serviços de apoio àqueles interessados em ajudar na promoção de fenômenos semelhantes pelo mundo.

Mas veja bem: independentemente das supostas boas intenções do grupo e da espiritualidade afinada com ele, ninguém jamais será capaz de garantir inteira segurança em qualquer trabalho que lide com energias das quais a humanidade desconhece limites e alcances. Na verdade, nem mesmo a espiritualidade pode dar essa garantia, pois mesmo que de um lado existam seres de luz atuando, do outro se encontram pessoas que, com as naturais limitações humanas, são capazes de colocar tudo a perder.

Afinal, à luz da razão, quem – da espiritualidade ou da Terra – pode assegurar que algo semelhante não volte a ocorrer?

Por isso, todo o cuidado nesse tipo de trabalho será sempre fundamental.

DESFAZENDO VODU

Assim como ocorreu no grupo de Scole, forças das trevas tentaram – e ainda tentam – a todo custo interromper a construção da obra social e espiritual do Lar de Frei Luiz. Só que esbarraram na tenacidade amorosa de um ser de luz como Rocha Lima, que comandou o leme desse centro espírita com vigor e disciplina ferrenha, permitindo que fosse em frente.

Mesmo sofrendo ataques terríveis, inclusive contra a própria vida – um dos mais graves em 1949, quando um espírito incorporou num médium e disse que, no dia seguinte, iria metê-lo "no fogo". De fato, na data marcada, no laboratório químico onde trabalhava, com as devidas precauções de segurança, uma "inexplicável" explosão queimou o rosto de Rocha Lima, por pouco não o matando.

No livro *A Luta contra as Bruxarias*[174], Rocha Lima relata boa parte de seus esforços para doutrinar espíritos e pessoas que, pouco evoluídos, se afinavam com eles para fazer mal aos outros, inclusive em trabalhos de magia. Em *Médicos do Espaço*[175], eu também descrevo batalhas marcantes como essa na vida desse incansável líder espiritual.

Para ajudar a neutralizar essas ações negativas, Rocha Lima criaria no Lar de Frei Luiz, em 1968, uma reunião especial, promovida na manhã da última sexta-feira de cada mês. Denominada por ele de sessão de antigoécia – palavra de origem grega que significa contra goécia, ou seja, contra bruxaria –, exige grande concentração dos médiuns.

Até o início dos anos 1990 – antes da passagem de Rocha Lima para o mundo do invisível e da progressiva diminuição das forças mediúnicas de Ivan Ferreira de Castro, designado para intermediar essa difícil missão –, era comum a materialização de objetos utilizados em outros cantos do planeta em trabalhos de magia.

Nessa delicada operação espiritual, chegaram a ser materializados bonecos com pregos espetados nas pernas, para que produzissem dores intensas nas pernas de Rocha Lima. Num processo de transporte a distância, o material era desmaterializado no local onde se realizava a magia e, através de um portal interdimensional, acabava rematerializado na casa do Lar de Frei Luiz onde se promoviam as sessões.

Ao longo de 2003, cheguei a participar dessas reuniões, em que, apesar de não mais haver a materialização de objetos, surgiam luzes dentro da cabine mediúnica, massas ectoplasmáticas se formavam pela sala e pontos de luz branca flutuavam no escuro.

No ano seguinte, porém, eu teria a chance de vivenciar em outro local, numa casa de subúrbio do Rio de Janeiro, uma experiência impactante, como nos tempos do grupo chefiado por Rocha Lima.

Eu já tinha ouvido falar por amigos de experiências protagonizadas por uma médium potente e ao mesmo tempo recatada, conhecida como Dona Guilhermina. Em seu quarto de dormir, sem qualquer cuidado maior e à luz do dia, materializava objetos variados, frutos de trabalhos de magia.

Com minha cabeça de pesquisador, procurei conhecer essa experiência ainda em 2003. Mas não havia sido bem-sucedido, pois, ao ligar para a médium, ela desconversara, alegando que não poderia me receber porque andava adoentada e, por isso, não estava mais atuando.

Claro que continuava em atividade. Para mim, porém, sua desculpa era mais um indicativo de sua seriedade, que envolvia a materialização de objetos e até mesmo de animais usados em magia, vivos ou mortos. Uma pessoa que respeito muito chegou a ver materializada, diante de seus olhos, uma pomba viva, com as asas amarradas. Outra viu, atônita, a materialização de um coelho morto a facadas num ritual de magia.

Em outra passagem marcante desse trabalho, dois amigos, em momentos distintos, presenciaram fenômeno semelhante: enquanto rodava uma vela acesa por cima de suas cabeças, como num passe, o espírito incorporado pediu que fizessem seus pedidos quando a vela chorasse. Em princípio, acharam que começaria então a derreter parafina quente. Mas, para surpresa de ambos, da vela passou a pingar água em suas cabeças. Água salobra.

Histórias como essas me instigavam mais ainda, mas, como sempre, procurava me controlar. Sabia que, se houvesse merecimento e quando fosse a hora, minha vez chegaria. Caso contrário, tudo bem, também não ficaria ansioso ou amargurado.

E acabou chegando. Aliás, de uma forma que, mais uma vez, demonstraria a seriedade da médium. Enquanto meus objetivos foram de pura pesquisa, nada consegui. Porém, em dezembro de 2003, algo estranho começou a acontecer comigo, e que me levaria, finalmente, a ser recebido por Dona Guilhermina, na última semana de abril de 2004. Sem mais nem menos, passei a sentir uma sensação esquisita na altura do meu intestino. A região andava dolorida, como se algo estranho estivesse dentro de mim.

Difícil explicar, não era propriamente uma dor, mas uma sensação de dor, uma pressão interna. Aquilo era diário, comecei a ficar preocupado, pensando que poderia ser um tumor crescendo ou algo do gênero. Exames médicos, porém, nada detectariam de anormal. O que seria então?

Finalmente, com a intermediação de uma amiga, fui aceito na residência de Dona Guilhermina. Ao me receber em seu quarto, uma senhora de idade já incorporava o espírito com quem costumava trabalhar. Sentamos junto a um móvel, que usava como mesa, onde havia um copo cheio de cristais e pedras.

Começou então a olhar para dentro do copo e passou a descrever com exatidão a dor que eu sentia. Para minha surpresa, disse em seguida que via uma pessoa que fizera um trabalho pesado contra mim. Segundo ela, aquela magia precisava ser desfeita com urgência, antes que eu não tivesse mais condições de ser tratado. E não estava atingindo meu intestino, com pensava, mas minha próstata.

Dias antes daquele encontro, meu gatinho Sávio havia caído gravemente enfermo, com problemas renais. Como não consegui detectar a causa de sua repentina enfermidade, perguntei se teria a ver com esse trabalho de magia. Sem responder nem sim nem não, o espírito incorporado afirmou que os bichinhos de estimação têm também a função de absorver cargas negativas lançadas contra seus donos.

Em seguida, a sensitiva afirmou que compraria alguns produtos, para desfazer a feitiçaria. E me entregou duas garrafas de plástico com um líquido amarelado e cheiroso, feito de ervas medicinais, para que despejasse em meu corpo, durante quatro noites intercaladas, após o banho normal. Eu tomaria o que chamou de "quatro banhos orientais". Na semana seguinte, deveria voltar a sua casa.

Quando voltei, numa terça-feira pela manhã, me dei conta que era 4 de maio, dia do aniversário de minha querida irmã, Denise Vainer, a Dedê. A exemplo de outras vezes, em aniversários de pessoas amadas, eu teria alguma experiência inusitada no campo das materializações? Sim, mais uma vez eu seria presenteado com algo especial.

Ao entrar em seu quarto, já incorporando a entidade, a médium me pediu para sentar em uma cadeira simples, em frente a sua. No meio das cadeiras, colocou no chão um jornal aberto. Ato contínuo, enrolou a ponta de um lençol branco no meu pescoço, feito um babador, e a outra extremidade em seu próprio pescoço. Amparado pelos nossos ombros, o lençol formou uma espécie de tenda branca, em cima do jornal. Dentro dessa tenda – na verdade, percebi que havia sido criado um espaço para um campo de forças especiais, algo como uma minicabine de materialização –, ficaram nossos troncos, pernas, pés e o jornal.

Dona Guilhermina começou então a orar e a dar passes por cima do jornal – movimentos que percebia devido à agitação de seus braços por baixo do lençol. Minutos se passaram e, de repente, ouvi um zumbido e, em seguida, um barulho seco de algo caindo aos meus pés. Algo que não se esparramou – tendo se precipitado, portanto, de baixa altura.

Quando, finalmente, ela levantou o lençol, compreendi intuitivamente aquele zumbido: era o barulho de um portal dimensional se abrindo para dar passagem a uma massa de material utilizado em magia contra mim, em outro local.

Impressionante: ali estava certinho, bem em cima do jornal – o que indicava ter caído da altura de minhas canelas –, um grande volume de terra escura, com vários objetos misturados, como duas velas vermelhas, um pano preto, um pano vermelho, um pequeno alguidar de barro quebrado, cacos de vidro de uma garrafa e, para nossa surpresa, uma garrafa inteira de cachaça, que não se partira. Não tinha rótulo, apenas uma tampa de chapinha enferrujada. "É velha essa garrafa. Essa vou ter que abrir lá fora", comentou o espírito, através da médium.

Enquanto ela remexia a terra preta, sem qualquer luva, perguntei: "Meu irmão, isso é terra de cemitério?". O espírito respondeu: "É terra de cemitério". Logo depois, ao pegar um pequeno pano marrom no meio da terra preta, falou: "Isso é vodu, meu filho". E completou, sugerindo que só então passaria a desfazer energeticamente a fonte do mal: "Agora que meu trabalho vai começar, meu filho".

Em seguida, colocou o entulho, embrulhado no jornal, dentro de um saco plástico. Ao pedir autorização para segurá-lo, percebi que o volume tinha pelo menos quatro quilos de peso.

Saí da casa impactado. Pensativo. Na semana que antecedera aquela experiência marcante, havia ficado obviamente intrigado com a idéia de quem poderia ter encomendado um trabalho de magia contra mim. Não sou de guardar rancor de ninguém nem tampouco de cultivar inimizades. Apesar de momentos de ira, como qualquer um, sou um sujeito pacífico, avesso a brigas. Mas, infelizmente, em alguns momentos da minha vida – principalmente como jornalista –, já precisei me bater de frente contra interesses escusos, seres mafiosos, atrasados, corruptos. Quem poderia ter sido?

Curioso, saí da casa de Dona Guilhermina dirigindo e pensando em sua potência mediúnica, capaz de materializar objetos à luz do dia e sem maiores cuidados, como segurar objetos de magia sem qualquer proteção ou não exigir uma dieta especial ao visitante. Rocha Lima, por exemplo, lidava com esses produtos teletransportados com auxílio de pinças. O trabalho dela envolveria ou não recursos ectoplasmáticos? Haveria o emprego de alguma energia diferente, como no caso das duas sensitivas do Santuário da Luz, em Campinas, ou dos médiuns em Scole?

De repente, sem mais nem menos, me veio de estalo a nítida imagem do rosto da pessoa que teria encomendado aquele vodu. Sim, jamais poderia provar, mas fazia sentido, poderia ter sido mesmo aquele ser pouco evoluído. Lembrei que um conhecido havia me alertado para que tomasse cuidado, pois era dado a fazer "macumba".

Felizmente, no entanto, imediatamente após o sentimento de raiva – que nada constrói, que só realimenta as forças negativas, deixando-nos presos energeticamente em quem não nos quer bem –, tive vontade de mandar luz para aquela pessoa embrutecida pelo mal. Para que enxergasse a razão, para que se conscientizasse de que qualquer trabalho negativo contra alguém acaba, mais cedo ou mais tarde, retornando para si próprio.

Percebi então que a sensação de dor que me acompanhava, desde dezembro, já estava bastante atenuada, como que por encanto. Dias depois, sumiria por completo. No entanto, meu gatinho querido, que era forte e saudável, passou a necessitar de uma ração especial dietética para felinos com problemas renais e de aplicações de soro, vindo a fazer a passagem em setembro de 2005.

TELETRANSPORTE

Bruxaria? Coisa da Idade Média? Fantasia maluca de alguém? Nada disso. A própria física quântica já admite a possibilidade teórica de se transportarem pessoas e objetos de um lugar para outro – em câmaras de teletransporte, a exemplo de filmes de ficção.

Hipótese que começaria a ser viabilizada em 1982, quando uma equipe de físicos da Universidade de Paris-Sud realizou experiência demonstrando que dois fótons de luz podiam se relacionar a distância de forma inusitada, não prevista pela teoria da relatividade, através de um sinal não detectável que se daria a uma velocidade superior à da luz. Quando se alterava o plano de vibração de um fóton, o fóton correlacionado respondia na mesma direção.

Como ocorre essa comunicação entre duas partículas de luz continua um mistério. Mas, na prática, o que se começou a fazer em laboratório, a partir desse experimento na França, com equipamento especial de medição, é teletransportar a propriedade de um fóton – seu plano de vibração – para outro. Experiências que, em meados da década de 1990, já eram realizadas com fótons separados por até dez quilômetros de distância.

O que significa um plano de vibração – ou melhor, um eixo de polarização? Dependendo de como é observado, com qual tipo de medição, um jato de luz pode ser visto como um feixe de partículas (de fótons) ou como uma onda eletromagnética. E como onda eletromagnética, a luz pode ser polarizada – ser transmitida segundo determinado plano de vibração, atingindo, por exemplo, uma parede em um ângulo perpendicular ou em outro qualquer. Correlacionar fótons segundo seu eixo de polarização significa, então, fazê-los vibrar segundo um mesmo plano de vibração.

Se a polarização de um é alterada, o outro acompanha a mudança. Mas de que maneira a informação sobre a mudança na direção de um fóton passa para seu parceiro correlacionado? "Certamente, não através de sinais locais. Não havia tempo suficiente para isso", sustenta o físico indiano Amit Goswami, no livro *O Universo Autoconsciente*[176], ao descrever a experiência realizada em Paris.

Para esse professor titular de física quântica do Instituto de Física Teórica da Universidade de Oregon, nos Estados Unidos, que assume corajosamente sua filosofia idealista em meio a um mundo acadêmico ainda predominantemente materialista, os resultados desse experimento assemelham-se "a puxar cartas de um baralho em Nova York e cartas idênticas serem tiradas em Tóquio". Instantaneamente.

Segundo ele, existe uma consciência fora do espaço-tempo local que produz esse relacionamento não-local. Algo transcendente – a exemplo da telepatia – estaria por trás desse fenômeno quântico. Uma consciência que ele compara ao inconsciente coletivo descrito pelo psicólogo suíço Carl Jung (1875-1961) para explicar as causas de fenômenos de sincronicidade – de coincidências entre fatos aparentemente não relacionados entre si.

No entanto, independentemente de discussões de como se dá essa comunicação não-local entre dois fótons, a viabilidade prática do teletransporte galgaria mais um degrau científico em junho de 2002, em experiência realizada por equipe comandada por Ping Koy Lam, da Universidade Nacional da Austrália: pela primeira vez, cientistas conseguiram teletransportar um feixe de raio laser – e não apenas determinada propriedade de um fóton para outro fóton. Algo assombroso acontecera: raios de luz haviam sido desmaterializados e reconstruídos a um metro de distância. Instantaneamente.

Sinal dos tempos: atualmente, já se faz o teletransporte de um feixe de luz/energia. Amanhã, um objeto ou corpo físico será transformado em energia e teletransportado a distância, voltando novamente ao estado de matéria em outro local. Instantaneamente.

Mas se a ciência oficial não atingiu ainda esse estágio de ponta, mal sabem esses físicos, brincando de ficção científica, que o que já vislumbram em laboratório sempre ocorreu ao longo da história da humanidade.

Eu mesmo, no Lar de Frei Luiz, já presenciei inúmeros casos de teletransporte. Uma vez, em 3 de agosto de 2002, uma senhora, sentada numa cadeira próxima a minha, tomou um susto quando um pequeno objeto metálico bateu no braço de sua cadeira, bem ao lado onde estava sentada minha mulher, e foi cair no chão. Célia ouviu o ruído. Após pegar o objeto, a senhora percebeu que era a aliança que havia deixado no vestiário, antes de entrar na sala de materialização. A espiritualidade dava assim prova de sua presença.

Outra vez, em 7 de dezembro de 2002, a presidente do Lar de Frei Luiz, Helena Mussi Gazolla, fazia uma prece junto à porta da cabine de materialização, onde em cima existe um retrato de Frei Luiz, quando, de repente, pulou de dentro da moldura um ramo de flores.

Da minha cadeira, logo percebi que algo havia ocorrido, com o aviso imediato de Helena. Mesmo no escuro, o médico Paulo Cesar Fructuoso, que estava ao lado dela, testemunhou o fenômeno. A flor havia sido desmaterializada em algum ponto da Terra e rematerializada em suas mãos – chegando até ela através do quadro de Frei Luiz!

Uma das histórias de teletransporte que mais me emocionaram ocorreu com meu cunhado, o economista Carlos Augusto Rezende Lopes, num passeio de carro pelo interior de Minas Gerais, com a mulher, Elian Friaça Lopes, e a filha, Nayllê, quando resolveu passar na cidade de Simão Pereira, onde a avó Rosalina Moreira de Rezende (1878-1959) fora criada. Ele, que havia freqüentado na infância a casa de sua querida "vó Rosa", como todos a tratavam carinhosamente, ficou frustrado por não reconhecer mais o lugar.

Saiu dali triste por não localizar a casa de suas recordações, lembrando vivamente da avó, que era conhecida pelo seu carinho pelas flores, não só por rosas. De repente, na estrada vazia, ao volante do carro, tomou "um susto" quando algo raspou sua orelha, entrando pela janela. Por segundos, achou que um besouro havia caído na parte de trás do carro, e alertou para que todos tomassem cuidado com o inseto.

Para surpresa dos três, porém, foi descoberto o objeto que surgira do nada: era uma espécie de broche dourado em formato de flor, semelhante a uma margarida. Carlos entendeu então que sua amada vó Rosa havia lhe dado um sinal de sua presença. "Aquilo me trouxe tanta emoção...", recorda, com os olhos marejados.

Esses fenômenos de teletransporte podem ocorrer inclusive através do corpo de médiuns. Nesta virada de milênio, talvez a pessoa mais conhecida internacionalmente que realiza esse tipo de fenômeno seja o mestre hindu Sathya Sai Baba. Fundador de importante obra social na Índia, que inclui escolas de ensino fundamental, faculdades e hospitais, Sai Baba tem poderes testemunhados por milhares de pessoas, sendo capaz de materializar, através da mão direita, jóias, pedras preciosas e outros objetos, inclusive doces típicos indianos.

Introdutor da obra de Sai Baba no Brasil, ao traduzir seus livros para o português, o professor Hermógenes é fonte inesgotável de histórias sobre esse líder hindu. Já tendo visitado o *ashram* de Sai Baba inúmeras vezes, sempre se surpreende com alguma manifestação de seus dons.

– Ele faz um movimento com o braço direito e materializa. A certa altura, estávamos todos em torno dele e ele ficou movimentando ligeiramente a mão. Eu fui olhando e vendo sair de dentro, entre os dedos dele, uma substância que me pareceu um doce. Sai Baba então chamou um auxiliar meu, o Fernando Silvério, e pediu para ele unir as mãos, em forma de concha. Eu vi brotando e enchendo a mão dele com um bocado de doce. Não sei que doce era aquele, mas era muito saboroso.

Hermógenes também já viu Sai Baba fazer um movimento circular com a mão direita e, de dentro, por entre os dedos, ir brotando uma cinza perfumada conhecida na Índia como *vibhuthi*, que tem poderes curativos como o de cicatrizar feridas. Outra vez, testemunhou Sai Baba materializar, para um brasileiro, um anel com a efígie de Jesus. Outra ainda materializou, para uma amiga do professor, um rosário típico da Índia, conhecido como jatamala. "Era enorme. Foi crescendo ali, dentro da mão dele, e caindo. Parecia de cristal."

No Lar de Frei Luiz, várias vezes presenciei o médium de efeitos físicos Paulo Larosa começar a tremer, fechar os olhos e, em transe, materializar pedrinhas coloridas dentro da mão, dando-as para alguém. Acontece apenas na palma da mão direita. Dali, a exemplo de Sai Baba, brotam pedras, flores, colares, crucifixos, moedas, odores perfumados.

Trata-se de fenômeno espontâneo sobre o qual ele não tem controle – em geral uma prova sobre as potencialidades da espiritualidade que depende "da ocasião e da pessoa". Pode ser também um remédio terapêutico, quando materializa uma pedrinha energizada e pede que a pessoa a coloque em copo d'água sob os raios da Lua cheia, para beber o líquido ao amanhecer.

Uma vez, sentado ao meu lado, ele materializou uma pedrinha branca e me deu de presente. Em seguida, pedi que descrevesse o que se passava nesses momentos. Apontando primeiro uma veia do braço e depois um sulco triangular natural na palma de sua mão direita, perto do pulso, respondeu: "Momentaneamente, fico sem sensibilidade no antebraço direito. Começa a descer uma energia por essa veia radial. Sinto como se estivesse fluindo água dentro de um cano. Quando chega aqui na palma da mão, essa energia se transforma num campo unificado e brota um objeto, sai como se fosse pelos poros da mão".

Cada objeto apresenta um campo unificado de energias com afinidade e freqüência semelhantes ao da pessoa para quem o fenômeno é destinado. Processo que ele não controla – e sempre no mesmo ponto da palma da mão direita. Ponto esse de sensibilidade tão grande que, de vez em quando, ali cresce uma chaga, com pequenos espinhos brotando de dentro da mão e formando bolhas de sangue que duram vários dias.

Neste exato ponto, Larosa começa a sentir "uma queimadura" e, de repente, brota dali um objeto. Irrompe amolecido e endurece assim que entra em contato com "o campo magnético da Terra". Ele compara esse processo de endurecimento ao ato da galinha botar ovo. "É igual ao ovo da galinha, que endurece depois que o carbonato de cálcio puro entra em contato com o oxigênio do ar. Vem mole e, quando sai, endurece."

Minha mulher já sentiu na mão o instante dessa mudança de estado da matéria. Uma vez, em 1993, numa sala de cura espiritual do Lar de Frei Luiz, o espírito de Frederick von Stein atendia – incorporado no médium Gilberto

Arruda – alguns médiuns de apoio que trabalhavam no local, como ela. Célia Resende estava num instante de dúvidas sobre suas responsabilidades como terapeuta de vidas passadas, sentindo-se sem apoio para continuar desbravando o universo amplo da psique humana.

De repente, Frederick se aproximou e pegou sua mão. Ao lado, estava o médico Ronaldo Gazolla. "Ele veio como se estivesse respondendo as minhas dúvidas, e me disse que aquilo era um 'presente da espiritualidade'." Quando o médium segurou sua mão, palma com palma, começou a sentir algo mole e quente crescendo ali dentro. Surpreendentemente, se solidificou – e lá estava materializada uma linda ametista arroxeada, na forma de pequeno coração, que Célia passaria a usar num cordão de ouro.

Fenômenos de teletransporte semelhantes acontecem a todo momento no Lar de Frei Luiz. Mas existem também aqueles que talvez seja melhor classificar de produtos de transformação alquímica. Uma vez, no final de 2003, eu vi Paulo Larosa passeando nos jardins do centro espírita com um amigo, professor da Universidade Federal Fluminense. Tínhamos acabado de sair de uma reunião de materialização, em que Larosa presta assistência como médium de apoio.

De repente, o médium pareceu entrar em outra sintonia, pegou uma folhinha de um lírio vermelho e começou a esfregá-la na mão direita, fechando-a, diante do amigo curioso. Começou a tremer, e logo pensei: "O Larosa vai materializar alguma coisa". De fato, em segundos, ele materializou uma pedrinha esverdeada, dando-a de presente para o professor. Era para que colocasse num copo d'água, na Lua cheia, e depois bebesse, para ajudá-lo a se tratar de uma congestão pulmonar.

Em seguida, Larosa me explicaria que daquela vez não houvera um teletransporte. Ao invés de uma pedrinha ser desmaterializada em algum canto e rematerializada em sua mão direita, ele tinha, por processo alquímico, transformado um produto da natureza – no caso, um pedaço de folha de lírio – numa pedrinha.

Dons especiais de um médium que, aos 5 anos de idade, após se mudar com os pais para um casarão no bairro do Méier, na Zona Norte do Rio, logo após a Segunda Guerra Mundial, começaria a "ver" uma mulher italiana que lhe dizia, atormentada, que fora assassinada naquela residência pelo marido – que voltaria depois para a Itália, para se casar com outra. Enterrada na adega da casa, bradava por justiça. Como conseqüência de tanta revolta, objetos na casa quebravam "sozinhos" ou mudavam de lugar. A corrente de corda do relógio da parede da casa era puxada e arrebentava.

A culpa era sempre atribuída a alguma arte do menino, que acabava apanhando.

A casa, na verdade, tinha fama de mal-assombrada – e Larosa acabaria descobrindo por quê. Depois de muita insistência do filho, o pai decidiu escavar a adega: lá estava o corpo de uma mulher, emparedado numa parte onde eram guardados os vinhos.

Dali em diante, o menino deixaria de ser visto como alguém levado e, quem sabe até, com problemas psiquiátricos – e sim como médium de efeitos físicos. O assassino nunca seria preso e o caso terminaria arquivado pela polícia, mas a casa entrou finalmente em período de calmaria. E o menino, pelas mãos de uma tia, acabou indo trabalhar num centro espírita. Foi sua salvação.

RESGATE ESPIRITUAL

Casas mal-assombradas, espíritos vagando em busca de justiça, interferências ameaçadoras através de portais interdimensionais, ataques incendiários e assassinos – nem tudo no plano espiritual são flores. O teletransporte de uma flor ou de uma pedra colorida – simbolizando o amor, o bem, a cura – representa apenas um dos lados positivos dessa realidade. Realidade feita à semelhança de níveis de evolução da consciência dos espíritos.

Por isso – é preciso repetir sempre –, a participação numa reunião de materialização requer atenção e disciplina redobradas. Qualquer descuido e pronto: se cria fisicamente uma idéia mental negativa ou mesmo se atrai um ser pouco evoluído e atormentado.

O próprio espírito que recebe a missão para trabalhar nessas sessões precisa estudar. É errada a idéia de que os seres que atuam em materializações são sempre muito evoluídos – e que só por isso conseguem estar ali. Ao contrário: em geral, dentro da escala evolutiva universal, são espíritos ainda um tanto densos, presos ao campo gravitacional da crosta terrestre. Voltar a ter um corpo humano exige um sacrifício muito grande – e os espíritos com corpo astral não muito sutil são os que têm mais facilidades para retroceder, para se condensar e trabalhar como pessoas em carne e osso.

O físico do espaço Joseph Gleber enfatiza essa questão quando diz, em *Através da Ectoplasmia*[177]: "É preciso nunca esquecer que nós – as entidades espirituais que aqui trabalham – pertencemos a um plano imediato aos dos irmãos".

Por sua vez, o espírito André Luiz bate[178] na mesma tecla ao ensinar que esses trabalhos são organizados e orientados por seres superiores na escala evolutiva, mas que os que se materializam estão mais ligados à crosta terrestre. Pelas mãos do médium Chico Xavier, ele reproduz esclarecimentos que lhe foram dados no astral, por um guia espiritual, sobre atividades preparatórias para reuniões de efeitos físicos:

– Temos ali esclarecidos cooperadores do serviço, que preparam o ambiente, levando a efeito a ionização da atmosfera, combinando recursos para efeitos elétricos e magnéticos. Nos trabalhos deste teor reclamam-se processos acelerados de materialização e desmaterialização da energia. As entidades manifestantes, no campo visual de nossos amigos encarnados, quase sempre são criaturas eminentemente ligadas à crosta e aos seus planos de sensações, mas os organizadores legítimos da tarefa em curso são verdadeiros e competentes orientadores dos planos espirituais, com grandes somas de conhecimento e responsabilidade.

Além de confirmar essa hierarquia espiritual, Gleber ensina[179] que alguns espíritos superiores sequer podem se aproximar da dimensão mais densa da Terra, devido ao seu estágio sublime de evolução, em que quase não possuem mais corpo astral:

– Entidades há que não têm mais condições de se materializar. Outras há que não podem mais vir a este planeta. Já alcançaram teor vibratório tamanho que seus perispíritos, praticamente, desapareceram. A estes, é impossível baixar o teor vibratório. Eles dependem, para se comunicar com outros, de transmitirem, em cadeia, suas mensagens em sentido descendente. Por nossa vez, buscamos as novas ordens e as comunicações de que tanto necessitamos em nossos trabalhos, em sentido ascendente.

Vejo nessa informação uma imprecisão. Como demonstrado com a materialização do guru de Yogananda, num quarto de hotel em Mumbai, mesmo os espíritos de muita luz têm condições – se assim for sua missão – de eventualmente se corporificar. Mas de qualquer forma, assim como a espiritualidade tem poderes extraordinários, a regra vigente é a da materialização de seres com corpo astral mais condizente com o orbe terrestre.

No entanto, mesmo os espíritos que se materializam mais freqüentemente, por apresentar corpo astral mais grosseiro, precisam passar por aprendizado especial para se dedicar a esse tipo de missão. Um bom exemplo desse processo educativo é a história evolutiva de Frederick von Stein, relatada no livro *Medicina dos Espíritos*, de Rocha Lima, e também no meu *Médicos do Espaço*[180].

Em 2 de abril de 1960, quando incorporou pela primeira vez no médium Alberto Benaion, no Lar de Frei Luiz, ele nem sabia falar português. Em alemão – e só foi entendido porque um dos participantes do grupo sabia a língua –, começou a falar imoralidades e a enaltecer o seu passado de médico nazista, fazendo saudações a Hitler.

Mas depois de algumas reuniões, em que voltaria a se incorporar em Benaion, acabou doutrinado por Rocha Lima, caindo em si sobre sua situação de errante, de perdido, que precisava se redimir do passado a partir de um trabalho de caridade, de ajuda ao próximo. Na verdade, até então nem tinha consciência de que estava morto.

Enviado então para aprendizado no astral, a cargo do médico do espaço João Pedro, só retornaria ao Lar de Frei Luiz em 1970. Assim, para queimar carmas negativos, principalmente devido a sua existência como nazista, em que participou de experiências macabras com judeus, passaria a chefiar os trabalhos de cura desse centro espírita.

Na medida em que as forças sensitivas de Armando Ramos e Silva se exauriam, o espírito com quem se afinava, João Pedro, terminou dando lugar para o médico do espaço mais sintonizado com o médium Gilberto Arruda. E o aprendizado e as condições ambientes que Frederick encontrou foram de tal porte que, ao passar dos anos, com mais e mais enfermos pedindo ajuda, as reuniões de materialização tomaram uma dimensão inesperada para qualquer um que tenha participado ou estudado sessões do gênero ao longo da história.

Afinal, não se tem conhecimento de reuniões sistemáticas que comportem, de uma só vez, cerca de 70 a 80 pessoas, como é o caso da freqüência média das sessões de materialização no Lar de Frei Luiz, em que de 15 a 30 enfermos chegam a ser atendidos.

Existem, claro, exceções à regra, como uma reunião que contou com cerca de 200 pessoas num salão improvisado no 2º. Congresso de Grupos da Fraternidade, realizado em 1955 na cidade mineira de Caratinga. O empresário espírita Dante Labbate, no livro *Materializações Luminosas – Leis Cósmicas em Ação*[181], relembra que na primeira fila das poltronas foram colocados aqueles habituados com esse tipo de trabalho, para se criar "um cinturão energético-protetor contra possíveis vibrações nocivas".

Três espíritos acabaram se materializando, dentre eles Joseph Gleber, que "caminhou diante dos assistentes" e lhes entregou uma flâmula comemorativa do primeiro congresso, que um ano antes havia sido ofertada à espiritualidade. Ao receber a flâmula numa reunião logo após esse primeiro encontro, Gleber tinha informado que a levaria para a colônia espiritual Nosso Lar, onde habitava, e que ela seria trazida de volta no segundo congresso, "autografada por alguns ministros" daquela cidade astral. A flâmula foi então desmaterializada com ele.

E no ano seguinte, como prometido, seria devolvida com as assinaturas dos ministros Clarêncio e Veneranda e de André Luiz, Joseph Gleber e Scheilla. Ao entregá-la, Gleber declarou: "Desejo que a paz de Jesus esteja com todos. Meus irmãos, meus companheiros, com muita honra e alegria passo as vossas mãos a flâmula que levei há um ano para Nosso Lar. Trago-a de volta como sinal de nossa gratidão. Cumprindo o prometido naquela ocasião, trago-a assinada por alguns ministros e trabalhadores de Nosso Lar. Rogamos ao Pai e a Jesus que vos cubram de bênçãos". Segundo Dante, a flâmula ainda existe, embora meio desbotada.

Provavelmente, uma reunião desse porte e com resultado tão forte pode ser contabilizada na conta das raridades – se é que não seja caso único na história. Na verdade, de forma sistemática, poucos grupos de materialização se arriscariam a promover sessões com mais de 30 pessoas. O próprio Dante, do alto de sua experiência, ensina: "Doze é o número ideal de pessoas para as reuniões de materialização, distribuídas entre dois médiuns e dez assistentes. Os limites situam-se entre o mínimo de seis e o máximo de 25 pessoas".

Para o pesquisador francês Gustave Geley (1868-1924), o número médio – dependendo do potencial do sensitivo – deve variar de quatro a sete pessoas[182]. Após sofrer na carne com o despreparo e a curiosidade de alguns participantes, a médium inglesa Elizabeth d'Espérance dizia a respeito do número que considerava ideal[183]: "Os pedidos eram muitos, mas o número das pessoas a admitir não devia ir além de 20 ou 25".

Outro estudioso, o francês Léon Denis assinala um ponto importante[184]: "Os grupos pouco numerosos e de composição homogênea são os que reúnem as maiores probabilidades de êxito. Se já é difícil harmonizar as vibrações de cinco ou seis pessoas entre si e com os fluidos do espírito, é evidente, *a fortiori*, que as dificuldades aumentam com o número dos assistentes. É prudente não exceder o limite de dez a 12 pessoas, de um e outro sexo, quando possível sempre as mesmas, sobretudo no começo das experiências".

No entanto, percebendo o número crescente de pessoas que, desesperadas, chegavam ao Lar de Frei Luiz, Rocha Lima não se furtou em fugir dessas recomendações e, orientado pela espiritualidade e ajudado por sua rígida disciplina, passou a organizar reuniões maiores. Para ele, o mais importante para o êxito dos trabalhos era o bom preparo prévio e a boa concentração no momento da sessão. Em outras palavras, mais do que a quantidade, vale a qualidade vibracional dos participantes.

Lógico que ele estava certo: vale mais a qualidade. Mas, por outro lado, sempre será mais fácil reunir um grupo com qualidade mais homogênea se for pequeno. Por maior que seja a concentração, é mais difícil se obter uma boa harmonização de 80 pessoas do que de dez, 20 ou 30. Não é à toa que, do ponto de vista da qualidade dos fenômenos, as sessões da fase inicial do grupo de materialização são apontadas como mais impactantes, mais luminosas do que as atuais, algumas com vários espíritos atuando de uma vez só.

Minha mulher se recorda de ter assistido a reuniões extraordinárias nesse centro espírita no final dos anos 1960, levada pelo tio Armando Ramos e Silva: "Os espíritos apareciam fosforescentes, bem nítidos, perto da gente. Já vi de três a quatro espíritos se materializando de uma vez só e conversando entre si. Eles se apresentavam vestidos de médico. Tinha um japonês que sempre aparecia com o dr. João Pedro".

Como os participantes sentavam em filas, em semicírculo, junto ao espaço onde os espíritos costumavam transitar, o intercâmbio entre eles era muito maior. "O espírito vinha em cada um de nós, tocava e passava mensagens específicas", relembra Célia Resende.

A professora Thaïs Vaz Rocha dos Santos recorda que Rocha Lima chegava a pedir "cuidado" a integrantes do grupo que no escuro conduziam enfermos para tratamento, quando surgiam vários seres ao mesmo tempo, pois havia "entidades materializadas" do lado de fora da porta da cabine mediúnica. Essas sessões reuniam no máximo 30 pessoas – e apenas duas ou três iam para tratamento.

E sendo um ambiente mais harmonioso e o grupo menor – inclusive com menos enfermos e suas vibrações negativas –, ela lembra outro detalhe importante: os espíritos em geral atuavam sem mantos ectoplasmáticos. "Havia um equilíbrio vibratório, energético, era tudo menorzinho. Podíamos ver bem e reconhecer várias entidades médicas amigas materializadas, quando elas se iluminavam ao tratar de nós. Mas à medida que aquilo cresceu, elas passaram a vir protegidas, encobertas."

A maior força das materializações não se explica, porém, apenas por um número mais reduzido de participantes – embora, volto a insistir, este seja, para mim, requisito importante para se obterem fenômenos mais intensos. Mas também entendo que, como sempre, há exceções à regra, pois eu mesmo já participei de reuniões luminosas no Lar de Frei Lui com quase cem participantes.

O coronel-aviador da reserva Paulo Ruy Portella, que atuou na fase inicial dos trabalhos desse centro espírita, lembra que era uma época em que o grupo começava suas experiências com fenômenos de efeitos físicos e, assim, precisava mais do que nunca de provas, de ensinamentos sobre tudo aquilo, para ajudar a aumentar a união de todos. Com o tempo e a consolidação do grupo, porém, esse lado, digamos, mais fenomenológico deu lugar a materializações com propósitos eminentemente curativos – fossem mais luminosas ou não, com mais espíritos materializados ou não.

– Além das características mediúnicas diferentes de Armando e Gilberto, houve realmente uma mudança de enfoque, não de força. O visual ficou nitidamente em segundo plano, independentemente do número de pessoas. A finalidade básica de nossas reuniões não é mais para dar provas, mas, sim, para curar doenças físicas e espirituais ou curar espiritualmente aqueles que chegam em estado terminal, para que possam desencarnar em melhores condições – afirma Paulo Ruy.

SINTONIA ENERGÉTICA

Com o crescimento do Lar de Frei Luiz e a procura cada vez maior de enfermos, mais do que nunca se faz necessário o cumprimento de normas rígidas de limpeza física e mental. Afinal, por mais forte que seja o campo energético criado dentro da cabine de materialização, os espíritos, quando do lado de fora, passam a entrar em contato com campos de forças muito mais diferenciados – uma complexa mistura das freqüências energéticas dos médiuns de apoio, dos enfermos e de eventuais acompanhantes ou visitantes.

Já participei de reuniões em que foram atendidos pelo menos 30 enfermos – praticamente a metade das cerca de 70 a 80 pessoas que, em geral, vão a essas sessões. Nada mais natural, portanto, que o ser materializado encontre um campo muito menos uniforme a sua frente, pois os pacientes normalmente vivenciam um estado mental – não só físico – muito frágil. Angustiados, ansiosos, deprimidos, preocupados, desorientados, muitas vezes sem a lucidez necessária, podem naturalmente afetar o equilíbrio básico.

Por isso, embora o médium de efeitos físicos seja sempre o agente fundamental, todos – inclusive os enfermos – são estimulados a engrossar uma corrente de vibrações harmônicas. Claro que em se tratando de gente leiga ou que desconhece detalhes dessas reuniões, volta e meia notam-se pessoas que, à primeira vista, parecem não ter a mínima noção do que vão vivenciar e o porquê de certos rituais – como preces, cânticos e o uso de roupas claras. Acabam assim entrando despreparadas, sem a adoção de regras básicas de disciplina.

Com seus pensamentos dissonantes e, conseqüentemente, destruidores de ectoplasma, alguns visitantes alimentam expectativas como se fossem a um espetáculo teatral, para presenciar o aparecimento de um ser do outro mundo com aspecto fantasmagórico e, até mesmo, usando uma placa no peito: "Atenção, sou um espírito materializado".

Algumas sessões – devido à emissão de pensamentos desarmônicos – são realizadas num clima pesado, com fracos efeitos luminosos. No escuro, Frederick von Stein chega a atuar nos doentes sem que seja percebido pelos acompanhantes mais inexperientes. Desse ponto de vista, quem vai a uma reunião de materialização atrás de espetáculo pode, em alguns casos, sair completamente decepcionado.

Já houve época em que eu inclusive me questionava como esse médico do espaço – a quem cabe a palavra final sobre a lista de participantes – autorizava nas materializações pessoas com semelhante nível de inconsciência. Depois, dominando meu lado intolerante, passei a admitir que ninguém é perfeito e, afinal, quem seria eu para questionar uma decisão do astral que poderia, até mesmo, significar a rara chance de alguém – por mais descrente que fosse – ter algum *insight*, evoluindo espiritualmente.

Mas, de fato, em situações semelhantes é preciso sangue frio para não contribuir para perturbar o ambiente, destilando intolerância. O problema é que, às vezes, alguns exageram na dose. Já cheguei a ouvir comentários irônicos do tipo "isso parece lavagem cerebral", numa crítica a orações e cantos entoados para ajudar na harmonização das sessões.

Lembrei de crítica feita pela médium Elizabeth d'Espérance, que tanto sofreu com a presença de pessoas assim em reuniões de efeitos físicos[185]: "Eu não sabia então, como hoje, que arma poderosa pode ser a vontade, e quanto um elemento antagônico pode ser prejudicial ao êxito dessas experiências". Em outro trecho de sua autobiografia *No País das Sombras*, em tom amargurado, ela se diz surpreendida pelo fato de surgirem fenômenos mesmo em casos da ida de gente sem preparo:

– Pelo pouco que conheço a respeito das condições necessárias para se obterem boas manifestações, não posso furtar-me ao espanto de ver o êxito às vezes obtido em tais experiências. Quando os materiais fornecidos pelos investigadores são principalmente compostos de dúvidas, suspeitas e intrigas, temperados, em muitos casos, com o bafo nocivo do álcool e da nicotina, não temos razão para nos admirar de que os resultados conseguidos façam pairar o descrédito sobre as verdades que eles dizem advogar e arruínem o médium, que é naturalmente o bode expiatório, a vítima sobre a qual recai todo o escândalo.

Já percebi também pessoas – inclusive enfermos e não apenas acompanhantes ou visitantes – que aparecem em sessões de materialização do Lar de Frei Luiz ainda descrentes da realidade dos fenômenos espirituais. Considero natural que qualquer um – até alguém mais experiente – possa ter seus momentos de dúvidas. Nada mais natural, devido ao apego do ser humano à vida material e sua tendência de duvidar da existência de fenômenos que, na maior parte do tempo, são invisíveis aos sentidos comuns. Mas por outro lado, acho absurdo alguém ir a uma reunião de materialização sem qualquer intenção de tornar-se pelo menos receptivo ao que possa vir a presenciar.

Esse lado crítico de alguns se acerba quando vão ao centro espírita em seus dias de reuniões públicas – toda noite de quarta-feira e, quinzenalmente, nas manhãs de domingo. Ao contrário das reuniões de materialização, que são mais fechadas, as sessões públicas – com a promoção de passes e de operações de cura a partir da incorporação de espíritos nos corpos de médiuns – atraem milhares de pessoas.

Um verdadeiro mar de gente usando roupa clara toma conta das alamedas e jardins do Lar de Frei Luiz. E por duas vezes – na abertura e no encerramento oficiais dos trabalhos –, forma-se uma corrente de pessoas de várias idades e classes sociais dando-se as mãos para uma prece.

Os críticos desse modelo de encontro não percebem que qualquer agrupamento humano tem suas peculiaridades culturais. As pessoas precisam de uma linguagem comum para trabalhar em grupo. São regras de comportamento que têm a ver com um dado momento histórico – e que mudarão na medida em que a vida no planeta se desenvolver.

Talvez até chegue o momento em que, no contato dos seres humanos com forças maiores do(s) universo(s), cada um venha a adotar determinadas práticas individuais – independentemente da orientação de qualquer instituição temporal religiosa. Mas o importante é que roupagens culturais diferenciadas não sirvam para dividir pessoas que, afinal, estão em busca do bem comum – mesmo com defeitos e vacilações de toda ordem.

Confesso que quando entrei no Lar de Frei Luiz pela primeira vez, no final de 1993, também fiquei incomodado com aquela roupagem religiosa, com orações e discursos que lembravam os rituais católicos da minha infância que passei a rejeitar na adolescência, como rezar o Pai-Nosso e a Ave-Maria. Mas cresci e aprendi a importância de se respeitarem as diferenças, de aceitar discursos ou práticas religiosas que sirvam para reunir pessoas em torno de um objetivo maior: ajudar no desenvolvimento consciencial de cada um – a reforma interior de que tanto se fala – e contribuir para a construção de uma sociedade mais justa e solidária.

Compreendi também o sentido simbólico dessas orações e a ponte fundamental que fazem com o mundo invisível. Assim, logo me integrei àquela ritualística, com respeito e discernimento do que era necessário seguir.

No fundo, pouco importa se chamamos um ser extrafísico de espírito ou de corpo energético ou de qualquer outro nome. Importa se realmente existem esses seres, essas realidades dimensionais maiores, esses contatos entre eles e pessoas na Terra. Importa se a relação consciente com o invisível produz avanços comportamentais, físicos e mentais na vida de homens e mulheres.

Para mim, algo de muito valor no Lar de Frei Luiz é o empenho de dirigentes – apesar de defeitos e fraquezas naturais de qualquer ser humano – em procurar questionar o contato com a espiritualidade a partir da razão, de um ato refletido – e não de uma fé cega de seguidores fanáticos de um "líder" qualquer.

Quando se entra em contato com um trabalho tão sublime e forte como o de materialização de espíritos para a cura, como aconteceu comigo e muitos e muitos outros, é fundamental – repito – ser tolerante com as diferenças, porque o contato com essas forças universais se dá a partir da sintonia de pensamentos.

Precisamos assim nos concentrar para que os campos de força que brotam de nossas mentes tenham freqüências semelhantes aos campos emitidos pela mente dessas entidades energéticas chamadas de espíritos. Se pensarmos em amor, em cenas de colaboração social etc., atrairemos habitantes de dimensões mais elevadas. Se vibrarmos no ódio, no egoísmo, acabaremos por atrair espíritos com a mesma freqüência negativa.

Por isso, é preciso entrar numa reunião de materialização com pensamentos edificantes. Não devemos pensar primeiramente em nós, em nossas angústias, nossas dificuldades, mas, sim, nos outros, no perdão, na construção de um mundo melhor, de paz. É importante pedirmos pela saúde de quem vai para o leito, mentalizando sua cura.

Quem estiver doente, pode até pedir por sua própria cura, mas que não seja de uma maneira como se fosse um pobre coitado, atingido por injusto castigo divino. Ao contrário, precisa tentar procurar compreender o porquê de sua doença – e acreditar que ficará bom.

E relaxar, entregar-se aos benefícios de um momento de bem-estar e de confiança. E orar muito pelos seres de luz, pelos seus guias do astral e – principalmente – pelo equilíbrio emocional e físico do médium de efeitos físicos, na cabine de materialização, e por quem estiver presidindo as sessões – as duas figuras centrais que acabam atraindo as cargas negativas mais fortes que eventualmente possam vir a ser disparadas por espíritos pouco evoluídos.

NAVE DE MATERIALIZAÇÃO

Para obter uma ambiência a mais equilibrada possível, Rocha Lima estabeleceu horários fixos para as sessões de materialização e cadeiras definidas para cada médium de apoio. A espiritualidade lhe ensinara que, para uma melhor formação ectoplasmática, é necessária a participação das mesmas pessoas nos mesmos lugares – para facilitar a retirada do ectoplasma dos médiuns de apoio. Cada um, segundo a sua evolução, tem determinado fluido a doar. Sentado no mesmo lugar, contribui assim para criar uma sintonia fina com os espíritos.

Além disso, o estabelecimento de uma barreira ordenada de médiuns, nas primeiras fileiras de cadeiras do salão retangular, próximas às macas de atendimento, é fundamental para conter o fluxo de energias negativas que, muitas vezes, emana dos demais presentes – principalmente dos enfermos, que são colocados mais atrás.

A nave de materialização – como foi batizado o salão das sessões do Lar de Frei Luiz – foi planejada não apenas de acordo com um número limitado de participantes e de distribuição de cadeiras, mas também para a melhor vedação do ambiente. Para haver uma maior concentração de ectoplasma e evitar sua queima pela luz, a sala foi construída com o máximo de isolação possível. Com seus vidros e molduras de madeira pintados de azul escuro, as quatro janelas que dão para os jardins da casa ficam fechadas, lacradas com fita adesiva e ainda escondidas atrás de grossa cortina de algodão azul-marinho.

No final do salão, após os assentos da audiência e as macas, foram construídas duas cabines de materialização com divisórias em madeira – material de boa condutibilidade ectoplasmática –, com 4,5 m^2 cada uma. A exemplo de outros trabalhos de materialização, como o do grupo Scheilla, Rocha Lima estabeleceu como norma a colocação de dois médiuns de efeitos físicos lado a lado, em gabinetes contíguos. Dessa forma, o médium principal ganha um reforço ectoplasmático especial de outro médium de efeitos físicos.

As cabines de materialização foram construídas com divisórias em madeira, no formato de um cubo, com cerca de 2,10 metros de largura, de profundidade e de altura. O teto não foi montado com uma chapa inteiriça, mas com uma armação de madeira que sustenta três panos de algodão sobrepostos: o primeiro, que dá para dentro da cabine, branco; o do meio, preto; e o de fora, azul-marinho. Sua cortina, que funciona como porta, é feita com três panos de algodão azul-marinho superpostos.

Nesse ambiente exclusivo, Gilberto Arruda deita e entra em transe, num leito. Ao lado, fica também em transe o principal médium de apoio, Alberto Benaion, um dos mais antigos do grupo – o mesmo em que Frederick von Stein incorporou pela primeira vez, nos anos 1960, falando em alemão. Os dois pequenos ambientes são destacados da sala maior por cortinas de algodão pesadas e escuras, para evitar a incidência de qualquer luminosidade e ajudar na criação dos campos energéticos necessários para as materializações.

Os espíritos surgem então da cabine de Gilberto. Mas não adianta um médium bem preparado e isolado se, do lado de fora, não houver uma ambiência adequada da equipe de apoio. Toda distração, toda queda vibracional da mente prejudicam a boa harmonia necessária. Até mesmo as ondas energéticas transmitidas pelo olhar curioso dos presentes, em cima do trabalho dos espíritos e, principalmente, da cabine de materialização, provocam interferências negativas.

Não que seja proibido olhar – lógico que a curiosidade fala mais alto nessas horas –, mas é preciso se esforçar para observar os fenômenos de efeitos físicos com naturalidade, sem ansiedade, sem expectativas de que se esteja diante de algo fantástico, do além.

– O olhar curioso tem uma intensidade de energia maior do que qualquer outro, porque ele é lancinante. Você aguça, e aí você canaliza todos os elementos da mente através do nervo ótico. Aquilo forma um laser. Pode até prejudicar uma materialização – sustenta o médium Paulo Larosa.

Sendo assim, as pessoas precisam se educar para olhar um fenômeno comum da vida – o que, no fundo, é disso mesmo que se trata!

Impressionante como alguém extremamente curioso – e, portanto, ansioso – pode atrapalhar uma reunião. Uma vez, sentado na quarta fila de cadeiras, tive minha concentração afetada por um senhor que, bem atrás de mim, deu um suspiro de admiração e espichou o pescoço, quase colando o seu rosto ao meu, na ânsia de ver melhor o espírito.

É que, inesperadamente, ao se virar de uma maca onde tinha acabado de cuidar de um enfermo, o médico do espaço Frederick von Stein havia se autoiluminado e passado a tratar, com seu aparelho curativo, uma médium de apoio na primeira fila de cadeiras. De tão intensas, as luzes emitidas fizeram o espírito surgir em todo o seu esplendor, coberto por um manto ectoplasmático. Para quem já estava habituado às reuniões, a presença do espírito não era surpreendente. Mas para aquele visitante, provocou um impacto visual.

São reações, porém, muitas vezes incontroláveis. Mas o que se procura é autorizar a entrada nas reuniões apenas daqueles que estejam com as melhores condições possíveis.

Mas quem define isso? Como? Em primeiro lugar, por mais que uma pessoa seja indicada por alguém para ir a uma sessão, sua entrada só costuma ser autorizada por Frederick von Stein, que dá a palavra final em sessões precedentes em que trabalha incorporado no médium Gilberto Arruda; avaliando, portanto, a situação de cada um.

O escolhido deve então seguir regras restritas de dieta e de comportamento. A convocação começa 72 horas antes das reuniões – realizadas, quinzenalmente, aos sábados de manhã –, com o chamamento para uma dieta rigorosa, em que são proibidos sexo, carne, fumo, bebida alcoólica ou qualquer outra droga, lícita ou não. É fundamental tentar ficar com a mente calma, com o coração tranqüilo, durante a semana. Evitar discussões em casa, no trabalho. Evitar a ira, o conflito.

Logo antes de se sair para a materialização, recomenda-se um banho refrescante – lavando-se os cabelos, que normalmente concentram muitas energias deletérias, como a poluição atmosférica. Como descrevi, não é permitido comer alimentos horas antes, para não desenergizar o corpo com a digestão nem intoxicá-lo com vibrações deletérias. Pode-se tomar água, um suco ou comer uma fruta leve, se a fome apertar. Nada mais.

Nada de colares, relógios, anéis ou pulseiras, pois esses elementos criam energias eletromagnéticas diferenciadas, capazes de provocar perturbações no campo de forças que se pretende formar, prejudicando particularmente o tratamento dos enfermos.

Por isso, a cabine de materialização – santuário número um a ser preservado – foi feita de chapas de madeira coladas umas nas outras, sem o uso de pregos.

Há, obviamente, exceções. Afinal, embora as macas de atendimento sejam de madeira, as cadeiras da sala de materialização têm pés de ferro. Procura-se, porém, evitar o excesso de produtos que possam causar perturbações energéticas, principalmente junto aos doentes em tratamento. Rocha Lima admitia apenas o uso de alianças, símbolo do amor que une os casais, e de óculos. Mas os óculos devem ser retirados se a pessoa tiver que ir ao leito, para tratamento.

As roupas usadas precisam ser claras, de algodão ou de linho, de preferência brancas ou azuis celestiais. O elemento sintético e a cor mais escura atrapalham a penetração no corpo das energias regeneradoras irradiadas pelos médicos do espaço.

Não existe mistério nisso nem nada de sobrenatural. Com a palavra o professor de física Paulo Larosa: "Todo tecido sintético bloqueia energia. Por que uma roupa de tergal dura muito? Porque não absorve energia do ambiente, ela bloqueia a troca de energia. Ela bloqueia a energia da água, bloqueia a energia elétrica. Então, dura muito. Já o algodão, não. Como é um tecido natural, passa energia por ele. Tem boa condutibilidade".

E por que roupa de cor clara? "Porque o branco simplesmente é a transparência, você consegue ultrapassá-lo facilmente com qualquer tipo de energia. O preto, não. O preto bloqueia", responde Larosa. Portanto, ao concentrar energia, o tecido preto ou mais escuro dificulta a passagem das energias curativas para atingir o corpo do enfermo.

É claro que, em se tratando dos poderes da espiritualidade, nada é estanque, absoluto. Mesmo uma pessoa vestindo preto poderia receber fluidos curativos. Mas o que a espiritualidade ensina é que o tecido escuro dificulta – embora não impeça – a ação dos médicos do espaço, provocando mais gastos de energia para que a sessão curativa se realize a contento.

Por outro lado, os seres mais atrasados, que habitam as trevas espirituais, são normalmente atraídos pelo tecido escuro. Alguém que vá de preto para um centro espírita terá a tendência de ser pólo catalisador da chamada baixa espiritualidade.

Assim como o corpo, a roupa para se entrar na sala de materialização deve estar limpa, para se evitar a contaminação externa de elementos negativos. Trazida de casa ou emprestada no local, tem que ser colocada no vestiário, logo que se chega ao Santuário de Frei Luiz. Até as roupas íntimas – de tecido natural e claras – devem ser trocadas. É necessário se evitarem calças com fecho ecler de metal, usando-se preferencialmente as de moletom de algodão.

Meias e casaco de algodão claros são muitas vezes indispensáveis: com a ajuda de aparelhos de ar-condicionado, a sala de materialização é mantida a uma temperatura média de 12° C.

Por que tão frio? O frio favorece a aglutinação das moléculas que formam o ectoplasma, em seu estado gasoso. "Quanto mais frio, mais condensado fica o ectoplasma. E quanto mais condensado, mais condições os espíritos têm de manipular esse ectoplasma. A condensação ideal se faz nessa temperatura", ensina Larosa.

Além disso, o ar-refrigerado resseca o ambiente, ajudando a combater outro problema para as materializações: a umidade excessiva. Afinal, a água dificulta a aglutinação das moléculas de ectoplasma. Larosa lembra que o ar úmido é mais denso que o seco. Sendo assim, oferece mais resistência à aglutinação das moléculas do ectoplasma em sua forma gasosa. E a exemplo de nuvens carregadas no céu – cheias de gotículas d'água –, que têm muita eletricidade estática, o ar úmido apresenta muita densidade eletrostática. "Quanto mais eletrostática, mais queima de ectoplasma e menor quantidade para a materialização."

Essa dificuldade do ectoplasma de se aglutinar em ambiente mais úmido deve estar por trás da explicação sobre o motivo de os corpos dos espíritos materializados apresentarem condutibilidade elétrica muito menor do que a dos corpos humanos, como detectado por William Crookes. Como especulei antes, isso indicaria que o organismo espiritual conta com menor quantidade de água que o de uma pessoa. Para Larosa, essa hipótese é correta.

Como nem sempre é possível se evitar uma umidade além da conta, torna-se mais uma vez importante ressaltar a necessidade do controle dos pensamentos para o preparo dessas reuniões. Quanto menos idéias dissonantes, muitas vezes negativas, relacionadas a atribulações do dia-a-dia, melhor. Por isso, no Lar de Frei Luiz, para disciplinadamente se acalmar a mente, nos sentamos, numa ante-sala, cerca de uma hora antes do início da sessão de materialização propriamente dita.

Quando se chega ao santuário, por volta das 7 horas, o silêncio é um mandamento. Recomenda-se, nesse momento prévio de concentração de energia e de ectoplasma, que todos permaneçam em estado de prece ou de meditação. Para quem tenha dificuldade de ficar nesse estado ou mesmo preferir outro método de concentração, uma boa leitura sobre temas espirituais ajuda a acalmar a mente. Qualquer estímulo ao ato de pensar sobre realidades do astral será sempre uma forma de elevar o pensamento.

Na prática, quando buscamos elevar o pensamento, entrando em sintonia com o alto, acabamos por aquietar nossa mente – o que provoca a redução dos batimentos cardíacos e da pressão arterial, trazendo benefícios ao organismo, principalmente ajudando-o a absorver energias espirituais curativas.

Prece aqui pode significar uma oração qualquer – desde que com ideais sinceros, do coração, e não apenas decorada e da boca para fora – ou mesmo uma conversa íntima com nossos guias protetores do espaço. A meditação também implica em se atingir algum objetivo sublime, de autoconhecimento. Trata-se de um treinamento de desapego ao ego.

Mas, atenção! Se em qualquer momento, lendo, meditando ou em estado de prece, algum tipo de pensamento – como uma doença grave – atormentar a mente, mais uma vez vale uma dica: não se deve lutar contra ele.

Uma ótima tática para isso costumava ser ensinada por Ronaldo Gazolla quando, na ante-sala das materializações, fazia uma preleção para as pessoas que participavam pela primeira vez dessas reuniões: se surgir um pensamento negativo, não brigue com ele, apenas lhe contraponha um pensamento positivo. Se a mente for atraída para um momento desagradável da vida, pense imediatamente numa outra fase, positiva. Se lembrar de uma situação adversa de trabalho, reflita sobre um momento de solução de problemas ou mesmo sobre férias maravilhosas. Assim, sem maiores lutas internas, os pensamentos seguirão seu curso, fluindo livremente.

Quase ao final dos preparativos para se entrar na nave de materialização, um dos integrantes do grupo, o empresário Agenor Afonso do Amaral, comunica a cada enfermo um número – uma senha pela qual será chamado mais tarde, no escuro, dentro do salão, para que se deite numa das macas de tratamento.

São também transmitidas – por quem estiver comandando os trabalhos – palavras de orientação para os presentes – principalmente para aqueles que chegam ali pela primeira vez. Tudo, enfim, serve para estimular as pessoas – principalmente os visitantes – a entrar em sintonia fina com a espiritualidade.

O importante é ter sempre como meta um sentimento de integração com a natureza, com esferas universais, como no caso da meditação, ou estar antenado com pensamentos sublimes ligados à espiritualidade, ao amor, à fraternidade, à ajuda ao próximo, à construção de uma sociedade solidária, como no caso da prece. Precisamos evitar pensar em nós, numa doença, em algum ente querido que já se foi.

Os médicos do espaço sabem muito bem os problemas de cada um – não há por que ficar invocando-os. Pensar em fatos negativos e tristes só cria vibrações baixas e desarmônicas, atrapalhando a concentração essencial para a liberação do ectoplasma de todos e para o trabalho espiritual de substituição das células doentes dos pacientes.

E para ajudar a criar essa harmonia com o alto, antes mesmo de começar uma prece, uma meditação ou uma leitura, eu costumo construir mentalmente fachos de luzes brancas – que são regeneradoras de energias vitais do corpo –, passando a banhar todo o ambiente com eles, para limpar cargas negativas que possam estar presentes.

Alguns não conseguem perceber essa realidade, mas a mente concentrada tem alto poder de atuação, capaz inclusive de promover a limpeza energética de um lugar. Se todos em torno de um grupo fizerem isso, a limpeza será muito mais forte e abrangente.

Outro recurso usado no Lar de Frei Luiz para se criar uma ambiência adequada é a música, tanto na ante-sala quanto na nave de materialização. Não o batuque, a música pesada, dançante, mas a melodia suave, com harmonias e notas que ajudam a energizar e a equilibrar os chacras das pessoas.

Quando prestamos atenção numa música sublime, ajudamos não só a equilibrar as energias do corpo como a criar um clima de sintonia comum. Enfim, as melodias celestiais – seja de música clássica ou de *new age* – contribuem para nos colocar numa vibração mental semelhante. Ajudam a trazer paz ao coração, à mente. Ajudam a liberar ectoplasma.

Por isso, na criação dessa sintonia harmônica com o astral, momentos antes de se entrar na sala de materialização, os presentes são convidados a entoar a Canção a Frei Luiz.

A letra dessa música foi escrita num papel materializado, numa reunião. A sua elaboração havia sido prometida a Rocha Lima em outubro de 1952, por um espírito, como forma de ajudar nos trabalhos de cura, pois contribuiria para a harmonização ambiental.

Finalmente, muitos anos depois, na reunião de 22 de julho de 1967, seria ouvida no ar a voz materializada do espírito Frei Leonardo, um dos grandes colaboradores de luz do Lar de Frei Luiz, anunciando para Rocha Lima[186] a elaboração, por seres superiores, de uma letra que "faria vibrar o perispírito". Ao lembrar que naquele ambiente não havia qualquer máquina de escrever, o fundador do centro espírita descreveu assim esse momento sublime:

– Após esta sessão maravilhosa, encontramos sobre a mesinha das flores um papel de imprensa, escrito à máquina, com letras pretas bem vivas, em formato de triângulo, mas quando aberto, configurava a Estrela de Oito Pontas. Esta representa a estabilidade em ambos os planos, Material e Cósmico, quando estão em harmonia um com o outro. O número quatro, o quadrado, é o símbolo da estabilidade e da confiança, duas vezes quatro, ou oito, indica a estabilidade em ambos os planos.

A entoação consciente dessa canção, com os olhos fechados, é um momento em que as pessoas mais sensíveis conseguem perceber uma união energética entre todos e a natureza do entorno. É como entoar um mantra num processo meditativo:

"Sejamos unidos, amigos leais,
Servindo ao Senhor
Com fiel devoção.
A nossa bandeira
É de amor e de paz,
Mas, de íntima luta,
De renovação
Oh! bom Frei Luiz,
Amigo do bem,
Nos guia feliz,
Pela vida além.
Que em todos os momentos

De dor e alegria,
Esteja Jesus,
Em nossa companhia.
Que a fé no trabalho
Seja o nosso lema!
Construindo na Terra
O nosso porvir.
E a Caridade
Será nosso emblema,
Em prol da criança,
No bem de servir!
Oh! bom Frei Luiz,
Amigo do bem,
Nos guia feliz,
Pela vida além.
Que em todos os momentos
De dor e alegria,
Esteja Jesus,
Em nossa companhia."

Depois da Canção a Frei Luiz, quem precisar deve ir ao toalete. Com o frio, uma bexiga cheia acabará prejudicando a concentração recomendada na nave de materialização.

É preciso se evitar qualquer armadilha que sirva para distrair a mente. Não se pode inclusive fazer barulho dentro da nave, para não acordar o médium. Inclusive pede-se que se tente abafar ao máximo uma eventual tosse.

Feitos os acertos finais, uma a uma, a começar pelos médiuns de apoio, as pessoas, em fila, vão sendo chamadas para entrar na sala. Em pequenos grupos de cinco por vez, ingressamos primeiramente numa saleta, cuja "porta" de entrada é uma pesada cortina escura de algodão. Só depois da cortina fechada, se abre a porta de madeira que separa esta saleta da nave de materialização.

Logo que se entra, ainda há tempo para se observarem alguns detalhes do ambiente, que fica iluminado tenuamente por lâmpadas vermelhas à baixa intensidade, antes que tudo se apague. Assim que se aproxima o momento de começar a atuação dos médicos do espaço, é feita uma prece de abertura dos trabalhos. As luzes vermelhas são então diminuídas de intensidade – por um reostato –, até se apagarem por completo.

A nave de materialização fica então numa escuridão total. Um verdadeiro breu. Não se vê um palmo à frente. Somente nos instantes em que os pacientes são levados para as macas – e se retiram outros que lá estão, da rodada anterior –, integrantes do grupo de apoio usam lanternas de luz vermelha para melhor guiá-los no escuro.

Na verdade, a nave de materialização é um salão simples, tosco, em forma retangular, ao comprido, com cerca de 120 m^2. Logo que se entra, existem dois blocos de fileiras de cadeiras, à esquerda e à direita, com 45 assentos cada um e uma passagem no meio, formando um corredor por onde os presentes tomam seus lugares.

No fim da sala, colada à parede dos fundos que dá para o exterior da casa, há uma pequena divisória de madeira, onde se localizam as duas cabines de materialização, ocupadas por Gilberto Arruda e Alberto Benaion. Ao lado, numa terceira cabine, no canto direito da sala, Amilcar Ferreira controla o som ambiente, num aparelho.

No espaço entre a primeira fileira dos dois blocos de cadeiras e as cabines de materialização, ficam cinco macas de atendimento. Ao fundo, do lado esquerdo, em área junto à cabine de materialização, sentam os principais médiuns doadores de ectoplasma que auxiliam o trabalho de Gilberto Arruda.

A maior parte do grupo de apoio, porém, senta nas quatro primeiras fileiras dos dois blocos de cadeiras, perto das macas de atendimento. Para procurar manter o melhor equilíbrio energético possível, os enfermos, seus acompanhantes e eventuais convidados são colocados a partir da quinta fileira, mais distantes, portanto, das macas e das duas cabines de materialização.

O presidente dos trabalhos fica numa cadeira de frente para a entrada da cabine de materialização. Dali são recebidas da espiritualidade – e eventualmente retransmitidas para os presentes – orientações importantes sobre o grupo ou sobre o andamento da sessão. Algum espírito pode se materializar e, da porta da cabine, dar alguma instrução para o presidente do Lar de Frei Luiz – como nomes de médiuns de apoio que, eventualmente, precisem ser encaminhados para as macas, para tratamento espiritual.

Durante toda a reunião, busca-se manter a harmonização com músicas – além de preces, solicitadas a vários integrantes do grupo pelo presidente dos trabalhos.

A música tem também outra função especial, com seus poderes energizadores que potencializam a atividade dos chacras, contribuindo em muito para os processos de cura. Ela transmite uma freqüência sonora que estimula as pessoas a entrar na mesma sintonia vibratória. Mas, além disso, dependendo da freqüência do som – de intensidade suave, harmônica –, a música acaba interferindo na freqüência das cores usadas nos processos de cura, intensificando-a. É como ensina Paulo Larosa:

– A freqüência musical vai fazer uma simbiose com a freqüência luminosa. E nisso existe uma potencialização, você vai provocar uma mudança na intensidade e nas nuanças daquelas cores. Então se você tiver sete cores ali, começa a obter 30, 300, 3.000. Quando você toca uma sinfonia de Beethoven, das sete cores do espectro, você produz 3.000 nuanças diferentes.

Por sua vez, o som das palavras também serve para colocar as pessoas na mesma vibração, ativando seus chacras. Não é à toa que, algumas vezes, quando a energia ambiente baixa muito, a espiritualidade pede que todos entoem – bem baixinho, para não acordar o médium principal – uma canção de cunho espiritualista, como a dedicada a Francisco de Assis. É a mistura da palavra com a música – procedimento muitas vezes importante para homogeneizar o ambiente e facilitar a liberação de ectoplasma dos participantes.

E já que observar também faz parte das sessões – até para que alguém mais descrente seja tocado pela sutileza desses fenômenos –, nada melhor do que aprender a olhar, compreender o que pode ser visto, para que não se fique cultivando questionamentos e ansiedades que só prejudicam o andamento dos trabalhos. Por isso, quando conheço alguém escalado para uma reunião, procuro descrever de antemão o ambiente das reuniões e aviso: dependendo das vibrações, poderão surgir efeitos físicos sublimes ou apagados.

Os efeitos físicos mais comuns são fenômenos luminosos. Luzes que saem dos aparelhos curativos dos médicos do espaço – intensas ou não. Luzes que surgem de dentro da cabine mediúnica ou de qualquer ponto da nave de materialização – em geral sutis, tênues, como a luz do luar. Mas nada que se assemelhe a um espetáculo cinematográfico, hollywoodiano.

É contraproducente assim se entrar na nave de materialização com a falsa expectativa de que se está para assistir a algo grandioso, à prova irrefutável da imortalidade da alma. Afinal, a maior finalidade dessas sessões é a cura de enfermos – e não a de convencer nem ensinar procedimentos científicos espirituais. Se isto vier a ocorrer, muito bem – será sempre um ganho a mais para alguém, mas dentro de uma rotina de trabalho com propósito maior, curativo.

Na verdade, com o breu total que se faz, a pessoa só pode perceber algum espírito materializado se houver a projeção de luzes que iluminem seu corpo. Por isso, costumo prestar atenção a um ponto de luz saindo da cabine de materialização, cuja porta de acesso se encontra debaixo de um quadro com o retrato de Frei Luiz. Quando o espírito sai desse gabinete, a indicação de que ele está presente é dada por um pontinho de luz que, em princípio, para a pessoa inexperiente, pode ser tomado por uma bolinha iluminada flutuando no espaço, à meia altura. Mas não: trata-se da ponta luminosa do aparelho curativo do médico do espaço. Indica, portanto, onde se encontra sua mão.

Os médiuns de apoio que trabalham perto das macas e da cabine de materialização se encontram em ponto privilegiado de observação. Os enfermos também têm esse privilégio quando vão para os leitos, pois os médicos do espaço os atendem com seus equipamentos curativos, se auto-iluminando e, algumas vezes, tocando e falando com eles.

Mas sendo importante a concentração de energia, para que se tenham melhores chances de cura, o ideal é fechar os olhos e ter pensamentos positivos, na medida em que o espírito materializado for se aproximando. E mesmo que a curiosidade aperte, que se dê apenas uma olhada discreta, evitando-se o olhar curioso, intenso.

Para quem estiver sentado em cadeiras mais distantes e não vá para o leito de atendimento, o melhor mesmo será vislumbrar as projeções astrais. Afinal, o fenômeno visual básico dessas reuniões é a luminosidade que sai dos aparelhos curativos que os espíritos trazem nas mãos.

Em sua maioria, são emitidas luzes vermelhas ou brancas, mas que eventualmente adquirem outras tonalidades. Quando do atendimento a algum enfermo, podem ficar paradas ou girarem intensamente, feito um estroboscópio, ou pulsarem, como o bater de um coração. Podem ainda jorrar dos aparelhos relâmpagos intermitentes de luzes.

No mais, é acompanhar o desenrolar desses e de outros efeitos luminosos que venham a ocorrer, como pontos de luzes se movimentando pela sala ou massas de ectoplasma flutuando no ambiente. Afinal, onde existe luminosidade, a qualquer momento pode ser visto um fenômeno diferente – e até mesmo a aparição de um ser.

A experiência me ensinou: cada reunião possui suas peculiaridades. Se em algumas quase não ocorrem efeitos luminosos, em outras podem surgir aparições inesperadas e até mesmo impactantes.

ESTRELA A BRILHAR

Em termos de variedade e de intensidade de efeitos luminosos, a reunião mais encantadora que já presenciei foi a do sábado 28 de setembro de 2002. Um verdadeiro presente da espiritualidade. Meu amado neto, Matheus Montoni, estava fazendo 6 anos – dando seus primeiros passos de menino crescido. Eu estava irradiando de felicidade, até porque, no dia seguinte, seria a vez do aniversário da minha amada Célia. Dois avós "corujas" numa materialização – essa a situação de fluidez energética do casal.

Mas independentemente da nossa situação, aquela era uma reunião especial para o Lar de Frei Luiz. Seria a primeira comandada por Helena Mussi Gazolla, que assumira o cargo de presidente do grupo após a passagem para o mundo espiritual do marido, Ronaldo Luiz Gazolla. E numa das sessões mais vazias de que já participei – vários médiuns de apoio faltaram e apenas 12 enfermos estavam marcados para atendimento –, os fenômenos foram dos mais fortes e diversificados.

Foi como que uma reunião de boas-vindas da espiritualidade para a nova presidente. Talvez pela menor quantidade de gente – apenas 56 no total – e pela grande concentração energética que se seguiu, produziram-se cenas de rara beleza. Depois do encontro, alguns colaboradores mais antigos da obra confessariam que há muito não participavam de sessão tão marcante em termos de efeitos luminosos.

Dentro da nave de materialização, mal a presidente e o seu vice, o médico Paulo Cesar Fructuoso, começaram a rezar a Ave-Maria – com as mãos no quadro de Frei Luiz, em cima da porta da cabine –, de dentro passaram a espocar fortes luzes. As lâmpadas vermelhas do salão sequer tinham sido desligadas. E assim que se apagaram, percebi o médico do espaço Frederick von Stein saindo do gabinete, ao avistar o pequeno ponto de luz de seu aparelho curativo – que ora piscava vermelho, ora, branco.

Na terceira fileira, a uns quatro metros das macas de atendimento, pude perceber que o aparelho que trazia, segurando entre os dedos da mão esquerda, por debaixo do manto ectoplasmático, tinha uma forma arredondada – como se fosse uma bola de luz. Em meio ao tratamento dos enfermos, algumas vezes Frederick se aproximou de médiuns de apoio, sentados na primeira fila, passando o equipamento por suas cabeças e troncos. Cada vez que emitia luzes, que o iluminavam, percebíamos seu físico avantajado.

O mais inusitado, porém, ocorreria logo depois. De dentro da cabine, surgiram dois focos de luz, como se fossem dois potentes faróis – tal era a intensidade da luz branca projetada. No meio de cada foco, existia um ponto de concentração mais luminoso ainda. De repente, feixes de luz finíssimos começaram a ser emitidos desses focos, de forma intermitente, apagando e acendendo várias vezes, em frações de segundos.

Quando ficavam acesos, podia-se observar o vulto de um espírito materializado segurando o que, provavelmente, seria um aparelho curativo – já que os feixes de luz eram projetados em nossa direção. Nas primeiras piscadas, saíam de dois focos luminosos. Depois, de apenas um. Mas eram feixes com tamanha intensidade que, se ficassem mais tempo acesos, creio que poderiam cegar alguém que resolvesse fitá-los demoradamente.

Lembrei-me então, a título de comparação, da descrição de Rocha Lima, em *Memórias de um Presidente de Trabalhos*, da reunião de 5 de janeiro de 1974, em que os presentes, alertados por Frei Luiz, iriam testemunhar a atuação do Mestre-Médico, "um espírito de alta hierarquia" que necessitava de "um ambiente todo especial para permitir a sua materialização". Exigia-se assim um preparo ainda maior do grupo, para favorecer uma concentração ectoplasmática adequada à materialização desse médico do espaço.

A mulher do presidente, Astéria, estava enferma e seria tratada por esse espírito, identificado depois pelo nome de dr. Kremer. Após vários fenômenos luminosos, como um disco de cerca de 50 cm que surgiu próximo à cabine de materialização, emitindo "luz fortíssima de diferentes matizes", se materializaria esse mestre, empunhando "um foco de luz lirial como um verdadeiro Sol, emitindo luz de cor rosa".

Após ser visto na cabine, com a cortina aberta, ao lado de Gilberto em transe, e tratar alguns integrantes do grupo, dr. Kremer se aproximou do leito onde se encontrava Astéria, produzindo-se então um fenômeno especial. "Resplandece-se como uma lâmpada de mil watts; ninguém pode encará-lo. Empunha um facho de luz e o suspende como a estátua da Liberdade. Este facho varia do dourado ao verde. O Santuário fica todo iluminado."

Não sei se da mesma intensidade, mas a luz que testemunhei era também muito potente – talvez a de mais alta luminosidade que já observei numa reunião de efeitos físicos. E assim que se apagou, ouvimos a voz de Helena, junto à cabine de materialização: "Frei Luiz está aqui, meus irmãos". Não foi à toa, portanto, que um fenômeno luminoso como aquele se fez presente. Estava ali materializado um espírito de luz.

Terminada a reunião, Helena me contaria que um espírito materializado saiu da cabine, deu-lhe uma rosa e lhe falou palavras de carinho. Surpresa, ao reconhecer sua voz, reagiu: "Frei Luiz?". O ser de luz colocou então a mão em sua cabeça e respondeu: "É, minha filha, é Frei Luiz. Você fique tranqüila que nós estamos muito satisfeitos com você. Continue com a maneira como está conduzindo os trabalhos, estamos aqui guiando você. Nós vamos lhe dar muita força, você está amparada. O seu companheiro ainda está em repouso, mas está muito bem".

Com o prosseguimento dessa sessão maravilhosa, Frederick von Stein continuaria a tratar os enfermos. Mais para o final, quando todos haviam sido atendidos, alguns integrantes do grupo foram chamados para deitar em macas, para tratamento espiritual – inclusive eu e Célia. O médico do espaço passou então seu aparelho curativo – que apresentava temperatura morna – pela minha cabeça e em áreas do fígado e do estômago.

Logo depois que retornamos a nossos assentos, ainda veríamos mais luzes dentro da cabine, cuja cortina tinha sido aberta pela espiritualidade. Uma chuva de luz, de um azul bem tênue, delicado, brotou então de pequenas nuvens de coloração semelhante, embora mais concentrada, formadas no teto do gabinete de materialização – banhando o corpo do médium Gilberto Arruda, ainda em transe.

De repente, uma nebulosidade esbranquiçada de ectoplasma tomou conta da frente da cabine de materialização. Segundos depois, surgiu um pequeno foco de luz de dentro da cabine – de um azul lindo, lindo, como jamais havia visto na vida, que mudou de tom, indo para um azul mais escuro, até chegar ao violeta. E no meio daquele foco de luz azul, apareceu um ponto branco. Após a reunião, o médium vidente Eduardo Fructuoso me diria que quem segurava esse objeto luminoso era o espírito materializado de Rita de Cássia.

Próximo ao encerramento dos trabalhos, quando Helena começou a falar a todos sobre a importância de se ter fé, para a realização de reuniões curativas semelhantes, luzes de tom branco começaram a espocar de forma feérica dentro da cabine – como que concordando com o que ela dizia. Em seguida, ouviram-se três estalares de dedos – sinal tiptológico característico produzido pela espiritualidade para informar que os trabalhos naquele dia estavam encerrados.

Luzes vermelhas novamente acesas, fiquei paralisado por vários minutos, refletindo sobre todo aquele espetáculo celestial.

Foi então, como sempre, feita uma prece de encerramento, comandada por Helena Gazolla, com uma das mãos no quadro de Frei Luiz. Em seguida, de forma ordenada, cada fileira por vez, começamos a sair da nave de materialização, entoando repetidamente a Canção do Adeus – outra letra ditada do astral que embasa um ritual sempre seguido ao final dessas reuniões, contribuindo, com a vibração de nossas vozes, para o melhor desfazimento da cúpula sublime do astral formada dentro do santuário:

> "Adeus meu companheiro,
> É Deus que te conduz.
> Guiado por Frei Luiz,
> Irradiante de Luz
> Em breve estarás,
> Na Seara de Jesus,
> Em breve estarás,
> Na Seara de Jesus.
> Seguistes os mandamentos,
> Vistes a todos como irmãos,
> Ao pobre, destes o agasalho,
> Ao faminto, destes o pão.
> Iluminastes o caminho,
> Cumpristes tua missão,
> Iluminastes o caminho,
> Cumpristes tua missão."

Com raios de Sol banhando meu rosto, desci daquele santuário flutuando, sentindo a pele, meu corpo, enfim, todo meu ser integrado à natureza. Naquela manhã, eu tinha vislumbrado o brilho intenso dos raios curativos de Frei Luiz, como uma estrela a brilhar. Uma coincidência – coincidência?! – tão gostosa naquele aniversário do Matheus, que também veio ao mundo anunciado pelo grupo de Frei Luiz.

Recordei-me então de dezembro de 1995, quando, dos Estados Unidos, minha cunhada, Teka Leiserowitz, ligou para falar com a irmã de um sonho estranho que havia tido. Ela, que possui dotes mediúnicos, havia "sonhado" que estava chegando em casa, em Houston, e vira um pequeno carro branco estacionado em frente, com o psiquiatra Lauro Neiva na direção, pensativo e tristonho. Ele esperava alguém, que estava dentro da casa.

Quando Teka entrou na residência, que estranho: ela não tinha paredes – como se na verdade minha cunhada estivesse desdobrada numa dimensão espiritual. E para sua grande surpresa, lá estava o tio querido, o médium Armando Ramos e Silva. O tio lhe deu então um abraço terno e falou: "Você vai ver uma estrela brilhar".

Nem ela nem a irmã Célia Resende entenderam aquela mensagem, embora minha mulher insistisse que talvez não fosse um sonho, mas, sim, um desdobramento astral, pois Teka era sensitiva e os dois amigos inseparáveis – Lauro e Armando – poderiam ter aparecido para anunciar algo. O que seria?

Menos de um mês depois, soubemos a resposta: nossa querida Júlia, tão novinha ainda em seus 19 anos, descobrira que estava grávida do Matheus. Ela e meu querido Rodrigo Montoni estavam esperando um filho.

Para mim, Célia e Teka, pouco importa se esse "sonho" poderia ter lógica ou não para outras pessoas, porque, dentro dos nossos corações, fazia todo sentido.

E na medida em que, em meio a um jardim verdejante, eu e Célia descíamos a rampa de acesso à casa onde são realizadas as sessões de materialização, ia refletindo sobre a beleza da criação – e agradecendo a Frei Luiz a oportunidade rara que tinha de poder constatar, a partir de experiências tão sublimes como aquela reunião, a existência da verdadeira vida, a vida espiritual.

MEDICINA DO FUTURO

Reuniões semelhantes, com fenômenos de intensa luminosidade, não servem apenas para limpar o corpo de elementos deletérios, para recarregar nossas baterias energéticas. Mais do que isso, podem despertar as mais variadas considerações em pessoas mais sensíveis sobre a existência da vida além da vida. Quando passamos a ter a convicção da realidade espiritual, tendemos a encarar a conduta humana a partir de outro prisma.

Em nosso mundo competitivo e materialista, é difícil mudar de comportamento, adotar diuturnamente uma postura ética e moral à altura de uma sociedade mais justa e solidária. Mas quem tenha vivenciado experiência espiritual importante, há de concordar: uma porta se abre, com novas responsabilidades, quando se tem à frente não mais a angústia da finitude, a perspectiva da morte inexorável, mas, sim, a estrada da vida eterna.

E no caminho da cura, nada melhor do que vislumbrarmos a existência da vida após a vida. Esse sentimento, mobilizador de energias internas do nosso ser, ajuda os enfermos a entrar numa grande onda mental vibracional positiva – etapa essencial para se conseguir curar males do corpo astral e, em conseqüência, se for do merecimento da pessoa, curar doenças já instaladas no corpo físico, algumas de intensa gravidade.

Ao contribuir para o despertar espiritual de alguns, essas reuniões revelam o caminho necessário a ser tomado, que passa pela busca de uma harmonia interior maior e pelo sentimento de que cada um é o grande responsável por sua cura. Assim, a pior atitude a tomar, no caso de uma enfermidade mais grave, será ficar em atitude passiva, à espera de uma suposta cura que venha "do alto" ou mesmo do seu médico.

O médico norte-americano Richard Gerber – com sua sensibilidade de profissional que compreendeu a importância de as pessoas prestarem mais atenção ao seu corpo e aos motivos que as levam a ficar doentes – toca nesse ponto-chave em seu livro *Medicina Vibracional*[187], enfatizando a necessidade fundamental de os próprios enfermos participarem ativamente de sua cura, já que as causas mais profundas das doenças se encontram dentro deles próprios. Dessa forma, dificilmente alguém será curado se adotar a postura de esperar que uma benesse caia do céu. Suas palavras:

– Quando estamos doentes e sentindo dores, procuramos a ajuda de especialistas com mais experiência na compreensão das causas das doenças. Freqüentemente, é importante buscar a assistência de profissionais a fim de obter ajuda para fazer o organismo retornar a um estado de melhor equilíbrio e bem-estar. Uma coisa, porém, é pedir ajuda. Outra, algo diferente, é esperar que o médico cure todas as nossas doenças sem que precisemos participar ativamente do processo. Nós não podemos abrir mão de todo controle e responsabilidade em favor de pessoas investidas de autoridade. As pessoas precisam começar a trabalhar com os médicos de forma cooperativa. Graças aos diversos métodos de análise baseados no uso das energias sutis, os médicos vibracionais mais esclarecidos terão a capacidade de diagnosticar as causas superficiais e profundas dos problemas que os pacientes levam aos médicos. Os médicos do futuro começarão a ensinar a seus pacientes que um estado ótimo de saúde só será alcançado quando as causas mais profundas das doenças forem tratadas adequadamente. Os pacientes começarão a aprender que as soluções rápidas para as doenças, mesmo quando intensamente desejadas, podem apenas encobrir problemas mais profundos relacionados com desequilíbrios energéticos crônicos.

Infelizmente, esse estado passivo, de quem busca uma cura milagrosa rápida, depositando todas as esperanças nas mãos de um profissional de saúde, também é comum entre pessoas que procuram algum tipo de socorro espiritual.

Muito se fala, em grupos espirituais de cura, sobre a necessidade de se manterem os pensamentos em harmonia para possibilitar resultados eficazes em sessões de passe, de desobsessão, de incorporação de espíritos e até de materialização. Mas pelo comportamento de alguns freqüentadores desses locais, percebe-se que nem todos compreendem a profundidade desses ensinamentos, pois conversam, riem, contam histórias trágicas, falam de preocupações do dia-a-dia, de futilidades, tagarelam em celulares.

Algumas vezes, mulheres circulam com decotes ousados e calças quase que transparentes, como se estivessem desfilando. Nada contra o corpo feminino. Pelo contrário. Mas cada coisa no seu lugar. Afinal, qualquer grupo dedicado à cura espiritual não será o local mais adequado para se ficar estimulando a libido alheia. Não combina, não "casa".

Falas desencontradas, pensamentos dissonantes, fofocas, conversas mundanas, vestuário provocativo só servem para criar desarmonia, para enfraquecer a aura espiritual que se faz necessária para a melhor eficácia dos trabalhos de apoio mental e curativo.

Claro que não se pode esperar que todos aqueles que buscam ajuda num grupo de cura entrem mudos e saiam calados. Mas as conversas – que devem se restringir ao necessário, ao estritamente necessário – e a onda mental média das pessoas precisam convergir para fatos e ensinamentos ligados aos trabalhos espirituais ali realizados. Seja dentro das salas de atendimento, seja nas filas de acesso, seja nos demais recantos de qualquer centro espiritual.

Certas pessoas parecem não entender que determinados grupos não são um pátio de milagres, em que as curas caem do céu, abençoadas pela espiritualidade. Parecem não compreender que a cura depende também de egrégora favorável, só atingida a contento pelo maior número de pessoas que consigam adequar suas freqüências de pensamentos ao patamar mínimo das vibrações sutis da espiritualidade.

Por isso, os freqüentadores de grupos como o Lar de Frei Luiz devem estar preocupados, antes de tudo, em prestar atenção às orações e falas sobre temas da espiritualidade. Trata-se da maneira mais fácil de se entrar em sintonia com pensamentos mais elevados – como a necessidade da reforma ética e moral de cada um, de um maior contato com o mundo do invisível, da colaboração social, do fortalecimento da fé interior na cura de nossos males.

Para acreditar firmemente em sua cura, os enfermos necessitam do apoio energético de todos. De apoio vibracional, mental. Precisam da criação de um clima especial que facilite a recomposição de suas partes doentes, seja do corpo astral, do etérico ou do físico. Nas reuniões de materialização, então, em que energias mais sutis entram em jogo, é fundamental uma atenção especial para essa disciplina mental e comportamental.

A curadora espiritual norte-americana Barbara Ann Brennan, no livro *Mãos de Luz*[188], chama a atenção para uma cruel realidade interna que encontrou em sua clientela e que tem a ver com essa discussão: "A doença fundamental que se me deparou em todas as pessoas com as quais já trabalhei é o ódio de si mesmas. O ódio de si mesmo, na minha opinião, é a doença interior básica de todos nós, mas a maneira exata com que esse ódio e a não-aceitação do eu se manifestam transparece nas diferentes estruturas de caráter".

Em outras palavras, ela fala da baixa auto-estima, daquela irresistível vontade que temos em apontar defeitos em nosso corpo, em nossos relacionamentos, em nosso trabalho, na maneira como lidamos com a vida, com nossos amores e paixões. "Podemos amar-nos incondicionalmente, ainda que vejamos nossas deficiências? Podemos perdoar-nos quando metemos os pés pelas mãos?" – questiona Barbara.

As respostas, se forem afirmativas, ajudarão a abrir caminhos para a cura de doenças. Mas uma personalidade fragilizada, para adquirir confiança em si, para amar a si própria, não pode ficar largada no mundo, sentindo-se desorientada em meio a um clima de apoio familiar e social precário. Para alguém vibrar na cura, para fortalecer sua fé interior, precisa ser envolvido por sentimentos de carinho, de compreensão, de amor fraterno.

Desde tempos imemoriais, a partir de ensinamentos filosóficos e práticas religiosas do Oriente, grandes sábios conhecem a usina energética que forma o corpo humano, conscientes da importância de os chacras estarem em pleno funcionamento. Esses centros transformadores de energias são responsáveis – juntamente com os pontos de acupuntura – pela captação das emanações sutis da espiritualidade que alimentam o organismo físico.

Começar, portanto, a entender seu funcionamento é fundamental para uma melhor compreensão sobre a razão de os enfermos precisarem estar envoltos – em qualquer lugar – por campos de energias positivas, harmônicas. Aliás, como qualquer um para manter a saúde.

Como já assinalei antes, esses centros de força absorvem o que a tradição esotérica chama de energia universal primária ou prana, decodificando-a para as freqüências energéticas mais densas do corpo físico. Através das redes de canais energéticos sutis chamados nádis, enviam-na então para alimentar o sistema nervoso, as glândulas endócrinas e, por fim, através do sangue, todo o corpo humano.

Se algo fica bloqueado nesse complexo trajeto, com energia se estagnando, acaba surgindo uma doença. "Todos os chacras maiores, menores, mais ou menos importantes e os pontos de acupuntura são aberturas por onde entra e sai a energia da aura. Somos quais esponjas no mar de energia que nos cerca", diz a curadora Barbara Brennan. Para ela, como os chacras servem para vitalizar o organismo – cada chacra principal sendo associado a uma glândula endócrina e a um grande plexo nervoso –, se relacionam diretamente "com qualquer morbosidade no corpo".

Por sua vez, o médico norte-americano Richard Gerber afirma[189] que os chacras transformam energias "de dimensões superiores (ou freqüências mais elevadas) em alguma espécie de produção glandular-hormonal que subseqüentemente afeta todo o corpo físico". Para ele, "uma disfunção patológica no nível dos chacras e nádis pode ser associada a alterações patológicas no sistema nervoso", já que "existe um alinhamento especial entre os grandes chacras, as glândulas e os plexos nervosos, alinhamento que é necessário para a otimização da função humana".

Além disso, "a ligação hormonal entre os chacras e as glândulas endócrinas sugere novas e complicadas possibilidades quanto às maneiras pelas quais um desequilíbrio no sistema energético sutil pode produzir alterações anormais nas células de todo o corpo. Uma diminuição no fluxo de energia sutil através de um dos chacras pode provocar uma diminuição de atividade em qualquer das glândulas endócrinas fundamentais. Uma diminuição no fluxo de energia através do chacra da garganta, por exemplo, poderia provocar um hipotireodismo".

Ao publicar seu livro *Medicina Vibracional*, no final dos anos 1980, Richard Gerber estava convencido da capacidade que os chacras têm de afetar o comportamento do organismo humano a partir das influências hormonais que produzem – pela ativação das glândulas endócrinas – sobre a atividade cerebral:

– Pesquisas recentes na área da psiconeuroimunologia começaram a indicar a existência de conexões mais profundas do que antes se admitia entre o cérebro, o sistema endócrino e o sistema imunológico. Somente agora as relações entre estresse, depressão e debilidade imunológica estão encontrando crescente aceitação. Os chacras desempenham um papel fundamental na regulação de diversos estados de consciência, especialmente no que diz respeito à natureza emocional das pessoas. Como o equilíbrio emocional interior depende parcialmente do perfeito funcionamento dos chacras e dos corpos sutis, uma melhor compreensão dos chacras acabará nos proporcionando informações a respeito do modo pelo qual diferentes estados emocionais podem produzir doença ou bem-estar.

Quando trabalham a cura do corpo humano, os sensitivos percebem manchas escuras na aura das pessoas enfermas, indicando pontos de estagnação de energia. Se determinado chacra está funcionando normalmente, se encontra aberto para receber energias cósmicas, introjetando-as livremente pelo corpo humano. Nessa situação, segundo a visualização de Barbara Brennan[190], "gira na direção dos ponteiros do relógio, a fim de metabolizar as energias necessárias do campo universal".

Se, ao contrário, a pessoa enfrenta um problema emocional qualquer ou já se encontra com uma doença física instalada, os chacras se revelam desfigurados. "Os chacras ficam 'obstruídos', atravancados de energia estagnada, giram irregularmente, para trás (num movimento contrário ao dos ponteiros do relógio), e até, em caso de doença, ficam severamente distorcidos ou rasgados."

Obviamente, são necessários estudos mais aprofundados para se entender melhor essa rede de relacionamento energético sutil, mas as experiências de muitos grupos de cura espiritual e de consultórios psicoterapêuticos espalhados pelo mundo confirmam ensinamentos esotéricos milenares. Percebe-se assim que os corpos astral, etérico e físico formam um campo permanente de circulação e de troca entre si de energias.

E quando as energias vitais desse complexo sistema circulam com menos intensidade em alguns pontos, adoecemos. Primeiro no corpo astral, depois no etérico – finalmente no físico.

O que se descortina, com essas práticas terapêuticas e curativas, é que as doenças físicas começam, antes de tudo, no corpo astral. Por isso, muitas vezes nos grupos espirituais se realizam tratamentos de enfermidades que, caso se realize uma radiografia ou um exame qualquer num laboratório médico, podem não ser constatadas inicialmente. Mas a experiência ensina: se as causas psicológicas e espirituais não forem tratadas preventivamente, a doença acabará eclodindo no corpo físico.

Aliás, um dos impasses da "moderna" medicina, cada vez mais cara e restrita a uma reduzida elite, é que tenta tratar as doenças, com seus aparelhos avançadíssimos, apenas depois de instaladas. Muitas vezes, porém, sem conseguir atingir suas raízes – suas causas psicológicas, emocionais, suas causas cármicas, de outras vidas –, o que acaba provocando recaídas posteriores, seja no próprio local em que a enfermidade eclodiu antes ou em outro ponto do organismo.

Ao estudar como disfunções no corpo etérico afetam a saúde física, Richard Gerber ensina a seus colegas da ciência oficial[191]:

– Na sua expressão total, o corpo etérico é um molde energético que nutre e energiza todos os aspectos do corpo físico. Um entendimento mais completo a respeito do modo como o corpo etérico afeta e se inter-relaciona com a expressão da doença no corpo físico irá proporcionar valiosas informações para um novo gênero de médico que, na tentativa de criar novos e mais eficazes métodos de cura das doenças humanas, está procurando superar os dogmas convencionais da medicina. O *establishment* médico terá a ganhar se começar a inteirar-se das verdadeiras causas subjacentes da saúde. A aceitação gradual desse novo conhecimento acabará inevitavelmente estimulando a criação de uma abordagem energética para a "medicina preventiva".

Infelizmente, porém, de uma maneira geral a humanidade ainda não se conscientizou da importância de se entender a doença em seu aspecto global, holístico. Por isso, dedica tão pouca atenção a tratamentos e comportamentos preventivos. Orientações que, se forem seguidas, conseguirão esvaziar boa parte das filas dos hospitais, pois as pessoas aprenderão a se tratar, antes de tudo, nos ambulatórios, nos consultórios psicoterapêuticos, em casa, no trabalho ou em outro local de convívio social. Comportamento preventivo que dará limites mais adequados a esse lado mercantilista e caro da medicina dita moderna.

CURA HOLÍSTICA

Impressionante a resistência do senso comum a idéias renovadoras que, na prática, já vêm tendo sua validade comprovada. Quando vejo alguém defendendo que as causas das doenças podem ser encontradas no campo espiritual, logo jorra uma chuva de argumentos preconceituosos e pretensamente objetivos, com exemplos "definitivos" de enfermidades que não teriam nada a ver com alguma causa interior, psicológica que seja, como a de uma doença contraída por um elemento externo contaminante.

Além disso, existe um discurso médico de crítica a essa visão sobre as causas psicológicas e/ou espirituais das doenças graves, já que deixaria os enfermos com culpas atrozes, ao responsabilizá-los pelos próprios males.

De fato, muitas doenças são mesmo "produzidas" por causas externas, como o uso indiscriminado de agrotóxicos ou a contaminação por vírus como o HIV. Mas no fundo isso não invalida a problemática espiritual e psicológica na irrupção de enfermidades. Tampouco retira a responsabilidade que cada um precisa ter em relação a sua saúde física, ao procurar manter-se antes de tudo equilibrado psicologicamente. Afinal, um organismo debilitado, com suas defesas imunológicas em baixa, será mais facilmente atacado por agressores externos.

Não que essa responsabilidade, se bem conduzida, seja capaz de evitar qualquer um de contrair uma enfermidade mais grave, como o câncer, pois as causas de uma doença, muitas vezes, nem se encontram nesta vida, mas em outra(s) passada(s).

E por que então nesses casos se sentir culpado? Não há muito sentido em pensar assim, mesmo quando uma doença está relacionada com grandes traumas e/ou padrões de comportamento que trazemos da infância, traços negativos que surgem a partir de nossa vivência em família e na sociedade em geral. É preciso entender que, muitas vezes, essa culpa, mais do que individual, é social, coletiva.

Portanto, precisamos antes de tudo saber dividi-la com outros fatores e personagens, que contribuíram para a irrupção de traumas psicológicos e físicos em nosso organismo.

Em primeiro lugar, as sociedades humanas, se fossem mais avançadas, econômica e culturalmente, poderiam evitar o surgimento de muitas doenças. Sem promiscuidade sexual ou com investimentos pesados em tecnologias alternativas que nos livrassem de alimentos contaminados, não teríamos muitas das doenças que nos afligem.

Numa sociedade mais solidária e justa, em que a prática científica fosse canalizada verdadeiramente para o bem-estar humano, e não para o lucro máximo, evitaríamos muitos elementos deletérios para a saúde, como a poluição atmosférica.

Neste início de milênio, por exemplo, com o uso indiscriminado de combustíveis fósseis, como o petróleo poluidor, causador do efeito estufa, 40% da espessura da calota de gelo do Ártico já derreteram e, mesmo assim, pouco ainda se investe em fontes de energias alternativas, como a solar.

A adoção de nova matriz energética mundial e de novos padrões de comportamento e de alimentação seria o desdobramento prático de uma importante mudança de atitude interior, em prol da uma sociedade mais solidária e racional, sem um consumismo desvairado, que respeitasse uma relação sadia com o meio ambiente.

Na realidade, estudos científicos apontam um futuro alarmante para o planeta ainda neste primeiro século do novo milênio, se a humanidade não adotar outro tipo de comportamento consigo própria e com o meio ambiente. Enfim, se não construir outro modelo de desenvolvimento. Em sua maioria, todos almejam o padrão consumista alcançado pelos Estados Unidos, sem perceber que se os países vierem a se igualar a esse tipo de desenvolvimento, gastador e poluidor ao extremo dos recursos naturais, a Terra explodirá.

Aliás, já está explodindo, com o aumento das catástrofes "naturais", das guerras, do terrorismo. Em outras palavras, ou a humanidade controla seus impulsos consumistas e egoístas ou o planeta acabará se tornando inviável para a sobrevivência.

Uma transformação radical e difícil que precisa, necessariamente, passar por uma ligação mais íntima dos homens e das mulheres com a espiritualidade – com energias superiores sutis que influenciam o funcionamento do nosso organismo e a formação de nossas concepções econômicas, culturais, sociais, éticas e morais.

Se a maneira como cuidamos e lidamos com o nosso organismo, com a vida no dia-a-dia, com as relações sociais, com o meio ambiente nada tem a ver com nossa saúde – ou com a falta dela –, como explicar então que, diante das mesmas agressões externas, algumas pessoas fiquem doentes e outras não?

Claro que há uma reação diferenciada do organismo humano em relação a determinados fatores agressores, o que indica que os ensinamentos espirituais estão também corretos nesse campo: um agente patológico externo, para fazer efeito ou não, dependerá da resistência interna, do estado geral de vibração energética das pessoas.

Existem também as doenças de causas genéticas. Mas estas, muito mais do que qualquer outra, são ainda mais caracteristicamente de fundo espiritual – como há muito ensinam os seres de luz, a exemplo do que mostro neste livro quando falo do mapa cármico de doenças e de necessidades reencarnatórias definidas antes do nosso nascimento.

Enfim, o que práticas psicoterapêuticas e espirituais parecem demonstrar é que as doenças, para eclodir no corpo físico, dependem de uma mistura de fatores externos e internos – sendo estes últimos preponderantes.

Em outras palavras, já dizia o médico norte-americano Richard Gerber: "A expressão final da doença no nível físico parece depender de dois fatores básicos: a resistência do hospedeiro e as influências perniciosas ambientais". Por fatores ambientais, leiam-se vírus, bactérias, fungos, protozoários, radiações e substâncias químicas tóxicas, entre outros.

E também para Gerber, o principal fator que conta nesses casos é a resistência do organismo:

– A resistência do hospedeiro parece desempenhar um papel ainda mais importante na causação das doenças. Um fator fundamental que afeta a capacidade de um indivíduo defender-se de um ataque por parte dos agentes prejudiciais acima mencionados é o nível geral de energia e vitalidade do organismo. Alguém que, por diversos motivos, esteja fraco e debilitado terá maior probabilidade de ficar doente quando exposto a fatores ambientais negativos. A vitalidade geral de uma pessoa reflete de forma indireta o nível de eficiência do sistema imunológico. O sistema imunológico é um dos fatores mais importantes no sistema de defesa do organismo humano contra o ataque das doenças.

E a vitalidade geral de homens e mulheres, ensinam médicos do espaço, depende diretamente do seu momento mental interno, das relações com a sociedade em que vivem e com suas dívidas passadas, com os grandes traumas não resolvidos nesta e em outras existências.

Dificuldades essas que, relacionadas à caminhada evolutiva de cada um, podem se traduzir, mais cedo ou mais tarde, em doenças físicas. Mas que antes – volto a repetir – se instalam no corpo astral.

E dentro de toda essa complexa realidade, um sentimento nobre surge como a chave de ouro para abrir as portas para um bom equilíbrio interno e, portanto, para a saúde: o amor.

Esse sentimento tão falado, mas tão mal praticado no mundo – onde ainda impera a ganância e o egoísmo –, deve ser traduzido não a partir de uma perspectiva romanceada, novelesca, mas da real entrega das pessoas a uma relação sadia de troca, de compreensão, de desejar o bem do próximo. Em paralelo aos desejos mais íntimos de bem-estar e equilíbrio com a natureza.

Há milhares de anos, os ensinamentos espirituais já davam conta da importância do chacra do coração para o equilíbrio homeostático do corpo, além de sua ligação com esse sentimento nobre que aprendemos a chamar de amor. Não é à toa assim que, historicamente, a humanidade associa o amor ao coração. Para mim, nada de importante culturalmente é inventado do nada. Em tudo pode ser buscada uma causa.

O chacra cardíaco assume uma posição fundamental em qualquer processo de cura, por ser o ponto central de influências das energias que circulam pelos outros seis chacras. É principalmente através desse chacra que energias astrais se transmudam nas freqüências das energias terrenas e, vice-versa, por onde energias do corpo físico são sutilizadas, transformando-se em energias espirituais.

Com seus estudos desse chacra especial, o médico Richard Gerber mostra como as dificuldades de se aprenderem as lições do amor podem se traduzir "como anormalidades no funcionamento do chacra cardíaco, as quais, por sua vez, afetam o coração físico".

A intensidade ou bloqueio do fluxo energético sutil que passa por esse chacra reflete a importância do amor e da compaixão na vida de cada um – seja dando ou recebendo dos outros. Assim, a dificuldade que muitos têm em desenvolver o potencial interior desse chacra estaria associada à "enorme mortalidade devido a doenças cardíacas".

Mas não só isso. Segundo ele, esse chacra é responsável por nutrir de energias sutis os tubos bronquiais, os pulmões, os seios e todo o sistema circulatório. "Os desequilíbrios no chacra cardíaco, além de contribuírem para ataques cardíacos e doenças nas artérias coronárias, podem também produzir outras doenças circulatórias como, por exemplo, o derrame – uma doença que afeta milhares de pessoas todos os anos."

Gerber lembra então que o chacra cardíaco faz a ponte entre as energias terrenas com as espirituais, que fluem através dos outros seis grandes chacras: "Assim como o ar, o centro cardíaco ocupa simbolicamente uma posição situada entre o céu e a terra. Como o chacra cardíaco está intimamente ligado à expressão do amor e da compaixão, ele também é considerado naturalmente um importante centro de sustentação da vida". Ao detalhar um pouco mais a importância desse chacra para o funcionamento de outros órgãos, ele afirma:

– A maioria dos órgãos associados ao chacra cardíaco ajuda a nutrir e a conservar a vida e a vitalidade do restante do corpo. Os pulmões absorvem oxigênio e prana da atmosfera. O coração bombeia o sangue para os pulmões, onde o oxigênio e o prana são absorvidos e distribuídos para os outros órgãos do corpo. No aparelho digestivo, novos nutrientes são acrescentados à corrente sangüínea para serem levados a todo o corpo físico. Os seios também estão localizados no nível do chacra cardíaco. Eles talvez sejam os únicos órgãos do corpo que são inteiramente dedicados à nutrição de um outro ser.

Segundo Richard Gerber, a associação entre o chacra cardíaco e o timo é um dos elos mais importantes entre esse centro energético e um órgão humano, desempenhando uma importante função na regulação da resposta imunológica do organismo. "Os pesquisadores agora estão começando a descobrir poderosos hormônios regulatórios que são produzidos por essa glândula. Esses hormônios do timo, conhecidos como timosinas, aumentam a atividade dos diferentes tipos de linfócitos-T, e assim, influenciam a capacidade de o indivíduo lutar contra as doenças ao longo de toda a sua vida."

Nesse sentido, o bom funcionamento do timo é fundamental para se evitarem doenças que tenham a ver com a baixa capacidade imunológica do corpo. Entender a importante relação do timo com o chacra cardíaco ajudará na compreensão de como podem surgir doenças associadas ao mau desempenho das barreiras imunológicas do organismo. Muitas vezes – como já comprovado pela medicina ortodoxa –, pessoas desenvolvem cânceres a partir de efeitos negativos produzidos em seus sistemas de defesa imunológica, por causa da eclosão de fortes momentos de estafa, de depressão e de desgosto.

De tudo que pesquisou Gerber e certamente do que ainda será estudado por outros cientistas de ponta, o que parece claro é que, se alguém quiser se manter saudável, terá que dar atenção especial ao bom fluir das energias espirituais e terrenas através do chacra cardíaco.

E aqui, mais uma vez, é importante repetir: o amor por si próprio, sem restrições, e o amor, a compaixão pelos outros são sentimentos fundamentais para a sobrevivência. "Quando o indivíduo passa a ter uma maior capacidade de amar incondicionalmente a si e aos outros, o chacra cardíaco começa a tornar-se mais aberto à medida que aumenta o seu fluxo de energia nutritiva para os órgãos que ele abastece", ensina Richard Gerber.

No entanto, mesmo sendo o chacra cardíaco a base de ligação entre as energias sutis e as densas que formam o ser humano, os outros seis chacras principais têm que estar também funcionando a contento. Afinal, todos os sete chacras formam um complexo importantíssimo para a formação e o bem-estar do organismo.

É por isso que os médicos do espaço, quando convocados para atuar, materializados ou incorporados em médiuns, focam suas energias curativas primeiramente no corpo astral dos enfermos, além do corpo etérico, para ativar os chacras mais sutis que estejam bloqueados ou com deficiências de circulação energética. Depois, se a doença já estiver instalada no corpo físico, atuarão nesse campo energético denso.

Muitas vezes, ao agir em determinado chacra, acabam indiretamente contribuindo para o tratamento de alguma doença. No caso do combate ao câncer, por exemplo, é comum os médicos do espaço dinamizarem o funcionamento do chacra esplênico, que é ligado ao baço. A medicina reconhece hoje em dia que o baço tem importância fundamental no fortalecimento da defesa imunológica do organismo. E quem tem câncer apresenta, em geral, um quadro de depressão em seu sistema imunológico. Portanto, ao atuar nesse chacra, os seres de luz acabam por reforçar as defesas imunológicas do corpo do enfermo, facilitando a continuidade do tratamento.

Essas ondas de energias curativas – emitidas das mãos de médiuns ou de espíritos materializados, principalmente através de aparelhos curativos que trazem do astral, projetando luzes intensas de várias cores – acabam também por potencializar a circulação de energias estagnadas na parte doente dos corpos astral, etérico e físico.

Em alguns casos especiais, os médicos do espaço atuam em processos de desintegração atômica de células doentes, promovendo a conseqüente reintegração instantânea de células sadias, produzidas em hospitais espirituais que lhes dão apoio, em dimensões paralelas.

No livro *A Chama Crística*[192], Ramatis é um dos mestres do espaço que confirmam o uso de processo magnético quando se procede à desintegração e reintegração celular: "Com o magnetismo, afrouxamos os laços que mantêm coesa a estrutura molecular original das células doentes, como se essa massa compactada se expandisse e retornasse ao fluido cósmico universal, já que nada se perde no Cosmo, tudo se transmuta".

O médico do espaço Joseph Gleber acrescenta, em *Através da Ectoplasmia*[193]: "Usamos os seguintes processos, de acordo com as necessidades: inoculação celular quando necessitamos desmaterializar células doentes, irreversíveis e substituí-las por elementos novos; transplante, quando a parte atrofiada é totalmente irrecuperável; bombardeamento por raios gama, que, na maioria das vezes, possibilita a reversão celular, renovando completamente as células doentias".

Experiências em sessões de materialização para a cura indicam também a utilização de tipos diferentes de ondas eletromagnéticas, como as de raios X e de padrões vibratórios ainda desconhecidos. Com a manipulação do ectoplasma – tanto do médium quanto da equipe de apoio e da natureza do entorno –, médicos do espaço fazem ainda transplantes espirituais, trocando partes enfermas por sadias, ou mesmo utilizam outras energias sutis curadoras.

De acordo com o nível de conhecimento humano, a espiritualidade procura dar pistas de como ocorrem essas intervenções. Do ectoplasma da natureza, por exemplo, costumam retirar elementos básicos, como minerais e agentes fitoterápicos, para reprocessá-los astralmente e aplicá-los em processos de cura.

Nesses trabalhos, em que se produzem campos de energia inimagináveis, para se tentar a recuperação de tecidos e de órgãos doentes, precisa haver o melhor padrão vibratório possível do paciente, para que as ações curativas surtam efeito. Um dos problemas desse processo, porém, é exatamente conseguir a elevação do estado mental dos enfermos.

Em seus métodos de tratamento, para evitar processos de rejeição, os espíritos baixam as freqüências das ondas energéticas para haver uma atração, por afinidade, com as partes doentes, que estão vibrando mais lentamente. Mas se os pacientes não permanecerem com a moral elevada, isso dificultará os bons resultados das intervenções espirituais, que perderão aos poucos seu potencial de dinamização do corpo doente.

A experiência demonstra que as complexas ações cirúrgicas conduzidas por médicos do espaço terão poucas chances de sucesso sem a colaboração psicológica do paciente – que dependerá não só do amor incondicional por si próprio e pelos outros, como também da solidariedade daqueles próximos a ele. Da mesma forma que ensinamentos esotéricos sustentam que a cura de uma doença se encontra dentro de nós, o espírito Joseph Gleber assinala:

– A contribuição do paciente é inteiramente necessária. Se nós não tivermos sua aceitação, a sua vibração – que nós denominamos de fé –, se nós não possuirmos o seu desejo de cura, a sua vontade de recuperação, as sintonias vibracionais sofrerão variações, e tendo variações, o nosso medicamento não terá o efeito esperado.

Para esse físico e médico do espaço, é também importante se buscarem sintonias vibracionais adequadas quando da utilização de remédios do astral. Uma das premissas para que esses seres produzam medicamentos mais eficazes do que os da Terra é que apresentem sintonia idêntica às doenças que devem combater. Com a palavra, Joseph Gleber:

– Os medicamentos que nós preparamos, apesar de serem, em princípio, parecidos com os medicamentos terrenos, possuem muitos outros elementos, muitas outras condições, principalmente no modo de atuar, que os fazem bastante diferentes e muito mais eficazes; nós temos um modo de usar os campos magnéticos, como é do conhecimento de nossos irmãos; tudo que vibra possui um campo magnético, e tudo vibra. Mesmo as bactérias doentias, mesmo os focos infecciosos possuem o seu grau de vibração, possuem a sua sintonia vibracional. E justamente utilizando dessas sintonias é que nós as fazemos idênticas aos nossos medicamentos.

– O medicamento nosso é de sintonia idêntica aos focos doentes das pessoas; o que acontece: corpos idênticos, elementos afins, são atraídos. Os nossos medicamentos, além de serem conduzidos normalmente através dos canais do organismo humano, são atraídos totalmente, completamente, devido a essa sintonia vibracional, para os lugares afetados, e dessa atração é que nós nos beneficiamos para ter um efeito terapêutico muito mais longo, muito mais demorado e muito mais preciso, porque podemos usar dosagens maciças, podemos usar dosagens que seriam perigosas se aplicadas de outro modo, devido a termos a certeza absoluta de onde elas irão localizar-se.

MAPA CÁRMICO

A todo instante, a espiritualidade faz referências à sintonia vibracional e à atração de elementos afins. Boa parte dos físicos e dos estudiosos da natureza, porém, ainda rejeita esses conceitos, acostumada que está a operar com noções como a de que cargas iguais – elétrons com elétrons, por exemplo – se repelem. Mas em mundos invisíveis superiores, como revela Ramatis[194], a realidade física é vista a partir de outro prisma:

– Cada espírito, independente de seu estágio evolutivo, encontrando-se acrisolado num corpo físico ou estando a movimentar-se no plano mental puro, livre das formas, está sujeito à correspondência atrativa do semelhante com semelhante, positivo com positivo, negativo com negativo. Vossa ciência física já aceita o conceito de antimatéria, de holograma, quarks, realidade virtual, mas ainda não se deu conta da atração das cargas de mesmo sinal, em que semelhante atrai semelhante e dessemelhante repele dessemelhante, que trará uma nova visão do Universo, permitindo abrigar uma série de fenômenos espirituais, mentais e físicos.

Estaria ele se referindo a algo semelhante ao campo de força ódica estudado, em meados do século XIX, pelo barão Karl von Reichenbach (1788-1869)? Rico industrial alemão e químico de renome, descobridor de produtos como a parafina, ele pesquisou sensitivos, cristais e plantas em salas escuras, publicando estudos polêmicos que sustentavam ter sido provada a irradiação, por esses corpos, do que denominou "força ódica", numa homenagem ao deus norueguês Odin[195].

Infelizmente, porém, suas pesquisas foram rejeitadas pela comunidade científica oficial. Mas cerca de cem anos depois, as norte-americanas Sheila Ostrander e Lynn Schroeder assinalariam, no livro *Experiências Psíquicas além da Cortina de Ferro*: "Curiosamente, os relatos de von Reichenbach são idênticos às descrições soviéticas e ao que vimos nas fotografias coloridas dos Kirlians". Ou seja: o barão havia flagrado as emanações energéticas do corpo etérico.

Segundo a curadora Barbara Brennan, no livro *Mãos de Luz*, esse cientista alemão passou 30 anos fazendo experiências com um campo de energia que exibia muitas propriedades semelhantes às do campo eletromagnético estudado anteriormente por James Maxwell. Só que no "campo ódico", pólos semelhantes se atraem e pólos opostos, não; ao contrário do que ocorre no caso do campo eletromagnético de Maxwell.

O barão descobriu ainda que "os pólos de um ímã exibiam não só a polaridade magnética mas também uma polaridade única, associada ao 'campo ódico'. Outros objetos, como os cristais, manifestam igualmente a polaridade única sem que eles mesmos sejam magnéticos".

Dessa forma, o "campo ódico" apresenta uma característica cara aos métodos de cura utilizados por espíritos de luz: semelhante atrai semelhante. Além disso, corroborando a descoberta de Reichenbach de que cristais apresentam polaridade única, pelo menos alguns aparelhos materializados por Frederick von Stein, no Lar de Frei Luiz, que emitem luzes curativas, seriam feitos de cristais especiais.

E essa força ódica teria também algo a ver com as energias curativas envolvidas na homeopatia? Quando um ser do espaço, como Joseph Gleber, fala na importância de se alcançar uma sintonia vibracional de seus medicamentos com a dos focos de doenças dos enfermos, é curioso perceber que parte da medicina terrestre já persegue essa filosofia de trabalho curativo desde o início do século XIX, com as descobertas do médico alemão Samuel Hahnemann (1755-1843), criador da homeopatia.

Afinal, os remédios homeopáticos possuem a freqüência energética ou a assinatura vibracional das substâncias orgânicas ou inorgânicas a partir das quais são preparados, como plantas e minerais, sendo produzidos de forma a combinar sua freqüência vibracional com a freqüência da doença que se deseja combater. É como sustenta o médico Richard Gerber[196]:

– Na homeopatia, um remédio é escolhido com base na sua capacidade de estimular e reequilibrar o corpo físico, proporcionando-lhe uma dose de energia sutil da freqüência necessária. Se a freqüência do remédio combinar com o estado de doença do paciente, uma ressonante transferência de energia permitirá que o sistema bioenergético do paciente realmente assimile a energia necessária, livre-se das toxinas e desloque-se rumo a um novo ponto de equilíbrio de saúde.

Mas como já foi visto, tanto na homeopatia quanto nas operações de médicos do espaço ou em qualquer outra intervenção terapêutica, espiritual ou terrestre, a confiança interior do paciente será sempre fundamental para se alcançar esse necessário equilíbrio vibracional. Qualquer atividade curativa só terá sucesso se conseguir estimular o organismo doente a reagir e a passar a batalhar contra a enfermidade.

Por isso, um trabalho de apoio espiritual – mesmo uma oração ou uma mentalização em que se invoquem guias de luz – é importantíssimo para que o organismo aceite melhor os medicamentos e demais tratamentos, tanto da medicina convencional quanto da dos espíritos.

Uma confiança interior que deve ser perseguida até por algum cético, por mais materialista que seja. Nesse caso, é importante que o enfermo receba apoio psicológico de amigos, de pessoas que tenham importância em sua vida.

A importância da oração e da solidariedade fica evidente em resultados de pesquisas de vários centros científicos, reunidas pela Organização Mundial de Saúde, que apontam uma lista com 99 indicações para "um viver saudável". Resgatadas pelo brasileiro Zalmino Zimmermann, em seu livro *Perispírito*[197], algumas dessas indicações são fundamentais, como "a bondade, controle da inveja e do rancor, o cultivo da solidariedade, a fé, amizades e contato com a natureza".

Segundo ele, "pesquisas atuais têm comprovado experimentalmente o valor da prece, firmando a importância do pensamento amoroso em direção ao próximo (com benefícios, certamente, para quem os emite)". A título de exemplo, ele cita artigo da publicação *Southern Medical Journal*, em julho de 1998, que revelou que numa unidade coronariana de um hospital de São Francisco, na Califórnia (EUA), foi analisada a influência da prece no tratamento de 393 pessoas internadas com problemas cardíacos.

Examinou-se a evolução comparada de dois grupos semelhantes de pacientes com diagnósticos de infarto agudo do miocárdio ou angina instável. Um dos grupos foi beneficiado com preces feitas a distância, o outro, não. Aqueles que receberam esse tipo de apoio espiritual apresentaram menos casos de falências cardíacas, de pneumonias e de paradas cardíacas, além de terem precisado de menores doses de diuréticos e de antibióticos e diminuído o uso de respiradores mecânicos artificiais.

Estudos como esse são cada vez mais comuns em várias partes do mundo, principalmente nos Estados Unidos e na União Européia, confirmando o poder da prece e do pensamento positivo em processos curativos. Pesquisas que indicam, mais uma vez, que uma atitude passiva dos enfermos é contraproducente.

O importante é acreditar na cura, lutar veementemente por ela, com todas as energias possíveis – quer a pessoa seja tratada por um profissional de saúde, um curandeiro tribal, um médium espírita ou um médico do espaço materializado.

Esse sentimento mobilizador para a cura tem um nome popular: esperança. Não que a cura de uma doença dependa só dela, mas o ânimo que a esperança na cura traz para um organismo debilitado será sempre fundamental em qualquer tratamento.

E numa visão holística de processos curativos, essa fé interior deve ser conjugada com dois fatores também muito importantes: a superação de carmas negativos de vidas passadas e uma postura social positiva, ativa – a forma como lidamos com a família, com os amigos e demais pessoas do nosso convívio.

Com uma postura propositiva, não negativista, como a mudança para melhor no relacionamento familiar e o engajamento sincero em ações de ajuda social – estimulando-se, portanto, o chacra cardíaco com sentimentos de amor e de compaixão –, a pessoa enferma estará mais apta a conquistar méritos para se curar, inclusive para conseguir superar carmas adquiridos em eventos traumáticos de outras vidas.

Ensina a espiritualidade que a doença é uma forma de aprendizado. Através da dor aprendemos – pelo menos deveríamos aprender – sobre nossas fraquezas e vacilações de caráter. Deficiências essas que muitas vezes deitam raízes profundas em outras vidas, quando praticamos o mal, quando não agimos corretamente em relação a outras pessoas – seja cometendo crimes, atos vingativos, enredando-nos em comportamentos egoístas, em ações pouco edificantes, seja não exercitando a tolerância, a ajuda fraterna.

Assim, comportamentos deletérios – do passado e também da vida presente – marcam nosso corpo astral. Marcas que levamos quando fazemos a passagem para o outro lado da vida.

Numa de suas lições sobre a origem das doenças, o médico do espaço Frederick von Stein afirma[198] que as pessoas possuem um mapa perispiritual em que estão assinalados os pontos nos quais ocorrerá o desequilíbrio celular em determinada idade, numa manifestação do carma, seja através de um câncer ou de outra doença qualquer.

No entanto, em se tratando do ser humano e do seu livre-arbítrio, é errôneo pensar num jogo de cartas marcadas, em algo definitivo. Ao reencarnarmos, nosso corpo astral recebe as influências de atos e decisões da nova vida. Poderemos então, eventualmente, desfazer os pontos negativos do nosso mapa cármico, adquirindo, pelo menos em determinado instante, uma melhor qualidade de vida, para fazer a passagem com mais tranqüilidade. Ou então ganhando uma sobrevida maior.

Digo sobrevida – sem falar em cura definitiva – porque todos temos que adoecer um dia – nem que seja de fraqueza física, na velhice – e fazer a passagem, para a continuidade da jornada universal. É a lei.

E nesse jogo de escolhas e decisões, capaz de transformar nossas vidas, há algo fundamental a fazer se contrairmos uma enfermidade mais grave: precisamos – e como isso é difícil, como é difícil! – aceitar a doença e tentar entender por que ela teve que acontecer. Aceitá-la como ponto de partida para uma mudança de comportamento, entendê-la como fonte de ensinamentos. Quando conseguimos compreender melhor uma doença, começamos a pavimentar o caminho da cura.

Aqui a terapia de vidas passadas e outras técnicas de regressão de memória podem ter papel fundamental de apoio, ao vislumbrarmos traumas de outras vidas ou mesmo da atual que contribuíram para alguma enfermidade.

Independentemente de se acreditar ou não em vidas passadas, profissionais de saúde mais sensíveis já compreendem que o corpo humano não é simplesmente uma máquina que adoece por fatores alheios à vontade de cada um. Por isso, para tratá-lo adequadamente, é preciso muito mais do que atacar a doença já instalada. É como ensina Richard Gerber[199]:

– A chave para o tratamento das doenças depende, em última análise, da nossa capacidade de compreender primeiramente como essas enfermidades se manifestam. Os médicos convencionais estão avançando lentamente no sentido de adquirir uma melhor compreensão acerca do conceito de predisposição para a doença.

No entanto, existem ainda muitos mistérios por resolver. Afinal, cada pessoa tem seu histórico de evolução cármica e provas pelas quais precisa passar para superar suas deficiências e evoluir espiritualmente. Não é de se estranhar, assim, que alguém tido como boníssimo acabe adoecendo, enquanto outro, incapaz de dar bons exemplos de conduta ética e moral, goze de perfeita saúde, até a velhice. Cada um precisa passar pela auto-aprendizagem adequada a suas necessidades de evolução humana e espiritual.

E ao se falar em provas que cada um necessita enfrentar, mais uma vez a questão da cura tem que ser remetida para a problemática do corpo astral. Afinal, para se combater um mal físico, é importante lidar com a raiz da doença localizada nesse corpo energético.

Por isso no Lar de Frei Luiz se ensina que os médicos do espaço estão ali, em primeiro lugar, para curar o enfermo espiritualmente. Só então, havendo merecimento de sua parte, a doença no corpo físico poderá ser curada.

Mas mesmo doentes terminais – que não contam mais com tempo e condições para ver extirpado um mal físico – conseguem alcançar uma passagem mais tranqüila para o mundo espiritual se tiverem aprendido com a dor. É nesse sentido que se costuma dizer que um enfermo se curou espiritualmente.

Não havendo essa cura, mesmo uma eventual retirada física de um mal acabará por se mostrar inútil, mais cedo ou mais tarde. Um câncer extirpado com "sucesso" num moderno centro cirúrgico ou numa sessão espírita terminará retornando se o corpo astral não for curado – seja na forma de um câncer ou de outra doença qualquer. Voltará porque a pessoa continuará vibrando negativamente na dor, na doença, adubando seu retorno.

Em 1978, em uma das operações de cura realizadas incorporado no médium Gilberto Arruda, desta vez para a retirada de um tumor cancerígeno estomacal em um enfermo, Frederick von Stein já ensinava[200] que uma equipe médica do espaço promovia, paralelamente, "uma cirurgia idêntica no perispírito do paciente". Uma ação fundamental, já que ali se encontrava a origem da doença, pois o corpo "é o reflexo desta matriz".

E mais: o espírito disse que poderia desmaterializar o tumor sem que o paciente notasse, mas que não o faria porque sua mente tinha necessidade de "encontrar motivos para vibrar na cura". Uma eventual dúvida anularia o resultado da cirurgia espiritual.

Tal é o poder da mente: sem se convencer de que algo havia sido feito em seu corpo, o enfermo continuaria a alimentar sua doença.

Eu mesmo já vivenciei, por duas vezes, essa "prova" de uma cirurgia espiritual – a primeira vez em 1994, numa reunião de cura em que o espírito de Frederick von Stein atuava incorporado em Gilberto. Estava ali para uma espécie de check-up mediúnico, mas, em vez de apenas testemunhar o sensitivo dando passes energéticos pelo meu corpo, de repente ele me tocou, na altura do baço e um pouco acima do coração, na zona do mediastino. Senti uma onda de calor sendo gerada de seus dedos e, ato contínuo, minha camisa começou a ficar encharcada nos dois pontos.

No escuro, não percebi do que se tratava. Mas ao sair da sala, notei que estava com duas manchas de sangue na roupa. Sangue que havia vaporizado pelos poros de minha pele. Segundo me explicaria depois um médium do grupo, eu havia passado por uma operação de limpeza, para a retirada de miasmas, de energias deletérias do organismo. Anos depois, voltaria a passar por cirurgia semelhante, tendo novamente a camisa manchada de sangue.

Segundo Gilberto, nesse tipo de intervenção, caso se realize um exame do sangue, será identificada uma mistura com cerca de 80% do sangue do paciente e 20% do médium. Isto porque, devido à interferência da energia ectoplasmática do sensitivo para que operação semelhante ocorra, uma pequena parte do seu sangue acaba entrando no processo cirúrgico, participando assim do composto sanguíneo final.

PROGRESSO CIENTÍFICO

Falo com extremo cuidado a respeito de provas semelhantes sobre a atuação espiritual dadas para mim e para milhares de outras pessoas ao longo da história do Lar de Frei Luiz. Não quero parecer que faço uma defesa incondicional de métodos pouco ortodoxos de cura, em detrimento da medicina terrena.

É bom que se diga, aliás, que nesse centro espírita sempre se rejeitou com veemência qualquer discurso contra os profissionais de saúde. Pelo contrário: a recomendação básica é a de que as pessoas procurem sempre um médico quando se sentirem doentes, jamais interrompendo um eventual tratamento, pois o trabalho no Frei Luiz é de apoio espiritual e não conflitante com a medicina.

Do ponto de vista do processo de cura de uma enfermidade, a filosofia básica do centro é a seguinte: em primeiro lugar, a atuação dos médiuns e dos espíritos deverá contribuir para a pessoa se convencer, o máximo possível, de que a morte não existe, que depois da vida segue-se a verdadeira existência, a vida espiritual.

É importante cultivar esse sentimento para se conseguir abrandar o medo excessivo da morte e a ansiedade exagerada que, em geral, acompanham as enfermidades mais graves. Trata-se de etapa básica para se iniciar, com sucesso, um processo de cura.

Em segundo lugar, a intervenção espiritual serve para potencializar o trabalho de cura da medicina. Muitas vezes os médicos do espaço atuam para atenuar um determinado problema e, assim, aumentar a eficiência da ação dos profissionais de saúde e de seus tratamentos e medicamentos.

Quantas vezes já testemunhei ou tomei conhecimento de casos de pessoas que, após passar pelo Lar de Frei Luiz, foram, por exemplo, operar um câncer e, no ato cirúrgico, seus médicos se surpreenderam com um tumor bem menor do que havia sido diagnosticado em exames prévios, facilitando-se assim o tratamento. Em muitas outras ocasiões, os espíritos iniciam uma ação curativa e deixam para os médicos da Terra a missão de terminá-la.

Por que fazem isso? Para dar algum tipo de prova, seja para o paciente ou para seu médico? Não há como particularizar uma resposta, cada caso é um caso. Mas certamente, de uma maneira geral, ações do gênero acabam por fortalecer o sentimento íntimo sobre as potencialidades da espiritualidade que deve acompanhar as pessoas mais sensíveis.

O que aconteceu na reunião de materialização de 11 de setembro de 2004 ilustra bem esse tipo de atuação. Foi uma reunião cheia, com 102 participantes, uma das maiores que já presenciei. Mesmo assim, Frederick von Stein atuou com toda a energia, principalmente num enfermo que, no escuro, não reconheci. Num determinando instante, vislumbrei o médico do espaço aplicando, por vários segundos, potente raio luminoso de cor leitosa na altura da cabeça desse paciente. Uma luz potente, com uma das mais altas intensidades que já testemunhei numa sessão de materialização.

O paciente – soube por ele próprio, posteriormente – era o advogado Paulo Saraiva, um dos conselheiros do Lar de Frei Luiz, então com 60 anos. Quando conseguimos conversar, no dia seguinte, Paulo contou que o espírito atuara em sua cabeça e no pescoço, na região da tiróide, onde apresentava um nódulo. À noite, no mesmo dia da reunião, em sua casa, ele tomou "um susto" quando sua mulher, Elisa Saraiva, chamou a atenção para um forte edema que surgira inesperadamente no lado esquerdo do seu pescoço, onde o médico do espaço havia atuado.

– O local estava meio avermelhado e estufado. Havia um risco de um palmo no local, como se fosse um corte. Fiquei assustado – relembra. Horas depois, porém, o edema e o risco sumiram, como que por encanto.

Pronto, o advogado estava preparado para ser submetido à cirurgia de extração do nódulo, na semana seguinte. Operação que acabaria realizada com sucesso, por um experiente cirurgião.

Na verdade, fora o próprio Frederick que, quatro meses antes, numa reunião de incorporação de espíritos, alertara o advogado sobre a necessidade de retirar dois nódulos em sua tiróide, um no lobo direito e outro no esquerdo. Como estavam em área profunda, não tinham ainda sido detectados por Paulo.

Mas, alertado por Frederick, que pediu que ele procurasse um médico, o advogado acabou se submetendo a uma ultra-sonografia e a uma cintilografia, que constataram a presença dos nódulos. De volta à sala espiritual, o médico do espaço, incorporado em Gilberto Arruda, acabou operando o nódulo do lado direito. Depois, apontando para o lado esquerdo da tiróide, orientou: "Este você tem que procurar um médico da Terra, após a minha liberação".

Até ser liberado, o advogado passou por três sessões de materialização. Depois da última, Paulo ainda esteve com o médico do espaço, numa sessão de incorporação, que o orientou: "Agora você pode ser operado. Fique tranqüilo, porque não tem mais mal nenhum".

Nesse meio tempo, o médico do advogado já havia marcado uma bateria de exames preparatórios para a cirurgia, ficando surpreso ao constatar que não havia mais um dos nódulos a ser retirado. Paulo tentou explicar-lhe o que havia acontecido, sem conseguir convencê-lo. Após a operação bem-sucedida, seu médico acabou confessando ter ficado "abismado" ao abrir seu pescoço, para a retirada do nódulo, pois inicialmente, pelo resultado dos exames, achara que tinha o aspecto de um tumor canceroso, mas acabou descobrindo que era benigno.

Na verdade, o advogado Paulo Saraiva se convenceu de que o médico do espaço transformara o nódulo canceroso em benigno. "Isso foi uma graça que não vou esquecer. Frederick foi intermediário da vontade de Deus", afirma, emocionado.

As idas e vindas desse advogado a reuniões de incorporação e de materialização de espíritos, além do conselho para que procurasse um médico da Terra, demonstram na prática como funciona o trabalho curativo no Lar de Frei Luiz. Nas sessões de incorporação, mais comuns e abertas ao público em geral, são realizadas não só intervenções cirúrgicas espirituais da mais alta relevância, como encaminhados os casos mais graves para as materializações. E se o enfermo não estiver ainda com acompanhamento médico, ele é aconselhado a procurar um atendimento de saúde.

Como demonstram casos como o de Paulo Saraiva, a medicina só ganhará com o fortalecimento de trabalhos de parceria entre médicos do espaço e da Terra. Mesmo quando alguém – num caso extremo – recorre a uma ajuda espiritual por entender que os recursos disponíveis pela medicina se mostram impotentes para curá-lo, os médicos sérios – e não os charlatões que, como em qualquer setor, também existem – terão sempre um papel a desempenhar. Nem que seja apenas por suas consultas e exames, que podem fornecer uma prova concreta de eventuais avanços no tratamento espiritual.

Não importa, no caso, se o profissional for cartesiano e incrédulo, ficando estupefato e sem conseguir explicações para a melhora do quadro clínico do paciente. Importa que, com seus exames e palavras de apoio, estimule o enfermo a melhor vibrar na cura.

Infelizmente, porém, em plena alvorada do século XXI, a medicina oficial ainda se mostra refratária – até mesmo de forma agressiva, deselegante – a intervenções espirituais. No entanto, apesar de seus magistrais avanços conceituais e tecnológicos, a medicina dará saltos fabulosos se procurar o apoio dos ensinamentos do astral, aceitando a realidade integral, holística do corpo humano, que mistura o lado físico com o espiritual.

Se a medicina terrena – que no fundo é a contraface material da medicina espiritual – perder rapidamente esse preconceito infantil e estéril em relação aos grandes ensinamentos da espiritualidade, muito ganharão em sua formação os médicos e demais profissionais de saúde, certamente aumentando os índices de cura de seus pacientes.

Até porque – informam alguns espíritos mais evoluídos – a própria medicina acabará por desenvolver métodos de trabalho praticados pelos médicos do espaço. Como no caso dos cristais que, segundo revelou em 2004 o Irmão Leo, um dos espíritos que freqüentam o Lar de Frei Luiz, terão suas energias curativas – principalmente os de cor rosa – utilizadas pela medicina do futuro.

Felizmente, contudo, para o progresso científico, inúmeros profissionais de saúde vêm rompendo seus limites cartesianos ao procurar, humildemente, aprimorar seus conhecimentos a partir de ensinamentos da espiritualidade – conseguindo assim refinar sua prática médica. Dessa forma, tornam-se, no mínimo, profissionais mais sensíveis, capazes de escutar seus pacientes, suas dores, aflições, problemas familiares e sociais, para melhor compreender as causas de suas doenças – não apenas tratando-os como máquinas corporais desconectadas da realidade.

E foi graças a um desses médicos que plantam as sementes da medicina do futuro que, em 1981, alguns ensinamentos preciosos foram dados por Frederick von Stein, após uma cirurgia no coração do empresário Antônio Piccolotto, que apresentava um quadro grave de obstrução parcial do segmento aórtico ascendente.

Em meio a um grupo de sete médicos que assistiram à operação sob luminescência artificial fraca, dentre eles Ronaldo Gazolla, o cirurgião oncologista Paulo Cesar Fructuoso fez importantes perguntas sobre o inusitado procedimento, contribuindo para uma melhor compreensão dos alcances fabulosos da medicina espiritual.

Atuando incorporado no corpo de Gilberto Arruda, o médico do espaço usou os dedos das mãos do médium para abrir o tórax do empresário, retirar e substituir instantaneamente um fragmento de tecido cardíaco, composto de parte do ventrículo esquerdo e de segmento aórtico calcificado. Ao aumentar a intensidade da lâmpada sobre o leito, manipulando um reostato, permitiu que a equipe de médicos presenciasse melhor a operação.

Ao ser questionado como fizera a substituição daquele fragmento, Frederick explicou que, para a troca, havia sido confeccionada uma prótese ectoplasmática exatamente igual ao material retirado. A base da operação tinha sido o ectoplasma. Houve, segundo o espírito, "um envolvimento com ectoplasma da parte a ser removida", sua desmaterialização dentro do tórax e imediata rematerialização fora do corpo do empresário. Rematerialização essa que só foi realizada "como prova para os que não crêem".

Paulo Cesar ajudou então a jogar um pouco de luz num dos mistérios de muitas operações espirituais realizadas ao redor do mundo: a baixa ocorrência de sangramento. "Gostaríamos que nos fosse explicado como tais intervenções são possíveis sem que haja grave hemorragia, dada a enorme quantidade de sangue que circula pelas áreas abrangidas pela cirurgia?" A resposta de Frederick:

– A severa hemorragia a que você se refere ocorreria se a prótese fosse colocada após a retirada do fragmento cardiovascular enfermo. A extrema plasticidade do ectoplasma semimaterializado, porém, permite que confeccionemos a prótese, moldando-a sobre a parte doente antes da sua extirpação. À medida que o tecido orgânico vai se desmaterializando, a prótese ectoplasmática pré-moldada vai passando do estado de semimaterialização para o de total materialização, ocupando, ao final do processo, o exato lugar da peça removida, a qual é, então, expelida do corpo do irmão. Como todo o processo dura frações de segundos, o sangramento é mínimo. Se durante o ato, no entanto, houver uma quebra de corrente mental, a substituição poderá não se completar, por desvio ou contaminação do ectoplasma, impedindo que este atinja o estado de total materialização, advindo então uma hemorragia abundante que poderá levar à desencarnação do irmão no leito. Estes processos, tão cedo, não poderão ser utilizados pelos médicos terrenos.

Ao fornecer mais detalhes sobre essa prótese ectoplasmática, o médico do espaço afirmou que "convém observar que esta precisa ser trabalhada para que adquira características semelhantes às do irmão receptor, evitando assim a rejeição após a sua completa materialização. Portanto, devem ser observados os tipos histológico e sangüíneo, o grau de temperatura e padrão vibratório da peça, entre outras variantes a serem harmonizadas com o organismo. Podemos comparar o fenômeno a uma incorporação mediúnica. Nesta, a entidade espiritual se harmoniza com o médium; naquela, a prótese se harmoniza com o órgão receptor".

Frederick não deu mais detalhes do caso. Porém, segundo informações da espiritualidade, muitas delas obtidas por médiuns que se desdobram e, conscientemente, vão com seus corpos astrais visitar hospitais em colônias espirituais, essas próteses são feitas instantaneamente em laboratórios extrafísicos, em dimensões paralelas, cujas técnicas empregadas ultrapassam qualquer compreensão humana atual da medicina.

Moldadas de acordo com a característica vibracional do corpo astral do enfermo – guardando inclusive suas características cármicas –, são tornadas mais densas no momento da cirurgia propriamente dita no corpo físico e enxertadas, em substituição à parte doente.

É importante ressaltar aqui que o carma de cada um precisa ser respeitado, mesmo que passe por cirurgia espiritual bem-sucedida. No caso em questão, tudo indica que o empresário Antônio Piccolotto tinha um encontro marcado – que não conseguiu superar – com um problema grave em seu coração. Após ser operado por Frederick von Stein, ganharia preciosa sobrevida, mas acabaria morrendo de infarto cerca de dez anos depois.

E quando Frederick alerta que processos semelhantes não podem ainda ser utilizados pelos seres humanos, toca numa questão importante: homens e mulheres precisam adquirir certo grau de desenvolvimento de consciência, de amor, para poder receber determinados ensinamentos do astral.

Não é à toa que, numa reunião no Lar de Frei Luiz, em 2002, Paulo Cesar Fructuoso foi chamado à porta da cabine pelo Preto Velho Jeremias materializado, que lhe apresentou um ser que, em inglês, falou que tinha sido um neurocirurgião norte-americano, filho de alemães. Esse médico do espaço informou-lhe então que, no futuro, o ectoplasma também seria utilizado como "material fundamental nas operações de cura da medicina terrestre". Mas frisou que ainda era cedo para se implantar esse estágio de desenvolvimento.

A título de exemplo desse despreparo da humanidade para lidar com forças tão fortes e sublimes, Frederick captou uma vez o pensamento de curiosidade do médico Ronaldo Gazolla a respeito de uma luz branca que emitia de aparelho em sua mão, resolvendo mostrar-lhe que a humanidade ainda não estava preparada para operar com certas energias. "Você tem curiosidade de botar a mão numa luz dessas, saber como é isto?"

Diante da afirmativa de Gazolla, o espírito respondeu: "Me dá sua mão. Segura minha mão com a luz. Vou botar essa luz na sua mão e mostrar porque ainda não posso deixar essa luz com você". O médico me recordou então sua surpresa:

– De repente, pela força da mente dele, aquela luz foi ao congelamento, até que eu tive que tirar a mão. Aí Frederick falou: "Continua segurando". Ela foi então aquecendo, quase virando ferro em brasa. O calor que saía daquilo era tão grande que eu tive que tirar a mão.

Será que alguém no mundo tem conhecimento de uma fonte de luz que esfrie como gelo e, em seguida, esquente como brasa? – foi o questionamento que Gazolla deixou no ar, em sua casa, ao me contar esse episódio. Numa experiência terrena, certamente não – pensei.

Também no Lar de Frei Luiz, o coronel-aviador Paulo Ruy Portella havia passado por experiência similar, embora não com toda a amplitude térmica que se deu com Gazolla, numa reunião de materialização nos anos 1970. Era uma sexta-feira à noite, quando alguns integrantes do grupo dormiam no Santuário de Frei Luiz para ajudar a acumular ectoplasma para a sessão de cura da manhã seguinte. De repente, segundo Paulo Ruy, surgiu Frederick incorporado no médium Gilberto "para nos dar um ensinamento". O médico do espaço convidou então o coronel-aviador e os outros presentes para entrarem na cabine mediúnica:

– Em cima do leito, ele materializou um pano, e por dentro do pano, uma luz astral. Era uma luz fria, com um tom mais ou menos parecido com uma luz fosforescente. Ele mandou então que a gente se aproximasse e tocasse no tecido. Na medida em que a gente aproximava a mão do tecido, ia tendo aquela sensação de frio. Quando toquei no pano, a luz era bem fria, quase como uma barra de gelo. Não existe lâmpada fabricada pelo homem que irradie frio dessa maneira.

Tempos depois, ao ler o livro *História do Espiritismo*, de Arthur Conan Doyle, Paulo Ruy se surpreenderia com relato semelhante de episódio ocorrido no final do século XIX, em sessão com a famosa médium norte-americana Kate Fox. O escritor descreve[201] uma "fase muito extraordinária da mediunidade" da sensitiva da casa de Hydesville, em que eram produzidas "substâncias luminosas".

Kate havia se casado, em 1872, com um advogado londrino, mudando-se para a Inglaterra. Um dia, diante de várias testemunhas, inclusive um diretor de jornal, "apareceu uma mão, com algum material fosforescente, de cerca de quatro polegadas quadradas, com o qual houve uma batida no chão e um toque na face de um dos assistentes. Verificou-se que era uma luz fria". Doyle podia "corroborar o fato de que essas luzes são geralmente frias", pois, em sessão com outro médium, "uma luz semelhante" lhe tocou a face.

GRANDES INVENÇÕES

O porquê e como muitos desses fenômenos ocorrem só serão compreendidos no futuro. Afinal, os ensinamentos da espiritualidade chegam à Terra paulatinamente, de acordo com nossa evolução cultural e espiritual. E quando chegam, nos influenciam muito mais do que podemos imaginar.

Acho engraçado quando pessoas dominadas por idéias filosóficas materialistas falam de grandes gênios da humanidade que foram capazes de fazer descobertas científicas e tecnológicas fabulosas – como se tudo nascesse de suas mentes. Pois aprendi que não é bem assim. A todo instante, recebemos influências, pensamentos vindos do mundo invisível – o que normalmente consideramos intuições.

As informações do astral revelam que, em determinada parte de nossa trajetória evolutiva, habitamos cidades espirituais em dimensões ainda influenciadas pelo orbe da Terra e, portanto, bastante similares à formação de nossas cidades, residências e até de nossos meios de transporte. São planos freqüentados por espíritos com densidade ainda não muito sutil, dos quais partem a maior parte dos intercâmbios mentais que recebemos.

Trata-se, mais uma vez, de uma questão de semelhança vibracional. Dessas esferas é que vem a maioria dos espíritos que reencarnam na Terra. Digo maioria por existirem casos de seres mais evoluídos que procedem de outras dimensões mais sutis e que, por questões de aprendizado ou de missão, encarnam aqui em nosso planeta denso, em geral se tornando lideranças de movimentos de evolução cultural e espiritual da humanidade.

Mas seja de que dimensão vibratória for, o fato é que os seres humanos estão o tempo todo reproduzindo idéias vindas do astral, dentro das limitações da vida material. As próteses ectoplasmáticas, sobre as quais Frederick falava ainda nos anos 1980, são exemplos marcantes dessa realidade de intercâmbio.

Nos anos 1990, embora ainda de forma rudimentar, próteses biodegradáveis começaram a ser utilizadas em laboratórios da medicina terrestre. Embora não tenham o ectoplasma como matéria-prima para a sua confecção, essas próteses lembram de longe a metodologia curativa empregada pela espiritualidade.

Com as primeiras experiências da chamada engenharia de tecidos, nos Estados Unidos, cientistas passaram a idealizar o desenvolvimento de pedaços e até de órgãos inteiros dentro do corpo de uma pessoa doente – até mesmo alterados geneticamente. E já estão conseguindo reconstituir pedaços de peles, cartilagens e ossos.

Como? A partir do uso, em próteses biodegradáveis, de culturas de células de pedaços das partes que desejam reconstruir. Moldadas na forma do pedaço – ou, no futuro, de um órgão inteiro – com o auxílio de imagens computadorizadas em três dimensões, essas próteses são implantadas e absorvidas pelo corpo, na medida em que as células saudáveis, alimentadas pelo próprio organismo receptor, se reproduzem e ocupam seu espaço. Com essa técnica "revolucionária", se evita a rejeição do organismo implantado, por ser constituído de células do próprio paciente.

Guardadas as devidas proporções – já que é impossível reproduzir no mundo material sutilezas etéreas do astral –, essa técnica da "moderna" medicina é a mesma adotada por médicos do espaço. No início do século XXI, essa tecnologia de implantes passou a ser utilizada também com células-tronco. Em 2004, cientistas tinham até conseguido criar uma mandíbula humana a partir de células-tronco, colocadas numa forma de titânio, planejando formar em médio prazo outros tipos de ossos inteiros, para implante.

No entanto, 20 anos antes, o sensitivo Daskalos demonstrava ser capaz de façanha semelhante, reconstituindo novas partes danificadas do corpo sem utilizar qualquer aparelhagem, apenas as próprias mãos. No livro *O Mago de Strovolos*[202], o sociólogo cipriota Kyriacos C. Markides relata uma operação que testemunhou na Ilha de Chipre, em 1981, em que Daskalos curou "uma mulher que sofria da coluna e que ficara completamente paralisada durante várias semanas".

Com cerca de 50 anos, esposa de um empresário bem-sucedido, ela havia consultado os principais médicos da ilha e tinha mesmo passado algum tempo num hospital israelense, sem qualquer melhora. Encontrando-se presa a uma cama, qualquer movimento causava-lhe "dores lancinantes". A pedido de Markides, o sensitivo Daskalos foi até sua casa.

A mulher disse-lhe que suas "vértebras saíam do lugar constantemente" e que os médicos não conseguiam curá-la. Afirmando que seu caso era incurável, um deles chegou a aconselhá-la que "aprendesse a viver com as dores".

O sensitivo decidiu agir, virando a mulher de bruços, com as costas despidas. "Daskalos, então, colocou suas mãos nas costas da mulher e começou a friccionar, massageando a coluna com suavidade", descreve o pesquisador. Ele pediu à mulher: "Não fique dura, relaxe. Não vai doer". E, enquanto massageava sua coluna "para cima e para baixo", olhou para os presentes e deu o seu diagnóstico do problema: "É sério. Toda a coluna está fora do lugar. Suas vértebras estão completamente desarticuladas, e há muita porosidade".

Em seguida, explicou que "ia tornar os ossos moles e maleáveis, para poder colocá-los de volta no lugar certo quando, então, voltaria a solidificá-los". Daskalos pediu que os presentes tocassem as costas da paciente, para comprovar que seus ossos estavam moles. Depois, os ossos foram solidificados. O tratamento todo durou de 20 a 25 minutos. "Agora a senhora está ótima. A senhora está completamente curada. Sua coluna está reta e todas as vértebras estão nos seus devidos lugares", garantiu.

E para "espanto de todos os presentes", segundo Markides, "a paciente saiu da cama e começou a andar, sem ajuda alguma e sem sentir dor nenhuma. Seu rosto iluminou-se de contentamento". Ainda incrédula quanto à cura, ela acabaria procurando um médico para fazer uma radiografia da coluna. "Para surpresa do médico, as chapas de raios X mostraram marcantes diferenças em relação às tiradas há apenas uma semana. Os novos raios X mostravam uma coluna normal", atesta o autor.

Mais tarde, Daskalos diria a Markides que havia sido realizado um processo de materialização e desmaterialização "e algo mais". Segundo suas explicações, ele criou, pela força da mente, "mãos etéricas para desmaterializar ossos excessivamente pequenos (exostose), que haviam se acumulado ao redor da espinha, causando grande dor". Como a coluna da mulher estava "cheia de porosidades, em diferentes pontos", teve que criar um novo osso. "O osso estava se desfazendo. Através da materialização, criei ossos sólidos, uma forma de matéria viva", revelou.

O poderoso Daskalos não sabia explicar muitos dos detalhes de como podia provocar fenômenos semelhantes. Mas sabia que os procedimentos funcionavam. E possuía também outro dom mediúnico: podia desdobrar seu corpo astral e ver não só fatos que ocorriam a distância, mas enxergar dentro de um corpo humano. Foi o que havia ocorrido com essa paciente, ao começar a examiná-la em seu quarto:

– Primeiro vi, através da pele, qual era o problema. De que modo, você pode perguntar, eu vi? Usando os meus olhos? Não. Se eu quiser, posso ver o interior do seu corpo com os olhos fechados. Posso me expandir, entrar dentro do paciente e ver tudo naquela pessoa, de todos os lados, ao mesmo tempo. Posso fechar os olhos, por exemplo, tocar o seu lado com a minha mão e examinar as condições do seu fígado. Será que as moléculas da minha mão são olhos capazes de ver? Não. Ainda assim, posso ver através do corpo do paciente, ou do corpo de qualquer pessoa, em qualquer lugar que me concentre.

Num mundo ainda impregnado de preconceitos materialistas e cartesianos, fica difícil acreditar em experiências testemunhadas por pessoas como Kyriacos Markides. No entanto, para o bem do desenvolvimento científico, da ciência dialética, ele e muitos outros pesquisadores vêm se dedicando a comprovar que fenômenos assim são mais comuns do que se pensa.

O médium Gilberto Arruda, do Lar de Frei Luiz, é outro que, quando recebe o espírito de Frederick von Stein, em sessões de incorporação para a cura, consegue enxergar órgãos no corpo de enfermos a serem tratados.

Enfim, são fenômenos que apenas antecipam, em linhas gerais, as técnicas e aparelhagens que serão desenvolvidas mais cedo ou mais tarde pela humanidade. Nesse sentido, a literatura espírita apresenta episódios sobre informações e aparelhos trazidos do astral que, inicialmente inimagináveis para o senso comum, mais tarde acabariam desenvolvidos pela ciência – e apontados como descobertas revolucionárias.

A médium inglesa Elizabeth d'Espérance cita duas invenções que foram antecipadas para o seu grupo de efeitos físicos pelo espírito Humnur Stafford[203]. A primeira foi quando, ao debater com os presentes as propriedades do som, "descreveu em seus menores detalhes um aparelho capaz de transmitir as ondas sonoras a distâncias ilimitadas; esse aparelho, dizia ele, bem depressa será conhecido no mundo inteiro".

De fato, poucos anos depois, em 1876, esse aparelho – que revolucionaria as comunicações humanas – seria inventado. "Não tivemos necessidade de viver muitos anos para vermos espalhados pelo mundo inteiro o telefone descrito por Stafford."

A segunda invenção anunciada por esse espírito foi a de um aparelho que ele chamou de "designograph", capaz de "reproduzir numa parte do globo, por meio de combinações elétricas, os caracteres de escrita que uma pessoa fizesse num papel colocado na outra parte. Por esse meio, desenhos e planos poderiam ser fielmente transmitidos de um a outro extremo do mundo".

Pouco mais de 25 anos depois dessa predição, seria inventada, em 1902, a telefotografia. Aparelhagem que só viria a ser amplamente usada após 1925, principalmente por jornais e revistas, e que se constituiria na base tecnológica para o surgimento, já no final dos anos 1960, dos primeiros modelos de fax.

Por sua vez, o delegado de polícia Rafael Ranieri testemunhou numa reunião no Rio de Janeiro[204], no final dos anos 1940, a materialização de um equipamento inusitado que, a despeito de suas potencialidades incríveis – de permitir a penetrabilidade no corpo humano e a visualização nítida de várias partes do seu interior –, guarda semelhanças com os aparelhos eletrônicos de ultra-sonografia, que ganharam o mercado nos anos 1970, e com os tomógrafos computadorizados, desenvolvidos a partir de 1998, que registram o organismo em funcionamento com detalhes impressionantes.

A revelação para Ranieri se deu numa reunião de materialização para cura com o médium Peixotinho, no Grupo Espírita André Luiz, na qual estavam mais de 25 participantes. De repente, surgiu "uma entidade resplandecente", que se aproximou "de uma senhora e colocou-lhe no peito um aparelho estranho: parecia um bolo feito numa forma semelhante à concavidade de um prato fundo, portanto quase um disco, gelatinoso, de cor verde-clara, e transparente".

O delegado testemunhou então algo inusitado: "Colocou o estranho aparelho no peito da senhora e como por um passe de mágica pudemos ver-lhe o interior do corpo como se contemplássemos peixes em um aquário: lá dentro palpitava o coração, viviam os pulmões e corria o sangue nas artérias e nas veias".

Tudo visto com "perfeita nitidez", num espetáculo que durou vários minutos: "Ainda não voltáramos de nosso assombro, quando a entidade mergulhou uma das mãos através do aparelho, ficando parte da mão no interior do corpo da senhora e o resto para fora. Em gestos compassados, o espírito retirava a mão e tornava a mergulhá-la. De cada vez que retirava trazia nos dedos certa matéria escura que lançava no ambiente e se dissolvia".

Ranieri comparou o aparelho a um "perfeito raios X", sem instalação elétrica. À época, já existia a radioscopia, aparelhagem em que apareciam imagens em movimento de órgãos, com o concurso de raios X. Mas com o posterior desenvolvimento tecnológico, cheguei à conclusão de que o aparelho visto pelo delegado estava muito mais para equipamentos de ultra-sonografia ou de tomógrafo computadorizado. Equipamentos que certamente serão aperfeiçoados, a ponto de um dia permitir, quem sabe, aberturas no corpo humano para a realização de cirurgias.

Outro aparelho que apresenta semelhanças com a ultra-sonografia e a tomografia computadorizada seria utilizado pelo médico do espaço Fritz, que dizia ter sido, em sua última vida na Terra, pai de Scheilla – um dos espíritos que costumavam se materializar nas sessões com Peixotinho. O uso desse equipamento inusitado é relatado, no livro *Dossiê Peixotinho*[205], por Angélica Ellery Torres, que, com a filha Anísia Angélica adoentada, sem causa aparente, participou de uma reunião para cura realizada na cidade fluminense de Macaé, em 1955.

Segundo ela, houve "muita coisa bonita", com alguns espíritos "inteiramente luminosos, como se fossem lâmpadas fluorescentes", andando por entre as pessoas. Um deles era Fritz. Ao se acercar de Anísia, ele perguntou se havia outros médicos na sala escura. "Por coincidência tinha um médico espírita, um protestante e um católico", relembra Angélica. Assim que os três chegaram perto da maca onde se encontrava a menina, Fritz tirou, "como se fosse de um bolso, um artefato parecendo de plástico e estendeu aquilo na barriguinha dela".

A surpresa: através do inusitado aparelho, podiam observar o interior do corpo de Anísia. "Viam-se os intestinos, o fígado, como se fosse uma radioscopia, e tudo estava iluminado", conta a mãe. Em seguida, Fritz perguntou aos três colegas da Terra o que estavam observando. Segundo seus diagnósticos, ela tinha o apêndice muito crescido e deveria ser operada. "E o espírito dr. Fritz riu e disse que não a operaria: – O apêndice está muito crescido, mas não está inflamado. Vou apenas reduzi-lo."

Dito e feito. "Ele tirou, então, do bolso, uma lampadazinha como as que temos aqui. Ele virou a lâmpada para cima e colocou luz azul, luz vermelha, e depois desceu e aquela luz atravessou, indo direto sobre o apêndice dela. E a gente vendo o apêndice encolhendo, até que ficou mais ou menos com um centímetro", afirma Angélica.

O professor de ioga Hermógenes foi outro a testemunhar uma rica experiência do gênero, no início dos anos 1980, num grupo espírita comandado por um coronel do Exército que promovia trabalhos de materialização em São Lourenço da Mata, em Pernambuco. Feita a prece de abertura, ele escutou um barulho dentro da cabine mediúnica. Eram os médicos do espaço precipitando seus instrumentos cirúrgicos dentro de um recipiente.

– Depois a cabine foi se iluminando e a cortina se abriu, saindo uma figura imponente, com uma vestimenta oriental. Tinha um turbante com uma pena, vinha com uma imponência, com uma pose admirável, como se estivesse levitando.

O espírito materializado trazia nas mãos "uma bola que parecia uma nuvem". A bola tinha três fontes de luz nas cores branca, azul e vermelha, que trocavam de posição e aumentavam e diminuíam de intensidade. Após passar aquele estranho aparelho pelas costas de alguns dos presentes, inclusive de Hermógenes, o ser oriental se aproximou da mulher do professor, Maria Bicalho de Andrade, fazendo o mesmo movimento, mas sem tocá-la. "Depois aquela entidade botou a mão sobre a cabeça dela. Ela me disse que a mão dele pesava como se fosse uma tonelada."

De repente, o espírito fez o caminho de volta, retornando à cabine. Foi quando se deu uma das cenas mais indescritíveis já vistas por Hermógenes. Chamado para entrar no gabinete, lá estava uma mulher deitada, para tratamento espiritual. "Aquela nuvem cambiante, em forma de bola, estava dentro da moça." O professor continuava a ver os pontos de luzes coloridas mudando de posição e de intensidade, com o corpo vazado pela bola. "Aquilo foi muito bonito."

Outros exemplos de como a espiritualidade caminha à frente da ciência terrena estão em livros psicografados por Chico Xavier, como *Missionários da Luz*[206], lançado em 1943, em que o espírito André Luiz antecipa detalhes do mapeamento genético. Embora a estrutura básica da molécula do DNA só viesse a ser decifrada em 1953, na década de 1940 já ferviam as discussões científicas sobre a composição hereditária dos seres humanos. Mas eram informações obviamente restritas a uma cúpula científica.

O modesto médium brasileiro, porém, do interior de Minas Gerais, registrou ensinamentos que mais lembrariam debates sobre engenharia genética do final do século XX. É bom lembrar que Chico Xavier, que psicografou esses ensinamentos, tinha formação educacional de nível primário incompleto e jamais poderia ter uma noção mais técnica sobre o assunto.

Ao discorrer sobre o processo de reencarnação, o espírito André Luiz repete aula que recebeu sobre preparativos de nascimento de um espírito, conhecido como Segismundo, em determinada família. Os guias do astral estudavam então seu mapa cármico, que chamaram de "gráfico referente ao organismo físico" que receberia no futuro e que indicava "imagens da moléstia do coração" que ele, por débitos cármicos, deveria sofrer em idade madura.

O que mais me impressionou nessa aula sobre preparativos para a reencarnação de alguém foi a intimidade dos espíritos-guias ao analisar os "mapas cromossômicos" dos futuros pais de Segismundo. Detalhes sobre os quais André Luiz – convidado para essa aula de fisiologia humana –, ao observar aqueles mapas, confessaria sua ignorância: "Em vão procurava compreender aqueles caracteres singulares, semelhantes a pequeninos arabescos, francamente indecifráveis ao meu olhar".

Essa passagem sugere que ele estava na verdade observando partes da estrutura genética que só uma década depois seriam descobertas. E diante da incompreensão de André Luiz, um de seus instrutores acentuou: "Este não é um estudo que você possa entender, por enquanto. Estou examinando a geografia dos genes nas estrias cromossômicas, a fim de certificar-me até que ponto poderemos colaborar em favor de nosso amigo Segismundo, com recursos magnéticos para a organização das propriedades hereditárias".

A continuidade desses ensinamentos dados a André Luiz, nos anos 1940, demonstra paralelos com o que seria revelado bem mais tarde, já na década de 1970, no Lar de Frei Luiz, pelo médico do espaço Frederick von Stein a Paulo Cesar Fructuoso e a outros médicos terrenos, quando esse espírito se referiu ao mapa cármico de doenças.

Essa similaridade fica bem clara quando o instrutor de André Luiz discorre sobre a forma física que teria Segismundo ao encarnar, para que pudesse vivenciar todas as provas necessárias ao resgate de carmas negativos:

– Os contornos anatômicos da forma física, disformes ou perfeitos, longilíneos ou brevilíneos, belos ou feios, fazem parte dos estatutos educativos. Em geral, a reencarnação sistemática é sempre um curso laborioso de trabalho contra os defeitos morais preexistentes nas lições e conflitos presentes. Pormenores anatômicos imperfeitos, circunstâncias adversas, ambientes hostis constituem, na maioria das vezes, os melhores lugares de aprendizado e redenção para aqueles que renascem. Por isso, o mapa de provas úteis é organizado com antecedência, como o caderno de apontamentos dos aprendizes nas escolas comuns. Em vista disso, o mapa alusivo a Segismundo está devidamente traçado, levando-se em conta a cooperação fisiológica dos pais, a paisagem doméstica e o concurso fraterno que lhe será prestado por inúmeros amigos daqui.

CROMOTERAPIA ESPIRITUAL

A cromoterapia foi outra realidade antecipada por ensinamentos espirituais. Embora ainda não tenha conquistado status de prática científica, há décadas vem sendo empregada largamente por inúmeros terapeutas no Ocidente. Mas já era utilizada por curadores há milhares de anos, como no antigo Egito.

Os médicos do espaço – através de incorporações em sensitivos ou materializados – sempre trabalharam com a ajuda das cores. O aparelho esférico com três cores cambiantes visto pelo professor Hermógenes, num centro espírita, foi apenas mais um dos inúmeros exemplos do amplo emprego dessas ondas energéticas de diferentes freqüências.

Quando visualizam os sete principais chacras do corpo, os sensitivos percebem que cada um deles está associado a uma determinada cor do espectro do arco-íris. Isto havia inclusive sido comprovado – como já relatei – por experimentos científicos na Universidade da Califórnia, em Los Angeles, no final dos anos 1980, em que eletrodos elementares, feitos de prata/cloreto de prata, foram afixados sobre a pele em zonas do corpo humano onde se situam os chacras.

Enquanto pacientes tinham seus chacras estimulados em sessões terapêuticas com emprego de uma técnica conhecida como *rolfing*[207], era registrada a freqüência de sinais de milivoltagem baixa emitidos pelos corpos. Em paralelo, a sensitiva rev. Rosalyn Bruyere, do Centro de Luz Curativa, de Glendale, na Califórnia, observava a aura dos pacientes. "Ela fez um registro contínuo da cor, do tamanho e dos movimentos da energia dos chacras e das nuvens áuricas envolvidos", diz Barbara Brennan, classificando os resultados da experiência – que foi repetida com outros sete sensitivos – de "notáveis".

Não só a estimulação dos chacras pela técnica terapêutica fora registrada pelos eletrodos, a partir das variações de sinais de energia nas regiões da pele pesquisadas, como as freqüências das ondas eletromagnéticas estavam de acordo com as cores vistas pelos sensitivos. "Formas e freqüências constantes de ondas correlacionavam-se especificamente com as cores registradas pela rev. Bruyere", afirma a norte-americana Barbara Brennan, registrando palavras importantes da dra. Valerie Hunt, que comandou o estudo:

– Em todo o correr dos séculos em que os sensitivos viram e descreveram as emissões áuricas, esta é a primeira prova eletrônica objetiva da freqüência, da amplitude e do tempo, que lhes valida a observação subjetiva da descarga de cor.

Os chacras estudados revelaram as cores indicadas por ensinamentos esotéricos orientais: fundamental/cundalini (vermelho), umbilical/hipogastro (laranja); esplênico/baço (amarelo); cardíaco/coração (verde); laríngeo/garganta (azul); frontal/terceiro olho (violeta); e coronário/topo da cabeça (branco).

Essa coloração – detectada por metodologia científica – característica de cada chacra implica uma prática curativa em que determinado chacra é estimulado por sua correspondente cor/freqüência eletromagnética do espectro do arco-íris.

A partir desse princípio, entende-se por que os médicos do espaço e curadores espirituais costumam utilizar luzes coloridas em seus processos curativos. Não é à toa que uma curadora como Barbara Brennan usa todas as cores do arco-íris no tratamento do campo áurico de uma pessoa, pois cada uma delas produz seu próprio efeito em partes específicas da aura humana. "Claro está que cada cor pode ser usada para carregar o chacra que a metaboliza."

Outro dado interessante, indicado pela pesquisa da dra. Hunt, é o de que a ativação de certos chacras parece provocar um aumento da atividade de outro. E mais: dentre todos os chacras, o do coração sempre se apresenta como o mais ativo.

Esses resultados jogam mais luzes em procedimentos de médicos do espaço. Afinal, a caridade/compaixão para com o próximo e o aumento do amor próprio são sempre estimulados como forma de auxiliar na recuperação do enfermo – o que ajuda a fortalecer o funcionamento do chacra do coração, que precisa estar sempre mais ativo para facilitar a ponte entre as energias espirituais e terrenas.

Além disso, algumas vezes, espíritos energizam, com seus aparelhos curativos coloridos, chacras de pacientes que, em princípio, nem estão diretamente relacionados a determinadas partes doentes do corpo – o que contribui, dentro da relação dialética entre os chacras, para fortalecer por tabela aquele mais associado à doença em questão ou estimular sistemas de defesa interna do organismo contra elementos patogênicos.

No entanto, em paralelo ao tratamento dos chacras por raios coloridos, algumas atuações de médicos do espaço revelam um emprego mais amplo de energias cromáticas. Com seus aparelhos que materializam, esses seres aumentam a intensidade e a concentração de jatos de luzes para tratar partes necrosadas, desfazer coágulos e regenerar células cancerosas, entre outras técnicas.

Espíritos que atuam no Lar de Frei Luiz ensinaram para Rocha Lima que esses aparelhos polarizadores de luz são utilizados para tratamentos diversos. A luz branca intensa é empregada para aliviar dores, acalmar, neutralizar miasmas – cargas negativas que se acumulam nos corpos astral, etérico e físico da pessoa. A vermelha filtra células positivas, sadias, anulando as negativas, como as cancerosas. A de cor verde, graduada até o branco, é usada para eliminar coágulos, como tromboses. A amarela, vibrando para o alaranjado, também é muito utilizada para se exterminarem miasmas.

Após participar de cerca de cem reuniões de materialização de espíritos, eu diria que, na média, as cores mais usadas pelos médicos do espaço em atuação no Lar de Frei Luiz são o vermelho e o branco. E o branco muito mais do que o vermelho.

Mas por que essa preferência pelo branco? Curadores espirituais, como o cipriota Daskalos[208], sabem por experiência própria que, como regra geral, a cor branca é "a mais segura" para se usar em ações terapêuticas: "Nunca fazemos mal a alguém quando projetamos uma bola de vibrante luz branca".

Especialista em cromoterapia, o professor Paulo Larosa explica que o branco é mais utilizado pelos médicos do espaço porque, de uma vez só, eles aplicam nos doentes as sete cores do espectro do arco-íris. "Como o branco é a síntese de todas as cores, então a que o enfermo estiver precisando, o seu organismo vai absorver, e a que não estiver, será eliminada."

Do ponto de vista do tratamento, as cores são empregadas de acordo com suas freqüências vibratórias. Quando se refrata a luz solar – que representa a cor branca –, através de nuvens carregadas de gotas d'água ou de um prisma, por exemplo, surge o espectro do arco-íris, que vai do vermelho – a cor visível de mais baixa freqüência vibratória – ao violeta – a de mais alta freqüência.

Quanto mais baixa a freqüência de uma cor, mais energia telúrica ela possui, o que explica a sensação maior de calor que se tem quando alguém é submetido a ela. Quanto mais alta a freqüência, maior a sensação de frio, de leveza.

Assim, numa escala da mais baixa para a mais alta, tem-se o vermelho, o alaranjado e o amarelo – as cores mais quentes – e o verde, o azul e o anil – as cores mais frias. E no maior grau do espectro surge o violeta que, de tão sutil, é definido por Larosa como "a cor da espiritualidade".

Ao se basear nessa relação de freqüências energéticas, médicos do espaço utilizam a cor mais adequada para cada caso. Às vezes, a pessoa está precisando de energia quente, telúrica, para ficar mais enraizada no mundo material. Usa-se então o vermelho. Às vezes, necessita acalmar-se, ficar mais relaxada. Neste caso, aplica-se o azul.

– Cada cor tem uma função primordial para a absorção e transformação dos metabolismos do corpo. Sem luz, você não consegue transformar nada no organismo. Todas essas ondas de energia vão crescendo dentro do organismo, metabolizadas pelos chacras – afirma Larosa, acrescentando que, em alguns casos, os espíritos usam ondas curativas cuja freqüência nem pode ser vista, como o infravermelho e o ultravioleta.

Se no tratamento de casos de câncer, por exemplo, os médicos do espaço precisam ativar a formação de glóbulos vermelhos no enfermo, eles usam jatos de cor vermelha ou infravermelha. "Nesses casos, nada melhor do que o vermelho, que trabalha no centro telúrico, no chacra da cundaline, que é energia vital, energia de formação, energia mãe. O vermelho é uma cor quente, telúrica, uma cor terra que gera energia. O sangue é dessa cor porque, caso contrário, não teríamos energia suficiente para, em contato com o oxigênio, gerar componentes calóricos para energizar o corpo."

Tudo, obviamente, precisa ser usado com extremo cuidado, dependendo de cada caso. Uma energia quente utilizada em excesso, ou em quem não precisa, pode gerar irritação e até mesmo, em casos mais graves de pessoas atormentadas, provocar suicídios.

Numa escala um pouco mais acima, surge o amarelo, que "é o Sol, a força", um bom equilibrador de energias do corpo. Outro que equilibra energias é o verde, que também, segundo Larosa, "é um regenerador celular espetacular". Mas equilíbrio completo mesmo pode ocorrer – dependendo da condição do paciente – com a emissão da cor violeta:

– A luz violeta desintegra as células que não estão boas e intensifica a formação de novas células. Então, o violeta é o equilíbrio completo: corpo e perispírito. É uma cor emergencial. Quando você joga o violeta, é porque a pessoa não conseguiu metabolizar todas as outras. Com luz astral, você intensifica o violeta e ela vai se redistribuindo e equilibrando os chacras anteriores ao coronário. É a história daquele sujeito que está morrendo no hospital e, de repente, tem uma melhora incrível. É que houve a metabolização do violeta no biofóton celular.

Algumas cores são também empregadas para fixar elementos nutrientes no corpo enfermo. Em seu livro *Materializações Luminosas – Leis Cósmicas em Ação*[209], Dante Labbate descreve reuniões de cura no Grupo da Fraternidade Irmã Scheilla, em Belo Horizonte, na virada dos anos 1940 e 1950, em que espíritos como Joseph Gleber e José Grosso utilizavam aparelhos curativos que também emitiam luzes coloridas, assim como as dos médicos do espaço no Lar de Frei Luiz:

– Nem todas projeções eram idênticas, cambiavam a cor de acordo com a natureza de cada doença. Algumas iniciavam-se avermelhadas, passando a branco cintilante. Havia jatos de luz para fixação de fósforo, cálcio e outros elementos, conforme informações de José Grosso.

No entanto, para que ninguém fique pensando que é preciso apenas colocar uma lâmpada colorida e sair tratando enfermos, quero deixar bem claro três pontos: primeiro, sempre serão necessários profissionais especializados – cromoterapeutas, curadores espirituais ou médicos do espaço – em tratamentos semelhantes, para não se colocar em risco a saúde do paciente, devido à aplicação de uma dose maciça ou mesmo de uma cor inadequada para determinada enfermidade ou estado geral do doente. Em segundo lugar, não existem milagres curativos, pois os enfermos têm que possuir força interior, merecimento e mapa cármico favorável. Por fim, a intensidade e a forma da aplicação de qualquer cromoterapia fazem diferença.

A origem dessas luzes policromáticas e a condição do paciente para receber determinado tratamento são realçados por Rocha Lima em *Medicina dos Espíritos*[210], ao discorrer sobre a hierarquia espiritual, cujo nível de evolução dos seres é revelado por "naturais diferenças de luminosidade". Para ele, a fonte do agente emissor é fundamental, pois "o verde pode ser encantador ou tétrico e o azul pode ser tenebroso ou sublime".

E completa: "Há, também, a capacidade de cada um para receber a luz – absorvê-la! Uma claridade é reconfortadora ou reconstituinte, um verdadeiro analéptico, ou, ao contrário, insuportável para quem não tiver capacidade fisio-psico-moral para absorvê-la".

Em relação ao terceiro aspecto da questão, existe outro grande diferencial: num processo de cura, uma luz intensa e concentrada do aparelho de um médico do espaço tem mais chance de sucesso do que a simples aplicação de uma lâmpada comum colorida ou mesmo do tratamento cromoterápico de um terapeuta, por melhor que ele seja. A espiritualidade ensina que os seres de luz materializados têm mais condições de atuar diretamente no corpo astral, atingindo com mais facilidade as causas das doenças.

Realmente, presenciar um médico do espaço trabalhando é algo especial. Fica-se com a impressão de que as luzes emitidas por seus aparelhos têm algo a ver com o raio laser.

O laser é a projeção de uma luz coerente: suas ondas eletromagnéticas têm freqüência maior e se movem concentradas numa única direção – sem se espalhar como as da luz comum. Portanto, agem de forma mais intensa e penetrante do que as ondas eletromagnéticas da luz comum. Como o laser é luz potencializada, justifica-se seu amplo emprego na medicina.

Mas embora a medicina terrena use o laser para cortes de pele e para atingir determinados órgãos afetados, de forma bem localizada, a ação dos raios de luz emitidos pelos aparelhos dos médicos do espaço revela-se muito mais profunda e intensa, algumas vezes ajudando a curar doenças graves das quais os médicos não dão mais conta.

Para Paulo Larosa, a comprovação do uso de raios curativos superiores à ação do laser – provenientes de dimensões astrais – é que se trata de uma luz com potencial regenerador imediato. “A freqüência desses raios é superior ao laser. Até porque é uma luz que destrói e regenera partes enfermas do organismo. E o laser só destrói, ele bate e desintegra.”

De tão potentes e sutis, nem conseguimos visualizar alguns raios curativos, que são invisíveis aos nossos olhos por se tratar de luz a mais de 300 mil km/s. Numa reunião em 1972, em que foi retirado um tumor cancerígeno de um paciente, Frederick von Stein informou[211] que “usara um raio superior ao laser, para fazer o corte, a restauração e a assepsia das áreas adjacentes contaminadas, tendo sido desintegrado grande parte do material retirado”.

Perguntei ao professor de física Paulo Larosa qual sua avaliação sobre esses jatos de luzes curativas superiores ao laser: “Aqueles aparelhos aumentam a velocidade do comprimento de onda. Com isso, aumentam a concentração do feixe de luz, que vai agir muito mais rapidamente, desintegrando as células que não estão boas, constituindo a formação de novas células e reequilibrando o organismo. Nessa freqüência superior à da luz comum, ele elimina as células doentes mais facilmente, possibilitando que as células boas se reproduzam mais rapidamente. A velocidade é superior à da luz, é maior”.

Mesmo no caso dos jatos de luz que podemos observar – e que são semelhantes, pelo menos visualmente, ao raio laser –, sua alta intensidade é indiscutível. Toda vez que médicos do espaço emitem de forma mais prolongada seus raios curativos, fico com a vista cansada, dando a impressão de que poderia ficar temporariamente cego se aquela intensidade de luz continuasse a penetrar em meus olhos.

Mas para além da intensidade, os efeitos de luzes desses aparelhos são realmente incríveis. Luzes de várias cores jorram de forma contínua, às vezes intermitentes, feito relâmpagos. Outras vezes, giram de maneira feérica como um estroboscópio, outras ainda, pulsam lentamente, diminuindo e aumentando de intensidade, como num pulsar cardíaco.

Já percebi também, várias vezes, um foco de luz de determinada cor e, dentro dele, um ponto, menor ainda, de outra coloração. Na reunião de 8 de novembro de 2003, por exemplo, Frederick usou num enfermo um aparelho cuja ponta emitia uma luz branca e, no meio dela, existia um pequeno foco violeta.

Aliás, o emprego dessa sofisticada aparelhagem do astral é para mim uma das maiores provas da veracidade das materializações de espíritos. Mesmo que seja possível alguém portar na mão um pequeno – e potente – aparelho que emita jatos semelhantes ao raio laser, funcionando à base de microbaterias, como explicar seu poder curativo?

Aparelhos com luzes que mudam de forma, de cor e de intensidade a todo momento, dependendo do tratamento do paciente? Mas, afinal, que aparelhos materializados são esses, que energias emitidas são essas? Por mais etéreas e surpreendentes, têm que possuir algum tipo de correspondência com as vibrações eletromagnéticas terrenas. Caso contrário, o corpo humano não teria condições de absorvê-las.

Isso fica claro quando o físico do espaço Joseph Gleber – ao responder à pergunta sobre a possibilidade de se produzirem fenômenos luminosos nas sessões de cura – explica que, em geral, a espiritualidade usa cores mais adequadas para o padrão vibratório humano[212]:

– Uma vez que temos domínio de todas as vibrações, logicamente, temos também o poder de impregnar as luminosidades ectoplasmáticas com cores, dentro de certos fatores padrões. Entretanto, existe um limite de cores e vibrações que vão do vermelho ao azul, classificados como cores bases, comumente usadas nestes trabalhos, quando o desejamos ou temos tempo e energia bastante para isso. É preciso não esquecer que utilizamos energia vibratória oriunda das forças dos meus irmãos, sem o que não podemos atuar.

Questionado então sobre a mecânica de utilização dessa aparelhagem, Gleber dá uma pálida idéia do que seria, mais uma vez mostrando a importância de se adequar seu uso às vibrações humanas:

– É preciso nunca se esquecer de que nós – as entidades espirituais que aqui trabalham – pertencemos a um plano imediato ao dos irmãos. Somos de terreno vibratório quase idêntico. Os aparelhos que existem na Terra existem em nosso plano, logicamente, bastante melhorados pela facilidade de que gozam os espíritos, facultada por melhores estudos e ajuda superior que recebem diretamente. Assemelham-se bastante aos aparelhos terrenos. Funcionam alimentados por energia vibratória irradiada e é somente neste ponto que reside a diferença. No campo espiritual, o seu funcionamento é simples e constante, permitindo uso equilibrado como equilibradas são as suas vibrações; quando são trazidos para reuniões terrenas, passam a funcionar alimentados pela força vibratória do ambiente ao qual são equiparados, sofrendo um rebaixamento em suas vibrações.

O médico Paulo Cesar Fructuoso já teve inúmeras oportunidades de ver, bem de perto, alguns desses aparelhos. Como costuma sentar-se numa cadeira junto a uma das macas de atendimento da nave de materialização do Lar de Frei Luiz, encontra-se numa posição privilegiada de observador. Frederick von Stein costuma segurar um aparelho luminoso de forma ovalada que – como revelou a Paulo Cesar – é um cristal.

– É um cristal que emite uma luminescência energética comandada pelo próprio pensamento da entidade. Essa luminescência energética exalada por esses cristais tem, de alguma forma, capacidade de desagregar os nossos tecidos em sua essência molecular, depois reintegrando-os novamente. Como isso ocorre, foge completamente ao nosso conhecimento.

Paulo Larosa avalia que esses cristais com poderes especiais são, na verdade, cristais líquidos. Segundo ele, os médicos do espaço podem até usar cristais sólidos se quiserem, mas é muito mais lógico que empreguem os líquidos, porque estes têm mais capacidade de concentrar energias e também de refratar a luz. Mas o que é um cristal líquido?

– O que é o cristal líquido? Você pega o cristal bruto, coloca numa forja e aumenta sua temperatura a tal ponto que possa mudar de estado físico. Ele fica líquido ou pastoso. Depois, você o condensa rapidamente. Então, quanto mais calor levar o cristal, mais purificado vai ficando. Ele é líquido no nome. É considerado líquido por causa da facilidade que a energia tem para passar por um líquido e se refratar – algo muito melhor do que a facilidade que aquele mesmo raio curativo teria para se refratar num cristal cheio de impurezas, num sólido impuro.

Mesmo no escuro da nave de materialização, o médium vidente Eduardo Fructuoso, pai de Paulo Cesar, consegue visualizar detalhes desses equipamentos curativos. Segundo ele, os aparelhos mudam de forma, tamanho e função de acordo com os objetivos do tratamento em questão.

De fato, algumas vezes, como já observei, Frederick von Stein materializa aparelhos diferentes em meio ao tratamento. Na reunião de 22 de novembro de 2003, por exemplo, quando atuava num enfermo, ele começou usando um aparelho arredondado que emitia luz vermelha, com um pequeno foco branco no meio. Repentinamente, o aparelho ganhou uma forma alongada, de onde eram emitidas luzes brancas de três pontos diferentes – que lembravam um gomo com três lâmpadas fluorescentes longitudinais. Fontes de luzes que ora pulsavam, ora espocavam feito o *flash* de uma câmara fotográfica.

Eduardo já observou aparelhos em forma piramidal e até semelhantes a uma caneta. Costuma também perceber um aparelho em forma de cone que vai se afunilando – em que o espírito segura na mão sua parte mais estreita, e a mais larga, de onde emite luz curativa, direciona para o enfermo. Olhado a distância, como já vi várias vezes, esse "cone" parece ter o formato de uma lanterna comprida. Muitas vezes, na ponta, observo luz saindo apenas de um ponto só; outras vezes, há como que um disco girando em torno do eixo do cone, com várias lâmpadas minúsculas na borda.

São aparelhos variados, alguns – seriam todos? – à base de cristais especiais a emitir cores e intensidades de luzes diferenciadas. Uma vez, em 1994, eu vi Frederick portando um objeto que, de longe, me lembrou o formato daquelas lanternas de popa de embarcações. No centro, um foco de luz alva, bem luminosa, com um tom que me lembrou o de lâmpadas de néon que iluminam estátuas em praça pública.

Em outra reunião, em 4 de outubro de 2003, ele usou um aparelho que eu nunca tinha percebido. Antes de seguir para os leitos, para mais uma rodada de tratamento, aconteceu algo pouco comum, provavelmente uma prova que desejava dar sobre sua real individualidade: Frederick abriu a cortina da cabine e, por vários segundos, deixou seu aparelho aceso, emitindo luz branca constante, sem piscar, sobre Gilberto Arruda, deitado em transe.

Pude então perceber que era um aparelho comprido em que a fonte luminosa, feito filamentos de luz, acoplada a sua face inferior, acompanhava todo o comprimento longitudinal do instrumento curativo. Talvez fosse o mesmo aparelho que o veria usando no mês seguinte, em 22 de novembro. De tão delgados e compridos, seus filamentos de luz lembravam gomos de lâmpada fluorescente.

De maneira geral, observo com maior freqüência o uso dos aparelhos com formatos parecidos ao de um cone e ao de uma pedra ovalada luminosa, do tamanho de uma bola de tênis, que Frederick segura entre os dedos da mão esquerda. Segundo Eduardo Fructuoso, esse aparelho lhe dá a impressão de ser mesmo "um cristal".

Poderoso vidente que já deu inúmeras provas de seus dons mediúnicos, ele me disse também que, às vezes, os médicos do espaço materializam "pequenos artefatos, como se fossem discos, uns chips, umas pastilhas", que colocam na região afetada pela doença. "São aparelhos minúsculos para ficar irradiando no local a ser tratado."

A professora Thaïs Vaz Rocha dos Santos foi testemunha, em 1982, juntamente com o médico Paulo Cesar Fructuoso, do uso de algo similar ao descrito por Eduardo. O médico do espaço Frederick von Stein fazia uma série de tratamentos em Caroline, filha de Thaïs e do professor Carlos Francisco dos Santos, portadora de linfoma extremamente agressivo. Numa reunião, ele surgiu materializado e, com muito carinho, se acercou da menininha e disse: "Caroline, é titio Frederick, vira de costinhas".

Ele desnudou então a região da parte baixa de sua medula e, com um aparelho luminoso em uma das mãos, iluminou o campo cirúrgico para que Paulo Cesar e Thaïs observassem a operação que iria realizar. Com os dedos, abriu um corte, revelando sua medula, e enxertou nela um pequeno objeto arredondado que classificou de "uma célula mater de silidium". Segundo Thaïs e Paulo Cesar, tinha a forma de um disco achatado, um pouco maior do que um botão de camisa.

– O Paulo Cesar – relembra Thaïs – não entendeu o nome e perguntou: "Silídio?". Frederick repetiu: "Não, silidium. Isso você não conhece, não vai existir ainda na Terra. Esta célula tem a função de emitir vibrações para regenerar as outras. Vai emitir linfócitos saudáveis e não os atípicos, melhorando a condição dela. Toque, pode tocá-la, mas cuidado que ela é gelatinosa e você pode esmagá-la". Paulo Cesar tocou-a, e Frederick fechou o corte que havia feito dando uma leve palmadinha no bumbum dela, e disse assim: "Saiu um pouquinho de sangue porque eu peguei um vasinho".

A filha acabaria falecendo pouco tempo depois, em 1983, mas Thaïs lembra que ela andava fraquíssima e, depois desse enxerto celular, teve uma melhora extraordinária. "Os médicos terrenos não sabiam explicar como os linfócitos atípicos tinham caído tanto, como o fígado e o baço tinham voltado ao tamanho normal."

Com sua grande experiência em sessões de materialização, Rocha Lima compilou relatos impressionantes sobres esses aparelhos curativos. Numa reunião realizada em 22 de maio de 1971, ele registrou[213] a materialização de uma entidade alta e corpulenta que disse se chamar Raman e que passou a cuidar dos enfermos com um aparelho que ainda não tinha sido visto no centro espírita:

– Surge no canto do reostato um aparelho de uns 35 cm de comprimento e uns 25 cm de diâmetro, com a forma esferoidal, girando, oscilando, com duas luzes dentro, amarela e alaranjada, tendo na extremidade inferior uma saliência de onde saíam jatos de luz dourada. O aparelho vibra sobre o recinto. Ondas de perfume invadem a sala. Às vezes, o aparelho apresenta, na parte superior, um círculo que gira velozmente. Tem ranhuras ou grades longas e grossas, e nos intervalos destas, grades mais finas, paralelas. Em seu interior, há como um gás amarelo-alaranjado, e tem embaixo um apêndice, como uma teta, por onde jorra luz verde-carmesim. É um aparelho para novas técnicas de cura, de alta espiritualidade.

Em casos especiais – em geral quando deseja fornecer alguma prova sobre a realidade espiritual –, Frederick von Stein emprega as mãos para abrir o corpo de enfermos e arrancar uma massa tumoral ou alguma parte necrosada. Mas, na maioria das vezes, usa mesmo seus aparelhos curativos luminosos, que têm um poder de penetração que só é possível – a exemplo do uso do raio laser pela medicina terrena – com jatos de luz extremamente intensos e concentrados. Tudo muito bonito, sutil.

Uma vez, em 6 de abril de 2002, fui uma das pessoas atendidas numa das macas da nave de materialização, sendo chamado de surpresa por Frederick, após os enfermos previamente marcados terem sido tratados. Ninguém do grupo pergunta o motivo, apenas se submete aos desígnios da espiritualidade. Talvez, no meu caso, fosse uma ação energética reparadora, talvez o tratamento de alguma doença em estágio inicial no meu corpo astral ou mesmo alguma limpeza de miasmas.

Para ajudar a concentrar energia, costumo fechar os olhos assim que vislumbro o espírito ao meu lado – tempo suficiente para perceber que ele costuma não cobrir seu rosto com o manto ectoplasmático, usando uma máscara asséptica de cirurgião. Os tratamentos dos médicos do espaço em cada paciente não costumam ser longos, durando em média menos de um minuto – algo em torno de 30 a 40 segundos.

Dessa vez, porém, recebi um tratamento intenso. Talvez tenha ultrapassado um minuto, embora fosse difícil precisar, porque, nesses momentos, o tempo não tem relevância – passa sem ser percebido. De qualquer modo, quando Frederick se acercou de mim, pude vê-lo colocando um aparelho na minha fronte direita, que emitia luz branca. Do ângulo que estava, não deu para divisar sua forma. Depois, já com meus olhos cerrados, senti-o passando o aparelho – que emitia raios mornos de luz – por minha barriga, apertando e vibrando-o intensamente. E ainda ouvi-o pigarreando, antes de me deixar.

Após a reunião, minha mulher, Célia Resende, me diria que jorraram fortes jatos intermitentes de luz – que variaram de uma cor branca leitosa a uma de tom mais rosado.

Na verdade, luzes coloridas são uma constante na nave de materialização. Luzes curativas, de diferentes tonalidades, podem surgir a cada momento – e não apenas do lado de fora da cabine. Nessa mesma reunião em que fui atendido, próximo do seu encerramento, jatos intermitentes de luz azul foram emitidos de dentro da cabine e – ultrapassando seu teto, formado por grossa cobertura de panos – acabaram projetados no teto do salão.

Esse facho de luz surge algumas vezes com tanta intensidade que clareia sutilmente a sala, permitindo que se observem os presentes. Para tentar uma descrição mais exata, diria que ilumina o salão como se estivéssemos reunidos sob a claridade de uma noite de Lua cheia. Os espíritos informam que são luzes curativas dirigidas aos presentes – e que se mentalizarmos algum amigo ou parente, poderão receber seus benefícios a distância.

Algumas vezes, luzes coloridas surgem em qualquer ponto da nave de materialização, embora em geral com menor intensidade do que as emitidas de dentro da cabine ou dos aparelhos dos médicos do espaço. Uma vez, Frederick von Stein atuava em um enfermo no leito quando percebi, um pouco acima dele, flutuando no espaço, um tênue foco de luz branca, que aumentava e diminuía de intensidade – como que pulsando. Começou então a subir lentamente até o teto da sala.

Ao notar também o foco de luz, o médico Ronaldo Gazolla, que presidia a reunião, pediu que todos tirássemos os pés do chão e fizéssemos uma respiração rítmica – inspirando lentamente e expirando de uma vez só. Ensinou que dessa maneira seríamos beneficiados com seu potencial curativo, e sugeriu que pensássemos em nossos entes queridos. De repente, assim como surgiu, a luz sumiu.

Em outros momentos, os médicos do espaço – principalmente Frederick von Stein, que se materializa na maior parte das vezes – dirigem seus aparelhos curativos para os demais presentes, em meio aos seus trabalhos de atendimento aos enfermos nas macas.

Uma das reuniões em que Frederick se dedicou de forma mais intensa a esse tipo de cura ocorreu em 18 de maio de 2002. O médico do espaço operava febrilmente as pessoas que eram conduzidas aos leitos, emitindo de seu aparelho luzes vermelhas e brancas – às vezes puxando para uma tonalidade mais azul. De repente, junto de um leito, de forma inesperada, virou-se e começou a jogar luzes sobre nós, nas cadeiras, em jatos intermitentes e rápidos, que iam do vermelho ao branco.

ENERGIAS RADIOATIVAS

A atuação dos médicos do espaço revela o uso de energias que a humanidade ainda levará bom tempo para conhecer e poder lidar de forma segura. É o que fica claro em ensinamentos como o de Joseph Gleber, ao responder a uma pergunta sobre a fonte das radiações empregadas nos processos de cura espiritual[214]:

– Existem várias fontes dessas radiações, que são trazidas de acordo com as nossas necessidades. Possuímos aparelhos semelhantes aos de raios X ou das bombas de cobalto. São dotados justamente da faculdade de atuarem vibratoriamente, em todos os comprimentos de ondas conhecidos pelos meus irmãos e outros que ainda desconhecem. Através deles e com a ajuda de materiais trazidos, ficamos capacitados para atuar, regular, classificar, atenuar e fazer uso completo, podemos dizer, de todas as radiações necessárias.

O uso de aparelhos curativos à base de radioatividade seria também testemunhado pelo delegado Rafael Ranieri em reuniões promovidas, em momentos distintos, com os médiuns Peixotinho e Fábio Machado, no final da década de 1940[215]. Peixotinho trabalhava então no Grupo Espírita André Luiz, no Rio de Janeiro (RJ), e Fábio, no Grupo da Fraternidade Irmã Scheilla, em Belo Horizonte (MG).

O curioso é que, além de aparelhos semelhantes, o policial veria os mesmos espíritos atuando nos dois grupos. Aliás, para Ranieri, isso era uma prova importante de que não havia truques nessas sessões, pois os mesmos espíritos com os quais se acostumara a encontrar nas reuniões com Peixotinho – como José Grosso, Scheilla, Fidelinho e Garcez, entre outros – também se materializavam em Minas, a partir do desenvolvimento da mediunidade de efeitos físicos de Fábio Machado, que fora descoberta por Chico Xavier.

Segundo o delegado, seria impossível o sensitivo sair da cabine, no escuro, e tentar imitar espíritos já conhecidos em outro local. "Eu reencontrara através de um médium que não conhecia o Peixotinho, que não assistira as suas reuniões, que não conhecia aqueles espíritos, os mesmos espíritos, com as mesmas atitudes e maneira de falar, o mesmo tratamento, o mesmo intelecto. Como poderia haver mistificação em casos desses?"

No grupo Scheilla, o policial teria a oportunidade de observar espíritos surgirem com "aparelhos às vezes iguais aos do 'André Luiz' e outras vezes, aparelhos semelhantes". Dentre eles, "os aparelhos de luz verde, aos quais atribuem o poder da radioatividade". Viu também aparelhos de luz vermelha semelhantes aos usados no grupo do Rio de Janeiro. "Aplicam os mesmos aparelhos para as mesmas doenças, tudo exatamente como o fazem os espíritos no 'André Luiz' e tomam as mesmas precauções."

Essas experiências e muitas outras, como no Lar de Frei Luiz, são a demonstração cabal de que esses seres manipulam energias inimagináveis. Muitas vezes, inclusive, os médicos do espaço demonstram preocupação não só com a segurança dos enfermos, mas também com a dos outros participantes. Isso é especialmente importante em casos em que utilizam aparelhos curativos que emitem energias radioativas. Nessas situações, espíritos ensinam que produzem campos de forças invisíveis para servir como escudo protetor.

Numa dessas sessões, o policial Ranieri testemunhou fenômeno inusitado. O médium Fábio Machado, com seus dotes, já havia possibilitado a levitação de discos de música e de outros objetos, além da presença invisível de um espírito que começou a desenhar com lápis e papel o retrato de outro ser. De repente, o espírito José Grosso surgiu e disse que eles iriam "saturar o ambiente com radioatividade".

Diante da dúvida do delegado se aquela experiência poderia causar prejuízos à saúde das cerca de 30 pessoas presentes, ele riu e respondeu: "Nós, os espíritos, derramaremos no ambiente um outro elemento que os homens ainda não conhecem e que equilibra a ação prejudicial do rádium".

Foi então que um dos participantes, Márcio Cattônio, deu um grito de alegria e de espanto ao perceber que de suas vestimentas saía luz. "Todos nos voltamos imediatamente para o Márcio e contemplamos um fenômeno notável: à medida que o Márcio passava as mãos na roupa ou no suspensório, dele saía luz, luz fosforescente, luz de luar, luz igual à que os espíritos, pelo Peixotinho, apresentavam nos seus tecidos do outro mundo."

O fenômeno se daria com as outras pessoas. "Alguns passavam as mãos nos cabelos e os cabelos derramavam luz fosforescente. Eu passei as mãos na minha roupa, nos meus suspensórios e nos meus cabelos e vi a luz desprender-se deles", lembra Ranieri. Após a retirada da radioatividade do ambiente, porém, ninguém conseguiria repetir a experiência.

Mas, afinal, o que havia se passado? "Outro fato importante se realizara para nós, e era a revelação feita pelo Zé Grosso de que existe no mundo invisível um elemento desconhecido na Terra, ignorado pelos homens, e que regula a ação da radioatividade, que equilibra a ação da radioatividade. É um elemento químico ou algum aparelho? Não sabemos. O espírito não esclareceu. É possível, porém, que qualquer dia seja 'descoberto pelo homem.'"

Pelos relatos do delegado, José Grosso adorava brincar com os efeitos de energias radioativas. Uma vez, ele decidiu fazer uma "mágica". Tudo começou quando, numa reunião anterior, um integrante do grupo, César Burnier, teve a idéia de levar balas grandes e brancas, de açúcar cristalizado, para ver se os espíritos materializados as chupariam. Não só José Grosso chupou uma delas como produziu um fenômeno que, a pedidos, reproduziria em reunião da qual participaram cerca de 25 pessoas, entre elas Ranieri.

O policial conta que ele se materializou portando "uma pequena lâmpada verde na mão, à qual atribuía o poder da radioatividade". A uma distância de 35 cm, começou a aplicar a luz do aparelho, por uns dois segundos, em cada bala que todos seguravam. Depois, autorizou que mastigassem suas balas. "Foi então que eu contemplei o espetáculo notável: de cada boca colocada em minha frente, quando mastigava a bala, saía uma explosão de luz fosforescente, verde-clara."

Quando fragmentos das balas eram atritados entre si nas mãos, também explodiam de luz. Esmagando-se pedacinhos de balas no chão, via-se luz esverdeada sair por debaixo das solas de sapato. José Grosso disse para Ranieri que o poder dessa explosão fosforescente duraria mais 24 horas. "Terminada a reunião, muitos levaram essas balas para suas residências e tentaram realizar o fenômeno, o que conseguiram com êxito, muitas horas depois que a reunião tinha terminado, sós, absolutamente sós, sem médium, em suas casas. Eu também realizei a mesma coisa, no outro dia, em quarto fechado, escuro, e afirmo sob palavra de honra que o fenômeno, verídico, irrefutável, se realizou em toda a sua simplicidade e grandeza."

No Lar de Frei Luiz, em 1988, os médicos José Carlos Campos, Paulo Cesar Fructuoso e Ronaldo Gazolla passaram por experiência semelhante. Segundo Paulo Cesar, de repente Frederick von Stein se aproximou com a "mão luminosa" e passou uma "substância luminescente" no antebraço de Gazolla, oferecendo-lhe então "uma rosa que emitia luz de suas pétalas". Para assombro de todos, quando o espírito retirou a mão, o antebraço de Gazolla estava brilhando.

O ser do espaço repetiu então a experiência com Paulo Cesar e José Carlos. "Algumas horas após o término daquela memorável reunião, já em nossos lares, continuávamos a desprender as estranhas radiações de nossas mãos e antebraços, perfeitamente visíveis no escuro, o que foi atestado por nossos familiares."

Experiências como essas, para demonstração de efeitos físicos, ocorrem em meio a propósitos mais sérios de cura. Assim como no caso do médium Gilberto Arruda, os espíritos que acompanhavam Peixotinho e Fábio Machado jamais deixaram de se dedicar ao trabalho curativo. O próprio José Grosso, que adorava promover brincadeiras utilizando-se de elementos radioativos, também sabia ser sério quando necessário.

Ranieri recorda uma reunião no grupo Scheilla, com o médium Fábio, em que espíritos portavam "uma espécie de pedaço de algodão luminoso, verde-claro". Aproximando-se dos doentes, "distendiam o algodão de modo que ele se tornava uma faixa luminosa, brilhando no ar". Essas faixas eram utilizadas para "aplicações radioativas" nas cabeças, barrigas, peitos e outras partes dos enfermos. "Além dessa faixa, o Zé Grosso apresentou-nos uma espécie de folha de papel um tanto dura e parecendo metálica da mesma cor verde-clara e com a qual fazia as mais variadas aplicações e empregos."

Nascido em Belo Horizonte, Fábio Machado era o mesmo médium que, anos depois, já na década de 1970, no Grupo da Fraternidade dr. João de Freitas, na cidade do Rio de Janeiro, possibilitaria novas materializações de Joseph Gleber – cujos ensinamentos seriam publicados no livro *Através da Ectoplasmia*.

Ativo participante do grupo Scheilla, esse médico do espaço também atuava num grupo espírita da cidade mineira de Caratinga que foi visitado cerca de 30 vezes pelo professor Hermógenes, que ali testemunhou reuniões de cura memoráveis comandadas por ele – como a operação de um câncer em um capitão do Exército. "Ele pediu para eu segurar firme na perna do capitão, com o polegar e o indicador. Aí ele pegou uma seringa e, naquele escuro, enfiou-a exatamente entre os meus dedos."

O médium Peixotinho foi outro colaborador dedicado da espiritualidade que, em várias regiões do Brasil, possibilitaria reuniões de cura em que seres de luz demonstravam as potencialidades do uso de aparelhos radioativos. Numa dessas sessões, realizada em Fortaleza, a médica do espaço Scheilla se materializou e acabou dando mais uma demonstração – a exemplo de José Grosso – sobre o controle adequado que a espiritualidade promove quando da utilização de elementos radioativos.

Essa reunião foi testemunhada, entre outros, por Honor Torres Silva, um dos diretores do Centro Espírita Cearense. No livro *Dossiê Peixotinho*[216], ele descreve seu encontro com Scheilla, que materializou "um aparelho mais ou menos do tamanho de uma caixinha de fósforo", do qual saiu "uma radiação verde fosforescente, fulgurante como fogo".

Ela lhe perguntou então quanto avaliava que teria de rádio naquela caixinha. Torres Silva calculou que deveria ter de dez a 12 gramas. Admirado, disse a Scheilla que, normalmente, se usava em medicina, para aplicação de um "pequeno filete" em algum doente, uma "blindagem radioativa" em forma de cone com apenas um grama de rádio, para se filtrarem assim todas as radiações adjacentes. "E você, diante de mim, me mostra uma caixinha com dez a 12 gramas, eu já devia estar fulminado."

Ela explicou então que havia ali um campo protetor produzido pela espiritualidade, mas invisível aos olhos humanos. "Nós estamos suficientemente, fartamente protegidos, não há radiação que atinja." Em seguida, passou a tratar alguns enfermos.

Em determinado momento, porém, foi se deitar na maca uma senhora com câncer de mama em estágio inicial. Honor lembra que quando Scheilla aplicou-lhe o aparelho, ouviu-se "um estalo". A médica do espaço decidiu então interromper a sessão, pois ocorrera "um acidente" com a paciente, que sofrera uma queimadura de rádio. Mais tarde, explicaria o porquê daquele estalo:

– A senhora que foi convidada para receber esta aplicação recebeu instruções para se preparar. Não ter alimentação carnívora, não fumar, não beber, ter fé, comportamento sadio, jejum sexual. E a pessoa fez exatamente o contrário, querendo trazer um confronto e um desafio ao que se pedia, para ver o resultado. E o resultado foi esse: nós não podemos impedir o livre-arbítrio de ninguém, e a pessoa, no uso de seu livre-arbítrio, colheu dolorosamente o resultado. Vai ter que freqüentar os consultórios médicos para tratar da queimadura. A queimadura foi superficial na pele. Não atingiu as regiões profundas. E com pouco tempo de tratamento será curada. Ela ficou com uma mancha negra em cima do seio. Com o despreparo com que veio, ela descarregou o aparelho e provocou a queimadura.

Mais uma vez, a espiritualidade ensinava a importância da disciplina e de vibração mental adequadas para se participar de reuniões de materialização.

Em paralelo a Peixotinho, o médium Fábio Machado era outro que contribuía em inúmeras experiências em que parecia existir a presença de elementos radioativos curativos. Ranieri cita[217] uma reunião no grupo Scheilla em que surgiu Joseph Gleber portando numa das mãos "um copo de água cristalina e na outra um pequeno aparelho luminoso". O espírito elevou então o aparelho a cerca de um palmo da boca do copo d'água e todos viram, "como de um conta-gotas, cair um pingo de luz" luminoso até o fundo. "Houve então uma espécie de pequena explosão dentro da água, efervescendo esta e subindo no copo ao mesmo tempo em que se tornava totalmente rósea."

O médico do espaço repetiria a operação em outros copos, dirigidos a pacientes com doenças diferentes. Só que, do mesmo aparelho, saltaram pingos de luz azul e depois verde. "Em todos os casos houve a surpreendente explosão de colorido fosforescente. E o espírito repetiu isso numerosas vezes. Esses remédios assim produzidos eram colocados em garrafinhas e enviados aos doentes, e todos eles melhoravam com o uso desses medicamentos", diz Ranieri, sem explicar que doenças eram essas.

Pelos dados da literatura espírita e das experiências no Lar de Frei Luiz, percebi que não é muito comum a aplicação de remédios curativos por parte dos seres do astral materializados. Em geral, eles se valem mesmo do uso de aparelhos luminosos. Mas a utilização de medicamentos parecia ser uma das especialidades de Joseph Gleber, que, em *Através da Ectoplasmia*[218], fornece informações sobre a finalidade da coloração dada aos remédios preparados pela espiritualidade:

– A cor é dos próprios medicamentos, oriundos de vegetais e minerais. São extraídos mediante diversos processos, muitos ainda desconhecidos da medicina terrena. Equipes há, não a nossa, que, utilizando aparelhagem especial, extraem aqueles medicamentos na forma de microcélulas para nos fornecerem, conforme nossas necessidades. Muitos deles possuem princípio medicamentoso idêntico ao processo terapêutico da Terra. Diferem, porém, por possuírem elementos ativos desconhecidos da medicina terrena, que têm a capacidade de renovar, completamente, as partes infeccionadas e os tecidos destruídos por diversas causas. Para cada enfermidade preparamos um medicamento. Finalmente, a coloração é conseqüência do meio e do tipo de microcélulas empregadas, para sua elaboração.

NA CURA DO CÂNCER

Ensinamentos como esse confirmam que espíritos usam não só produtos de suas dimensões astrais para a elaboração de medicamentos, como também – pelo menos em alguns casos – elementos da Terra. É o que se depreende da fala de Ramatis sobre fitoterapia astral, no livro *Chama Crística*[219], em que explica que seres astrais utilizam "essências fitoterápicas eterizadas, presentes em todo o reino vegetal" do planeta Terra.

Ao informar que "essas essências são recolhidas e manipuladas junto ao ectoplasma do médium nos trabalhos de magnetismo curador aos encarnados", conclui: "Para cada caso, para cada doença, há uma erva astral, essência eterizada, que é aplicada individualmente. Quando a essência eterizada necessária à cura não se encontra em vosso plano, utilizamo-nos do grande manancial da fitoterapia astral, existente do lado de cá".

No histórico das reuniões de materializações do Lar de Frei Luiz, consta um significativo exemplo de que a espiritualidade domina ensinamentos sobre nossa flora que muitos de nós desconhecemos: o caso do avelós.

As pesquisas sobre as potencialidades terapêuticas dessa planta na cura de casos de câncer e de outras enfermidades, como a Doença de Chagas, foram iniciadas pelo conceituado psiquiatra Lauro Neiva, que publicou, em 1966, a primeira edição do livro *A Cura do Câncer pelo Avelós*, que seria reeditado, de forma ampliada, em 1974[220].

No livro, ele conta que o médico do espaço João Pedro lhe ditou uma fórmula para misturar com água a seiva cáustica dessa planta, que é abundante no Nordeste brasileiro e em alguns países africanos. A fórmula fora passada ao psiquiatra para que tratasse sua mãe, que estava à morte, com câncer no pulmão. Segundo ele, a doença começou a regredir com a sua aplicação, a ponto de considerar a mãe a caminho da cura. Mas, três meses depois, com o organismo muito debilitado devido à idade avançada, ela acabou morrendo de parada cardíaca.

O real potencial do avelós na cura de casos de câncer nunca foi profundamente pesquisado em modernos laboratórios da medicina. Para amigos e familiares, Lauro comentava que creditava isso ao lobby dos grandes laboratórios farmacêuticos, mais interessados na produção de medicamentos tradicionais, muito mais caros e lucrativos.

Mas a fórmula especial – que passou a ser aplicada por inúmeros homeopatas, após a publicação do livro – ganhou foros oficiais graças ao empenho do Instituto Hahnemanniano do Brasil (IHB), com sede no Rio de Janeiro, que em 1995 formou uma equipe para iniciar estudos sobre o emprego do avelós dinamizado – na forma líquida, em doses homeopáticas – no tratamento de casos de câncer.

Ao analisar 60 pacientes, entre agosto de 1998 e abril de 1999, a equipe do IHB observou a regressão completa da doença em 16,6% dos casos; alívio total dos sintomas, com regressão parcial ou total da doença, em 15% dos casos; alívio parcial dos sintomas, com ou sem regressão da doença, em 46,6% dos casos; e a não observação de qualquer resposta terapêutica em 10% dos casos.

Conclusão do estudo: "O avelós dinamizado utilizado no tratamento de imunodeficiências mostrou-se clinicamente eficiente, principalmente em relação ao câncer de linhagem monoclonal".

PROVAS MATERIAIS

A indicação da fórmula de um remédio natural ou a aplicação de medicamentos que combinam elementos astrais e terrenos em sua produção é mais uma evidência da complexa variedade de tratamentos curativos utilizados pelos médicos do espaço. Cada situação, cada enfermo implica algum tipo de recurso.

Mas, de uma maneira geral, eu diria que, nos tratamentos, o uso de energias curativas – em que não se vê propriamente a intervenção realizada – é a metodologia mais empregada. Em alguns casos, porém, se faz necessária a produção de uma prova material – para, obviamente, estimular a pessoa mais descrente a fortalecer sua confiança em determinado procedimento espiritual.

E algumas vezes, como aconteceu em 1972 com o mecânico Eduardo Fructuoso, provas dessas atuações físicas são direcionadas para outras pessoas, e não propriamente para os enfermos. Médium com dom de vidência muito forte, Eduardo já trabalhava há anos no Lar de Frei Luiz, presenciando fenômenos dos mais variados, e não precisava de qualquer prova da realidade dessas operações. No entanto, numa sessão de materialização, quando se iniciava um círculo de preces, Rocha Lima lhe disse de repente: "Eduardo, venha cá. Vai para o leito agora, que você vai ser operado".

O médico do espaço João Pedro se aproximou então e, deixando de lado seus aparelhos luminosos, abriu o estômago do médium com a mão materializada. "Eu senti um corte, a incisão, ele meter a mão. Parecia que uma friagem estava me envolvendo, devia ser sangue. Quando saí, minha roupa estava suja de sangue."

Ao chegar em casa, Eduardo foi recebido na porta pelo filho, Paulo Cesar Fructuoso, que cursava o terceiro ano da faculdade de medicina e via, com a desconfiança de um cartesiano, o trabalho do pai num centro espírita. Surpreso, o jovem notou uma mancha de sangue em sua camisa, com um palmo de diâmetro, na altura da boca do estômago. "O que é isso, o que foi?", perguntou, ouvindo de Eduardo que havia sido operado espiritualmente. "Mas você sentia alguma coisa?", indagou o filho. "Eu sentia dores, mas eu não me queixava, para não preocupar vocês."

O médium não tinha a menor idéia do que se passara ou o que tinha. "Talvez uma úlcera", quem sabe até mesmo um princípio de câncer. O fato é que ele nunca mais sentiria qualquer dor no estômago. Mas aquela mancha de sangue, aquela história de uma cirurgia inusitada realizada por um espírito materializado aguçaram o senso crítico de Paulo Cesar, que decidiu levar o pai, no dia seguinte, para fazer uma seriografia – uma radiografia contrastada do esôfago, do estômago e do duodeno – na Santa Casa de Misericórdia, conhecido hospital do Rio de Janeiro, onde fazia seu curso de clínica médica.

E o exame deixaria o futuro médico boquiaberto – servindo como o empurrão decisivo para que começasse a se engajar nos trabalhos do Lar de Frei Luiz. "Durante o exame, na hora que estava sendo feita a avaliação pelo radiologista, ele perguntou se meu pai já havia sido operado no estômago. Eu falei não e perguntei por quê. 'Ah, é porque nós estamos vendo aqui alguns sinais cicatriciais, alguns sinais de que alguma cirurgia foi feita'."

Ciente de se tratar de tema muito delicado para conversar com profissionais de saúde ortodoxos, Paulo Cesar desconversou e seguiu seu caminho – rumo a uma nova medicina.

Assim atua a espiritualidade, seja para atrair alguém para um trabalho de cura, seja para solidificar a fé de um enfermo, promovendo intervenções materialmente comprovadas.

No Lar de Frei Luiz, o médico do espaço Frederick von Stein opera quase sempre com aparelhos luminosos. Mas quando necessário, faz procedimentos físicos. Nesses casos, com seus dedos materializados, sem usar qualquer instrumento cirúrgico, corta a pele na região enferma, para tirar das profundezas do corpo um elemento deletério qualquer.

Numa dessas intervenções, em 20 de abril de 2002, um procurador de Estado aposentado, que um ano antes havia passado por duas cirurgias complexas, num hospital do Rio, para a retirada de um tumor no fígado, foi chamado para tratamento na maca. Frederick se acercou dele e, de repente, no escuro, ouvimos o médico Ronaldo Gazolla, que acompanhava a cirurgia espiritual, anunciar que o médico do espaço tinha levantado sua camisa e estava tratando seu abdômen – do qual começara a brotar sangue na altura do fígado, saindo de dentro da pele uma massa tumoral misturada com algodão. O material retirado foi colocado depois num vidro com formol, como prova.

A materialização de algodão em cirurgias espirituais é relativamente comum. Como médico e presidente dessas sessões curativas do Lar de Frei Luiz, Gazolla sempre era chamado pelos seres de luz para observar ações do gênero – certamente para que aprendesse algo e passasse informações para o restante do grupo.

Depois dessa reunião, procurei-o – como, aliás, sempre fazia quando queria me inteirar melhor de algum episódio que ocorria nas sessões. Ele me descreveu então que "a mão de Frederick pareceu penetrar por dentro da pele" do paciente, de onde começou a brotar sangue. Em seguida à retirada da mão, o sangramento foi secando e, paralelamente, "começou a sair pela pele algodão materializado e uma parte do fígado, com um tumor".

Assim, com a ajuda da medicina terrena e, depois, da espiritual, o procurador de 66 anos limparia temporariamente o fígado, ganhando uma sobrevida de dois anos e meio. À época, ele enfrentava um câncer, descoberto em 1994, que entrara em processo de metástase.

O caso desse procurador não seria o primeiro nem o último. As intervenções físicas de Frederick são as mais variadas. Numa reunião, em 16 de março de 2002, minha filha, Júlia D'Aquino, estava em uma maca para ser atendida, por causa de dores que sentia na coluna. Ao lado, uma mulher era tratada pelo médico do espaço. Gazolla passou a descrever para todos que sua barriga estava à mostra e brotando sangue.

Mais tarde, Júlia diria ter percebido Frederick segurando "uma luz vermelha" entre os dedos da mão – e que iluminava o corpo e o ventre da paciente. Depois da reunião, no vestiário, minha mulher observou a barriga da enferma. "Havia dois furos, com marca de sangue, distantes uns dois dedos um do outro, como se ela tivesse passado por uma laparoscopia", recorda Célia Resende.

Algumas vezes, as pessoas são pegas de surpresa pelos médicos do espaço, que as convocam inesperadamente para o leito. Isso acontece em particular com integrantes do grupo ao final das sessões, depois que todos os enfermos inscritos são atendidos.

Uma vez, em 7 de fevereiro de 2004, a professora de inglês Thaïs Vaz Rocha dos Santos, há dois meses com uma infecção gênito-urinária que não cedia com a medicação receitada pelo seu médico, foi convocada para o leito, sem que nada tivesse sido previamente marcado. Em paralelo, Frederick chamou o médico Paulo Cesar Fructuoso, que presidia a sessão, para acompanhar a operação.

O médico do espaço desnudou então o baixo ventre da colaboradora do centro espírita, puxando sua calça, e, enquanto iluminava o campo cirúrgico com a luz emitida do aparelho que segurava na mão esquerda, foi com os dedos da direita traçando um corte em sua pele. "Eu senti o corte, ele abrindo, mas não senti dor."

Na medida em que atuava na região, foi saindo uma massa gelatinosa meio esbranquiçada, misturada a sangue, feito clara de ovo. Em seguida, o corte, como que por encanto, fechou, e Thaïs se viu aliviada da infecção, embora não totalmente curada – o que só ocorreria semanas depois.

PANTALHA LUMINOSA

As reuniões no Lar de Frei Luiz são assim mesmo – cheias de provas sobre a atuação da espiritualidade. Muitos são tocados, outros não. Já observei casos de doentes terminais que passaram por ali e saíram sem achar nada de diferente – não acreditando sequer que haviam sido atendidos por um médico do espaço, mas, sim, por um ser humano. Alguém, em carne e osso, que se fazia passar por um espírito materializado.

Não entenderam o propósito maior dessas reuniões: provar a continuidade do ser, a transcendência da vida além da matéria. Provar que existe vida após a vida.

No entanto, volta e meia, para fortalecer a fé interior ou chamar a atenção de pessoas invigilantes, seres do astral deixam de lado suas tarefas eminentemente curativas e fornecem provas da existência de forças espirituais. Numa era em que o movimento espírita no Brasil concentra suas energias em tarefas sociais e curativas, Frederick von Stein e outros médicos do espaço poderiam muito bem se limitar a sair da cabine de materialização e tratar dos doentes. Mas não, também procuram atender à visão dos mais incrédulos.

O episódio da pantalha, ocorrido em 29 de setembro de 2001, aniversário de minha amada Célia, foi um exemplo do que falo. O clima reinante não estava bom. Antes da reunião, na curta palestra que normalmente fazia para os presentes, na ante-sala das materializações, Gazolla falou sobre a necessidade do grupo se unir mais, evitando-se críticas ao comportamento alheio. Disse, inclusive, que diante das dificuldades vibracionais, provavelmente Frederick von Stein não conseguiria se materializar – e, se fosse o caso, trabalharia incorporado no médium Gilberto Arruda.

Suas palavras de alerta, porém, surtiram efeito! Dentro da nave, o que se viu foi a atuação de Frederick materializado com seu aparelho curativo luminoso. Em determinado instante, uma luz azul, que saía de dentro da cabine, foi projetada no teto, vibrando intensamente. Havia apenas oito pacientes para serem atendidos. Mas com a boa vibração, mais 22 pessoas acabaram sendo chamadas para o leito! Jamais tinha presenciado atendimento tão grande além do número inicial estabelecido dias antes da reunião.

Mas além da dedicação extremada do médico do espaço, em determinado momento observamos a pantalha "levitando" no ar. A pantalha é um pedaço retangular de madeira pintada com tinta fosforescente, para ser visto no escuro. Serve – além de lanternas com luz vermelha – para que um assistente do grupo, segurando-a na mão, guie na penumbra pacientes a caminho dos leitos.

Pois ali estava ela, fora da mão de qualquer integrante, "flutuando" no ar – e com uma cruz desenhada no meio. O desenho – anunciou Gazolla – acabara de ser feito, energeticamente, por Frederick von Stein. Em seguida, a pantalha foi entregue a um componente do grupo, para que a carregasse pelo corredor entre as cadeiras, mostrando-a de perto para que todos nós testemunhássemos a força da espiritualidade.

Depois da sessão, Gazolla me explicaria que a pantalha não tinha flutuado no ar, como inicialmente eu imaginara. Naquele breu total, Frederick levou-a para dentro da cabine de materialização, onde, através de processo energizante, fizera a tinta perder temporariamente o seu poder fluorescente em duas faixas em forma de cruz. O que vimos, portanto, eram faixas em cruz no pedaço de madeira que não estava mais fosforescente. Desenhada a cruz, Frederick saiu da cabine e segurou a pantalha bem alto, com o braço. No escuro, a certa distância, a impressão era a de que flutuava no ar. Em seguida, o médico do espaço devolveu a pantalha, para que fosse exibida para o grupo.

Em minha opinião, o chefe da equipe de médicos do espaço do Lar de Frei Luiz dava assim mais uma prova do poder espiritual, usando o símbolo da cruz – portanto, de Jesus – para mostrar aos integrantes do grupo a importância da união em torno de um trabalho com objetivo maior de ajuda ao próximo.

O episódio da pantalha energizada me lembrou os "fenômenos dos letreiros luminosos" relatados por Ranieri em reuniões realizadas com Peixotinho no grupo André Luiz[221]. Os seres astrais desenhavam letras fosforescentes em faixas que exibiam no escuro. "O letreiro fosforescente flutua no espaço: ora vem até a cara dos assistentes, ora sobe a dois, três e mais metros de altura; outras vezes sobe até o teto."

Pela descrição do delegado de polícia, o tecido utilizado para esses letreiros era semelhante à consistência de boa parte dos mantos ectoplasmáticos usados por espíritos materializados: um tecido fibroso, que pode ser mais grosso, sem que se consiga divisar qualquer traço físico do ser, ou mais fino. "Tem-se a impressão que as letras são impressas ou desenhadas num tecido semelhante ao filó."

O que mais impressionou Ranieri foi "a rapidez" com que esses letreiros eram confeccionados. Segundo ele, o espírito pedia para que alguém citasse uma frase qualquer, "se possível um trecho do Evangelho de Cristo", e, imediatamente, se via "sair da cabina, como num passe de mágica, a frase citada modelada em letras luminosas, tendo embaixo a assinatura do espírito que a escreveu".

LEVITAÇÃO DA TROMBETA

Nas reuniões de materialização no Lar de Frei Luiz, a espiritualidade escolhe ocasiões especiais para demonstrar fenômenos raros de ectoplasmia que sirvam para solidificar a necessária união do grupo. Mas, em alguns casos, a fenomenologia de efeitos físicos serve também para divulgar para o mundo a realidade da transcendência da matéria, contribuindo para desenvolver uma consciência holística que fortaleça o movimento espiritual de combate à tendência materialista que impregna boa parte da humanidade.

Nesse sentido, apesar de reservas em relação à freqüência das reuniões, volta e meia a direção do grupo é autorizada a convidar pesquisadores que possam contribuir para levar essa causa adiante. Estudiosos escolhidos a dedo, para não trazer vibrações excessivamente críticas ao ambiente.

Por mais que isso provoque polêmica junto aos mais céticos, que acham que essa seleção discriminatória tem o objetivo de evitar que sejam descobertas fraudes, as lideranças do Lar de Frei Luiz – desde o seu fundador, Rocha Lima – compreendem muito bem que a espiritualidade nunca se dobrará aos ditames de cientistas positivistas.

O espírita francês Léon Denis, em seu livro *No Invisível*[222], já tocava nesse assunto ao criticar aqueles que queriam "impor a essas investigações as regras da ciência ortodoxa e positiva, que consideram os únicos fundamentos da certeza". Para ele, a experiência demonstra "que cada ciência tem suas regras próprias. Não se pode estudar com proveito uma nova ordem de fenômenos socorrendo-se de leis e condições que regem fatos de uma ordem inteiramente diversa".

Rocha Lima também foi um pesquisador à frente do seu tempo, dedicando-se a registrar, em fitas gravadas, anotações e fotografias, um número imenso de experiências com espíritos materializados, boa parte publicada em seus oito livros. Legaria assim para a posteridade um rico acervo de ensinamentos.

Do alto de seu aprendizado com a espiritualidade, compreendera que era contraproducente abrir as portas do Lar de Frei Luiz para qualquer pesquisador, em nome de uma suposta necessidade imperiosa de se divulgar essa fenomenologia para o mundo. Só aceitava aqueles com bons propósitos – e desde que aprovados pelos seus guias de luz –, mesmo que não fossem pessoas totalmente convencidas da realidade espiritual.

Essa linha de atuação vem sendo seguida desde que ele deixou o mundo material, em 1995. Nesse sentido, ao longo dos anos, chegam do Brasil e de várias partes do mundo profissionais de diferentes áreas para conhecer esse centro espírita.

Um deles foi o francês Patrick Drouot, físico de formação que se transformou num terapeuta de regressão de memória reconhecido internacionalmente, passando a realizar no Brasil freqüentes cursos de formação e palestras. Seus livros escritos sobre suas pesquisas no campo da espiritualidade – como *Nós Somos Todos Imortais* e *O físico, o Xamã e o Místico*[223] – se tornaram referência para muitos estudiosos.

Eu e Célia conhecemos Patrick e sua mulher, Liliane Gagnon, num agradável jantar no apartamento que alugavam no Rio de Janeiro, em julho de 2000. Convidados pelos amigos Waldemar Falcão, o Mazinho, e Mônica Morel, nós lhe falamos sobre o Frei Luiz.

Pouco mais de um ano depois, no sábado 15 de setembro de 2001, nos reencontraríamos – na ante-sala da nave de materialização. Apesar do clima conturbado que pairava sobre a Terra – devido ao atentado terrorista que derrubara as torres gêmeas do World Trade Center, em Nova York, em 11 de setembro –, foi uma manhã plena de efeitos físicos que impressionou muito o casal.

Temi, de início, que os dois – e mais uma intérprete para o francês que os acompanhava – não pudessem ter uma boa experiência. Em sua preleção habitual antes da reunião, Ronaldo Gazolla advertira que a ambiência, desde a noite de sexta-feira, não estava "muito boa".

Entramos. Reunião iniciada, veríamos que o grupo seria capaz de reverter a situação – pois logo surgiu Frederick von Stein, tratando de inúmeros enfermos. De repente, pela primeira vez na vida, pude assistir ao fenômeno da levitação da trombeta, que transmitiu, pelo chamado fenômeno de voz direta, a fala de Frei Luiz – diretamente do astral.

A trombeta é um cone de alumínio semelhante aos antigos megafones de propagandistas utilizados para amplificar suas vozes. No Lar de Frei Luiz, duas trombetas em alumínio, pesando 800 gramas cada uma e pintadas com tinta fosforescente, para melhor visualização no escuro, são colocadas no chão, com o bocal maior virado para baixo, junto às entradas das duas cabines mediúnicas. Ali, ficam à disposição da espiritualidade para eventual uso, já tendo sido empregadas várias vezes, como, em 1967, quando o espírito Frei Leonardo anunciou a elaboração da letra da Canção a Frei Luiz.

E lá estava uma delas levitando no escuro. Levantando lentamente do chão, foi subindo, subindo e, ao se aproximar do teto da sala, a quatro metros de altura, virou-se para os presentes, flutuando. Era Frei Luiz, que havia deixado o mundo material em 1937, falando-nos diretamente do invisível. Com jeito arrastado e voz fraca, demonstrando grande dispêndio de energia para poder se comunicar dessa forma, o guia espiritual do centro chamou a atenção de todos para a importância da união, para que evitássemos as dissensões.

Para transmitir mensagens com a própria voz, os seres do astral costumam utilizar recursos, como falar através da trombeta. Quando os médicos do espaço se materializam, a energia envolvida para operar enfermos é tão grande que, na maior parte, eles evitam falar – seria um gasto a mais de energia. Assim, para passar uma mensagem mais demorada, a trombeta é utilizada para se poupar um gasto excessivo, pois amplifica a voz espiritual.

O espírito promove então – com recursos ectoplasmáticos – a levitação da trombeta e, materializando apenas seu aparelho fonador, fala através do bocal. Essa técnica tem inclusive a vantagem de impedir interferências anímicas do médium principal.

Na verdade, com a invenção do gravador de rolo, seres do astral passaram a utilizar, a partir de 1959, em experimento ocorrido na Suécia, o recurso de registrar suas vozes em fita. Sem que suas palavras sejam escutadas no ato da gravação, surgem depois gravadas. Espíritos costumam ainda veicular suas vozes em transmissões radiofônicas ou, ainda, através de ligações telefônicas.

Como assinalei em *Médicos do Espaço*[224], uma das maiores especialistas internacionais na chamada TCI (Transcomunicação Instrumental), a brasileira Sonia Rinaldi, com vários livros publicados, aponta Rocha Lima como o pioneiro mundial em gravar vozes de espíritos transmitidas por telefone.

Enfim, a emissão de vozes de espíritos não é um fenômeno novo, apenas vem se adaptando ao desenvolvimento tecnológico da humanidade. Da mesma forma, o recurso à trombeta não é nenhuma novidade – nem foi inventado por Rocha Lima. O escritor Arthur Conan Doyle, no livro *História do Espiritismo*[225], registra seu uso no início do século XX, lembrando fatos semelhantes ocorridos com inúmeros médiuns.

No entanto, ele avalia que o fazendeiro Jonathan Koons, de Ohio, nos Estados Unidos, no século XIX, teria sido o primeiro dos modernos médiuns a possibilitar esse tipo de fenômeno, numa choupana conhecida como "Casa do Espírito". Ali ocorreu "em 1852, e durante muitos anos, uma porção de fenômenos surpreendentes, entre os quais havia vozes de espíritos, que falavam através de um pequeno megafone ou trombeta".

Doyle cita outros exemplos, como o da médium Elizabeth Blake, também de Ohio, uma mulher pobre e iletrada que viveu na aldeia de Bradrick e morreu em 1920. Segundo ele, "era um dos mais maravilhosos médiuns de voz direta de que temos notícia e, talvez, o de maior valor probante, porque em sua presença as vozes se produziam com regularidade em plena luz do dia". Era médium desde criança. Muito religiosa, "pertencia à Igreja Metodista, da qual, como alguns outros, entretanto, foi expulsa devido a sua mediunidade".

O escritor reproduz o depoimento de uma das testemunhas de seus dons, dr. L. V. Guthrie, superintendente de um asilo e conselheiro médico da médium: "Fiz sessões com ela em meu próprio escritório e no alpendre, ao ar livre e, numa ocasião, dentro de uma carruagem numa estrada. Constantemente se me oferecia para fazer sessões e usar uma manga de candeeiro em vez de uma pequena corneta e muitas vezes a vi produzir vozes tendo a mão numa das extremidades da trombeta".

Ao tomar como base as primeiras explicações do astral sobre o fenômeno, Doyle especula que "o ectoplasma procedente do médium, mas também, em menor proporção, dos assistentes", é utilizado por espíritos "na moldagem de uma espécie de laringe humana", para a reprodução de suas vozes.

Na realidade, o chamado fenômeno de voz direta, até mesmo sem o recurso de uma trombeta, sempre foi uma constante na história, com os sons surgindo em espaços "vazios". É como afirma o escritor: "A narrativa bíblica é farta em exemplos desse fenômeno e as constatações psíquicas dos tempos modernos mostram que aqui, como em outras manifestações supranormais, o que aconteceu na aurora do mundo acontece ainda".

Minha mulher, a psicoterapeuta de regressão a vidas passadas Célia Resende, por exemplo, já ouviu vozes de espíritos pouco evoluídos brigando entre si numa reunião de desobsessão com oito pessoas, no final dos anos 1960, no sítio do seu tio Armando Ramos e Silva. O objetivo do encontro era retirar a carga negativa de espíritos pouco evoluídos acoplada ao corpo astral de um homem.

Quando ele chegava para a sessão, sem mesmo ter entrado na casa, ouviu-se no ar uma forte discussão entre espíritos, seguida de barulho de corpos batendo contra os móveis. Os ponteiros de um relógio de parede foram contorcidos. Finalmente, o forte embate foi contido por espíritos protetores, que descarregaram a forte e densa vibração negativa em direção a uma cadeira – que na frente de todos pegou fogo.

Uma vez, em 2003, em sua segunda visita ao Lar de Frei Luiz, o famoso médium norte-americano James Van Praagh – que virou best-seller mundial com seus livros sobre espiritualidade – me disse ter ficado muito emocionado quando ouviu a voz de sua mãe numa sessão promovida em Los Angeles, em meados dos anos 1980, pelo famoso médium inglês Leslie Flint (1911-1994), que costumava atender celebridades como a atriz americana Mae West. Em seu livro *Conversando com os Espíritos*[226], James descreve o fenômeno em que o ectoplasma é utilizado "para formar uma caixa de voz artificial", através da qual saía a fala espiritual:

– Na minha terceira consulta, minha mãe apareceu e sua voz soava exatamente a mesma de quando estava viva. Ela me chamou pelo meu apelido, que ninguém mais sabia, somente nós dois. A experiência foi, para dizer o mínimo, inspiradora e inesquecível. Infelizmente, esse tipo de mediunidade é rara. Conheço apenas um outro médium ainda vivo capaz de criar tal fenômeno.

James Van Praagh é um forte clarividente, capaz de captar, ao lado das pessoas, espíritos que queiram se comunicar. Nesse dia em que nos conhecemos, ele atenderia a várias pessoas do Lar de Frei Luiz, transmitindo-lhes mensagens de parentes e amigos que já haviam partido. Seus dotes são impressionantes. Numa viagem que eu fizera aos Estados Unidos, dois meses antes, costumava assisti-lo num programa de TV em que ficava transmitindo mensagens de espíritos que acompanhavam pessoas da platéia.

Quando nos encontramos, em abril, o planeta vivia o início de uma guerra insana promovida pelo governo dos Estados Unidos contra o Iraque do ditador Saddam Hussein. Eu, que fora um soldado inglês morto na Segunda Guerra Mundial – conforme me convenci em terapia de regressão de memória –, andava incomodado com tudo aquilo, sentindo na pele os horrores de mais uma estúpida ação humana. E para minha surpresa, James se virou para mim e afirmou, de supetão: "Você é um soldado da paz. Você é um soldado da paz, eu posso ver isso".

Na primeira vez que estivera no Lar de Frei Luiz, em 2001, o médium havia passado por experiência marcante numa reunião de materialização, que relatou em seu livro *O Despertar da Intuição – Desenvolvendo o seu Sexto Sentido*[227]. Segundo ele, nessa sessão ocorreu algo que jamais esqueceria enquanto vivesse, após ser colocado inesperadamente num dos leitos para tratamento.

O sensitivo descreve a atuação curativa de Frederick von Stein de leito em leito, usando "máscara cirúrgica e luvas de látex" e segurando "uma vareta que parecia uma batuta de maestro" e que emitia "luzes coloridas". Ao se aproximar, apontou "a vareta" para seu abdômen. Sem que ninguém soubesse, James estava "com problemas de úlcera, que desde então desapareceram".

Testemunhado por James Van Praagh nos Estados Unidos e por Patrick Drouot no Brasil, o fenômeno da voz direta havia sido também observado pelo físico Urbano Pereira. Em seu livro *Operações Espirituais*[228], ele relata experiência curiosa ocorrida, em novembro de 1944, em Pindamonhangaba (SP), com um espírito que se identificou como Padre Zabeu – ser do astral que inclusive se manifesta no Lar de Frei Luiz, particularmente nos trabalhos de antigoécia. Sua voz dava "a impressão de partir de alguém que se postasse de pé dentro do semicírculo formado pelos assistentes. Passeia pela sala, aproximando-se e afastando-se dos interlocutores e do médium".

E, mais uma vez, a espiritualidade demonstraria o quanto é fundamental a concentração harmônica para a realização de experiências de efeitos físicos:

– Sua voz torna-se menos intensa quando as condições do ambiente são desfavoráveis e quando a concentração mental dos assistentes se enfraquece. A voz do Padre Zabeu tem o mesmo timbre e as mesmas inflexões quando se manifesta em outros grupos experimentais e com outros médiuns. Essa verificação da independência do ser, que se manifesta em relação aos assistentes, foi estabelecida por depoimentos de visitantes ocasionais que prontamente lhe reconheceram a voz.

No Lar de Frei Luiz, ocorre o mesmo. Participantes mais antigos das sessões também já tiveram a oportunidade de testemunhar o mesmo tipo de voz das comunicações de Frei Luiz. E naquela manhã de setembro de 2001, eu seria mais um a ingressar nesse grupo de privilegiados. Sentados em cadeiras na frente de onde eu e minha mulher estávamos, Patrick Drouot e Liliane Gagnon também testemunhariam o fenômeno da voz direta.

No entanto, a emocionante experiência dos dois não terminaria aí. Como prova da materialidade de Frederick von Stein, os dois foram convidados para deitar no leito, recebendo as energias curativas do médico do espaço. E assim que voltaram para seus assentos, Patrick seria chamado de volta, desta vez para ficar, ao lado de Gazolla, junto à entrada da cabine de materialização, cuja cortina fora aberta.

Os dois veriam então Frederick tratando do médium Gilberto. Em seguida, numa deferência especial ao convidado estrangeiro, o médico do espaço levantou seu manto ectoplasmático, descobrindo a cabeça, para que seu rosto fosse melhor observado por Patrick. E deu-lhe então um lírio branco, para que levasse para casa.

Ao final da reunião, mais uma prova da vida espiritual: com as cortinas abertas, uma "chuva" de luz azul se precipitou sobre o corpo de Gilberto Arruda. "É a luz do arcanjo Miguel", anunciou Gazolla.

OLHO DA SERPENTE

Ainda sensibilizados pelo que haviam assistido, Patrick e Liliane teriam mais surpresas pela frente. A primeira foi o lírio – flor predileta de Frei Luiz – presenteado por Frederick. À saída, notaram que o lírio possuía um pequeno brilho fosforescente, que Ronaldo Gazolla informou que duraria por mais algum tempo.

Estavam, na verdade, testemunhando mais um dos fenômenos de efeitos físicos relatados ao longo da história do espiritualismo moderno. Lírios, rosas, palmas – a materialização de flores em reuniões de efeitos físicos não são propriamente uma novidade, como constatei na literatura especializada e testemunhei várias vezes no Lar de Frei Luiz. Em alguns casos, surgem iluminadas com luzes semelhantes ao néon.

Eu observaria um desses efeitos de rara beleza na reunião de 6 de abril de 2002. Estávamos já caminhando para o fim da sessão – em que eu havia sido atendido no leito por Frederick – quando apareceu no teto da sala a projeção de luz azul curativa da falange de Frei Luiz, vinda de dentro da cabine de materialização, atravessando os três panos sobrepostos que formam o seu teto. Depois, surgiria, na entrada do gabinete, com a cortina semi-aberta, um buquê de rosas iluminado – no escuro, era possível ver um ponto minúsculo, em meio ao buquê, de onde brotava foco de luz sutil semelhante ao néon.

A iluminação foi suficiente para que pudéssemos divisar a silhueta de um braço de um espírito segurando as rosas, que foram levantadas até a altura do quadro de Frei Luiz, pendurado acima da entrada. A luz foi então perdendo intensidade e, quando se apagou, o buquê foi jogado do lado de fora, na entrada da cabine.

O médico José Carlos Martins, que integrava o grupo, disse na hora que tinha tido uma visão de que as flores haviam sido trazidas pela "falange de Santa Catarina" – e, imediatamente, se ouviu o som de uma pancada na madeira dentro do gabinete; sinal tiptológico da espiritualidade confirmando o que fora dito. Após a reunião, Gazolla me diria que, ao pegar o buquê, chegou a se ferir com um espinho.

Assim como as flores, em determinadas reuniões podemos sentir em toda a sala o cheiro forte do perfume proveniente de essências aromáticas das mais diversas, como o sândalo. Algumas vezes – esse fenômeno já foi constatado por inúmeros membros do Lar de Frei Luiz –, sentimos pequenas gotas perfumadas, como as de orvalho, caindo sobre nós. A primeira vez que testemunhei – melhor dizendo, cheirei – um fenômeno aromatizante do ambiente foi em 21 de julho de 2001.

Por sinal, uma reunião fraca de efeitos físicos, de pouca luminosidade, em que somente eram percebidas pequenas vibrações energéticas do aparelho curativo de Frederick von Stein. Em determinado instante, porém, assim que Gazolla anunciou a presença na cabine dos espíritos de "Rita de Cássia e de mãe Maria" – Maria, a mãe de Jesus –, houve liberação de cheiro de rosas.

Esses fenômenos, na verdade, podem alcançar proporções inimagináveis. Um dos casos mais famosos de transporte de flores ocorreu em 28 de junho de 1890, com a médium inglesa Elizabeth d'Espérance. Em sua autobiografia *No País das Sombras*[229], ela recorda do episódio marcante protagonizado pelo espírito Iolanda. A médium, dentro da cabine, sentiu um perfume "tão intenso" que chegou a ficar "meio sufocada".

Fora do gabinete, Iolanda – auxiliada pelo pesquisador russo Alexander Aksakof – tinha misturado areia e argila em um vaso de flores que se encontrava no recinto, cobrindo-o então com um véu ectoplasmático. "O pano branco foi-se elevando sempre com lentidão, e estendendo-se lateralmente à medida que subia. Iolanda ia acomodando esse véu, até que ele chegou a uma altura superior a sua; então, retirou-o cuidadosamente, deixando-nos ver uma planta alta, coberta de flores e com o forte perfume de que me queixei."

Era um lírio dourado com cerca de 2,30 metros de altura. À luz de magnésio, foram tiradas fotos da planta, inclusive com a médium ao lado. O espírito pediu pressa aos presentes, porque recebera ordem de retornar a flor para o país de onde a havia retirado. E foi ficando desesperada porque, com a progressiva exaustão das forças da sensitiva, não conseguia ectoplasma suficiente para devolver a planta.

A médium afirma que sentiu pena de Iolanda, que "mostrava-se incomodada com a sorte do grande lírio que visivelmente começava a morrer. Creio que fez três tentativas para desmaterializá-lo, a última das quais foi em 5 de julho. Nesse dia, a planta desapareceu tão misteriosamente como tinha vindo".

Uma das histórias que mais me emocionaram envolvendo a materialização de odores está relatada no livro *A Cura do Câncer pelo Avelós*[230]: o encontro do psiquiatra Lauro Neiva com o espírito do Mahatma Gandhi (1869-1948). Gandhi – este avatar que empunhou como poucos no mundo a bandeira da paz e da fraternidade – foi um dos espíritos que estimularam o psiquiatra a partir para a Itália para, em congressos, defender a pesquisa e o uso do avelós na cura do câncer.

Numa noite de conversa maravilhosa em seu apartamento, Celinha Neiva me descreveu como o Mahatma acompanhou o casal em sua viagem, em maio e junho de 1973. Ela lembra que sua presença ficou patente primeiramente num hotel em San Remo, quando sentiram o perfume que costumava exalar de Gandhi ao se fazer presente no centro espírita. "Foi Lauro puxar a toalha de banho dele e veio aquele perfume tão forte, tão forte. Um perfume doce, muito agradável."

Em seu livro, o psiquiatra recorda esses momentos sublimes. "Ao entrar nos hotéis da Itália, lá estava o perfume de Gandhi: no ambiente, nas toalhas! Em um deles, disse-me minha mulher: – Mas só a sua toalha é que tem perfume! Gandhi ouviu-a: no outro, a sua toalha estava perfumada! E, no apartamento da srta. Lucy Teixeira, funcionária do Consulado-Geral em Gênova – que nos deu a honra e gentileza de nos hospedar –, lá estava, em sua toalha, o perfume de Gandhi! Era Gandhi, o Mahatma Gandhi, que nos dava a certeza da sua presença!"

De fato, os fenômenos de efeitos físicos podem ser surpreendentes. Outra experiência marcante seria testemunhada pelo casal Patrick e Liliane, naquela manhã de setembro, assim que deixamos a nave de materialização. Descíamos a rampa de acesso, para tomar o café da manhã no refeitório, quando Gazolla convidou os dois para conhecerem o médium Gilberto Arruda, que mora numa casa no Lar de Frei Luiz.

Fomos recebidos na porta por sua mulher, Marlí Campos Moraes. Entramos. O sensitivo estava sentado junto à mesa de jantar, parecendo meio em transe. Ao ver o casal, levantou-se e foi cumprimentá-lo, dizendo em seguida que havia visto uma serpente entre os dois. "Uma serpente do bem", frisou, perguntando se essa imagem – um fenômeno de clarividência – fazia algum sentido para o casal. Demonstrando surpresa, Patrick respondeu que sim, pois a serpente era o signo de sua mulher, descendente de índios canadenses.

Inesperadamente, Gilberto começou a tremer e, pegando a mão direita de Liliane, colocou a sua em cima, palma contra palma. Falando rápido, passou a dizer que aquilo que iria acontecer não era obra dele, por ser apenas um intermediário da força divina. Na frente de todos, então, Liliane viu, surpresa, materializar em sua mão uma linda pedra arredondada verde, com uns dois centímetros de diâmetro.

Perguntei então a Gilberto de onde a pedra tinha vindo. Segundo ele, fora desmaterializada naquele instante do olho direito de uma estátua de serpente de um templo asteca que nem havia sido descoberto, na América Central – e que Liliane deveria usá-la pendurada no pescoço, na altura do coração, para ajudar a energizar seu chacra cardíaco.

Saímos da casa e continuamos nossa caminhada. Durante o café, Patrick confessou que jamais havia sentido energia tão sublime como no Lar de Frei Luiz e que, até aquele momento, tinha apenas pressentido a presença de espíritos – em reuniões xamânicas –, mas jamais visto qualquer um materializado.

Dias depois, conversando com seu amigo Mazinho, ele diria que uma das coisas que mais o impressionaram foi quando olhou para o chão, ao ser chamado por Gazolla para perto da porta da cabine de materialização, para checar se o espírito tinha pés. Não divisou nada – era como se Frederick von Stein estivesse flutuando no espaço!

RONALDO LUIZ GAZOLLA

Patrick Drouot combinou com Ronaldo Gazolla que voltaria para outra reunião de materialização. Gostaria de continuar suas pesquisas – e que falaria de sua nova experiência em seu próximo livro. Quase um ano depois, em agosto de 2002, ele estava de volta ao Rio de Janeiro, pronto para participar de outra sessão.

Mas o que havia sido combinado, porém, jamais pôde ser realizado. Encontramo-nos na missa de Sétimo Dia de Gazolla, na Igreja Nossa Senhora de Copacabana. Uma missa emocionante, lotada de gente, em que, ao final, a cantora Elba Ramalho interpretou, com sua linda voz, a Ave-Maria de Gounod. Patrick e Liliane pareciam atônitos, sem entender direito o que havia acontecido. Eles e muitos outros.

Foi um choque para todos que o conheciam. Gazolla havia sido abatido pela metástase violenta e inesperada de um câncer agressivo que começara em sua próstata e, depois de cirurgias espirituais e sessões de radioterapia e de quimioterapia, fora dado como curado por exames médicos. No início de agosto, porém, ele começaria a sentir fortes dores na coluna. Com a piora do seu estado clínico, acabaria internado numa casa de saúde e, dias depois, em 15 de agosto de 2002, faria sua passagem para o mundo espiritual.

O prenúncio de sua escalada de sofrimento – não poderíamos imaginar! – aconteceria na reunião de materialização de 20 de outubro de 2001 – logo após a visita de Patrick Drouot. Chovia muito. Em sua preleção habitual na ante-sala da nave de materialização, Gazolla alertou-nos que, devido à grande umidade, seria difícil realizar a sessão.

No entanto, com a vibração positiva que se seguiu, acabaria sendo uma boa reunião – com a materialização de Frederick von Stein e a produção de efeitos luminosos, como a luz curativa azul da falange de Frei Luiz, normalmente projetada, de dentro da cabine, no teto da nave de materialização.

Essa projeção de luz, aliás, foi mais uma prova da força da espiritualidade naquela manhã. De alguma forma inusitada, essa luz curativa, quando surge nas reuniões, atravessa o teto da cabine de materialização, formado por três panos de algodão sobrepostos. E sem que se possa divisar qualquer facho de luz cortando o espaço escuro, ela surge projetada – e vibrando – no teto da nave de materialização.

Logo no início da reunião, já haveria o indício da atuação de espíritos de alta hierarquia, com o surgimento de muita luz no gabinete mediúnico, que podia ser observada mesmo com a cortina fechada. E a certa altura, no lado direito da entrada da cabine, apareceu um retângulo de tênue luz azul celestial, de forma vertical – que, pelos meus cálculos, deveria ter uns 20 centímetros de largura por meio metro de altura.

Tudo, portanto, corria bem. Mas, quase ao final, o clima de tranqüilidade mudou. Pudemos então ouvir Gilberto Arruda acordando dentro da cabine, tossindo muito, engasgando-se com o ectoplasma que retornava ao seu corpo. De repente, ele saiu da cabine incorporando o espírito do Irmão Leo, que desandou a fazer duras reprimendas a pessoas que estavam "vibrando negativamente" contra o Lar de Frei Luiz, o médium Gilberto e Gazolla, promovendo inclusive "trabalhos de magia negra".

Em tom duro, afirmou que não se importava se iríamos criticá-lo ou não pelo que estava fazendo, mas que seu desejo inicial fora dar os nomes dessas pessoas. Frei Luiz, porém, havia pedido para que não o fizesse. Sempre incisivo, porém, cobrou "uma atitude de quem trabalha para o bem, em nome de Jesus", conclamando o grupo a ter "mais unidade".

A seguir, chamou Gazolla para o leito e disse que abandonaria o corpo de Gilberto para dar passagem para Frederick von Stein, que, incorporado, operaria o presidente do Lar de Frei Luiz de cargas negativas lançadas contra ele.

Chamamentos dessa natureza não eram novidade para nós. Rocha Lima e a espiritualidade sempre disseram que no Lar de Frei Luiz convivem pessoas que, no passado, principalmente nos tempos da Inquisição da Igreja Católica, haviam sido inimigas. Algumas tendo sido responsáveis por sofrimentos atrozes e a morte de outras.

Tanto crianças carentes ali assistidas quanto integrantes do grupo espiritual, outrora inimigos, tinham agora a oportunidade de conviver entre si para resgatar seu passado cármico. Afinal, fora lhes dada a chance de superar os sentimentos de vingança inconscientes, principalmente em torno de um trabalho de solidariedade social.

Mas, obviamente, em se tratando do gênero humano, essa oportunidade não se fazia num mar de rosas, volta e meia surgindo fofocas, desavenças, uma crítica aqui, outra ali, com alguém achando que sabia melhor do que ninguém conduzir determinada tarefa.

No entanto, o que indicava a fala dura do Irmão Leo era que a fogueira de vaidades e de egoísmos havia ido longe demais: alguns tinham chegado a vibrar tão negativamente que se dispunham a fazer trabalhos de feitiçaria para prejudicar outros.

Nunca se saberá aqui na Terra até que ponto essas energias pesadas influenciaram nos acontecimentos – nem se as pessoas envolvidas com essas vibrações tinham, conscientemente, noção do que estavam fazendo e o que poderiam eventualmente provocar. Mas o fato é que, na reunião de 24 de novembro, Gazolla seria novamente tratado, dessa vez por Frederick materializado. Depois da sessão, ele me revelaria que estava "há 40 dias com prostatite", uma inflamação da próstata que "finalmente" começara a melhorar.

Em 8 de dezembro, porém, na última reunião de materialização de 2001, ele apareceria com uma sonda externa ao corpo, ficando todo o tempo da sessão em tratamento, em um dos leitos. Acabara de descobrir que estava com câncer na próstata. Um tipo de câncer violento e raro que, normalmente, dava nos pulmões – e não na próstata.

No início dos trabalhos, na nave de materialização, durante a prece inicial, Gazolla, bastante emocionado, chegou a chorar, afirmando que seu problema era grave e que amava a todos. Completou dizendo que os "irmãos do grupo" deviam se unir, sem se prender a pequenas divergências. Desculpou-se então pela emoção, e os trabalhos continuaram.

Num dos momentos em que Frederick tratou Gazolla, nunca vi tanta luz jorrando do seu aparelho curativo. Por mais de um minuto, muita luz vermelha foi aplicada em seu tumor, algumas vezes em golfadas de jatos intermitentes, outras, com a ponta luminosa do aparelho rodando sem parar, feito um disco giratório com pequenos pontos de luz na borda.

Enquanto era atendido, porém, Gazolla não perdia sua doce mania de narrar para os presentes o que se passava. Dizia que se sentia melhor porque Frederick estava "injetando células novas, de boa vibração", em substituição àquelas que haviam sido mortas nas sessões de quimioterapia. Pediu que todos orassem por ele, porque dias depois iria ao médico com a esperança de que a sonda pudesse ser retirada.

De fato, logo depois, com sua melhora, ele tiraria a sonda, podendo voltar a urinar normalmente. Mas, mesmo assim, seguiriam-se meses de intensa luta contra o mal.

Ronaldo Gazolla decidira que não iria operar o tumor pela medicina terrena. Não por preconceito, afinal era médico tarimbado e amante de sua profissão. Mas sabia muito bem que seu tumor era de uma espécie raríssima, muito agressiva. Um tumor que normalmente, pelos prognósticos da medicina, lhe daria de três a seis meses de vida. Se fosse operado, dificilmente ficaria curado e, para complicar, corria alto risco de ficar impotente. Preferiu fazer tratamento paralelo de quimioterapia e se deixar operar por Frederick von Stein.

Mesmo confessando em algumas reuniões, durante suas preleções, que chegara a duvidar de sua cura, Gazolla enfrentou o mal de peito aberto. Apesar de preocupado com sua doença, eu acreditava realmente que ele ficaria bom. Não só pelo otimismo que me passava. Às vezes refletia que a espiritualidade não pregaria uma peça em seu destino, fazendo-o passar naquele momento para o mundo invisível. Isso certamente representaria um baque na fé de muitas pessoas sobre as reais potencialidades da medicina dos espíritos, fazendo-as duvidar da validade das sessões de cura.

Afinal, para a média das pessoas, que não tem noção das potencialidades e limites dessas reuniões, um questionamento normal seria: como o presidente de uma instituição tão forte espiritualmente poderia morrer de câncer, sem ser curado pelos médicos do espaço? Outros ainda, os descrentes e céticos em geral, com certeza aproveitariam a ocasião para tentar desacreditar e debochar mais ainda dos fenômenos espirituais.

Apesar dos poucos momentos de incerteza, minha confiança se fortalecia, na medida em que o quadro de Gazolla aparentemente evoluía para melhor. Seu estado clínico avançava a olhos vistos. A cada sessão de materialização, seu aspecto de abatimento cedia paulatinamente, surgindo um semblante mais feliz, em paz consigo mesmo.

Finalmente, em 16 de março de 2002, ele anunciaria publicamente que uma tomografia, realizada dois dias antes, revelara que estava curado "do câncer na próstata".

Na ante-sala da nave de materialização, antes de entrarmos, repetiu para todos que os trabalhos de radioterapia e de quimioterapia tinham sido muito importantes para a cura, mas que sua abertura para o mundo espiritual também contribuíra, até para que os remédios da medicina terrena pudessem fazer mais efeito.

Ele deixaria, porém, um alerta que alguns não entenderam: não sabia até que ponto, mas que "parte" do seu espírito estava curada. Ou seja: do ponto de vista espiritual, em seu corpo astral, ainda havia alguma enfermidade.

Mas o fato é que dali em diante, Gazolla passou a dizer publicamente que tinha se curado. O que acabaria sendo contraproducente para a cabeça de várias pessoas que o conheciam, pois criou falsas expectativas sobre sua saúde.

Eu entendia que ele precisava daquele discurso, não só para animar a si próprio, como para criar uma corrente de otimismo em volta de si, algo importantíssimo num processo de cura. Mas ele sabia – e dizia para poucas pessoas – que não estava completamente curado, que ainda faltava um foco de câncer a ser extirpado. Ele mesmo me contou isso uma vez, quando descíamos com mais duas pessoas a rampa florida do Santuário de Frei Luiz, após uma sessão de materialização.

Gazolla reconhecia a importância de ser otimista – e tentava inculcar isso na cabeça daqueles que o rodeavam e também dos enfermos que o ouviam falar em suas preleções, tanto nas reuniões de materialização quanto nas sessões públicas de incorporações mediúnicas. Mas em seu corpo astral ainda existiam marcas da doença. Por isso, continuava em tratamento, pedindo a oração de todos, principalmente naquela "fase de complementação" de sua cura.

O próprio Frederick von Stein, em particular, o havia alertado que estava curado no corpo físico, mas que seu perispírito ainda estava manchado pela doença: existia um nódulo, do tamanho de uma passa, na região da virilha do seu corpo astral, com duas ramificações do câncer indo para o fígado e para a coluna.

Inclusive, na reunião de materialização de 8 de junho, sem dar detalhes, Gazolla pediu que todos orassem por ele, pois iria continuar o tratamento, já que faltava "um gangliozinho de meio centímetro do tumor". Disse então que, momentos antes, estivera conversando com o espírito Jeremias materializado, que lhe avisara que "numa quinta-feira", numa reunião especial, a ser marcada, deveria comparecer com mais alguns poucos irmãos do grupo para que esse "gânglio" fosse retirado em definitivo – e colocado num recipiente de formol, para se guardar assim a prova física de sua cura definitiva.

Para mim, o que foi dito nessa reunião de junho indica que o alerta anterior de Frederick, sobre manchas da doença ainda existentes no corpo astral de Gazolla, não só era procedente, como o câncer já havia passado para seu corpo físico, para seu fígado e coluna.

No entanto, por motivos que só caberia à espiritualidade explicar, essa sessão de quinta-feira jamais seria realizada. E Ronaldo Luiz Gazolla cumpriria assim seu destino.

Em agosto de 2002, sua missão na Terra estava por terminar. Na reunião de 3 de agosto, houve grave problema. Por falta de corrente harmônica suficiente, pela primeira vez presenciei uma sessão de materialização que não deu certo. Frederick não conseguiu se materializar, passando então a trabalhar incorporado no corpo de Gilberto Arruda.

Terminada a reunião, Gazolla saiu meio calado, pensativo, sentindo fortes dores na coluna. Dias depois, seria internado numa clínica, com dores lancinantes na coluna e vômitos esporádicos. Sem que nem ele nem os médicos suspeitassem do que se tratava, passou por vários exames de urgência. Finalmente, uma tomografia em seu fígado detectou que o órgão estava irremediavelmente tomado por um tumor – uma metástase que também atingira sua coluna. O fígado já não tinha mais tecido hepático, estava todo destruído.

Mesmo assim, no leito do quarto, trabalhou até quando pôde, discutindo assuntos e assinando documentos ligados ao Lar de Frei Luiz. Eram seus momentos finais entre nós.

Numa noite, o filho Marcos sonhou – ou estava desdobrado, em viagem astral – com sua tia Cecília, irmã de Helena, que havia feito a passagem pouco antes. Sorrindo, ela disse para o sobrinho que todos ficassem tranqüilos, porque ela estava com seu pai ali no quarto e iria "dar um jeito". Em seguida, Marcos viu a tia levitando em cima do leito de Gazolla.

Na manhã seguinte, Helena e a filha Fernanda estavam no quarto, ao lado de Gazolla, que respirava com auxílio de uma máscara de oxigênio. Fernanda, que orava pelo pai, mentalizou que se tivesse chegado o momento de ele fazer a passagem, que fosse guiado pela espiritualidade nessa travessia.

De repente, Gazolla abriu os olhos e pediu que lhe tirassem a máscara de oxigênio. Voltando-se então para Fernanda, disse: "Minha filha, não se preocupe, eu vi Jesus do outro lado". Pega de surpresa, a filha perguntou o que ele havia dito. O pai repetiu então: "Fernanda, fica tranqüila, eu vi Jesus do outro lado".

Em seguida, fechou os olhos e entrou em coma. "Fizeram de tudo, mas não teve jeito", recorda Helena.

FLORES DA PAIXÃO

O cirurgião Ronaldo Luiz Gazolla passou 21 anos no Lar de Frei Luiz colaborando ativamente em suas atividades – e ocupando sua presidência por sete anos, de 1995 a 2002. Nesse período, pela importância de sua figura pública, de médico respeitado e secretário municipal de Saúde do Rio de Janeiro por três gestões consecutivas, contribuiria para divulgar a obra social e espírita fundada por Rocha Lima de uma forma como poucos conseguiriam.

Com sua morte, como esperado, passei a ouvir comentários de pessoas descrentes tentando descaracterizar o espiritismo com argumentos do tipo "isso não funciona" ou "isso é enganação". Curiosa a reação de alguns: acham que só porque esse tipo de trabalho conta com a chancela do "espiritual", fica abolido para todo o sempre o episódio mais concreto da vida material: o de que todos nós vamos partir daqui um dia, mais cedo ou mais tarde.

Mas a mudança de Gazolla para o mundo do invisível – de onde, aliás, começaria a atuar no Lar de Frei Luiz pouco tempo depois, como observado diversas vezes pelos médiuns videntes Eduardo Fructuoso e Vanete Maria Gonçalves Carvalho – representaria uma grande lição: por mais que alguém venha a ocupar uma função importante em qualquer grupo espiritual, não pode fugir do seu destino, do seu carma.

A verdade é que o tempo de Ronaldo Gazolla neste planeta havia chegado ao fim. Pronto. Por mais doloroso que fosse para os que ficaram, ele tinha partido para a verdadeira vida – a vida espiritual. Ele, que sofrera tanto com sua doença, já não sofria mais.

Conheço pessoas que se consideram muito espiritualizadas – mais uma faceta da estúpida vaidade sem fim do ser humano – e que, por isso, se acham imunes a qualquer problema de saúde, pairando acima das deficiências psicológicas e físicas de nossa frágil carcaça material. E Gazolla – infelizmente com muito sofrimento e dor – foi mais um ser de luz para provar que não somos nada perante os desígnios do destino. Cada um com sua estrada, cada um com seus desafios, cada um com seus carmas a cumprir.

Helena Mussi Gazolla – que também teve um câncer, no seio, e ficou curada – tem a perfeita noção dessa questão. "O Gazolla tinha que passar por isso. Eu sabia que um dia ele iria partir antes de mim, eu sempre soube disso. Eu me preparei, porque o amor que existia entre nós, que ainda existe, não era daqui.

O Rocha Lima sempre dizia: 'O casamento de vocês não foi feito aqui, foi feito no espaço. Vocês dois vieram com uma missão'."

E essa missão continuaria a ser cumprida, de uma forma ou de outra. "Quando me lembro do Gazolla, eu sinto saudade dele, da companhia, às vezes tenho vontade de vê-lo. Mas para mim, ele está ainda aqui, trabalhando. Lógico, eu gostaria que ele estivesse aqui em matéria, mas chegou sua hora, o que vou fazer? Não sei quanto tempo vai demorar para encontrá-lo novamente, mas continuo vendo-o através dos meus filhos. Para mim, a presença dele está muito neles."

Não só nos filhos, mas também em muitos outros sinais que Gazolla passaria a enviar para a mulher, logo que iniciou seus treinamentos no astral para atuar na equipe curativa de Frederick von Stein. A primeira vez que ele deu forte indicativo de sua presença foi na reunião de materialização de 15 de março de 2003, presidida por Helena, realizada sete meses após a passagem do marido. Quase ao final da sessão, sentada na poltrona da presidência dos trabalhos, à saída da cabine de materialização, ela ouviu no ar uma voz conhecida: "Bem, é pra você".

Surpresa, com as duas palmas das mãos abertas, Helena pressentiu que algo ia ser depositado ali. Dito e feito: do nada, caiu uma rosa amarela em sua mão. "Eu não vi nada, mas ouvi a voz dele."

Ela ficou ainda mais emocionada quando, momentos antes do término da sessão, Frederick incorporou no médium Gilberto Arruda e transmitiu-lhe um recado de Gazolla: quando estivesse em casa, que olhasse para o céu, que ele seria uma daquelas estrelas, zelando por sua família.

Muitos do grupo pressentimos que Gazolla também zela pelos trabalhos do Lar de Frei Luiz e que, mais cedo ou mais tarde, acabará se materializando – assim como Rocha Lima já havia feito, após sua passagem para o mundo espiritual, como descrevo em meu livro *Médicos do Espaço*[231]. Isso fica claro por sua presença constante, embora invisível, nas sessões de cura, além das mensagens e sinais que recebemos do astral.

Desde 2003, com Helena comandando as sessões, volta e meia o marido tem materializado flores para ela, principalmente rosas e, algumas vezes, lírios. Em 16 de agosto, ao se completar um ano e um dia de sua passagem, ele voltaria a falar com ela. Quando a sessão estava para terminar, o Preto Velho Jeremias se materializou e pediu que todos orassem porque havia ali um presente para Helena. Em seguida, ouvimos seu choro.

Também, pudera: mais uma vez, surgiu a voz do marido, afirmando: "Bem, sou eu. Eu tô aqui. Essa rosa é pra você". A flor caiu inesperadamente em sua mão, com um brilho sutil que pôde ser visto no escuro por alguns dos presentes.

Ao final da reunião, quando pediu para Helena mostrar a rosa para todos, o médico Paulo Cesar Fructuoso afirmou que recebera o aviso de que Ronaldo Gazolla já estava aprendendo a "manipular ectoplasma" para poder ajudar nas operações.

De fato, a todo instante surgem indícios desse preparo. Eu mesmo tive participação num desses recados, na sessão de 4 de outubro de 2003, quando Helena me solicitou para fazer uma prece, para ajudar na harmonização do ambiente. No meio da minha fala, pedi uma "luz especial para meu amigo Gazolla", que estava aprendendo a trabalhar com aquele tipo de cura e, talvez, algum dia iria "se materializar no santuário".

Assim que pronunciei essas palavras, uma luz piscou dentro da cabine – outro sinal da espiritualidade quando deseja confirmar a fala de algum integrante do grupo.

Sim, Ronaldo Gazolla continua ali. Invisível, mas ali. Sabemos que ele não abandonaria o grupo que tanto ama. Enquanto esteve à frente do Lar de Frei Luiz, deu uma importante chancela, para boa parte da sociedade, sobre a seriedade do trabalho social e espiritual desenvolvido nesse grupo de cura.

Afinal, Gazolla era médico – e um dos mais respeitados de sua profissão. Portanto, um expoente da medicina terrena brasileira comandava um centro espírita da envergadura do Lar de Frei Luiz. E não era um médico qualquer. Além de ter sido secretário municipal de Saúde do Rio de Janeiro, quando de sua passagem ocupava o cargo de representante do Ministério da Saúde no estado do Rio de Janeiro.

Como repórter da grande imprensa, de há muito acompanhava o trabalho do secretário Ronaldo Gazolla, mesmo antes de sequer imaginar que nos aproximaríamos no Lar de Frei Luiz. Muitas vezes, nós, jornalistas, ficamos sabendo de histórias escabrosas de autoridades públicas que não podemos provar – mas que, mesmo assim, tornam os "servidores" públicos sujeitos à fama de corruptos e de ladrões. Com Gazolla era diferente: tinha a fama de pessoa honesta, ética, que colocava como prioridade o aperfeiçoamento do serviço de atendimento de saúde à população carente, por mais difícil que fosse.

Muitas vezes, mesmo em situações de crise do setor, devido a suas mazelas históricas, ouvia de servidores elogios à boa vontade e à seriedade do trabalho que fazia. Integrando governos de perfil político predominantemente conservador, Gazolla sabia atuar de forma técnica, sendo auxiliado por pessoas mais à esquerda ou mais à direita do espectro ideológico, desde que demonstrassem aptidão para o cargo e tivessem bom currículo.

Cansei de ouvir gente de esquerda – em geral tão crítica a tudo e a todos – elogiando Gazolla. Ele não tinha fama de criador de projetos mirabolantes no setor da saúde pública, mas, sim, de ser um ótimo administrador – uma pessoa que sabia tocar a máquina, fazê-la funcionar, apesar de suas deficiências.

Um homem dessa importância, com um nome profissional a zelar, defendia com a maior tranqüilidade o espiritismo, privada ou publicamente. Mesmo consciente do quanto poderia sofrer de preconceito e de acusações de inimigos do seu trabalho de modernização e de arejamento da administração pública.

Nunca mais esquecerei quando, após lançar *Médicos do Espaço*, em março de 2000 – que contou com a introdução de Gazolla –, fui procurado por minha amiga Celina Côrtes, repórter da revista *ISTOÉ*, uma das mais conceituadas publicações semanais do Brasil. Ela queria fazer uma reportagem sobre o Lar de Frei Luiz, tendo como gancho o lançamento do livro. Gazolla concordou em falar, mas pediu que eu a acompanhasse até sua casa.

Fomos. No caminho, ela me contou que havia entrevistado uma celebridade que colaborava com a obra e que tinha lhe dito – ao responder a uma pergunta – que realmente alguns espíritos de personalidades da história já tinham se materializado no Lar de Frei Luiz. Citou, como exemplo, Francisco de Assis (1182-1226), mas pediu que ela não contasse essa história, senão os leitores acabariam dizendo que aquilo era coisa de maluco. Celina me perguntou então o que achava, se ela deveria entrar nesse assunto com Gazolla.

Lembrei-lhe que eu mesmo, em meu livro, tinha feito apenas breve referência a isso, afirmando que não só Francisco de Assis, mas também Mahatma Gandhi já tinha se materializado, diante de várias testemunhas. Mas que decidira fazer um rápido registro para evitar criar mais polêmica ainda com os céticos.

Pense bem: se falar que espíritos se materializam já era forte, imagina se ainda resolvesse discorrer sobre a aparição de dois avatares como Francesco d'Assisi e Mahatma Gandhi. Recomendei então a Celina: pergunte ao Gazolla e veja o que ele acha.

Dirigindo o carro, fui refletindo sobre o assunto, relembrando a cena tão bonita descrita por Lauro Neiva no livro *A Cura do Câncer pelo Avelós*[232], quando Gandhi – ser iluminado que liderou a Índia no processo de independência do Reino Unido, a partir de práticas de ação política de não-violência – surgiu materializado e tirou seus óculos, para que pudesse ser observado, como prova de sua presença.

Lauro recorda quando Frei Luiz lhe transmitiu uma mensagem, numa reunião de materialização, em 1973, de que deveria aceitar os convites para participar de congressos na Itália e divulgar, assim, o avelós. E que para isso iria ser preparado, física e mentalmente, numa posterior sessão de materialização. “E que aconteceu? Ireis acreditar?”, indaga Lauro, continuando:

– Deitado no leito, recebia a ação estimulante de luzes astrais, aplicadas pelos médicos do espaço, quando, repentinamente e surpreendentemente, apareceu Gandhi, o Mahatma Gandhi, que parecia vivo, vivíssimo, com as suas vestes simplíssimas e, até, os óculos dourados!!! Retirando-os, entregou-os ao dr. Luiz da Rocha Lima, o qual passou-os a mim, sob o olhar complacente e humílimo de Gandhi. Examinando-os atentamente, fixei os meus olhos nos de Gandhi, indagando, telepaticamente, se me era permitido colocá-los em mim. Coloquei-os! Pareceu-me estar vendo coisas do céu!...

– Mas tudo foi rápido e imprevisível!

– Gandhi, o Mahatma Gandhi, caminhou para mim, retirou-me os seus óculos, colocou-os em si e, envolvendo-me com o seu manto todo perfumado, perfumadíssimo, fez algumas pressões sobre o meu rosto, atingindo-me os ouvidos, os olhos e as narinas, provocando suave e suportável ardência.

– De repente, desapareceu!

O coronel-aviador Paulo Ruy Portella foi um dos presentes a testemunhar a maravilhosa aparição desse que é um dos guias espirituais do Lar de Frei Luiz. Foi numa das últimas sessões de materialização com o médium Armando Ramos e Silva, que logo depois faria a passagem para o mundo espiritual.

– Ele apareceu todo iluminado, como se quisesse mesmo se mostrar para todos. Ele apareceu na porta da cabine e nós pudemos vê-lo nitidamente, com seus óculos e seu manto tradicional. Gandhi chegou próximo ao leito onde meu pai, Ruy Portella (1915-2005), estava em tratamento, passando então seus óculos para que fossem observados. De uma cadeira, eu vi tudo. Era um par de óculos direitinho. As materializações do Armando eram perfeitas.

Enfim, era a força do pensamento de um espírito em ação, demonstrando ser capaz de se materializar da forma que preferisse, inclusive usando óculos.

Usando óculos?! Como evitar o preconceito, a ironia em dose dupla dos descrentes? Espírito usando óculos? Confesso que, além de não colocar essa história em *Médicos do Espaço*, decidi pela não publicação de uma foto muito nítida, tirada nos anos 1970 – em uma das reuniões para fotografias transcendentais promovidas por Rocha Lima –, de um espírito vestido com túnica árabe e usando óculos! Perfeito, nítido. O espírito assim tinha escolhido: voltar as suas vestes carnais usando óculos.

Mas eu – ainda imaturo nessa seara – não desejava polêmicas extras – e lá se foram para a gaveta as histórias de Gandhi e do árabe.

Já na casa de Gazolla, em meio à entrevista, eu remoía esses pensamentos quando Celina Côrtes tocou no assunto de Francisco de Assis – o defensor dos pobres e dos animais que a Igreja transformou em santo – e falou da pessoa, que pediu para não ser identificada, contando sobre sua materialização no Lar de Frei Luiz.

Fiquei curioso com a reação de Gazolla. Afinal, estava em plena gestão do seu cargo de secretário de Saúde e, constantemente, aparecendo na mídia. O que faria? Colocaria seu nome sob o risco do ridículo dos incrédulos de toda ordem?

Nunca mais esquecerei a serenidade com que ouviu a indagação de Celina sobre o que achava, se gostaria de contar essa história para os leitores da revista. Sem titubear, com seu jeito mineiro de falar, começou então, com tranqüilidade:

– Sabe, minha filha, a primeira vez que vi Francisco de Assis materializado foi numa reunião comandada pelo dr. Rocha Lima. Quando ele avisou que Francisco de Assis estava ali materializado, ao seu lado, eu não acreditei, e pensei comigo mesmo: como pode um ser de tanta luz, como Francisco de Assis, se materializar num lugar tão humilde como o nosso? E sabe o que ele fez, minha filha? Eu estava sentado a alguns metros de distância e aquele espírito leu o meu pensamento, veio até onde eu estava. Eu estava assim com a cabeça meio baixa e ele segurou no meu queixo, assim, com energia, e levantou a minha cabeça. Quando percebeu que eu havia reconhecido aquele rosto magro, com uma barbinha rala, soltou o meu queixo e voltou imediatamente para o lugar onde estava. Você vê, minha filha, é a força do pensamento. O espírito escutou o que eu estava pensando e veio me dar a prova de que era Francisco de Assis.

Essa reunião inesquecível, realizada em 20 de setembro de 1986, está relatada no livro de Rocha Lima *Frei Luiz, o Operário do Brasil*[233], em que fala do surgimento inesperado de "um espírito iluminado" no centro das cortinas da cabine de materialização. "Senti uma vibração fora do comum, alegria inefável, grande paz. Iluminou meu busto. Ficou ereto diante de mim. Seu manto transparente deixava ver seu coração e seu busto todo iluminado. Levantou minha cabeça pelo meu queixo, para o alto, para poder ver seu rosto, o que fiz. Seu rosto ovalado, magro, seu corpo magro, esguio. Perguntei-lhe: São Francisco? 'Sim, meu filho!'."

Diante da confirmação, Rocha Lima disse ter ficado orando "quase em êxtase, em beatitude". Francisco fez então uma cruz em sua fronte, com os "dedos delgados", e passou a tratar do seu ouvido esquerdo, que doía há três dias – órgão que às vezes era atacado.

O ser de luz enfiou então um dedo no ouvido do presidente do Lar de Frei Luiz, comprimindo-o, de onde jorrou "sangue fétido e viscoso", que sujou seu jaleco. "Depois debruçou-se sobre meu coração num amplexo de amor; com suas duas mãos delicadas comprimiu o ápice do mesmo, no meu chacra shasrhara, emitindo luzes alvíssimas intermitentes para os lados."

Em seguida, Frederick von Stein se aproximou, pedindo preces para São Francisco. Enquanto isso, "luz puríssima emanava de seu tórax e cérebro, iluminando o santuário", e do quadro de Frei Luiz, acima da entrada da cabine de materialização, "jorrava luz verde brilhante da esperança".

A reunião contou com 72 pessoas. Uma delas foi a professora Thaïs Vaz Rocha dos Santos, sentada na 5ª. fila. Segundo ela, em meio à aparição de Francisco de Assis, orava fervorosamente quando, de repente, ouviu um estalido e se viu "coberta de pétalas de rosas perfumadas", que foram materializadas junto ao seu pescoço e peito.

Ao final do encontro, Rocha Lima não mais sentia dores no ouvido. "Eu que durante 20 anos, trabalhando, sentia essas dores cruciantes no meu ouvido esquerdo, logo depois desta operação, que foi e é uma graça divina, me senti curado e inteiramente aliviado. Que o espírito de Francisco de Assis me ilumine, a todo grupo de Frei Luiz e a todos os irmãos."

A reportagem sobre o Lar de Frei Luiz chegou a ser cotada para a capa da revista *ISTOÉ*. Depois, por vicissitudes normais da profissão e também das dificuldades de aceitação do tema por alguns jornalistas, acabaria não sendo publicada. Apenas uma pequena reportagem foi veiculada na versão on-line da revista, mas sem a história de Francisco de Assis.

Não importa. Para mim, naquele momento, o importante foi testemunhar a maneira corajosa e aberta com que um homem da estatura pública de Ronaldo Gazolla lidava com suas convicções espirituais. Falava com tranqüilidade por ser testemunha desses fenômenos. Não era algo que ele simplesmente achava, mas, sim, que via, vivenciava.

Era curioso acompanhar um médico da sua importância – cirurgião e angiologista com larga experiência – agindo nas sessões de cura do Lar de Frei Luiz como se fosse um aprendiz, como se estivesse fazendo residência. Mas um aprendizado diferente: unindo os ensinamentos da medicina terrena com os da medicina espiritual.

E não era dado a proselitismos. Por isso, não gostava de conceder entrevistas em programas televisivos ou para qualquer um que quisesse criar polêmicas desnecessárias sobre o que afirmava experimentar. Médico materialista até os 32 anos, Gazolla dizia que aceitava o ceticismo de pessoas em relação ao tema, pois não haviam tido a oportunidade de vivenciar essas sessões. Para ele, de nada adiantava tentar convencer os céticos, pois esses só acreditariam se pudessem experimentar a realidade espiritual.

Quando discutia esse assunto, costumava compará-lo à importância de se experimentar uma laranja. "Se eu pegar uma laranja e cortar e perguntar se ela é doce ou azeda, você só tem uma forma de me dizer: você tem que chupar a laranja, não pode adivinhar. Tem que experimentar. Então, quando toco nesses assuntos, aceito a crítica, aceito o ceticismo de todos que não tiveram a oportunidade de viver essa experiência, porque essa laranja tem que ser chupada para se saber o gosto."

A laranja que ele provou não foi apenas o emocionante encontro com o famoso Francesco, mas principalmente com espíritos que, vivos na Terra, jamais tiveram a expressão histórica do frade da linda cidade italiana de Assisi ou de um político da paz como o indiano Gandhi. Tudo a partir do estabelecimento de uma relação de amizade que foi fundamental em sua vida: com o químico industrial Luiz da Rocha Lima.

Principalmente nas noites de sexta-feira, quando dormia no Lar de Frei Luiz com um reduzido grupo, para o preparo ambiental das reuniões de materialização, eram constantes as conversas de Gazolla com espíritos das mais diversas procedências. Nessas ocasiões, costumava portar um gravador para registrar os ensinamentos, as falas da espiritualidade.

Ali, teve encontros fascinantes. Ele me dizia que, às vezes, costumava passar horas conversando com espíritos materializados, principalmente com o Preto Velho Jeremias. Testava assim, na prática, o ecumenismo tantas vezes defendido por Rocha Lima, em que espíritos com várias roupagens culturais visitavam o Lar de Frei Luiz – algo incomum em muitos centros espíritas.

Normalmente, em qualquer casa espiritual, a sintonia de seus líderes define os tipos de seus freqüentadores do astral – seja em reuniões de materialização, mais raras, seja nas de incorporação. Assim, se essas lideranças rejeitam a presença de espíritos comuns em outras casas – como a dos pretos velhos, habituais em centros de umbanda –, estes evitam se fazer presentes.

Mas no Lar de Frei Luiz nunca foi assim. Rocha Lima tinha suas regras próprias de conduta e disciplina – portanto, não adotava práticas ritualísticas de outras casas espirituais, como fumar charutos e bater tambores. No entanto, estava aberto a espíritos de várias roupagens culturais que aceitassem freqüentar as reuniões do centro, desde que bem-intencionados, querendo ajudar no trabalho caritativo e curativo. Árabes, judeus, monges budistas, hindus, padres e papas, caboclos, pretos velhos, indígenas – todos vêm freqüentando as reuniões de cura dessa casa espírita.

Coloca-se assim em prática um dos maiores ensinamentos da espiritualidade: a tolerância, o saber respeitar o discurso alheio, as diferenças – culturais, raciais, religiosas, sociais. É a demonstração viva de algo que, se fosse seguido por boa parte da humanidade, evitaria muitas guerras, conflitos e brigas desnecessárias: nenhuma religião é superior a outra, todas são um caminho para que cada um, dentro de suas peculiaridades culturais, se encontre com sua realidade maior, superior.

Ainda com a presença física de Ronaldo Gazolla comandando uma reunião de materialização, eu teria a grata oportunidade de testemunhar um desses encontros maiores da espiritualidade. Jamais esquecerei aquele sábado 8 de junho de 2002, pleno de ensinamentos de como estamos todos no mesmo barco, na dependência sempre uns dos outros, independentemente de nosso status social e procedência cultural. Foi mais uma sessão a colocar em relevo a necessidade de nos unirmos para alcançar um planeta mais justo e fraterno, em que as pessoas vibrem na solidariedade humana e na cura.

Nos leitos, seriam tratadas 21 pessoas – humildes ou com dinheiro; anônimas ou famosas. No comando do tratamento curativo, um médico do espaço em trabalho de renovação interior, que havia sido um nazista perverso e racista: Frederick von Stein. Na retaguarda espiritual, um preto velho, um ex-escravo negro: Jeremias. Na música, o louvor à paz, à concórdia, à tolerância, ao dar antes de receber: a canção Oração de São Francisco.

A ambiência externa não era das melhores. Clima de Copa do Mundo. Do outro lado do planeta, na Coréia do Sul, jogavam Brasil e China. Em sua palestra prévia, na ante-sala da nave de materialização, Gazolla advertira sobre a importância de que mantivéssemos a concentração, em função das forças negativas que estavam em volta, devido aos fogos e à euforia dos torcedores.

Entramos. Logo no início, antes da prece de abertura, com as luzes vermelhas ainda acesas, vislumbramos luzes na cabine de materialização. Gazolla anunciou Frei Luiz materializado. Mal a prece começou, com Gazolla e o médico José Carlos Martins ainda orando com as mãos no quadro de Frei Luiz, surgiu Frederick, abrindo a cortina do gabinete. Passou então a tratar com luzes o peito de José Carlos.

Os primeiros pacientes já tinham ido para os leitos. O médico do espaço parecia entusiasmado. Do seu aparelho curativo, eram emitidas luzes ora em tom vermelho, ora em branco leitoso, ora em tom esverdeado. Às vezes, jorrava luz branca intermitente, vibrante. Em determinado momento, Frederick se aproximou do vidente Eduardo Fructuoso, sentado na primeira fila, e tratou sua fronte com luz branca – para em seguida jogá-la em direção aos demais presentes.

O clima, porém, se transformaria quando uma mulher, numa das últimas fileiras de cadeiras, começou a passar mal. Em total descontrole emocional, respirava com dificuldade, resfolegando – e desatou a chorar. Mas, mesmo assim, a reunião continuou.

Quase ao final, a espiritualidade indicou que Gazolla – para continuar o tratamento do seu câncer –, sua mulher Helena e outros integrantes do grupo deveriam ir para os leitos.

Paulo Ruy Portella, um dos mais antigos colabores da obra, foi então chamado até próximo à entrada da cabine. Lá dentro, Jeremias materializado pediu-lhe para que todos cantassem baixinho a Oração de São Francisco, enquanto Frederick atendia aos últimos pacientes. Seria importante para unificar as vibrações do ambiente e reforçar o trabalho do médico do espaço.

Foi lindo. Num tom baixo, mas consistente, com muita energia, o grupo entoou uma das mais belas mensagens da história da espiritualidade humana dedicadas ao amor, à fraternidade:

Senhor, fazei de mim um instrumento de vossa paz
Onde houver ódio, que eu leve o amor
Onde houver ofensa, que eu leve o perdão
Onde houver discórdia, que eu leve a união
Onde houver dúvidas, que eu leve a fé
Onde houver erros, que eu leve a verdade
Onde houver desespero, que eu leve a esperança
Onde houver tristeza, que eu leve a alegria
Onde houver trevas, que eu leve a luz.
Oh, mestre, fazei que eu procure mais
Consolar, que ser consolado
Compreender, que ser compreendido
Amar, que ser amado
Pois é dando que se recebe
É perdoando que se é perdoado
E é morrendo que se vive para a vida eterna.

E no exato instante em que cantávamos "Onde houver trevas, que eu leve a luz", Frederick von Stein abandonou por segundos sua tarefa curativa e, aumentando a intensidade do jato branco de luz que saía do seu aparelho, passou a reger-nos, como se fosse o maestro desse raro e tocante coral.

Logo depois, ao término dos trabalhos, ele se encaminhou para a cabine e, antes de atravessar a cortina, para se desmaterializar, virou-se para nós e – aplicando um jato de luz contra si, para que pudéssemos vê-lo melhor, no escuro – se ajoelhou, reverenciando-nos em agradecimento ao que havíamos proporcionado.

Comecei a chorar de emoção.

Assim que Frederick entrou, passou a ser projetada no teto da sala a luz azul curativa de Frei Luiz, vinda do gabinete de materialização, atravessando os panos sobrepostos que formam o seu teto. Foram ouvidos então três estalidos de dedos – sinal tiptológico emitido pela espiritualidade para informar o encerramento da sessão.

Sufocado pelo ectoplasma que retornava ao seu corpo, Gilberto teve dificuldades em acordar do transe, tossindo muito. A cortina foi então aberta e pudemos assistir, novamente, à linda chuva de luz azul do Arcanjo Miguel banhando o corpo do médium.

Mas antes que ele saísse da cabine, inesperadamente incorporou-se nele um espírito que começou a nos transmitir várias mensagens, falando sobre a importância de as pessoas serem mais pacientes com as fraquezas dos outros – em particular com "a ira" de Gilberto, pois era "um médium devedor", muito atacado devido a sua mediunidade de efeitos físicos.

Disse também que todos ali tinham que se aperfeiçoar e que outros entrariam no lugar do sensitivo, quando este partisse para o mundo espiritual. E que, com o tempo e o aperfeiçoamento crescente dos médiuns, chegaria o momento em que as materializações seriam realizadas à luz do Sol.

A manhã estava bonita, ensolarada. Enquanto descia o morro onde fica a casa das materializações, ao lado de minha mulher, ia refletindo sobre a força espiritual que se manifestara na reunião – e que tinha me levado a chorar.

Na verdade, chorei de emoção e de dor. De emoção, por sentir na pele uma comunhão de pensamentos, de harmonia entre seres de luz e pessoas em torno de um objetivo maior: a cura do espírito, do nosso eu interior, e, "por tabela", do corpo físico. De dor, por ter tido finalmente a certeza – depois de vários dias de dúvidas e de esperanças – de que um dos meus melhores amigos havia realmente sido assassinado, trucidado por forças do mal.

O jornalista Tim Lopes havia sido capturado num morro carioca por traficantes de drogas, no domingo anterior, enquanto produzia uma reportagem para a Rede Globo de Televisão. Eu estava abalado, passara a semana inteira com familiares e amigos tentando concentrar energias positivas, de esperança de que ainda pudesse estar vivo. Naquela angustiante semana, a corrente de solidariedade que se formou no Brasil inteiro e até no exterior, devido ao poderio de divulgação da Globo, emocionou a todos nós.

Mas naquela reunião de materialização, deixei de acreditar que ele ainda estivesse vivo. Pensei no quanto era uma pessoa boa, que queria o bem dos mais desassistidos da sociedade. Em seus últimos tempos, levado pela mulher, Alessandra Wagner, passara inclusive a freqüentar esporadicamente o Lar de Frei Luiz, em suas reuniões públicas, embora ainda "meio ressabiado". Duas semanas antes de desaparecer, estivemos juntos num almoço a dois, quando me falou de suas preocupações sobre o futuro profissional, já que acabara de passar dos 50 anos de idade e não sabia como seria sua vida dali para frente.

A notícia de que estava morto seria confirmada no dia seguinte à reunião de materialização: fora esquartejado por seus algozes.

No entanto, sua morte bateu diferente em mim. Não era mais aquela coisa aterrorizante que a gente aprende a temer nos bancos da igreja, nas nossas casas, nas escolas, nas esquinas da vida.

Quando tinha uns 7 anos e me conscientizei de verdade que também morreria um dia, fiquei revoltado com meus pais, em grande crise existencial, deitado na cama do meu quarto. Gostava tanto da vida que se iniciava, que ponderei: a vida é tão boa, tão gostosa, por que tenho de morrer? Mas se tenho de morrer, por que me colocaram aqui? Então era melhor não ter nascido.

Mas nasci – e cresci.

Muitas pessoas queridas se foram antes de mim – umas de forma natural, outras de doenças, acidentes, outras ainda assassinadas pela violência que campeia no mundo. Algumas mortes me revoltaram, como a do meu primo Xandinho, meu "irmão caçula", ainda na flor da idade, em terrível acidente de carro.

O tempo, porém, passou – como passará sempre, inexoravelmente. E aprendi a ter outra relação com a morte, mais tranqüila, menos fantasmagórica. A partir do meu aprendizado no Lar de Frei Luiz, vi que ela não existe.

Não era mais questão de acreditar, mas de ver, na prática, que continuamos vivos após a decomposição do corpo físico.

Não sou nenhum super-homem, sem defeitos, sem medo de morrer. Meu instinto de sobrevivência fala mais alto, adoro viver – por isso continuo sentindo angústia quando reflito sobre o momento da minha passagem para outra dimensão.

Mas agora é diferente, não mais aquela angústia terrificante de achar que tudo acaba. Virou angústia normal de quem não sabe, nos detalhes, para onde irá e com quem encontrará – e como, em que situação.

Angústia natural de quem mudará de endereço para uma realidade conscientemente desconhecida – embora inconscientemente conhecida há muito.

Estou cá e estarei lá. Estive cá e estou lá. Tanto faz. Continuo a existir!

Não senti raiva dos assassinos do Tim. Senti pena – pois iriam continuar amargando no mundo fétido onde foram colocados, para provas cruéis que precisavam passar para seu desenvolvimento espiritual. E de onde não sairiam tão cedo – mesmo na hora em que partissem para o mundo invisível, pois ali também enfrentariam provas amargas, devido a carmas negativos que acabaram reforçando, ao assassinar um ser humano.

Soube depois que Tim Lopes, meu amigo, estava bem, após sofrer muito com morte tão brutal. Numa sessão de incorporação mediúnica no Lar de Frei Luiz, ele daria provas muito particulares a Alessandra e ao filho Diogo de que estava ali, revelando que seguia sua trajetória espiritual. Depois, enviaria outras provas, em mensagens psicografadas pelo médium Eduardo Fructuoso. Eu sei que eram mensagens verdadeiras. Eu sei.

Ano difícil esse 2002. Tim e depois Gazolla partiram. Mas a vida é assim mesmo. Passa ano que ninguém se despede da gente; em outros, a história é bem diferente.

Um dia chegará minha vez. Chegará sua vez. É a lei universal.

Mas continuamos. Gazolla é mais um para demonstrar isso, com as flores que materializa para sua amada Helena.

Cenas assim me entusiasmam. Como é bom testemunhar que a morte significa apenas uma passagem, um momento de transformação em nossas vidas. Como é bom saber que as coisas não acabam, que os amigos e familiares amados – e os bichinhos de estimação – continuam ao nosso lado, de qualquer forma que seja.

Como é aconchegante vivenciar isso, tirando das costas, lentamente, o peso negativo e assustador que a morte tem em nossa cultura materialista.

Encontro pessoas que, conhecendo minhas atividades no campo da espiritualidade, acabam perguntando por que, afinal, tenho tanta idéia fixa nisso – na "morte". Alguns acham que virei fundamentalista religioso – que só penso "naquilo".

Fundamentalista religioso? Só penso na morte?

Na morte penso como qualquer pessoa. Mas penso cada vez mais na vida! Procuro viver o presente, o aqui, o agora, de maneira cada vez mais intensa.

E tomara que continue assim para sempre, aqui e na espiritualidade.

Pensar na morte, sempre pensamos e pensaremos.

Também no sexo. É instintivo, atávico, cultural.

O sexo nos liga à reprodução, à perpetuação da espécie, à vida material – ao amor. A morte nos liga à espiritualidade, à verdadeira vida, à vida que permanecerá para sempre – ao amor. Mas quando nos espiritualizamos, passamos a pensar na morte e no sexo de forma mais serena. Tranqüila.

Em geral, quando somos jovens – e, infelizmente, muitas outras pessoas que não sabem envelhecer com dignidade – vivemos numa posição olímpica de prepotência, tentando de todas as maneiras acreditar que a vida material é eterna. Ficamos arrogantes, defendendo pontos de vistas sobre os quais sequer avaliamos as reais repercussões e implicações na realidade social, ambiental, familiar.

Consumimos, consumimos, transamos, transamos, andamos depressa, depressa, trabalhamos sem parar, nos "divertimos" sem parar, correndo atrás do tempo.

Para fingir que ele não passa, para tentar segurá-lo nas mãos.

Mas então, cada vez mais ansiosos, descobrimos que ele bate cada vez mais rápido.

E acaba sobrevindo o estado depressivo. A falta de perspectiva no futuro, na vida.

A angústia mortal que fere o coração – e a saúde, física e mental.

Mas se conseguimos encarar a morte de frente – mesmo quando estamos doentes ou presenciamos pessoas queridas indo embora –, acabamos passando por importantes transformações interiores, aceitando melhor a vida, com seus lados negativos e positivos, fazendo um balanço melhor e mais honesto de nossas realizações, particulares e sociais.

E quando, como aconteceu comigo, temos a oportunidade de testemunhar, com os próprios olhos, que a vida continua, que os que morreram continuam vivos, só que invisíveis – na maior parte do tempo, mas nem sempre! –, esse choque renovador pode ser mais forte ainda. A dúvida cede lugar à certeza da vida além da vida.

Depois das minhas experiências no Lar de Frei Luiz – com espíritos materializados e outros fenômenos espirituais e o estudo que fui estimulado a fazer –, minha vida mudou – mudou para melhor!

Para muito melhor!

Com a angústia da morte atenuada – embora não totalmente controlada –, o tempo passou a andar mais devagar, porque sei que ele não existe – desde que saibamos viver no presente, no aqui e agora, integrados à natureza, aos amigos, conscientes de que estamos sempre e para sempre vivos.

Vivendo o presente! – aqui e no mundo invisível.

Vivendo o presente, acumulando experiências, passadas e por vir.

Fluindo na energia cósmica.

Quando fico muito tempo sem ver alguém conhecido, costumo brincar ao me aproximar para os cumprimentos de praxe:

– Quem está vivo sempre aparece! Os que morrem também, só que de vez em quando, materializados!

VIDA QUE SEGUE

Ronie Lima

NOTAS BIBLIOGRÁFICAS

[1] LIMA, Roni. *Médicos do Espaço – Luiz da Rocha Lima e o Lar de Frei Luiz*. Rio de Janeiro (RJ): Mauad Editora, 4ª. edição, 2000.

[2] ANDRADE, Hernani Guimarães. *A Transcomunicação Através dos Tempos*. São Paulo (SP): Editora Jornalística Fé, 1997, p. 23.

[3] DENIS, Léon. *No Invisível*. Rio de Janeiro (RJ): Federação Espírita Brasileira, 19ª. edição, 2000, pp. 72 e 73.

[4] ANDRADE, Hernani Guimarães. *A Transcomunicação Através dos Tempos*. São Paulo (SP): Editora Jornalística Fé, 1997, pp. 48, 49, 72 e 97.

[5] PEREIRA DE FIGUEIREDO, Padre Antonio (tradução). *A Bíblia Sagrada/Novo Testamento/ O Santo Evangelho de Jesus Christo segundo S. Mattheus* (traduzida em portuguez segundo a Vulgata Latina. Lisboa: Depósito das Escripturas Sagradas, 1913, capítulo 17, p. 850.

[6] DENIS, Léon. *Cristianismo e Espiritismo*. Rio de Janeiro (RJ): Federação Espírita Brasileira, 10ª. edição, 1994.

[7] ANDRADE, Hernani Guimarães. *A Transcomunicação Através dos Tempos*. São Paulo (SP): Editora Jornalística Fé, 1997, p. 192.

[8] BOZZANO, Ernesto. *Pensamento e Vontade*. Rio de Janeiro (RJ): Federação Espírita Brasileira, 9ª. Edição, 1995.

[9] GIBIER, Paul. *O Espiritismo (Faquirismo Ocidental)*. Rio de Janeiro (RJ): Federação Espírita Brasileira, 4ª. edição, 1990, p. 35.

[10] DENIS, Léon. *No Invisível*. Rio de Janeiro (RJ): Federação Espírita Brasileira, 19ª. edição, 2000, p. 186.

[11] DOYLE, Arthur Conan. *História do Espiritismo*. São Paulo (SP): Editora Pensamento.

[12] WANTUIL, Zêus. *As Mesas Girantes e o Espiritismo*. Rio de Janeiro (RJ): Federação Espírita Brasileira, 3ª. edição, 1994, p. 36.

[13] AKSAKOF, Alexandre. *Animismo e Espiritismo (volume 2)*. Rio de Janeiro (RJ): Federação Espírita Brasileira, 6ª. edição, 2002, pp. 36, 38 e 39.

[14] WANTUIL, Zêus. *As Mesas Girantes e o Espiritismo*. Rio de Janeiro (RJ): Federação Espírita Brasileira, 3ª. edição, 1994, p. 15.

[15] ANDRADE, Hernani Guimarães. *A Transcomunicação Através dos Tempos*. São Paulo (SP): Editora Jornalística Fé, 1997, p. 71.

[16] LOMBROSO, César. *Hipnotismo e Mediunidade*. Rio de Janeiro (RJ): Federação Espírita Brasileira, 5ª. edição, 1999, pp. 389 e 390.

[17] WANTUIL, Zêus. *As Mesas Girantes e o Espiritismo*. Rio de Janeiro (RJ): Federação Espírita Brasileira, 3ª. edição, 1994, pp. 83 e 84.

[18] GIBIER, Paul. *O Espiritismo (Faquirismo Ocidental)*. Rio de Janeiro (RJ): Federação Espírita Brasileira, 4ª. edição, 1990, p. 42.

[19] WANTUIL, Zêus. *As Mesas Girantes e o Espiritismo*. Rio de Janeiro (RJ): Federação Espírita Brasileira, 3ª. edição, 1994, pp. 17, 125, 131, 134, 31, 39, 38, 105, 48, 45 e 86.

[20] MAYNARD, Nettie Colburn; RODRIGUES, Wallace Leal V. *Sessões Espíritas na Casa Branca*. Matão (SP): Casa Editora O Clarim, pp. 11 – 13 e 60.

[21] WANTUIL, Zêus. *As Mesas Girantes e o Espiritismo*. Rio de Janeiro (RJ): Federação Espírita Brasileira, 3ª. edição, 1994, p. 140.

[22] MAYNARD, Nettie Colburn; RODRIGUES, Wallace Leal V. *Sessões Espíritas na Casa Branca*. Matão (SP): Casa Editora O Clarim, pp. 139, 53 e 54; 155, 154, 156, 236, 255, 245; 255, 243, 244 e 245.

[23] WANTUIL, Zêus. *As Mesas Girantes e o Espiritismo*. Rio de Janeiro (RJ): Federação Espírita Brasileira, 3ª. edição, 1994, p. 179.

[24] DENIS, Léon. *No Invisível*. Rio de Janeiro (RJ): Federação Espírita Brasileira, 19ª. edição, 2000, p. 356.

[25] WANTUIL, Zêus. *As Mesas Girantes e o Espiritismo*. Rio de Janeiro (RJ): Federação Espírita Brasileira, 3ª. edição, 1994, pp. 161, 159, 153, 154, 156, 158; e 174.

[26] KARDEC, Allan. *O que É o Espiritismo*. Rio de Janeiro (RJ): Federação Espírita Brasileira, 39ª. edição, 1998, p. 16.

[27] DOYLE, Arthur Conan. *História do Espiritismo*. São Paulo (SP): Editora Pensamento, p. 201.

[28] AKSAKOF, Alexandre. *Um Caso de Desmaterialização*. Rio de Janeiro (RJ): Federação Espírita Brasileira, 4ª. edição, 1994, p. 177.

[29] DOYLE, Arthur Conan. *História do Espiritismo*. São Paulo (SP): Editora Pensamento, pp. 202 e 155.

[30] GIBIER, Paul. *O Espiritismo (Faquirismo Ocidental)*. Rio de Janeiro (RJ): Federação Espírita Brasileira, 4ª. edição, 1990.

[31] GIBIER, Paul. *As Materializações de Fantasmas – A Penetrabilidade da Matéria e Outros Fenômenos Psíquicos*. Rio de Janeiro (RJ): Edições CELD, 1ª. edição, 2001, pp. 89 e 90.

[32] CROOKES, William. *Fatos Espíritas*. Rio de Janeiro (RJ): Federação Espírita Brasileira, 9ª. edição, 1996, p. 147.

[33] AKSAKOF, Alexandre. *Um Caso de Desmaterialização*. Rio de Janeiro (RJ): Federação Espírita Brasileira, 4ª. edição, 1994, pp. 111; 111, 112 e 115; e 180.

[34] MARRYAT, Florence. *There is no Death*. New York: Causeway Books, 1973, pp. 145 e 146.

[35] AKSAKOF, Alexandre. *Um Caso de Desmaterialização*. Rio de Janeiro (RJ): Federação Espírita Brasileira, 4ª. edição, 1994, pp. 140 e 175.

[36] CROOKES, William. *Fatos Espíritas*. Rio de Janeiro (RJ): Federação Espírita Brasileira, 9ª. edição, 1996, pp. 43, 44 e 96.

[37] AKSAKOF, Alexandre. *Um Caso de Desmaterialização*. Rio de Janeiro (RJ): Federação Espírita Brasileira, 4ª. edição, 1994, pp. 175 e 176.

[38] CROOKES, William. *Fatos Espíritas*. Rio de Janeiro (RJ): Federação Espírita Brasileira, 9ª. edição, 1996, p. 70.

[39] DE FARIA, Nogueira. *O Trabalho dos Mortos (O Livro do João)*. Rio de Janeiro (RJ): Federação Espírita Brasileira, 5ª. edição, 1990, pp. 32, 77 e 128.

[40] AKSAKOF, Alexandre. *Um Caso de Desmaterialização*. Rio de Janeiro (RJ): Federação Espírita Brasileira, 4ª. edição, 1994, pp. 150, 151, 171 e 172.

[41] LOMBROSO, César. *Hipnotismo e Mediunidade*. Rio de Janeiro (RJ): Federação Espírita Brasileira, 5ª. edição, 1999, pp. 286 e 287.

[42] CROOKES, William. *Fatos Espíritas*. Rio de Janeiro (RJ): Federação Espírita Brasileira, 9ª. edição, 1996, pp. 140 e 141

[43] RANIERI, Rafael A. *Materializações Luminosas (Depoimento de um Delegado de Polícia)*. São Paulo (SP): LAKE – Livraria Allan Kardec Editora, 8ª. edição, 2003, p. 67.

[44] PALHANO JÚNIOR, Lamartine; NEVES, Walace Fernando. *Dossiê Peixotinho*. Niterói (RJ): Publicações Lachâtre/Capemi, 1ª. Edição, 1997, p. 231.

[45] LOMBROSO, César. *Hipnotismo e Mediunidade*. Rio de Janeiro (RJ): Federação Espírita Brasileira, 5ª. edição, 1999, p. 137.

[46] SARGENT, Epes. *Bases Científicas do Espiritismo*. Rio de Janeiro (RJ): Federação Espírita Brasileira, 4ª. Edição, 1989, p. 198.

[47] ANDRADE, Hernani Guimarães. *Espírito, Perispírito e Alma*. São Paulo (SP): Editora Pensamento, 1ª. edição, 1984, p. 181.

[48] SARGENT, Epes. *Bases Científicas do Espiritismo*. Rio de Janeiro (RJ): Federação Espírita Brasileira, 4ª. Edição, 1989, p. 209.

[49] LABBATE, Dante. *Materializações Luminosas – Leis Cósmicas em Ação*. Belo Horizonte (MG): Editora Espírita Fonte Viva, 1ª. edição, 2002, pp. 52 e 54; 135 e 136.

[50] DOYLE, Arthur Conan. *História do Espiritismo*. São Paulo (SP): Editora Pensamento, p. 442.

[51] LOMBROSO, César. *Hipnotismo e Mediunidade*. Rio de Janeiro (RJ): Federação Espírita Brasileira, 5ª. edição, 1999, p. 294.

[52] MAYNARD, Nettie Colburn; RODRIGUES, Wallace Leal V. *Sessões Espíritas na Casa Branca*. Matão (SP): Casa Editora O Clarim, p. 25.

[53] AKSAKOF, Alexandre. *Animismo e Espiritismo (volume 1)*. Rio de Janeiro (RJ): Federação Espírita Brasileira, 6ª. edição, 2002, pp. 66, 67 e 71.

[54] CROOKES, William. *Fatos Espíritas*. Rio de Janeiro: Federação Espírita Brasileira, 9ª. edição, 1996, pp. 77, 75 e 78.

[55] DOYLE, Arthur Conan. *História do Espiritismo*. São Paulo (SP): Editora Pensamento, pp. 238 e 249.

[56] ZÖLLNER, J. K. Friedrich. *Provas Científicas da Sobrevivência*. Brasília (DF): Editora Edicel, pp. 83, 96 e 97.

[57] GREENE, Brian. *O Universo Elegante – Supercordas, Dimensões Ocultas e a Busca da Teoria Definitiva*. São Paulo (SP): Companhia das Letras, 1ª. edição, 2001, p. 135.

[58] DOYLE, Arthur Conan. *História do Espiritismo*. São Paulo (SP): Editora Pensamento, pp. 249 e 242.

[59] ZÖLLNER, J. K. Friedrich. *Provas Científicas da Sobrevivência*. Brasília (DF): Editora Edicel, pp. 17 e 18.

[60] LOMBROSO, César. *Hipnotismo e Mediunidade*. Rio de Janeiro (RJ): Federação Espírita Brasileira, 5ª. edição, 1999, p. 424.

61 AKSAKOF, Alexandre. *Um Caso de Desmaterialização*. Rio de Janeiro (RJ): Federação Espírita Brasileira, 4ª. edição, 1994, pp. 157 e 158.

62 CROOKES, William. *Fatos Espíritas*. Rio de Janeiro (RJ): Federação Espírita Brasileira, 9ª. edição, 1996, pp. 80 e 81.

63 AKSAKOF, Alexandre. *Um Caso de Desmaterialização*. Rio de Janeiro (RJ): Federação Espírita Brasileira, 4ª. edição, 1994, p. 158.

64 LOMBROSO, César. *Hipnotismo e Mediunidade*. Rio de Janeiro (RJ): Federação Espírita Brasileira, 5ª. edição, 1999, pp. 32 e 33.

65 DOYLE, Arthur Conan. *História do Espiritismo*. São Paulo (SP): Editora Pensamento, p. 275.

66 LOMBROSO, César. *Hipnotismo e Mediunidade*. Rio de Janeiro (RJ): Federação Espírita Brasileira, 5ª. edição, 1999, pp. 244, 245 e 157.

67 DOYLE, Arthur Conan. *História do Espiritismo*. São Paulo (SP): Editora Pensamento, p. 287.

68 LOMBROSO, César. *Hipnotismo e Mediunidade*. Rio de Janeiro (RJ): Federação Espírita Brasileira, 5ª. edição, 1999, pp. 286, 56 e 57.

69 MARRYAT, Florence. *There is no Death*. New York: Causeway Books, 1973, pp. 81 – 83.

70 RANIERI, Rafael A. *Materializações Luminosas (Depoimento de um Delegado de Polícia)*. São Paulo (SP): LAKE – Livraria Allan Kardec Editora, 8ª. edição, 2003, pp. 18, 19 e 50.

71 AKSAKOF, Alexandre. *Animismo e Espiritismo (volume 1)*. Rio de Janeiro (RJ): Federação Espírita Brasileira, 6ª. edição, 2002, pp. 166, 182, 172 e 173.

72 RANIERI, Rafael A. *Materializações Luminosas (Depoimento de um Delegado de Polícia)*. São Paulo (SP): LAKE – Livraria Allan Kardec Editora, 8ª. edição, 2003, p. 14.

73 LIMA, Roni. *Médicos do Espaço – Luiz da Rocha Lima e o Lar de Frei Luiz*. Rio de Janeiro (RJ): Mauad Editora, 4ª. edição, 2000, pp. 127 – 132; e 144 – 147.

74 DE FARIA, Nogueira. *O Trabalho dos Mortos (O Livro do João)*. Rio de Janeiro (RJ): Federação Espírita Brasileira, 5ª. edição, 1990, pp. 286, 270 – 272, 275 e 276.

75 MAGUEIJO, João. *Mais Rápido que a Velocidade da Luz – A História de uma Especulação Científica*. Rio de Janeiro (RJ): Editora Record, 1ª. edição, 2003.

76 PEREIRA DE FIGUEIREDO, Padre Antonio (tradução). *A Bíblia Sagrada/Novo Testamento/ Primeira Epistola de S. Paulo Apostolo aos Corinthios (*traduzida em portuguez segundo a Vulgata Latina. Lisboa: Depósito das Escripturas Sagradas, 1913, capítulo 15, item 44, p. 1.012.

77 KARDEC, Allan. *O Livro dos Espíritos*. São Paulo (SP): LAKE – Livraria Allan Kardec Editora, 46ª. edição, 1987, p. 93.

78 YOGANANDA, Paramahansa. *Autobiografia de um Iogue*. Rio de Janeiro (RJ): Lótus do Saber Editora, 2001, pp. 447 – 449.

79 PEREIRA DE FIGUEIREDO, Padre Antonio (tradução). *A Bíblia Sagrada/Novo Testamento/ O Santo Evangelho de Jesus Christo segundo S. João* (traduzida em portuguez segundo a Vulgata Latina. Lisboa: Depósito das Escripturas Sagradas, 1913, capítulo 14, p. 942.

80 YOGANANDA, Paramahansa. *Autobiografia de um Iogue*. Rio de Janeiro (RJ): Editora Lótus do Saber, pp. 449 – 450, 452, 454 – 461 e 463.

[81] RESENDE, Célia. *Nascer, Morrer, Renascer – Memórias de Pacientes de TVP*. Rio de Janeiro (RJ): Editora Nova Era/Record, 1ª. edição, 2003.

[82] LEADBEATER, C. W. *Os Chakras – Os Centros Magnéticos Vitais do Ser Humano*. São Paulo (SP): Editora Pensamento, 1ª. edição, 1989, pp. 18 e 19.

[83] BRENNAN, Barbara Ann. *Mãos de Luz*. São Paulo (SP): Editora Pensamento, 18ª. edição, 2002, p. 77.

[84] GERBER, Richard. *Medicina Vibracional – Uma Medicina para o Futuro*. São Paulo (SP): Editora Cultrix, 1ª. edição, 1992, p. 43.

[85] LEADBEATER, C. W. *Os Chakras – Os Centros Magnéticos Vitais do Ser Humano*. São Paulo (SP): Editora Pensamento, pp. 19 e 20.

[86] BRENNAN, Barbara Ann. *Mãos de Luz*. São Paulo (SP): Editora Pensamento, 18ª. edição, 2002, pp. 53, 54 e 67.

[87] GERBER, Richard. *Medicina Vibracional – Uma Medicina para o Futuro*. São Paulo (SP): Editora Cultrix, 1ª. edição, 1992, pp. 104, 106 e 104.

[88] BRENNAN, Barbara Ann. *Mãos de Luz*. São Paulo (SP): Editora Pensamento, 18ª. edição, 2002, p. 76.

[89] GERBER, Richard. *Medicina Vibracional – Uma Medicina para o Futuro*. São Paulo (SP): Editora Cultrix, 1ª. edição, 1992, pp. 167 e 29.

[90] MAGUEIJO, João. *Mais Rápido que a Velocidade da Luz – A História de uma Especulação Científica*. Rio de Janeiro (RJ): Editora Record, 1ª. edição, 2003, pp. 206 e 204.

[91] OSTRANDER, Sheila; SCHROEDER, Lynn. *Experiências Psíquicas além da Cortina de Ferro*. São Paulo (SP): Editora Cultrix, 9ª. edição, 1974, pp. 224 – 226.

[92] GERBER, Richard. *Medicina Vibracional – Uma Medicina para o Futuro*. São Paulo (SP): Editora Cultrix, 1ª. edição, 1992, p. 43.

[93] OSTRANDER, Sheila; SCHROEDER, Lynn. *Experiências Psíquicas além da Cortina de Ferro*. São Paulo (SP): Editora Cultrix, 9ª. edição, 1974, p. 221.

[94] GERBER, Richard. *Medicina Vibracional – Uma Medicina para o Futuro*. São Paulo (SP): Editora Cultrix, 1ª. edição, 1992, pp. 43, 44, 107 – 109.

[95] BRENNAN, Barbara Ann. *Mãos de Luz*. São Paulo (SP): Editora Pensamento, 18ª. edição, 2002, p. 58.

[96] MOODY JR, Raymond. *Vida Depois da Vida*. Rio de Janeiro (RJ): Editorial Nórdica, 16ª. edição, 1991, pp. 29, 27 e 28.

[97] GERBER, Richard. *Medicina Vibracional – Uma Medicina para o Futuro*. São Paulo (SP): Editora Cultrix, 1ª. edição, 1992, p. 115.

[98] GLEBER, Joseph. *Através da Ectoplasmia*. Rio de Janeiro (RJ): Grupo de Estudos Dr. João de Freitas, 1977, pp. 34 e 35.

[99] XAVIER, Francisco Cândido; VIEIRA, Waldo. *Mecanismos da Mediunidade*. Rio de Janeiro (RJ): Federação Espírita Brasileira, 1ª. edição, 1960, pp. 41 – 42.

[100] XAVIER, Francisco Cândido; ANDRÉ, Luiz (espírito). *Missionários da Luz*. Rio de Janeiro (RJ): Federação Espírita Brasileira, 32ª. edição, 2000, p. 90.

[101] SOLOMON, Grant e Jane. *O Experimento Scole – Evidências Científicas sobre a Vida após a Morte*. São Paulo (SP): Madras Editora, 1ª. edição, 2002, p. 132.

102 XAVIER, Francisco Cândido. *Entre a Terra e o Céu*. Rio de Janeiro (RJ): Federação Espírita Brasileira, 17ª. edição, 1997, p. 179.

103 FACURE, Núbor. *A Ciência da Alma – De Mesmer a Kardec*. São Paulo (SP): FE Editora Jornalística, 1ª. edição, 2000, pp. 39 e 42.

104 OSTRANDER, Sheila; SCHROEDER, Lynn. *Experiências Psíquicas além da Cortina de Ferro*. São Paulo (SP): Editora Cultrix, 9ª. edição, 1974, pp. 96 e 149.

105 FACURE, Núbor. *A Ciência da Alma – De Mesmer a Kardec*. São Paulo (SP): FE Editora Jornalística, 1ª. edição, 2000, pp. 4[3] e 46.

106 GERBER, Richard. *Medicina Vibracional – Uma Medicina para o Futuro*. São Paulo (SP): Editora Cultrix, 1ª. edição, 1992, pp. 64, 65 e 73; 120, 121 e 249.

107 LABBATE, Dante. *Materializações Luminosas – Leis Cósmicas em Ação*. Belo Horizonte (MG): Editora Espírita Fonte Viva, 1ª. edição, 2002, pp. 171 e 172.

108 DE CARVALHO, Antonio Cesar Perri; MAGRO FILHO, Osvaldo. *Entre a Matéria e o Espírito*. São Paulo (SP): Casa Editora O Clarim, 1ª. edição, 1990, p. 137.

109 DENIS, Léon. *No Invisível*. Rio de Janeiro (RJ): Federação Espírita Brasileira, 19ª. edição, 2000, p. 178.

110 DOYLE, Arthur Conan. *História do Espiritismo*. São Paulo (SP): Editora Pensamento, pp. 347; 347 e 349.

111 ANDRÉA, Jorge. Dinâmica Psi. Rio de Janeiro (RJ): Sociedade Editora Espírita F. V. Lorenz, 3ª. edição, 1999, p. 198.

112 GLEBER, Joseph. *Através da Ectoplasmia*. Rio de Janeiro (RJ): Grupo de Estudos Dr. João de Freitas, 1977, p. 17.

113 LIMA, Roni. *Médicos do Espaço – Luiz da Rocha Lima e o Lar de Frei Luiz*. Rio de Janeiro (RJ): Mauad Editora, 4ª. edição, 2000, p. 96.

114 GLEBER, Joseph. *Através da Ectoplasmia*. Rio de Janeiro (RJ): Grupo de Estudos Dr. João de Freitas, 1977, p. 6.

115 PEIXOTO, Norberto; RAMATIS (espírito). *Chama Crística*. Limeira (SP): Editora do Conhecimento, 1ª. edição, 2001, p. 99.

116 XAVIER, Francisco Cândido; LUIZ, André (espírito). *Nos Domínios da Mediunidade*. Rio de Janeiro (RJ): Federação Espírita Brasileira, 26ª. edição, 1999, pp. 264, 265, 271 e 272.

117 ANDRÉA, Jorge. *Correlações Espírito-Matéria*. Rio de Janeiro (RJ): Sociedade Editora Espírita F. V. Lorenz, 3ª. Edição, 1992, pp. 24 e 25.

118 SOLOMON, Grant e Jane. *O Experimento Scole – Evidências Científicas sobre a Vida após a Morte*. São Paulo (SP): Madras Editora, 1ª. edição, 2002, pp. 31, 37 e 44.

119 KARDEC, Allan. *O Evangelho Segundo o Espiritismo*. Rio de Janeiro (RJ): Federação Espírita Brasileira, 108ª. edição, 1994, p. 32.

120 GLEBER, Joseph. *Através da Ectoplasmia*. Rio de Janeiro (RJ): Grupo de Estudos Dr. João de Freitas, 1977, p. 14.

121 LABBATE, Dante. *Materializações Luminosas – Leis Cósmicas em Ação*. Belo Horizonte (MG): Editora Espírita Fonte Viva, 1ª. edição, 2002, pp. 25, 171 e 172.

122 GLEBER, Joseph. *Através da Ectoplasmia*. Rio de Janeiro (RJ): Grupo de Estudos Dr. João de Freitas, 1977, p. 6.

[123] XAVIER, Francisco Cândido. *Missionários da Luz*. Rio de Janeiro (RJ): Federação Espírita Brasileira, 32ª. edição, 2000, p. 103.

[124] XAVIER, Francisco Cândido; LUIZ, André (espírito). *Nos Domínios da Mediunidade*. Rio de Janeiro (RJ): Federação Espírita Brasileira, 26ª. edição, 1999, p. 266.

[125] GLEBER, Joseph. *Através da Ectoplasmia*. Rio de Janeiro (RJ): Grupo de Estudos Dr. João de Freitas, 1977, pp. 25; 14 e 15.

[126] D'ESPÉRANCE, Elisabeth. *No País das Sombras*. Rio de Janeiro (RJ): Federação Espírita Brasileira, 6ª. edição, 1992, pp. 227 e 228.

[127] DENIS, Léon. *No Invisível*. Rio de Janeiro (RJ): Federação Espírita Brasileira, 19ª. edição, 2000, p. 313.

[128] LIMA, Luiz da Rocha. *Memórias de um Presidente de Trabalhos*. Rio de Janeiro (RJ): Livraria Atheneu, 1ª. Edição, 1982, p. 38.

[129] D'ESPÉRANCE, Elisabeth. *No País das Sombras*. Rio de Janeiro (RJ): Federação Espírita Brasileira, 6ª. edição, 1992, pp. 180, 205, 206, 219, 221, 257 e 258.

[130] AKSAKOF, Alexandre. *Um Caso de Desmaterialização*. Rio de Janeiro (RJ): Federação Espírita Brasileira, 4ª. edição, 1994, pp. 79, 80, 46 – 49 e 48.

[131] LABBATE, Dante. *Materializações Luminosas – Leis Cósmicas em Ação*. Belo Horizonte (MG): Editora Espírita Fonte Viva, 1ª. edição, 2002, p. 34.

[132] GLEBER, Joseph. *Através da Ectoplasmia*. Rio de Janeiro (RJ): Grupo de Estudos Dr. João de Freitas, 1977, p. 29.

[133] LIMA, Luiz da Rocha. *Memórias de um Presidente de Trabalhos*. Rio de Janeiro (RJ): Educandário Social Lar de Frei Luiz, 1ª. Edição, 1982, p. 354.

[134] LIMA, Luiz da Rocha. *O Grande Investidor*. Rio de Janeiro (RJ): Educandário Social Lar de Frei Luiz, 1ª. Edição, 1983, p. 196.

[135] RANIERI, Rafael A. *Materializações Luminosas (Depoimento de um Delegado de Polícia)*. São Paulo (SP): LAKE – Livraria Allan Kardec Editora, 8ª. edição, 2003, p. 45.

[136] LIMA, Luiz da Rocha. *Medicina dos Espíritos*. Rio de Janeiro (RJ): Educandário Social Lar de Frei Luiz, 2ª. edição, 1992, p. 143.

[137] AKSAKOF, Alexandre. *Um Caso de Desmaterialização*. Rio de Janeiro (RJ): Federação Espírita Brasileira, 4ª. edição, 1994, pp. 103 e 104.

[138] GLEBER, Joseph. *Através da Ectoplasmia*. Rio de Janeiro (RJ): Grupo de Estudos Dr. João de Freitas, 1977, pp. 7 e 8.

[139] LABBATE, Dante. *Materializações Luminosas – Leis Cósmicas em Ação*. Belo Horizonte (MG): Editora Espírita Fonte Viva, 1ª. edição, 2002, pp. 118, 119; 227 e 207.

[140] PALHANO JÚNIOR, Lamartine, e NEVES, Walace Fernando. *Dossiê Peixotinho*. Niterói (RJ): Publicações Lachâtre/Capemi, 1ª. edição, 1997, p. 106.

[141] GLEBER, Joseph. *Através da Ectoplasmia*. Rio de Janeiro (RJ): Grupo de Estudos Dr. João de Freitas, 1977, pp. 10 e 29.

[142] LABBATE, Dante. *Materializações Luminosas – Leis Cósmicas em Ação*. Belo Horizonte (MG): Editora Espírita Fonte Viva, 1ª. edição, 2002, p. 121.

[143] GLEBER, Joseph. *Através da Ectoplasmia*. Rio de Janeiro (RJ): Grupo de Estudos Dr. João de Freitas, 1977, pp. 29 e 16.

[144] NEIVA, Lauro. *Aconteceu no Outro Mundo*. Rio de Janeiro (RJ): Edições O Cruzeiro, 1ª. Edição, 1959, p. 100.

[145] LOMBROSO, César. *Hipnotismo e Mediunidade*. Rio de Janeiro (RJ): Federação Espírita Brasileira, 5ª. edição, 1999, p. 155.

[146] DENIS, Léon. *No Invisível*. Rio de Janeiro (RJ): Federação Espírita Brasileira, 19ª. edição, 2000, p. 302.

[147] LOMBROSO, César. *Hipnotismo e Mediunidade*. Rio de Janeiro (RJ): Federação Espírita Brasileira, 5ª. edição, 1999, pp. 267 e 268.

[148] LIMA, Luiz da Rocha. *Memórias de um Presidente de Trabalhos*. Rio de Janeiro (RJ): Educandário Social Lar de Frei Luiz, 1ª. Edição, 1982, pp. 136 e 386.

[149] GIBIER, Paul; BOZZANO, Ernesto. *Materializações de Espíritos*. Rio de Janeiro (RJ): Editora Eco, 4ª. edição, pp. 112, 113, 105 – 107, 142 e 143.

[150] OSTRANDER, Sheila; SCHROEDER, Lynn. *Experiências Psíquicas além da Cortina de Ferro*. São Paulo (SP): Editora Cultrix, 9ª. edição, 1974, p. 237.

[151] GIBIER, Paul; BOZZANO, Ernesto. *Materializações de Espíritos*. Rio de Janeiro (RJ): Editora Eco, 4ª. edição, pp. 143 e 144.

[152] D'ESPÉRANCE, Elisabeth. *No País das Sombras*. Rio de Janeiro (RJ): Federação Espírita Brasileira, 6ª. edição, 1992, pp. 308, 310, 178 e 179.

[153] DOYLE, Arthur Conan. *História do Espiritismo*. São Paulo (SP): Editora Pensamento, pp. 156, 170 e 180.

[154] DENIS, Léon. *No Invisível*. Rio de Janeiro (RJ): Federação Espírita Brasileira, 19ª. edição, 2000, p. 111.

[155] D'ESPÉRANCE, Elisabeth. *No País das Sombras*. Rio de Janeiro (RJ): Federação Espírita Brasileira, 6ª. edição, 1992, pp. 24, 27, 35 e 39.

[156] DOYLE, Arthur Conan. *História do Espiritismo*. São Paulo (SP): Editora Pensamento, pp. 171 e 170.

[157] PALHANO JÚNIOR, Lamartine; NEVES, Walace Fernando. *Dossiê Peixotinho*. Niterói (RJ): Publicações Lachâtre/Capemi, 1ª. edição, 1997, pp. 181 e 183.

[158] KARDEC, Allan. *O Evangelho Segundo o Espiritismo*. Rio de Janeiro (RJ): Federação Espírita Brasileira, 108ª. edição, 1994, p. 276.

[159] NEIVA, Lauro. *Aconteceu no Outro Mundo*. Rio de Janeiro (RJ): Edições O Cruzeiro, 1ª. edição, 1959, pp. 98 – 100.

[160] LABBATE, Dante. *Materializações Luminosas – Leis Cósmicas em Ação*. Belo Horizonte (MG): Editora Espírita Fonte Viva, 1ª. edição, 2002, pp. 201 – 203.

[161] RANIERI, Rafael A. *Materializações Luminosas (Depoimento de um Delegado de Polícia)*. São Paulo (SP): LAKE – Livraria Allan Kardec Editora, 8ª. edição, 2003, p. 63.

[162] PALHANO JÚNIOR, Lamartine; NEVES, Walace Fernando. *Dossiê Peixotinho*. Niterói (RJ): Publicações Lachâtre/Capemi, 1ª. edição, 1997, p. 236.

[163] GLEBER, Joseph. *Através da Ectoplasmia*. Rio de Janeiro (RJ): Grupo de Estudos Dr. João de Freitas, 1977, p. 20.

[164] PALHANO JÚNIOR, Lamartine; NEVES, Walace Fernando. *Dossiê Peixotinho*. Niterói (RJ): Publicações Lachâtre/Capemi, 1ª. edição, 1997, pp. 184 e 185.

[165] AKSAKOF, Alexandre. *Animismo e Espiritismo (volume 2)*. Rio de Janeiro (RJ): Federação Espírita Brasileira, 6ª. edição, 2002, pp. 97 e 98. *Animismo e Espiritismo (volume 1)*. Rio de Janeiro (RJ): Federação Espírita Brasileira, 6ª. edição, 2002, p. 259.

[166] BOZZANO, Ernesto. *Pensamento e Vontade*. Rio de Janeiro (RJ): Federação Espírita Brasileira, 9ª. Edição, 1995, pp. 66, 67 e 72.

[167] AKSAKOF, Alexandre. *Animismo e Espiritismo (volume 2)*. Rio de Janeiro (RJ): Federação Espírita Brasileira, 6ª. edição, 2002, pp. 257 – 260.

[168] MARKIDES, Kyriacos. *O Mago de Strovolos – O Mundo Maravilhoso de Daskalos, seus Ensinamentos e suas Curas Espirituais*. São Paulo (SP): Editora Pensamento, 4ª. edição, 1994, pp. 215 – 217.

[169] DENIS, Léon. *No Invisível*. Rio de Janeiro (RJ): Federação Espírita Brasileira, 19ª. edição, 2000, p. 147; RÖWER, Frei Basílio. *Santo Antonio, Vida, Milagres, Culto*. Petrópolis (RJ): Editora Vozes, 14ª. edição, 2001, pp. 82 e 83; GALVÃO, Carmen Sílvia Machado e Antônio Mesquita. *Santo Antonio – a Realidade e o Mito*. Petrópolis (RJ): Editora Vozes, 1ª. edição, 1996, pp. 60 e 61.

[170] YOGANANDA, Paramahansa. *Autobiografia de um Iogue*. Rio de Janeiro (RJ): Lótus do Saber Editora, 2001, pp. 204 – 206.

[171] BOZZANO, Ernesto. *Pensamento e Vontade*. Rio de Janeiro (RJ): Federação Espírita Brasileira, 9ª. Edição, 1995, p. 91.

[172] LIMA, Luiz da Rocha. *Memórias de um Presidente de Trabalhos*. Rio de Janeiro (RJ): Educandário Social Lar de Frei Luiz, 1ª. Edição, 1982, pp. 574 e 575.

[173] SOLOMON, Grant e Jane. *O Experimento Scole – Evidências Científicas sobre a Vida após a Morte*. São Paulo (SP): Madras Editora, 1ª. edição, 2002, pp. 210, 190, 191, 76, 206, 207, 95, 103 – 105, 163, 211 e 212.

[174] LIMA, Luiz da Rocha. *A Luta contra as Bruxarias*. Rio de Janeiro (RJ): Educandário Social Lar de Frei Luiz.

[175] LIMA, Roni. *Médicos do Espaço – Luiz da Rocha Lima e o Lar de Frei Luiz*. Rio de Janeiro (RJ): Mauad Editora, 4ª. edição, 2000, pp. 64 – 70.

[176] GOSWAMI, Amit. *O Universo Autoconsciente – Como a Consciência Cria o Mundo Material*. Rio de Janeiro (RJ): Editora Rosa dos Tempos/Record, 1ª. edição, 1998, p. 148.

[177] GLEBER, Joseph. *Através da Ectoplasmia*. Rio de Janeiro (RJ): Grupo de Estudos Dr. João de Freitas, 1977, p. 24.

[178] XAVIER, Francisco Cândido. *Missionários da Luz*. Rio de Janeiro (RJ): Federação Espírita Brasileira, 32ª. edição, 2000, p. 103.

[179] GLEBER, Joseph. *Através da Ectoplasmia*. Rio de Janeiro (RJ): Grupo de Estudos Dr. João de Freitas, 1977, p. 7.

[180] LIMA, Luiz da Rocha. *Medicina dos Espíritos*. Rio de Janeiro (RJ): Educandário Social Lar de Frei Luiz, 2ª. edição, 1992, pp. 13 – 27; LIMA, Roni. *Médicos do Espaço*. Rio de Janeiro (RJ): Mauad Editora, 4ª. edição, 2000, pp. 105 – 108.

[181] LABBATE, Dante. *Materializações Luminosas – Leis Cósmicas em Ação*. Belo Horizonte (MG): Editora Espírita Fonte Viva, 1ª. edição, 2002, pp. 265, 266, 263, 266 e 273.

[182] LIMA, Luiz da Rocha. *Memórias de um Presidente de Trabalhos*. Rio de Janeiro (RJ): Educandário Social Lar de Frei Luiz, 1ª. Edição, 1982, pp. 33 e 34.

[183] D'ESPÉRANCE, Elisabeth. *No País das Sombras*. Rio de Janeiro (RJ): Federação Espírita Brasileira, 6ª. edição, 1992, p. 231.

[184] DENIS, Léon. *No Invisível*. Rio de Janeiro (RJ): Federação Espírita Brasileira, 19ª. edição, 2000, p. 101.

[185] D'ESPÉRANCE, Elisabeth. *No País das Sombras*. Rio de Janeiro (RJ): Federação Espírita Brasileira, 6ª. edição, 1992, pp. 115 e 306.

[186] LIMA, Luiz da Rocha. *Memórias de um Presidente de Trabalhos*. Rio de Janeiro (RJ): Educandário Social Lar de Frei Luiz, 1ª. Edição, 1982, pp. 81; e 348.

[187] GERBER, Richard. *Medicina Vibracional – Uma Medicina para o Futuro*. São Paulo (SP): Editora Cultrix, 1ª. edição, 1992, p. 393;

[188] BRENNAN, Barbara Ann. *Mãos de Luz*. São Paulo (SP): Editora Pensamento, 18ª. edição, 2002, pp. 164, 72 e 76.

[189] GERBER, Richard. *Medicina Vibracional – Uma Medicina para o Futuro*. São Paulo (SP): Editora Cultrix, 1ª. edição, 1992, pp. 106, 107 e 303.

[190] BRENNAN, Barbara Ann. *Mãos de Luz*. São Paulo (SP): Editora Pensamento, 18ª. edição, 2002, p. 119.

[191] GERBER, Richard. *Medicina Vibracional – Uma Medicina para o Futuro*. São Paulo (SP): Editora Cultrix, 1ª. edição, 1992, pp. 110; 172; 309 – 311 e 310.

[192] PEIXOTO, Norberto; RAMATIS (espírito). *Chama Crística*. Limeira (SP): Editora do Conhecimento, 1ª. edição, 2001, p. 102.

[193] GLEBER, Joseph. *Através da Ectoplasmia*. Rio de Janeiro (RJ): Grupo de Estudos Dr. João de Freitas, 1977, pp. 30; e 13.

[194] PEIXOTO, Norberto; RAMATIS (espírito). *Chama Crística*. Limeira (SP): Editora do Conhecimento, 1ª. edição, 2001, p. 78.

[195] OSTRANDER, Sheila; SCHROEDER, Lynn. *Experiências Psíquicas além da Cortina de Ferro*. São Paulo (SP): Editora Cultrix, 9ª. edição, 1974, pp. 195 e 230; KARAGULLA, Shafica; KUNZ, Dora van Gelder. *Os Chakras e os Campos de Energia Humanos*. São Paulo (SP): Editora Pensamento, 2ª. Edição, 1991, p. 86; BRENNAN, Barbara Ann. *Mãos de Luz*. São Paulo (SP): Editora Pensamento, 18ª. edição, 2002, p. 54.

[196] GERBER, Richard. *Medicina Vibracional – Uma Medicina para o Futuro*. São Paulo (SP): Editora Cultrix, 1ª. edição, 1992, p. 74.

[197] ZIMMERMANN, Zalmino. *Perispírito*. Campinas (SP): Departamento Editorial do Centro Espírita Allan Kardec, 2ª. edição, 2002, p. 365.

[198] LIMA, Luiz da Rocha. *Medicina dos Espíritos*. Rio de Janeiro (RJ): Educandário Social Lar de Frei Luiz, 2ª. edição, 1992, p. 286; LIMA, Roni. *Médicos do Espaço – Luiz da Rocha Lima e o Lar de Frei Luiz*. Rio de Janeiro (RJ): Mauad Editora, 4ª. edição, 2000, p. 115.

[199] GERBER, Richard. *Medicina Vibracional – Uma Medicina para o Futuro*. São Paulo (SP): Editora Cultrix, 1ª. edição, 1992, p. 354.

[200] LIMA, Luiz da Rocha. *Medicina dos Espíritos*. Rio de Janeiro (RJ): Educandário Social Lar de Frei Luiz, 2ª. edição, 1992, pp. 168; e 219 – 231; LIMA, Roni. *Médicos do Espaço – Luiz da Rocha Lima e o Lar de Frei Luiz*. Rio de Janeiro (RJ): Mauad Editora, 4ª. edição, 2000, pp. 117; e 119 – 122.

201 DOYLE, Arthur Conan. *História do Espiritismo*. São Paulo (SP): Editora Pensamento, pp. 101 e 102.

202 MARKIDES, Kyriacos. *O Mago de Strovolos – O Mundo Maravilhoso de Daskalos, seus Ensinamentos e suas Curas Espirituais*. São Paulo (SP): Editora Pensamento, 4ª. edição, 1994, pp. 184 – 187, 209 e 210.

203 D'ESPÉRANCE, Elisabeth. *No País das Sombras*. Rio de Janeiro (RJ): Federação Espírita Brasileira, 6ª. edição, 1992, pp. 129 e 130.

204 RANIERI, Rafael A. *Materializações Luminosas (Depoimento de um Delegado de Polícia)*. São Paulo (SP): LAKE – Livraria Allan Kardec Editora, 8ª. edição, 2003, pp. 33 – 35.

205 PALHANO JÚNIOR, Lamartine, e NEVES, Walace Fernando. *Dossiê Peixotinho*. Niterói (RJ): Publicações Lachâtre/Capemi, 1ª. edição, 1997, p. 231.

206 XAVIER, Francisco Cândido; ANDRÉ, Luiz (espírito). *Missionários da Luz*. Rio de Janeiro (RJ): Federação Espírita Brasileira, 32ª. edição, 2000, pp. 181, 187, 188, 208 e 209.

207 GERBER, Richard. *Medicina Vibracional – Uma Medicina para o Futuro*. São Paulo (SP): Editora Cultrix, 1ª. edição, 1992, pp. 108 e 109; BRENNAN, Barbara Ann. *Mãos de Luz*. São Paulo (SP): Editora Pensamento, 18ª. edição, 2002, pp. 58, 59 e 320.

208 MARKIDES, Kyriacos. *O Mago de Strovolos – O Mundo Maravilhoso de Daskalos, seus Ensinamentos e suas Curas Espirituais*. São Paulo (SP): Editora Pensamento, 4ª. edição, 1994, p. 201.

209 LABBATE, Dante. *Materializações Luminosas – Leis Cósmicas em Ação*. Belo Horizonte (MG): Editora Espírita Fonte Viva, 1ª. edição, 2002, p. 187.

210 LIMA, Luiz da Rocha. *Medicina dos Espíritos*. Rio de Janeiro (RJ): Educandário Social Lar de Frei Luiz, 2ª. edição, 1992, p. 79.

211 LIMA, Luiz da Rocha. *Medicina dos Espíritos*. Rio de Janeiro (RJ): Educandário Social Lar de Frei Luiz, 2ª. edição, 1992, p. 94; e LIMA, Roni. *Médicos do Espaço – Luiz da Rocha Lima e o Lar de Frei Luiz*. Rio de Janeiro (RJ): Mauad Editora, 4ª. edição, 2000, p. 110.

212 GLEBER, Joseph. *Através da Ectoplasmia*. Rio de Janeiro (RJ): Grupo de Estudos Dr. João de Freitas, 1977, pp. 11 e 24.

213 LIMA, Luiz da Rocha. *Medicina dos Espíritos*. Rio de Janeiro (RJ): Educandário Social Lar de Frei Luiz, 2ª. edição, 1992, p. 161.

214 GLEBER, Joseph. *Através da Ectoplasmia*. Rio de Janeiro (RJ): Grupo de Estudos Dr. João de Freitas, 1977, p. 11.

215 RANIERI, Rafael A. *Materializações Luminosas (Depoimento de um Delegado de Polícia)*. São Paulo (SP): LAKE – Livraria Allan Kardec Editora, 8ª. edição, 2003, pp. 77, 118, 81 – 84, 106 – 108; e 136.

216 PALHANO JÚNIOR, Lamartine, e NEVES, Walace Fernando. *Dossiê Peixotinho*. Niterói (RJ): Publicações Lachâtre/Capemi, 1ª. edição, 1997, pp. 229 e 230.

217 RANIERI, Rafael A. *Materializações Luminosas (Depoimento de um Delegado de Polícia)*. São Paulo (SP): LAKE – Livraria Allan Kardec Editora, 8ª. edição, 2003, pp. 126 e 127.

218 GLEBER, Joseph. *Através da Ectoplasmia*. Rio de Janeiro (RJ): Grupo de Estudos Dr. João de Freitas, 1977, p. 6.

219 PEIXOTO, Norberto; RAMATIS (espírito). *Chama Crística*. Limeira (SP): Editora do Conhecimento, 1ª. edição, 2001, p. 112.

[220] NEIVA, Lauro. *A Cura do Câncer pelo Avelós*. Rio de Janeiro (RJ): Editora Arte Nova, 1ª. edição, 1974, pp. 31 e 32.

[221] RANIERI, Rafael A. *Materializações Luminosas (Depoimento de um Delegado de Polícia)*. São Paulo (SP): LAKE – Livraria Allan Kardec Editora, 8ª. edição, 2003, p. 62.

[222] DENIS, Léon. *No Invisível*. Rio de Janeiro (RJ): Federação Espírita Brasileira, 19ª. edição, 2000, pp. 91 e 92.

[223] DROUOT, Patrick. *Nós Somos Todos Imortais*. Rio de Janeiro (RJ): Editora Nova Era/ Record, 5ª. edição, 1995; e *O Físico, o Xamã e o Místico*. Rio de Janeiro (RJ): Editora Nova Era/Record, 1ª. edição, 1999.

[224] LIMA, Roni. *Médicos do Espaço – Luiz da Rocha Lima e o Lar de Frei Luiz*. Rio de Janeiro (RJ): Mauad Editora, 4ª. edição, 2000, p. 148.

[225] DOYLE, Arthur Conan. *História do Espiritismo*. São Paulo (SP): Editora Pensamento, pp. 381, 386, 387, 381 e 379.

[226] PRAAGH, James Van. *Conversando com os Espíritos*. Rio de Janeiro (RJ): Editora Sextante, 12ª. edição, 1998, p. 47.

[227] PRAAGH, James Van. *O Despertar da Intuição – Desenvolvendo o seu Sexto Sentido*. Rio de Janeiro (RJ): Editora Sextante, 1ª. edição, 2003, pp. 99 e 100.

[228] PEREIRA, Urbano. *Operações Espirituais*. Araras (SP): Instituto de Difusão Espírita, 5ª. edição, 1995, pp. 43 e 44.

[229] D'ESPÉRANCE, Elisabeth. *No País das Sombras*. Rio de Janeiro (RJ): Federação Espírita Brasileira, 6ª. edição, 1992, pp. 243 e 244.

[230] NEIVA, Lauro. *A Cura do Câncer pelo Avelós*. Rio de Janeiro (RJ): Editora Arte Nova, 1ª. edição, 1974, p. 178.

[231] LIMA, Roni. *Médicos do Espaço – Luiz da Rocha Lima e o Lar de Frei Luiz*. Rio de Janeiro (RJ): Mauad Editora, 4ª. edição, 2000, p. 187.

[232] NEIVA, Lauro. *A Cura do Câncer pelo Avelós*. Rio de Janeiro (RJ): Editora Arte Nova, 1ª. edição, 1974, p. 178.

[233] LIMA, Luiz da Rocha. *Frei Luiz, o Operário do Brasil*. Rio de Janeiro (RJ): Educandário Social Lar de Frei Luiz, pp. 87 e 88.

Leia também do mesmo Autor
e da mesma Editora:

Características deste livro:

Formato: 16 x 23 cm

Mancha: 12 x 19 cm

Tipologia: Times New Roman 11/13,5

Papel: Ofsete 75g/m² (miolo)

Cartão Supremo 250g/m² (capa)

Edições: 2005, 2006

Reimpressão: 2007